U0134306

吳耀宗全集

吳崇書題

# 吳耀宗全集

第四卷 下冊
1950–1979
中共建國至晚年

邢福增 編

《吳耀宗全集》第四卷下冊：中共建國至晚年 （1950–1979）

　　邢福增 編

本書由基督教中國宗教文化研究社設計、編輯及製作，並由香港中文大學出版社出版。

國際統一書號（ISBN）： 978-962-996-768-0（平裝本上、下兩冊）
　　　　　　　　　　　　978-962-996-672-0（精裝本上、下兩冊）

出版： 香港中文大學出版社
　　　 香港　新界　沙田・香港中文大學
　　　 傳眞：+852 2603 7355
　　　 電郵：cup@cuhk.edu.hk
　　　 網址：cup.cuhk.edu.hk

The Collected Works of Y. T. Wu
Volume 4, Book 2: From the Founding of the PRC to Wu's Late Years (1950–1979)
(in Chinese & English)

　　Edited by Ying Fuk-tsang

ISBN: 978-962-996-768-0 (Paperback, Books 1 & 2)
　　　 978-962-996-672-0 (Hardcover, Books 1 & 2)

Published by　The Chinese University of Hong Kong Press
　　　　　　　 The Chinese University of Hong Kong
　　　　　　　 Sha Tin, N.T., Hong Kong
　　　　　　　 Fax: +852 2603 7355
　　　　　　　 E-mail: cup@cuhk.edu.hk
　　　　　　　 Website: cup.cuhk.edu.hk

Printed in Hong Kong

本全集的出版經費
蒙吳宗素先生贊助

特此鳴謝

# 編輯委員會及顧問名單

contents

# 目錄

## 第四部分　文集、專著、小冊子

## 第五部分　未刊文稿

## 第六部分　補遺

第四部分

文集、專著

小冊子

# 1

## 《基督教講話》

上海：青年協會，1950 年 4 月

# 序

　　這裏面的十二篇文章，除了第一篇是在《協進》發表的以外，其餘的都是在「基督教講話」這個總題下，在《天風週刊》上發表過的。我爲這個題目，本來預備寫四五十篇文章，等寫完了再把它們出版。但兩三年來，要寫的東西太多了，並且是更急迫的，更有時間性的東西，於是，這些有系統的，但是沒有時間性的文章，便不得不暫時擱下。在解放以後的中國，一般基督教同道非常需要新的讀物，這裏的十二篇文章，雖然都曾在刊物上發表過，但讀到的人是很少的，因此，我便覺得有把它們馬上出版的必要。等到將來其他的各篇寫完了，再將全書重印出版。

　　這十二篇文章的寫作，大部份是在抗戰時期，它們都是針對着當時的問題，和當時的環境而寫的，但我相信，它們對於今日的讀者還有相當意義的，因爲這些文章所闡述的主題，都是沒有時間性的。

吳耀宗　一九五〇年四月四日

2

《辯證法唯物論學習手冊》

「新時代學習叢書」第五種

上海：青年協會，1950 年 4 月

新時代學習叢書

第五種

# 辯證法唯物論學習手冊

吳耀宗編著

青年協會書局出版

《辯證法唯物論學習手冊》書影

# 編者的話

一、 我們這一套「新時代學習叢書」是爲適應目前全國基督徒認識新時代的迫切廣泛的需要而出版的。

二、 在開封時，有一位基督徒同道說：「對於新時代，我們要學習，要確確切切地學習；但是拿起一本新時代的書來，我們看不懂，我們沒有鑰匙。」我們希望這一套「新時代學習叢書」，便是這把鑰匙。

三、 「新時代學習叢書」是把每一個課題，按其章節或重要部門，指出重點，解釋新名詞，提出學習問題。

四、 使用這一套「新時代學習叢書」時，最好先把原文或關於這問題的重要書籍拿到手。例如：使用「新民主主義學習手冊」時，應先把毛主席的「新民主主義論」拿到手，然後再參照學習手冊將「新民主主義論」一章章地仔細研究，討論，學習。

五、 學習的方法：一個人自己學習，固然重要；但是最好的學習方法是集合幾個同道，組織學習小組，因爲這樣可以集思廣益，彼此幫助。

六、 編輯這一套「新時代學習叢書」是一個新的嘗試，希望各位同道在使用本書之後，寫信給我們，告訴我們它的缺點，優點，和你們對於這一本學習手冊的建議，我們在再版時便可加以修正與充實。信可寄到：上海虎丘路一三一號青年協會出版組。

# 目錄

# 引言

辯證唯物論與歷史唯物論是目前世界一個最主要的思潮；它不只是共產主義的哲學基礎，它也是許多人所已經接受的一個思想系統。這個思想系統與基督教有着非常密切的關係，因爲唯物論是否定宗教和一切超自然的信仰的。究竟基督教同唯物論是不是彼此衝突的，完全對立的，或者它們雖然有不同之點，也有共同之點？如果是這樣，基督教對這些相同或不同之點，又應當採取什麼態度？對于一個忠於自己的信仰的基督徒，這些都是急迫的問題。如果他對于這些問題沒有一個較清楚的把握，他的信仰就不是一個在時代的洪爐中經過鍛鍊的信仰，而因此，他的信仰就不能在這個時代裏發生深刻有力的作用。

研究唯物論的書是很多的；除了幾本通俗的以外，其餘的都比較高深，不容易爲一般讀者所了解。這本手冊所根據的是斯大林著的《辯證唯物主義與歷史唯物主義》。這是一本很好的書：深入淺出，簡單明瞭。但有些題目這本書沒有討論到，所以我們又加入一些其他的材料。

這本手冊主要的目標是要讀者清楚地，扼要地把握住唯物論的基本理論。至于唯物論與基督教的關係這個問題，雖然非常重要，但在目前的學習階段中，却是次要的，因爲在這個短短的篇幅中，我們不可能對這個複雜的問題做一個詳細的討論。關於這個問題，我們所能做的，至多是一種初步的，啓發性的工作。

# 一、辯證法

「辯證法是導源於希臘文 "dialego" 一字，其含義就是進行談話，進行論戰。古代人所謂辯證法，就是以揭露對方議論中的矛盾并克服這些矛盾來求得真理的方術。古代有些哲學家認爲思維矛盾的揭露以及對立意見的衝突，是發現真理的最好方法。這個辯證的思維方式後來推廣到自然界現象中去，就變成了認識自然界的辯證方法，這個方法把自然界現象看作永恒運動着、永恒變化着的現象，而把自然界底發展看作是自然界中各種矛盾發展的結果，自然界中對立勢力互相影響的結果。」（斯大林著《辯證唯物主義與歷史唯物主義》解放社版第三頁）

辯證法所注重，所研究的是世界一切現象發展變化的規律。上面所引的那一段書中所說的「自然界」，不只包括自然界中的物質現象，也可以包括人類的歷史和人類的思維，因爲從辯證法的觀點看來，這一切的現象都是根據辯證法的規律發展的。

辯證法認爲：世界一切事物的發展變化，有三個基本的規律：第一個是矛盾的統一律；第二個是質量互變律；第三個是否定之否定律。

　　所謂矛盾的統一，就是說：世界上一切的東西都是統一的，同時也是矛盾的。一個雞蛋是矛盾的統一；雞蛋的本身是統一的，但雞蛋却包含了一個被孵後變成小雞的可能；這個可能，就是它的矛盾，因爲小雞是否定了雞蛋的。資本主義的社會也是一個矛盾的統一；資本主義的本身是一個整體，這個整體使它能够利用物質和人力的條件，去從事現代化的生產，并從而取得資本家的利潤。但資本主義却有它的內在矛盾：它的生產過程是社會化的，而它的分配方法却是個人主義的。又因爲資本家對工人的剝削，資本主義社會是階級的社會，是不平等的社會。這一種現象，就是社會革命的根源，而社會革命的結果，就是資本主義制度的推翻和社會主義社會的建立。

　　所謂質量互變，是說明漸變和突變的關係。先說從量變到質變。把水燒熱，從溫暖的水到很熱的水都是熱水；但水熱到某一程度，再熱的時候，它就會從熱水變成汽。這個突變，是從漸變積累起來的。又譬如說到「雷峰塔」或任何建築物的倒塌。由於風雨的侵蝕，由於人工的損壞，由於建築材料本身的變化，這個建築物經過一個或長或短的時間，就會逐漸地改變，最後就會因爲失去重心而倒塌。再說從質變到量變。譬如把雞蛋孵成小雞，這個過程是從量變到質變；但是小雞孵成以後，它會逐漸地長大，衰老，以致於死亡，這個過程是從質變到量變。又譬如：從手工業的生產到機器的生產，這是生產方法的質的改變，這個質的改變的結果，是生產量的增加——不是數學上的增加，而是幾何學上的增加。

　　所謂否定之否定是「表示舊事物發展到新的更高的基礎上，再從此開始新的正反合的發展和變化，每一個正反合就成爲事物的發展的每一個全環。」（艾思奇著《大衆哲學》第三十版一四二頁）說明否定之否定的定律最好的例子就是耶穌所說過的麥子的比喻：「一粒麥子不落在地里死了，仍舊是一粒；若是死了，就結出許多粒來。」（約翰福音十二章二十四節）一粒麥子落在適當的土壤上，就會慢慢地生長出來。麥粒發了芽以後，麥粒的本身便被否定，等到新的麥子長了麥穗，麥穗成熟，麥莖枯死，於是這棵麥子自身又被否定。這個否定之否定的結果，就不是原來的一粒麥子，而是幾倍或幾十倍的麥粒。我們上面引用過的

鷄蛋的比喻，也可以用來說明這個規律。鷄蛋變成小鷄是第一個否定；小鷄長大，生蛋，以致死亡或被別人吃掉，是否定之否定。這個否定之否定的規律，說明了世界上的事物不只是單純的變化，幷且是向一個更高的階段發展。

在討論辯證法的規律的時候，我們還可以來一個插曲，那就是「從猿到人」：

「在好幾十萬年以前，在地質學家們所叫作的第三紀——究竟在第三紀底哪一時期現在還未十分確定，大約是在末期——在熱帶某一個地方，大概在現已沉到了印度洋底的一片大陸上，生活着一種特別高度發展的類人猿。達爾文曾經把我們的這些祖先大致描寫給我們：它們滿身是毛，下顎有鬚，兩耳尖聳，成羣地生活在樹上。

「最初，被它們的生活方式所限制，在攀援時手所起的作用與脚不同，這一猿類開始擺脫用手在平地上行走的習慣，而漸漸地採用了直立的行走。這就是從猿轉變到人的有決定意義的一步。」（恩格斯著《從猿到人》解放社版第一頁）

我們所以要在這裏加入這個插曲，就是因爲它同基督教有特別的關係。《社會發展簡史》（解放社版）在「誰是我們的祖先」那一章裏，提到十幾年前在美國一個名叫達頓的小城裏，有一個年青的教師斯哥布，因爲對學生講說人是由猿猴進化而來的，便被人認爲是違反聖經里上帝照着自己的模樣造人的說法而被控告。該書的編者爲這件事說了以下的一段話：

「人們控告斯哥布，說他犯了反對宗教罪。和宗教是開不得玩

笑的。資産階級所深切關心的是勞動羣衆能盲目地信仰牧師們所説的故事，説上帝在六日之内創造了天地，第七日休息。宗教的麻醉是把統治權保持在剝削階級手中的最有效的手段之一。宗教宣傳對壓迫和剝削之奴隸式的容忍。要是對于上帝的信仰打破了，那末，第二步對于剝削者階級統治之牢固不破的信仰也就要打破了。所以，資産階級不惜鬧像達頓案這樣一場官司。」

基督徒對這一般話應當做什麼反應，這是值得思想的。

## 討論問題

一、 從前有許多基督徒反對達爾文的進化論，以爲它是違反聖經里上帝創造天地萬物的説法的。爲什麼這種反對現在逐漸減少，甚至幾乎消滅呢？

二、 如果我們把世界萬物進化的規律看作上帝的作爲——那就是説：上帝不是在七天里創造萬物，而是在幾萬萬年中創造，并且還在不斷地創造——這個看法是不是可以把基督教的信仰同進化論打成一片？如果我們對進化論可以採取這樣的看法，我們對辯證法是不是也可以採取同樣的看法，那就是把辯證法的規律看作上帝創造與維繫世界萬物的規律？

三、 上帝的信仰是不是必須建築在聖經里某一段關於上帝的話上面？如果這一般話不能成立，一個基督徒對上帝的信仰，是否便會被打破？

四、 辯證法的思想是不是某一派學説所專有的？除了本文所引的耶穌關於麥子的比喻以外，聖經里面有沒有其他的地方可以説明辯證法的道理？（參看張仕章著《耶穌主義講話》第三篇「辯證法的耶穌主

義」（青年協會書局出版）在中國的古書中像老子的《道德經》，《莊子》，《易經》里，我們能不能找到辯證法的思想？

# 二、辯證法與形而上學

形而上學這個名詞有許多種解釋；最普通的一種，就是：研究「實在」或「本體」的學問。所謂實在，所謂本體，就是超感觀的東西，或者說是無形的東西，以別於「現象」，或感覺所能接觸到的東西。前者的對象是形而上的，後者的對象是形而下的。

因爲形而上學研究的對象是超現象的，它的基本思想同研究現象的思想是不同的。現象是動的，是變的，而超現象的「實在」，或「本體」，是不變的，因爲現象的世界是具體的，可以觀察，可以衡量，可以證實，而超現象的世界，往往是憑想像，憑主觀去探討與了解的抽象的東西。

從上面那個簡單的解釋，我們就可以曉得基督教的思想，同形而上學的思想有多麼密切的關係。從下面的討論里，我們也可以曉得：所謂形而上的思想，并不只是哲學家高談玄學的時候的思想系統，而也是每一個人在應付日常問題的時候，所可能採用的一種思想方法。

（一）「與形而上學相反，辯證法不是把自然界看作什麼彼此隔離，彼此孤立，彼此不相依賴的各個對象或各個現象底偶然堆積，而是把它看作有內在聯系的統一整體，其中各個對象或各個現象是互相密切聯系着，互相依賴着，互相制約着的。

「因此，辯證法認爲自然界中任何一種現象，如果把它孤獨拿來看，把它看作是與其週圍現象沒有聯系的現象，那它就會是不可瞭解的東西，因爲自然界任何部分中任何一種現象，如果把它看作是與週圍條件沒有聯系的現象，看作是與它們隔離的現象，那它就會是毫無意思的東西；反之，任何一種現象，如果把它看作是與週圍現象密切聯系而不可分離的現象，把它看作是受週圍現象所制約的現象，那它就是可以瞭解，可以論證的東西了。」（斯大林著《辯證唯物主義與歷史唯物主義》第四頁）

我們可以拿娼妓和乞丐做一個例子。從形而上學的觀點看，做娼妓是因爲本人的淫蕩，做乞丐是因爲本人的懶惰；這個解釋有的時候是對的，但大多數的時候是錯的，因爲這個觀點把做娼妓和做乞丐這兩種現象孤立起來了。從辯證法的觀點看，娼妓和乞丐都是一個有階級的剝削性的社會的產物。娼妓和乞丐的本身，對這個不合理的現象的存在，雖然也要負若干責任，但主要的負責者，却應當是這個社會制度和有意無意維持這個社會制度的人們。同時，如果要消滅娼妓和乞丐，就不只要向他們做道德的宣傳，並且也要把造成這種現象的社會制度改變。

我們可以再舉一個例，就是某一時代的社會制度。譬喻說奴隸制度：「就現代的條件來看，是很荒謬的現象，反常的荒誕事情。而奴隸制度在瓦解着的原始公社制度條件下，却是完全可以瞭解幷且合於規律的現象，因爲它和原始公社制相比是前進一步的。」（同上第十頁）

如果世界上沒有孤立的現象，如果一切的現象都是互相聯系的，那麼，對每一個社會制度和每一個社會運動的估價，就不能從「永恆正義」或某種成見出發，而是要從這個制度和這個社會運動所要產生幷與其相連結的那些條件出發。一切都依條件、地方和時間爲轉移。這是一個歷史的觀點；只有從這個觀點看，歷史科學才不致變成一種偶然的現象。

（二）「與形而上學相反，辯證法不是把自然界看作靜止不動的狀態，停頓不變的狀態，而是看作不斷運動、不斷變化的狀態，不斷革新、不斷發展的狀態，其中始終都有某種東西在產生着和發展着，始終都有某種東西在敗壞着和衰頹着。

　　「因此，辯證法要求我們觀察現象時不僅要從各個現象底相互聯系和相互制約方面去觀察，而且要從它們的運動、它們的變化、它們的發展、它們的產生和衰亡方面去觀察。

　　「在辯證法看來，最重要的不是現時似乎堅固，但已經開始衰亡的東西，而是正在產生、正在開展的東西，那怕它現時似乎還不堅固，因爲在辯證法看來，只有正在產生、正在發展的東西，才是不可戰勝的。」（同上第四、五頁）

　　世界上的事物不但是互相聯系的，也是不斷發展的。舊的東西在不斷地衰亡；新的東西在不斷地生長；因此，一個社會秩序就不應當是「永世不移」的；私有制和剝削制也不是一個「永恆原則」。資本主義制度可以用社會主義制度來替代，正如資本主義制度在當時替代了封建制度一樣。

　　恩格斯說：「整個自然界，由其最小單位到最大物體，由沙粒到太陽，由『原生生物』到人，都是處在永恆的產生和消滅過程中，處在毫不間斷的流動中，處在始終不停的運動和變化中。」（同上第五頁）

（三）「與形而上學相反，辯證法不是把發展過程看作什麼簡單增長的過程，看作數變不會引起質變的過程，而是看作由不顯露的細小數變進到顯露的變，進到根本的變，進到質變的發展過程，在這個過程中質變不是逐漸地發生，而是迅速和突然地發生，卽表現於由一種狀態突變爲另一種狀態，並不是偶然發生，而是規律式地發生，卽是由許多不明顯的逐

漸的數變積累而引起的結果。

　　「因此，辯證法認爲不應把發展過程瞭解爲循環式的運動，不應把它瞭解爲過去事物底簡單重複，而應把它瞭解爲前進的運動，上升的運動，由舊質態進到新質態，由簡單發展到複雜，由低級發展到高級的過程。」（同上第六頁）

　　這一條的說明，同上面所說過的辯證法三個基本規律之一的質量互變律是一樣的。例如：水的溫度不斷增加或不斷減少到一定程度時，水就會變成蒸汽或冰塊。

　　應用這一個辯證法的原理去觀察和研究社會問題，我們便可以得到一個重要的結論，那就是：一個已經顯出許多矛盾的不合理的社會制度，像資本主義，如果要使它進到社會主義，使無產階級擺脫資本主義的壓迫，「決不能經過緩慢變化，經過改良來實現，而只能經過資本主義制度底質變，經過革命來實現。」（同上第十三頁）這就是說，我們不要做改良主義者，而要做革命家。

　　（四）「與形而上學相反，辯證法所持的出發點是：自然界的對象或自然界的現象含有內在的矛盾，因爲所有這些對象或現象都有其反面和正面，都有其過去和將來，都有其衰頹着的東西和發展着的東西，而這種對立面底鬥爭，舊東西與新東西間的鬥爭，衰亡着的東西和產生着的東西間的鬥爭，衰頹着的東西和發展着的東西間的鬥爭，便是發展過程底實在內容，由數變進到質變的這一過程底內容。

　　「因此，辯證法認爲低級發展到高級的過程不是表現於各現象協和的開展，而是表現於各現象或各現象本身固有矛盾底揭露，表現於在這些矛盾基礎上動作的互相對立趨勢的『鬥爭』」。（同上第九頁）

　　辯證法研究的對象，就是事物本身內部的矛盾；因爲矛盾，就有對立，因爲對立，就有鬥爭。如果事物是在不斷地變化，不斷地發展中的，「發展就是對立面的『鬥爭』」。（同上第十頁）

　　「既然發展過程是經過內在矛盾底揭露，是經過基於這些矛盾的彼此對立勢力衝突來克服這些矛盾而進行的，那麼無產階級底階級鬥爭，當然也就是完全自然而必不可免的現象。」（同上第十三頁）這一段說明了無產階級與資產階級的利益是不能協調的，資本主義轉變爲社會主義是必須經過鬥爭的。

## 討論問題

一、　基督教的信仰是不是完全屬於形而上學的範圍的？我們怎樣區別一個合理的信仰，和一個主觀的信仰？

二、　如果一切事物都在不斷地變化發展，那麼，基督教所相信的「永恆」道理，像「愛」，是不是也有相對性的？我們能不能把「愛」的抽象原理應用到任何的具體社會或歷史情況里去，像抗日戰爭和解放戰爭？

三、　爲什麼社會的基本改革必須經過鬥爭？享有特權的統治者會不會自動地，馴服地放棄他們的權利和地位？

四、　改造人心和改造環境，這二者彼此有什麼聯系？

五、　基督教的教義是改良主義的，還是革命的？如果基督教的教義是革命的，它本身有沒有一套具體的革命理論？它是不是可以吸收基督教以外的，不違反基督教教義的革命理論？

# 三、唯物主義與唯心主義

（一）「唯心主義認爲世界是『絕對觀念』、『宇宙精神』、『意識』底體現，而馬克思底哲學唯物主義却與此相反，認爲：世界按其本質説來是物質的；世界上形形色色的現象是運動着的物質底各種形態；各現象由辯證法所判明的相互聯系和相互制約是運動着的物質底發展規律；世界是按物質運動規律發展着，而并不需要什麼『宇宙精神』」。（斯大林著《辯證唯物主義與歷史唯物主義》解放社版第十四頁）

唯物論的基本觀念認爲世界的本質是物質的，這個物質是運動着的，它所表現的現象是按照物質本身的規律而互相聯系着，互相節約着的。唯物論的這個看法，是自然主義的看法。所謂自然主義，就是說：一切都在自然裏面，一切都是自然，自然以外，沒有別的東西。同這相反的是超自然主義。所謂超自然主義，就是說：在可知可見和已知已見的自然世界以外，還有另外一個世界，這個世界是不能用自然界的規律去體驗的，而必須用信仰，直覺等形而上的方法去認識的。

因爲這一章書處處都提到唯心論（原文用的名詞是唯心主義），我們應當在這裏先把「唯心論」這個名詞作一個簡單的解釋，然後在本書

之末再討論到基督教與唯心論及唯物論的關係。

　　唯心論有許多派別，因此，這個名詞就有許多種解釋。（參看《哲學辭典》「唯心論」一條——商務印書館版）根據一般唯物論者的解釋，唯物論是主張存在決定思維的，而唯心論則是主張思維決定存在的，那就是說：我們的所謂客觀世界，是主觀的產物，或者說：客觀世界的本質同主觀世界——心，意識或精神——的本質是相同的。前者是主觀唯心論，後者是客觀唯心論。根據唯心論的看法，心是主，物是賓，是心的表現；心是真實的，而物是虛幻的，或是心的反映或不完善的塑形。心既然是主，它當然就可以完全地支配物。

　　根據唯物論的看法，客觀世界却是自己存在着的，是根據本身的定律運動着，發展着的，并不是什麼「觀念」或「精神」的表現，當然也不需要一個「上帝」去創造它。

　　（二）「唯心主義硬說，只有我們的意識才是真實存在着的，物質世界，存在或自然界只是在我們的意識中，只是在我們的感覺、觀念或概念中存在着，而馬克思主義的哲學唯物主義却與此相反，認爲：物質、自然界或存在，是在意識以外，不依賴於意識而存在着的客觀現實；物質是第一性的現象，因爲它是感覺、觀念或意識的來源；而意識是第二性的現象，從生的現象，因爲它是物質的反映，存在底反映；思維是發展到高度完善的物質底產物，卽人腦底產物，而人腦是思維底器官；因此，如果不願意大錯特錯，便不可把思維和物質隔開。」（斯大林著《辯證唯物主義與歷史唯物主義》解放社版第十五頁）

　　我們的意識與思維是物質的產物，是人腦的產物。人腦是思想的器官，是有高度組織的物質的功能。物質是我們可以感覺得到的客觀現實，是第一性的現象，而精神，意識，感覺和心理現象是第二性的現象。推而論之，社會的物質生活，社會的存在，也是第一性的現象，而社會的

精神生活，是第二性的現象。社會的精神生活包括了社會觀念、社會理論、政治觀點、政治制度、道德觀念和文化的其他方面。從唯物論的觀點看來，這些都是「上層建築」，它們的基礎是社會的物質生活。屬于上層建築的東西，也可以說是一種「意識形態」。所謂意識形態，就是由於某種社會制度的影響而形成的思想形態。那就是說：一般的思想，并不具有超然或絕對的性質，而只是相對的，跟着社會制度而變遷的。例如：封建社會的思想，同資本主義社會的思想是不同的，社會主義社會的思想，和資本主義社會的思想又是不同的。根據唯物論的看法，必須達到一個完全自由平等的社會，人們的思想才能是客觀真理的反映，而不是意識形態。

　　根據上面的看法，我們的思想就不應當從抽象的「人類理性原則」或「偉大人物」的善良願望出發，而應當從社會物質生活條件，及社會物質生活發展的現實需要出發。如果我們不從這個物質生活的觀點出發，而去提出一個「理想計劃」，或「包羅萬象的方案」，我們就會陷入唯心主義的錯誤。

　　但這並不是說社會觀念、理論、政治觀點和政治制度在社會生活中沒有作用，說它們不反轉來影響到社會存在，影響到社會生活物質條件的發展。舊的社會觀念和理論，是替那些衰頹着的勢力的利益服務的，它們的作用就是阻礙社會的發展。新的，先進的觀念和理論是替社會上的先進利益服務的，它們的作用就是促進社會的發展。新的社會觀念和理論，只有當社會物質生活發展已在社會面前提出新的任務時，才會產生出來。但是，它們產生出來以後，便會促進這個新的任務的完成，使社會前進。這個新的社會觀念和理論，具有深入民眾意識，動員民眾，組織民眾的巨大力量。因此，馬克思說：

　　「理論一掌握了羣眾，便立刻成為物質的力量。」（同上第二十五頁）

　　這一句話可以解除一般人以為唯物論否認精神生活的力量的誤解。

（三）「唯心主義否認世界及其規律底可知性，不相信我們知識的確實性，不承認客觀真理，并認為世界上充滿着科學永遠不能認識的『自在之物』，而馬克思主義的哲學唯物主義却與此相反，認為：世界及其規律完全可能認識，我們對於自然界規律的那些已由經驗和實踐考驗過的知識是具有客觀真理意義的確實知識，世界上沒有不可認識之物，而只有現在尚未認識，但將來却會由科學和實踐力量揭示和認識之物。」（同上第十七頁）

　　世界既然是可以認識的，我們關於自然界發展規律的知識既然是具有客觀真理意義的確實知識，那麼，社會生活，社會發展，也同樣可能認識，關於社會發展規律的材料，也是具有客觀真理意義的確實材料。由此可見社會歷史科學可以成為像生物學一樣準確的科學。從這個觀點看來，社會主義已由關於人類美滿未來的空想變成科學。

## 討論問題

一、　如果物質是自己運動着的，而不需要物質以外的什麼東西使它運動，這是不是就證明上帝是不存在的呢？你自己對於「上帝」這個名詞做什麼解釋？你對於「上帝」這個名詞的解釋，同「物質自己運動」這個看法，有沒有什麼衝突？

二、　從基督教信仰的觀點看，你對於「客觀現實的存在不依賴於人類意識、感覺和經驗」這個說法，有什麼意見？你能不能否認世界的客觀存在？如果我們說宇宙萬物是上帝所創造的，而上帝又是個「靈」，（約翰福音四章二十四節）這個「靈」是不是必須解釋為與人類心靈同一的東西？如果不是，「靈」應當做什麼解釋？如果是，基督教的信仰，是否應當看作是唯心的？

三、 唯物論說「世界及其規律完全可能認識」，而基督教則強調人的知
　　識有限，只有上帝是全知的，這兩個說法有沒有衝突？有限的，相
　　對的人類知識能不能完全瞭解宇宙的奧祕及世界一切的規律？對宇
　　宙採取某種程度的神祕觀念，是不是必定與科學的態度相反的？

# 四、歷史唯物論

　　所謂歷史唯物論，就是把辯證法唯物論的理論應用到歷史上去。歷史所包含的東西是社會面貌，社會觀念，政治制度等和整個社會的演變。從唯物論的觀點看來，決定這些東西的是「社會物質生活條件」，這「社會物質生活條件」究竟是什麼；它們的特徵是什麼？

　　「首先，『社會物質生活條件』這一概念，當然是把環繞着社會的自然界，卽地理環境包含在內，因為這個環境是社會物質生活所必要的和經常的條件之一，而且無疑是影響到社會發展。地理環境在社會發展中的作用怎樣呢？地理環境是不是決定社會面貌，人們社會制度性質，以及由一個制度過渡到另一個制度的主要力量呢？」（同上第二十七頁）

　　歷史唯物論對這個問題的答覆是否定的。

　　地理環境當然是社會發展的經常必要條件之一，而且它無疑地能影響到社會的發展，加速或延緩社會發展進程。但這個影響幷不是決定的影響，因為社會的變更和發展要比地理環境的變更和發展快得不可計算。「歐洲在三千年內已更換過三種不同的制度：原始公社制度、奴隸制度、

封建制度；而在歐洲東部，卽在蘇聯，甚至更換了四種社會制度。可是，在這同一時期內，歐洲境內的地理條件不是完全沒有變更，便是變更得很少，……地理環境方面一種稍許嚴重的變更都需要幾百萬年，而人們社會制度中甚至最嚴重的變更，也只需要幾百年或一兩千年就够了。」（同上第二十七、八頁）

其次，人口的增長，居民密度的高低，當然也包含在「社會物質生活條件」這一概念中，因爲人是社會物質生活條件中的必要成份。人口的增長是不是決定人們社會制度性質的主要力量呢？

歷史唯物論對于這個問題的答覆也是否定的。

人口的增長當然能影響社會的發展，但這影響也不是決定的影響，「因爲人口底增長幷不能給我們說明爲什麼某種社會制度恰巧要由一定的新制度來替代，而不是由其他某一個制度來替代；爲什麼原始公社制度恰巧是由奴隸制度所替代，奴隸制度恰巧是由封建制度所替代，封建制度恰巧是由資產階級制度所替代，而不是由其他某一制度所替代。」（同上第二十八、九頁）

如果人口的增長是社會發展中的決定力量，那麼，較高的人口密度，就必定會產生較高形式的社會制度。但是，事實幷不是這樣的。中國人口密度比美國高四倍，但美國在社會發展過程上高于中國。比利時人口密度比美國高十九倍，比蘇聯高二十六倍，但美國在社會發展程度上高于比利時，而蘇聯比之比利時，更高出一個整個歷史時代，因爲比利時是資本主義制度，而蘇聯却建立了社會主義制度。

由此可以得到一個結論：人口的增長不是，而且不能是在社會發展過程中決定社會制度性質，決定社會面貌的主要力量。

旣然如此，那麼，在社會物質生活條件體系中，究竟什麼是決定社會面貌，決定社會制度性質，決定社會由這一制度發展爲另一制度的主要力量呢？歷史唯物論的回答是：「生產力」與「生產關係」。

從唯物論的觀點看來，決定社會制度性質的主要力量「便是人們生

存所必要的生活資料謀得方式，便是社會生活和發展所必需的食品、衣服、靴鞋、住房、燃料和生產工具等等物質資料生產方式」。（同上第三十頁）

「爲要生活，就需要有食品、衣服、靴鞋、住房和燃料等等，爲要有這些物質資料，就必須生產它們，而爲要生產它們，就需要有人們所利用來生產食品、衣服、靴鞋、住房和燃料等等的種種生產工具，就需要善于生產這些工具，就需要善于使用這些工具。

「生產物質資料時所使用的生產工具，以及因有相當生產經驗和勞動技能而發動着生產工具并實現着物質資料生產的人，——這些要素總合起來，便構成爲社會底生產力」。（同上）

生產力是生產的一方面，生產方式的一方面，其所表示的是人們對于他們所利用來生產物質資料的物件和自然界力量間的關係。生產的另一方面，生產方式的另一方面，便是人們彼此在生產過程中發生的關係，卽人們的生產關係。

「人們和自然界鬥爭以及利用自然界來生產物質資料，并不是彼此孤立，彼此隔絕，各人單獨進行，而是以團體爲單位，以社會爲單位來共同進行的。因此，生產在任何時候和任何條件下都是社會的生產。人們在實現物質資料生產時，也就建立彼此間在生產內部的某種相互關係，卽某種生產關係。這些關係可能是不受剝削的人們彼此間的合作和互助關係，可能是統治和服從的關係，最後，也可能是由一種生產關係形式過渡到另一種生產關係形式的過渡關係。可是，不管生產關係帶着怎樣的性質，而它們在任何時候和在任何制度下，都如社會底生產

力一樣是生產底必要原素。」（同上第三十一頁）

所以，生產、生產方式是把社會底生產力和人們底生產關係兩者都包含在內，而體現着兩者在物質資料生產過程中的統一。

生產有三個特點：

（1）「生產底第一個特點就是它永遠也不會長久停留在一點上，而是始終處在變更和發展狀態中，同時生產方式中的變更又必然引起全部社會制度，社會觀念，政治觀點和政治制度底變更，即引起全部社會的和政治的結構底改造。人們在各個不同的發展階段上有着各個不同的生產方式，或者粗淺一點說，過着各種不同樣式的生活。在原始公社制度下有一種生產方式，在奴隸制度下有另一種生產方式，在封建制度下有第三種生產方式，餘此類推。同時，人們底社會制度，他們的精神生活，他們的觀點，他們的政治制度，也與此適應而各不相同。」（同上第三十二頁）

用一句粗淺的話說，就是：人們的生活樣式怎樣，人們的思想樣式也就會怎樣。社會發展史首先便是生產發展史，數千年來新陳代謝的生產方式發展史，生產力和人們的生產關係發展史。

這個社會發展史也就是生產社會生存所必需的物資的那些勞動羣衆的歷史。換句話說，社會的發展不是由於帝王將相，侵略者和征服者的行動，而是要由物質生產，勞動羣衆和各國人民的歷史中去瞭解的。

（2）「生產底第二個特點就在生產底變更和發展始終是從生產底變更和發展上，首先是從生產工具底變更和發展上開始。

　　所以生產力是生產中最活動最革命的要素。起初是社會底生產力發生變更和發展起來，然後，人們底生產關係，人們底經濟關係也依賴于這些變更幷與這些變更相適應而發生變更。但這幷不是說，生產關係不影響到生產底發展，生產力不依賴于生產關係。生產關係雖然是依賴于生產力底發展而發展，但同時它們又反轉來影響到生產力，加速或延緩其發展。而且必須指出：生產關係不能過分長久落後于生產力底增長幷和這一增長相矛盾，因爲只有當生產關係適合于生產力底性質及狀況，幷使生產力有發展餘地時，生產力才能儘量發展起來。因此，無論生產關係怎樣落後底發展，但它們遲早總應而且一定會去適合于生產力底發展水準，適合于生產力底性質。不然，便會有生產體系中生產力與生產關係統一底根本破壞，全部生產破裂，生產危機以及生產力破壞的情形。」（同上第三十四、五頁）

　　生產力的狀況所要回答的問題是：人們用什麼生產工具來生產他們所必需的物質資料。生產關係的狀況所要回答的問題是：生產資料歸誰所有，由誰支配——是由全社會支配，還是由單獨的人、集團和階級支配，幷利用它去剝削其他的人、集團和階級。所謂生產資料，包括了土地、森林、水流、礦源、原料、生產工具，生產建築物，交通聯絡工具等等。

　　生產力是生產中最活動最革命的因素，幷且也是決定生產關係的因素。生產關係必須適合于生產力的發展水準，不然，生產體系中生產力與生產關係的統一，便會發生危機，以致根本破壞。

　　生產關係和生產力性質不適合的實例，它們兩者間衝突的實例便是資本主義國家中所發生的經濟危機。「在資本主義下生產帶着社會性質」（生產採取了手工工場和工廠形式的社會化、一個企業對其它企業的聯系和依存性、社會分工），而佔有却依然是私人資本主義的。」（《社會發展簡史》解放社版八十四頁）這便和生產的性質極不適合。這種不

適合的結果，便使生產力陷于破壞，因而發生經濟危機。社會革命的目標，就是要建立一個適合于生產力性質的新生產關係。

以下便是從古代到今日的生產力發展的一般情景。由粗笨的石器過渡到弓箭，由狩獵生活過渡到原始畜牧；由石器過渡到金屬工具，從而過渡到農業；金屬工具繼續改良，促成手工業的發展；由手工業生產工具過渡到機器，手工業工場生產轉變爲機器工業；再進而過渡到機器制，以及現代機器化工業的出現，——這就是人類史上社會生產力發展的一個大致情景。生產工具的發展和改善，都是由參加生產的人們所實現，因此，人們的生產經驗和勞動技能也隨着發展起來。

隨着社會生產力在歷史上的變更和發展，人們的生產關係，經濟關係，也隨着變更和發展。歷史上有五種基本生產關係：原始公社制度，奴隸制度，封建制度，資本主義制度，社會主義制度。

**原始公社制度：**生產關係的基礎，是生產資料的公有。這在基本上是與當時的生產力性質相合的。石器以及後來出現的弓箭，使人絕對不能單身去和自然界勢力及猛獸作鬥爭。人們當時爲要在森林中採集果實，在水里捕獲魚類，或要建築某種住所，便不得不共同工作，否則便會餓死，或成爲猛獸或鄰近部落底犧牲品。因爲勞動是公共的，所以生產資料和生產品也是公有的。這里並沒有什麼剝削，也沒有什麼階級。

**奴隸制度：**生產關係的基礎，是奴隸主佔有生產資料和生產工作者，這生產工作者便是奴隸。奴隸主可以把奴隸當作牲畜來買賣屠殺。這樣的生產關係，基本上是與當時的生產力狀況相合的。此時已出現了畜牧業、農業、手工業和生產部門間的分工與生產品的交換。財富及生產資料可能積累在少數人手中，使大多數人服從少數人，幷使這大多數人變爲奴隸。奴隸主是不勞而獲的，奴隸主所剝削的奴隸們的強迫勞動，佔了奴隸制度社會生產過程的主要地位。這時候，生產資料和生產品的公有制，已被私有制所替代了。奴隸主是第一個基本的十足的私有主。

**封建制度：**生產關係的基礎是封建主佔有生產資料和不完全佔有生產工作者，這生產工作者便是封建主雖已不能屠殺，但仍可以買賣的農

奴。當時除封建所有制外，還存在有農民手工業者以本身勞動爲基礎佔
有生產工具和自己私有經濟的個人所有制。這樣的生產關係在基本上是
與當時的生產力狀況相合的。

私有制在這里已經繼續發展了。剝削幾乎仍如奴隸制度下的剝削一
樣殘酷，不過是稍許減輕了一些罷了。剝削者和被剝削者間的階級鬥爭，
便是封建制度底基本特徵。

**資本主義制度：**生產關係的基礎是生產資料的資本主義所有制，同
時這里已經沒有了私自佔有生產工作者的情形，這時的生產工作者，卽
僱傭工人，是資本家既不能屠殺，也不能出賣的，因爲僱傭工人已免除
了人格上的依賴，但他們却沒有生產資料，所以他們爲要不致餓死，便
不得不出賣自己的勞動力給資本家，幷忍受繁重的剝削。手工作坊和手
工工場企業已由機器化的大工廠所代替了。用農民粗笨生產工具耕作的
貴族地產，已由根據農藝學經營和使用農業機器的資本主義大農場所代
替了。

「可是，資本主義把生產力發展到巨大規模的時候，便陷入它
自己所不能解決的矛盾中。資本主義生產出日益增多的商品幷
減低着商品的價格，便使競爭尖銳化，使大批小私有主和中等
私有主陷于破產，把他們變成無產者，減低他們的購買力，因
而就使生產出來的商品無法銷售出去。資本主義擴大生產幷把
千百萬工人集合在大工廠內，便使生產過程具有了公共的性
質，因而破壞了自己本身的基礎，因爲生產過程底公共性質要
求有生產資料的公有制，而生產資料的所有制却仍然是資本主
義私人性的，卽與生產過程底公共性質勢不兩立的所有制。

「生產力性質與生產關係間這種不可調和的矛盾，是暴露
于週期的生產過剩危機中，此時資本家因他本身使廣大民眾
遭受破產而找不到有支付能力的需求者，便不得不燒毀生產
品，消滅已製成的商品，停止生產，破壞生產力；此時千百

萬民衆被迫失業挨餓，而這并不是由于商品不够，却是因爲商品出産太多。

　　「這就是説，資本主義的生産關係已不復與社會生産力狀況相適合，而是已與社會生産力處于不可調和的矛盾地位。

　　「這就是説，在資本主義制度里成熟着革命，其使命就是要用社會主義的生産資料所有制來代替現存的資本主義的生産資料的所有制。

　　「這就是説，剝削者和被剝削者間最尖鋭的階級鬥爭，乃是資本主義制度的基本特徵」。（同上第四十一、二頁）

**社會主義制度：**現在在全世界中，只有蘇聯一個國家，是實現了社會主義制度。「生産資料的公有制是生産關係的基礎。這里已沒有什麼剝削者，也沒有什麼被剝削者。生産出來的物品是根據『不勞動者不得食』的原則來按勞動分配的。這里生産過程中人們相互關係的特徵，乃是不受剝削的工作者們間同志的合作和社會主義的互助。這里生産關係與生産力狀況完全相合，因爲生産過程底公共性質是由生産資料的公有制所鞏固的。」（同上第四十二頁）

「因此，蘇聯的社會主義生産也就根本不知道什麼是週期的生産過剩危機，以及與此危機相聯結的荒謬現象。

　　「因此，生産力在這里是加速發展着，因爲適合於生産力的生産關係使生産力有這樣發展的充分廣闊的餘地。」（同上第四十二、三頁）

這就是人類史上人們生産關係發展的情景。

這就是生産關係發展對於社會生産力發展，首先是對於生産工具發

展的依賴性，而因爲有這種依賴性，所以生產力底變更和發展遲早要引起生產關係與此相適應的變更和發展。

（3）「生產底第三個特點就在新的生產力以及與其相適合的生產關係產生的過程，并不是離開舊制度而單獨發生，不是在舊制度消滅以後發生，而是在舊制度內部發生；不是由於人們有意自覺活動底結果，而是自發地，不自覺地，不依人們意志爲轉移地發生的。其所以是自發地和不依人們意志爲轉移地發生，是由於以下兩個原因。

「第一個原因，就是人們不能自由選定這種或那種生產方式，因爲每一新輩人開始生活時，他們已遇到現成的生產力和生產關係，卽前輩人所工作的結果，因此這新輩人在最初一個時候，應當接受他們在生產方面所遇到的一切現成東西，應當去適應這些東西，以便有可能生產物質資料。

「第二個原因，就是人們在改善這種或那種生產工具，這種或那種生產力要素時，不會覺悟到，不會瞭解到，也不會想到這些改善將會引起怎樣一種社會結果，而只是想到自己的日常利益，只是想到要減輕自己的勞動，謀得某種直接的，可以感觸到的益處。」（同上第四十六頁）

「但這并不是説，生產關係底變更以及由舊生產關係到新生產關係的過渡是一帆風順地進行，而不經過什麼衝突，不經過什麼震動。恰巧相反，這樣的過渡通常是表現於用革命手段來推翻舊生產關係而奠定新生產關係。到一定時期爲止，生產力的發展以及生產關係方面的變更，是不依人們意志爲轉移而自發進行的。但這只是到一定時期爲止，只是到已經產生和正在發展的生產力還沒有充分成熟的時候爲止。而當新生產力已經成熟時，現存的生產關係及其體現者的統治階級就變成了『不可克服的』，只有經過新階級自覺活動，只有

經過新階級強力行動，只有經過革命才可掃除的障礙。這裡特別明顯地表現出應該用強力把舊生產關係消滅掉的那些新社會觀念，新政治制度和新政權底偉大作用。在新生產力與舊生產關係互相衝突的基礎上，在社會底新經濟需要的基礎上產生出新的社會觀念；新的思想組織和動員羣眾；羣眾團結成為新的政治軍隊，建立起新的革命政權，并運用這個政權去用強力消滅生產關係方面的舊秩序而奠定新秩序。於是，自發的發展過程就讓位於人們自覺的活動，和平的發展就讓位於強力的變革，進化就讓位於革命。」（同上第四十八、九頁）

## 討論問題

一、　如果歷史的演變是根據社會物質生活條件的，那麼，基督教的所謂「上帝旨意」，是不是與這個演變完全沒有關係？如果是有關係的，是什麼樣的關係？

二、　從歷史唯物論的觀點看，「時勢造英雄」和「英雄造時勢」有什麼辯證的聯系？

三、　資本主義為什麼不能「改良」一下，而繼續存在？它所以必須轉變為社會主義，除了生產力和生產關係的矛盾的客觀因素外，還有沒有主觀的因素（如正義與平等的要求等）？如果客觀的因素不存在，或沒有成熟，主觀的要求，有沒有實現的可能？

四、「空想的社會主義」和「科學的社會主義」有什麼分別？所謂基督教社會主義是不是空想的社會主義？

# 五、基督教・唯心論・唯物論

在前面的幾章里，我們把辯證法，唯物論，歷史唯物論分開來述說討論；其實這三樣東西不過是一樣東西的三方面。從物的本身說，是唯物論；從物的運動說，是辯證法。凡是物，都是運動着的；凡是運動着的，都是物。這就是辯證法唯物論；把辯證法唯物論的觀點和定律應用到歷史上去，就是歷史唯物論。在這一章的討論里，我們把這個思想系統簡稱之爲唯物論。

基督教同唯物論究竟是基本衝突的，還是可以相通的，或者是可以互相補充的呢？在前幾章的討論裏，我們已經局部地提到這些問題，現在我們對這些問題再做一個綜合的討論。

爲了引起讀者對這些問題的思想起見，我預備把個人的意見，簡單地提供出來。

基督教同辯證法是完全沒有衝突的，因爲辯證法所研究，所敘述的，是事物演變發展的規律，這些規律，從一個信仰上帝的人的觀點看來，都是上帝的作爲。上帝的作爲不是任意的，不可測度的，而是可以用科學的方法去研究探討的。上帝的作爲表現於一切事物的真理，也就表現於辯證法。過去許多基督徒對達爾文的天演論激烈地反對，認爲是與聖

經裏創世記的記載違反的，但現在大多數的基督徒都覺得天演論同創世記並沒有衝突，因為創世記不是歷史，而是詩，是想像。上帝不是在七天內創造天地，而是在億萬年中創造。基督教可以接受天演論，它當然也可以接受辯證法。凡是符合真理的，都是不與基督教違背的。

其次，是基督教同唯物論的關係。從唯物論者的觀點看，宗教必然是唯心論的。

「唯心論，唯心哲學永遠是和宗教、僧侶主義聯結着的，永遠是這樣或那樣反動的，保護着反動階級底事業。

　「哲學的唯心論必然地引導到僧侶主義，這是走向宗教愚昧去的大道。唯心論和宗教在主要點上，在基本上是同一的，不論哲學唯心論，不論僧侶主義，出發點都是：真實存在的只是思想、精神、上帝，而物質世界只是思想、上帝、高級存在的產物。」（《辯證唯物論與歷史唯物論基本問題》第三分冊第五四一頁〔，〕高烈編譯，讀書出版社版）

許多基督徒也以為基督教必然是唯心的。我對這個問題，曾經發表過以下的意見：

「第一，如果說，宇宙是客觀地存在着的，而不是靠我們的主觀意識而存在的，那麼，我是一個唯物論者，而不是一個唯心論者，因為我不能懷疑宇宙的客觀性。第二，如果根據康德二元論的說法，以為在感觀可接觸到的物質以外，還有一個不可知的『物自體』，則我是一個唯物論者，而不是二元論者或二元論所造成的唯心論者，因為，科學和數學都證明了所謂『物自體』實在也是可知的。第三，假若唯心論是說：精神高于一切，只要改造人心，不必改造環境，則我是一個

唯物論者，而不是一個唯心論者，因爲我相信：改造環境，和改造人心，是同樣重要。第四，假如唯心論是像希臘的詭辯學者，或近代一些庸俗的實驗主義者那樣，説：『人是萬物的尺度』，則我也是一個唯物論者，而不能贊成這個唯心傾向，因爲我相信，主觀雖然有時可以影響客觀，但主觀不能完全逃出客觀的支配。第五，如果唯心論是客觀的唯心論，像柏拉圖和黑格兒那樣的，我至少能够同情，因爲它并不否認客觀世界的存在，或把它當作『心』的附屬物，而只是説：這個客觀世界最後的實在，是『心』而不是『物』，或者説：『物』是『心』的表現。但卽使在這種解釋之下，我也不是一個唯心論者，因爲這個所謂心，於我是一個虛無縹緲的東西，我不能把握它。并且，宇宙的實在究竟是『心』，還是『物』這個問題，從新物理學的觀點看來，已經是一個不大重要的問題了。舊物理學從靜的觀點把物質看作一種死硬的東西，像檯球桌上的那些彈球。但新物理學却從動的觀點，把物質看作一種活躍的東西。所有的物質，到了最後的分析，就都是電子，而電子在新物理學家的眼光中，與其説是一件『物』，毋寧説是一件『事』。如果物質是一件『事』，它就已經不是我們原來所想的『物』，而幾乎像一般人的所謂『心』了。在這樣意義之下，唯心論是可以説得通的。第六，我們最後可以説到上帝的問題了。一個信仰上帝的人，究竟是個唯心論者，或是唯物論者呢？我們已經説過，上帝的本體，是我們所不能直接觀察體驗的：我們所能觀察體驗的，只是上帝的作爲，只是他在宇宙間所表現的眞理。唯心論者相信眞理；唯物論者也相信眞理。所謂眞理，究竟是『心』還是『物』呢？眞理同事物，是一還是二呢？我們離開事物，能不能體驗眞理呢？從一般的經驗來説，我們是不能體驗到事物以外的眞理，和物質以外的精神。事物同眞理，物質同精神，總是在一起的。至於這二者之孰先孰後，我們就無法

斷定，好像雞蛋和雞的孰先孰後，我們無法斷定一樣。但從基督教的觀點來說，如果上帝是眞理，眞理就應當在先，而物質就應當在後，因爲物質是變動的，眞理是不變的，而這不變的東西，是從亘古到永遠，貫澈着，支配着在不斷變動中的萬事萬物的。但一個信仰上帝的人，究竟是一個唯心論者，還是一個唯物論者呢？一個唯物論者雖然相信眞理，但他是個自然主義者，他排斥一切形而上的說法，他不相信自然以外還有什麼東西。但一個信仰上帝的人則不然了。從理智方面說，他在自然以外加上一點東西——他把眞理一元化，人格化，情感化，稱之曰『上帝』。從直覺方面說，他在偉大纖巧的自然裏，在可歌可泣的歷史裏，不只認識上帝的旨意，認識上帝的作爲，同時也可以窺見上帝的本體。宗教在自然上加上去的東西，和用直覺去體驗的上帝的顯示和上帝的本體，唯物論是完全否認的。如果唯物論把這些東西看作唯心論，則我確是一個道地的唯心論者。但我相信這種唯心論和唯物論沒有什麼基本的衝突，因爲唯物論所相信的一切，我都可以相信，而我所不能接受的，只是唯物論的這個否定。幷且，我相信，卽使我的宗教信仰和唯物論不完全相同，這個信仰，還是和唯物論具有同樣的科學性，因爲我所相信的上帝，不是一個憑空推想的上帝，而是從客觀的眞理和耶穌基督的啓示體驗得來的上帝。」（《黑暗到光明》：〈眞理可以調和嗎〉一六七至一六九頁［ ， ］青年協會書局出版）

這一段話，雖然說得很簡單，但至少可以作爲討論這個非常複雜的問題的參考資料。

再其次是歷史唯物論。我們在本書裏面所敍述的社會的演變，都是從歷史的研究所得來的結論。從基督教的觀點看來，問題幷不在社會演變的事實的本身，而是在于我們對于這些事實的解釋。本書的解釋，是

唯物的解釋，而基督教的解釋，就常常會偏到唯心的方面去。這一種唯心的解釋，就是把社會變革的原因，歸結到人心中正義的要求，或是歸結到上帝永恆的旨意，或基督教某種教義，像愛的表現。由于這種唯心的傾向，基督徒就很容易抱一個錯誤的見解，以爲精神重于物質，若要改造環境，只需改革人心。其極端的，甚至抱一種消極出世的觀念，以爲物質環境旣然是不重要的，則社會的改革只是一件多餘的事，至少不是一件重要的事。這一種態度的結果，就是逃避現實，把宗教變成人民的鴉片，變成反動統治者的工具。反動統治者是歡迎這樣的唯心論的，因爲這樣的唯心論追求「屬靈」的東西，輕視「屬世」的東西，對于政治不聞不問，表面上似乎是採取中立的立場，事實上却是幫助反動統治者去維持現狀，鞏固了他們的地位。有些人所以採取這一種唯心的看法，只是因爲他們缺乏對現實的正確認識，因而對世界抱有一種消極悲觀的態度。但也有不少的人，他們所以贊成唯心的看法，是因爲這一種看法符合了他們本身的利益。他們的利益是建立在不合理的現狀上面的。改變了這個現狀，就是妨害了他們的利益。因爲他們的利害同反動統治者的利害是一致的，所以他們，同反動統治者一樣，要把宗教變成人民的鴉片。

其實歷史唯物論并不否認精神作用的重要性。在本書的前面，我們曾經引過馬克思的一句話：「理論一掌握了羣衆，便立刻成爲物質的力量。」但是，精神是不能脫離物質條件而發生作用的；如果它是脫離物質條件的，它就會變成空想。過去許多烏托邦式的理想社會，就是空想的表現。我們甚至可以說，歷史唯物論雖然以社會發展的規律爲實際活動的基礎，而不以「正義」，「道德」，「理性」等等的要求爲基礎，實際上，歷史唯物論這一種看法與基督教的看法也并沒有衝突。基督教主張愛人，主張正義，唯物論者地同樣是主張愛人，主張正義的。當我們讀了《共產黨宣言》以後，我們便會得到兩個很清楚的印象：第一是這個宣言從唯物論的觀點清楚地分析了社會過去的歷程，和它必然的趨向；另一方面，這個宣言的字里行間，却閃耀着人類正義的要求。《共產黨宣言》的聲音，就是充滿了正義感和熱情的先知的聲音。這個聲音

同舊約里先知的聲音并沒有什麼兩樣。但《共產黨宣言》的看法，同一般基督教的唯心論者的看法是完全不同的，因為，即使這二者同樣地有着正義的要求，一個唯物論者的正義感，是同物質環境的條件配合起來的，而一個唯心論者的正義感，却是脫離了這些條件的。唯物論是主張理論與實際打成一片的，而唯心論則常常是使理論脫離實際的。

有些基督徒很喜歡引用耶穌的話：「人活着不是單靠食物，乃是靠上帝口里所出的一切話」（馬太四章四節）來證明基督教是唯心的。他們以為「上帝的話」是屬于精神的，而「食物」是屬于物質的。其實耶穌的這一句話，不但不是唯心的，并且是同歷史唯物論的說法一致的。耶穌說：「人活着不是單靠食物」，這就是說：人活着是要靠食物的，但也靠別的東西，所謂別的東西，就是「上帝口里所出的一切話」。「上帝口里所出的一切話」是什麼呢？就是真理，就是吃東西的真理。所謂吃東西的真理，也就是人們物質生活的方式，也就是人們應用生產工具去生產必需的物資以後，所用以處理這些物資的生產關係和分配方法。假若人們單單注意他們生活所必需的食物，而不去講究取得食物和分配食物的方法，他們的生活，就會淪為禽獸世界你爭我奪，以爪牙相搏鬥的野蠻生活。事實上，歷史所表現的，從奴隸，封建，到資本主義的社會，在不同的形式上，都是這樣的生活。這樣的生活，就是否定了「上帝口里所出的一切話」，否定了吃東西的道理，否定了人類在生產過程和物資分配中的合理關係。我說：「人活着不是單靠食物」，這句話不只不是唯心的，并且是同唯物論一致的，我相信我沒有歪曲耶穌的教訓；相反地，歪曲了他的教訓的，正是那些把他的話看作唯心論的人們。

結語

　　基督教同唯物論這兩樣東西的性質并不是相同的，所以我們不可能拿它們來做一個很具體的比較，雖然我們可以討論它們之間的相互關係。唯物論是哲學，而基督教則是宗教信仰；宗教信仰里面也有哲學，這就是宗教哲學；宗教哲學同唯物論是有着很密切的關係的。然而，基督教信仰除了哲學以外，還有其他的東西，這些東西，有唯心的成分，但并不一定與唯物論衝突。唯物論在實際方面最具體的表現，就是共產主義。共產主義同基督教的社會主張和天國觀念也是有着很密切的關係的。基督教的社會主張有空想的成分，然而這些成分，與其說是和歷史唯物論衝突的，毋寧說是與它互相補充的。以上都是一些概括的結論；要把這些結論充分地說明，是要寫一本書的。在這一個小冊有限的篇幅里面，我們僅僅能够給讀者提供一條思想的路線。

　　我們可以想像得到：許多讀者讀完了這本小冊，或參加過關于它的討論以後，可能對唯物論的本身有了一點比較清楚的認識，但對于基督教與唯物論的關係這個問題還是莫明其妙，如墮五里霧中。這個問題本來就是非常複雜困難的，就是一個有哲學和神學素養的人，也不容易把這個問題完全弄清楚。然而，這并不是一個致命的困難。唯物論者是最注重實踐的，他們是主張理論與實踐打成一片的。馬克思曾經說過一句話：「哲學家們只是用不同的方式來說明世界，但是問題在于改變世界。」耶穌也說：「凡稱呼我主阿主阿的人，不能都進天國；惟獨遵行我父旨意的人，才能進去。」（馬太七章二十一節）即使我們沒有把基督教同唯物論的關係這個問題完全弄清楚，我們的信仰還是有着充分發揮的餘地的。「盡心、盡性、盡意、盡力愛主你的上帝」，并且要「愛人如己」，這是基督教全部的誡命。實行了這個誡命，一切理論的問題，便會迎刃而解。實踐是唯物論的試金石，也是基督教的試金石。這是歷史里一個無情的審判者，讓我們在這個審判者的面前低頭吧。

# 討論問題

一、　根據本章關于「唯心」的解釋，基督教是不是有唯心的傾向？這個
　　　傾向的根源是什麼？

二、　根據本章關于「唯物」的解釋，基督教同唯物論是不是有基本的衝
　　　突？這個衝突有沒有消除的可能？

三、　如果我們說，基督教不是唯物論，但是基督教可以接受唯物論的眞
　　　理；基督教也不是唯心論，但是基督教里面必需的某些唯心成分，
　　　幷不一定與唯物論衝突，這一個說法，是不是可以初步地解決了基
　　　督教同唯物論的關係這個問題？

四、　基督教同歷史唯物論有沒有基本的衝突？反對歷史唯物論同反對社
　　　會革命，有沒有必然的聯系？（那就是說，理智上不能否認歷史唯
　　　物論的眞理，但因爲本身利害的關係，却反對歷史唯物論和由它演
　　　繹出來的社會革命的理論和實踐，這是不是可能的？）

3

《基督教革新運動學習手冊》

「新時代學習叢書」第一集第十一種

上海：青年協會．1952 年 4 月

新時代學習叢書

第一集 第十一種

# 基督教革新運動
# 學習手冊

吳耀宗編著

青年協會書局出版

《基督教革新運動學習手冊》書影

# 目錄

# 序

　　這一本《基督教革新運動學習手冊》本來早就應當印出；對於它的延遲出版，我們要向讀者表示深切的歉意。但是，因為延遲出版，我們就能夠多放一些資料在裏面，增加了這本手冊的全面性，這也許是一個小小的補償。

　　這本手冊是供基督教團體及基督徒個人學習參考之用的。基督教三自革新運動今日已經成為全國廣大信徒的羣眾運動，不但受到全國教內教外人士的重視，也引起了國際間深切的注意。每一個教會，每一個基督教團體，每一個基督徒，都應當把三自革新看作他們的中心任務，並把這個任務在最短期內勝利完成，使中國的基督教能夠澈底肅清帝國主義的影響，成為中國人民自己的宗教。

　　我們歡迎用這本手冊的團體和個人把他們學習的收穫和他們所遇見的困難，隨時告訴我們，對他們所提出的問題，我們當儘量予以可能的解答。

一九五二年二月十五日編者

# （一）中國基督教在新中國建設中努力的途徑

原刊於《人民日報》1950 年 9 月 23 日。另見《天風》233–234 期（1950 年 9 月 30 日），頁 2。
有關本宣言的版本問題，參卷四上。附錄的〈文件發起人致全國同道的信〉，
原刊於《天風》233–234 期（1950 年 9 月 30 日），頁 3。
收入《基督教革新運動學習手冊》時新增部分以 **宋體** 標出。

　　基督教傳到中國，已經有一百四十多年的歷史，在這一百多年當中，它對中國的社會，曾經有過相當的貢獻。但是，不幸得很，基督教傳到中國不久以後，帝國主義便在中國開始活動，又因爲把基督教傳到中國來的人們，主要地都是從這些帝國主義國家來的，[1] 基督教同帝國主義，便在有意無意、有形無形之中發生了關係。現在中國的革命勝利了，帝國主義對中國歷史這一個空前的事實，是不會甘心的。它們一定要用盡千方百計，企圖破壞這個既成的事實；它們也會利用基督教，去進行它們挑撥離間，企圖在中國製造反動力量的陰謀。爲要提高我們對帝國主義的警惕，爲要表示基督教在新中國中鮮明的政治立場，爲要促成一個爲中國人自己所主持的中國教會，爲要指出全國的基督徒對新中國建設所應當負起的責任，我們發表了下面這個文件。我們願意號召全國的基督徒，爲實現這個文件所提供的原則而努力。

---

1　刊於《天風》時，「主要地」改爲「主要的」。

## 總的任務

中國基督教教會及團體澈底擁護共同綱領，在政府的領導下，反對帝國主義、封建主義及官僚資本主義，爲建設一個獨立、民主、和平、統一和富強的新中國而奮鬥。

## 基本方針

（一）中國基督教教會及團體應以最大的努力，及有效的方法，使教會羣衆清楚地認識帝國主義在中國所造成的罪惡，認識過去帝國主義利用基督教的事實，肅清基督教內部的帝國主義影響，警惕帝國主義，尤其是美帝國主義，利用宗教以培養反動力量的陰謀，同時號召他們參加反對戰爭、擁護和平的運動，並教育他們澈底了解及擁護政府的土地改革政策。

（二）中國基督教教會及團體應用有效的辦法，培養一般信徒愛國民主的精神，和自尊自信的心理。中國基督教過去所倡導的自治、自養、自傳的運動，已有相當成就，今後應在最短期內，完成此項目任務，同時提倡自我批評，在各種工作上，實行檢討整理，精簡節約，以達到基督教革新的目標。

## 具體辦法

（一）中國基督教教會及團體，凡仍仰賴外國人才與經濟之協助者，應擬定具體計劃，在最短期內，實現自力更生的目標。

（二）今後基督教教會及團體，在宗教工作方面，應注重基督教本質的深刻認識，宗派間的團結、領導人才的培養、和教會制度的改進；在一般工作方面，應注重反帝、反封建、反官僚資本主義的教育，及勞動生產、認識時代、文娛活動、識字教育、醫療衛生、兒童教育等爲人們服務的工作。

## 附：文件發起人致全國同道的信

　　〈中國基督教在新中國建設中努力的途徑〉文件，從起草到發表，經歷了相當長的一個過程，單就草案修改次數講，達到了八次之多。文件草案討論的過程，是中國基督教各方面人士思想的一個大交流、大檢討。無數相同或不相同的意見，在各種大小集會上，正式的和非正式的，都表達了出來。最後，才得到最大多數人都同意了的一個綜合意見，草成了最後的文稿。當時由全國各地，各宗會信徒領袖四十人，署名發起，徵求全國贊成該項文件的同道簽名。下面是當時文件發起人致全國同道的信。現該文件仍在繼續徵請簽名過程中，截至一九五二年一月底止，簽名人數已超過三十二萬人。

　　　　　　　　　　　　　　　　　　　　　　　　——編者

各位同道：

　　自解放以後，國內有不少的同道覺得現在還有許多人對基督教不了解，所以我們應當發表一篇對外的宣言，表示基督教在新時代中的立場。關於這個問題，基督教訪問團曾與各地同道詳細討論，結果擬定一個宣言的稿子，又經原發起人與京、津、滬、寧、杭等重要地區基督教領袖及各方面人士，往返協商，將宣言稿修改八次之多，才決定採用現在送上的稿子。這篇宣言是中國基督教一個有歷史意義的文件，它對於中國基督教的前途和它的發展，也有異常重要的關係。如果你贊成這篇宣言，就請你簽名，並請收信後儘速將你的簽名寄到上海虎丘路一三一號吳耀宗收。等到各地的簽名都收齊時，我們便要將宣言和簽名人名字，在全國的報紙上發表。簽名的時候，請你把你服務的機關和担任的職務註明。這並不表示你是代表那個機關簽名的，因為簽名都是以個人資格的。所以請你這樣做，是要使外界人士明瞭你在基督教裏面的身份。除了你自己以外，如果你認為還有應當約請簽名的人，就請你代為徵請，連同你自己的簽名寄出。除了這個對外的宣言以外，我們還預備擬定一個對國

內基督徒同道的宣言，和一個對國外宣教會及基督徒同道的宣言，一俟
擬妥，當送上審閱。（編者按：經過慎重考慮以後，我們已經取消了這
個計劃）　耑此順候

　　道安

丁先誠　　王世靜　　王吉民　　王梓仲　　方叔軒

江文漢　　江長川　　艾年三　　汪彼得　　吳高梓

吳耀宗　　林永俁　　邵鏡三　　拓觀海　　胡翼雲

涂羽卿　　韋卓民　　高鳳山　　孫王國秀　凌俞秀靄　　　　　　同啓

崔憲祥〔詳〕　　陸志韋　　戚慶才　　陳文淵　　陳芝美

陳崇桂　　楊肖彭　　趙紫宸　　趙復三　　熊眞沛

鄧裕志　　黎照寰　　劉良模　　劉維誠　　鄭建業

鮑哲慶　　繆秋笙　　檀仁梅　　龐之焜　　蕭國貴

一九五〇年七月廿八日

## 討論問題

一、　中國基督教爲什麼需要革新？

二、　爲什麼這篇宣言是中國基督教一個劃時代的有歷史意義的文件？它
　　　的發表，對教會團體發生什麼影響？對新中國的建設有什麼貢獻？

三、　基督徒能不能超政治？應不應該反對帝國主義，封建主義，官僚資
　　　本主義？

四、　一百多年來帝國主義是怎樣利用基督教侵略中國的？

五、　我們應怎樣肅清帝國主義的影響？應如何警惕帝國主義利用宗教以培養反動勢力的陰謀？

六、　中國基督教怎樣才能自力更生？要自治、自養、自傳困難在那里？這些困難應如何克服？

# （二）基督教人士的愛國運動
## ——北京《人民日報》社論——
### （一九五〇年九月廿三日）

原刊於《人民日報》1950 年 9 月 23 日。收入《基督教革新運動學習手冊》時新增討論問題，新增部分以**宋體**標出。

中國基督教人士第一批一千五百多人聯名發表的以「中國基督教在新中國建設中努力的途徑」爲題的宣言，號召全國基督教徒割斷教會與帝國主義國家的關係，實行自治、自養、自傳，以達到革新中國基督教的目標。由中國基督教許多著名人士簽名發表的這篇宣言，申明了基督教徒在新中國所應有的反對帝國主義、封建主義、和官僚資本主義的、反對戰爭擁護和平的政治立場，並指出了中國宗教界的正確的努力方向。誠如徵求簽名的信上說，「這篇宣言是中國基督教一個有歷史意義的文件。」我們相信全國人民當與全國絕大多數愛國的基督教徒一樣，對這篇宣言表示熱忱的歡迎。

基督教和天主教在中國的活動都包含兩個方面。在一方面，這兩個宗教在中國有很多善良的教徒，他們是教徒，同時又是愛國的公民，他們希望國家獨立富強和自由民主，因而擁護人民政府所進行的政治改革和社會改革。在另一方面，這兩個宗教又由於歷史的原因，與外國帝國主義發生了種種不同的聯系。大家知道，這兩個宗教都是在一百多年前才大規模地由外國傳入中國的。當時外國教士之不遠萬里而來，用第一

個來到中國的美國基督教教士裨治文牧師的話來說，「與其說是由於宗教的原因，毋寧說是由於政治的原因」。他們中間的很多人是由本國政府跟鴉片販子和砲艦一起派到中國來做情報人員和侵略先鋒的。他們依靠一次連接一次的帝國主義侵略戰爭和不平等條約不斷擴大其勢力。有許多傳教士與中國的封建地主、官僚買辦相結托，巧取豪奪欺壓善良，以至在中國人民中引起了許多次嚴重的反抗，在我們的歷史上留下了血淚斑斑的事跡。教會人員與美蔣勾結進行反共反人民活動的事例，稍遠如抗日戰爭期間，老河口天主丈堂意籍神父間諜案，法國天主教系統的雷鳴遠（比籍）和美國系統曾任天主教新鄉教區主教的米甘（美籍）在陝北、晉南和豫西北一帶的情報活動。最近如解放戰爭中連續被破獲的邢台、齊齊哈爾、猷縣和瀋陽的間諜案。正由於有這種種情形，才引起了宗教界有識之士的痛心疾首，才引起了目前的蓬蓬勃勃的改革運動。中國共產黨和中國人民政府的宗教政策是一貫的和明確的。人民政協共同綱領第五條規定人民有宗教信仰自由，卽有信仰宗教之自由，也有拒絕信仰宗教之自由，這兩方面的自由同受法律的保護。宗教信仰應當絕對與外國侵略活動以及反革命活動相分離，而不應當把它們混淆起來；那些危害活動是要被人民政府所取締的。人民政府既不因爲取締那些危害活動而干涉宗教信仰自由，也不因爲保護宗教信仰自由而容忍那些危害活動。

　　有人問：共產黨人既然是澈底的無神論者，那麼，爲什麼又主張允許宗教信仰自由呢？這是因爲，宗教是產生和存在於人類面對着他們認爲不可抗衡的自然法則和社會法則而求助於神秘現象的時候，因此，只有在人類有足夠的力量支配自然，並澈底消滅了階級壓迫制度及其遺跡以後，宗教才會走向消滅。在此以前，當一部份人類由於技術落後而對自然力量繼續存在着依賴的時候，當一部份人類還沒有能够擺脫資本主義和封建主義的奴役時候，宗教的現象是不可能從人類社會中普遍消失的。因此，對於純粹宗教信仰問題，任何採取強制行動的意見都是無益而有害的。因此，我們主張保護宗教信仰的自由，如同保護拒絕宗教信仰的自由一樣。但是，教會如果被利用來作帝國主義侵略中國和反革命

份子反對人民政府的工具，那就違反了人民國家的利益，也違反了一切誠實的宗教信仰者原來的意志。那些利用宗教掩護進行破壞活動和間諜活動的特務分子（不是沒有犯罪的普通教徒），不論他們標榜那一種宗教，也不論他們是外國人或中國人，就都應當按照共同綱領第七條的規定，受到應有的懲處。

正是從這種立場出發，我們歡迎基督教人士所發起的自治、自養、自傳運動。這是基督教人士應有的使中國基督教脫離帝國主義影響而走上宗教正軌的愛國運動。他們號召割斷與帝國主義的關係，實行自力更生，使教會從外國人的機關改變爲中國人的機關，從而也使教會所舉辦的事業不再是服務於帝國主義利益的事業。這個運動的成功，將使中國的基督教獲得新的生命，改變中國人民對於基督教的觀感，因爲他們使自己的宗教活動和帝國主義侵略中國的活動劃清了界綫，而不互相混淆。因此，我們相信一千五百多位基督教人士的宣言，不但將爲愛國的基督教徒所擁護，而且也將爲愛國的天主教徒所響應。一切宗教的信徒們都可以由此得到一個正確的方向，只有朝這個方向走，宗教界才可能建立自己的正常的宗教事業。

## 討論問題

一、 中國基督教革新宣言發表後，全國人民和基督教徒有什麼反應？爲什麼它是基督教人士的愛國運動？

二、 應該怎樣正確了解宗教信仰自由？我們擁護共同綱領，是僅僅擁護它「宗教信仰自由」這一項呢，還是擁護它的全部？

三、 外國傳教士到中國來負有什麼「任務」？他們在中國幹了一些什麼勾當？請舉例說明。

四、 請述讀了「基督教人士的愛國運動」後的感想。

# （三）展開基督教革新運動的旗幟

原刊於《天風週刊》233–234 期（1950 年 9 月 30 日），頁 11–16。收入《基督教革新運動學習手冊》時有所增刪。新增部分以**宋體**標出，刪減部分以*標楷體*標出。

## 引言

　　「中國基督教革新」是解放以後一個新鮮的口號。在過去的三十年中，中國的基督教曾經提出過好幾個口號。最初的一個口號是「國內佈道」，這是西方差會在中國宣教的全盛時期中——一九一八年，由中國信徒提出來的一個口號。提倡這個口號的人們都是熱心的基督徒，他們覺得外國傳教士到中國來替我們作工，中國的基督徒也應當在自己的園地裏爲那些沒有信主的人作工。他們最初的工區是雲南、西康那些偏僻的地方，後來在一個短時期中，也曾推廣到別的地方去，但這個運動不久就消沉下去。其次，是「中華歸主」和「本色教會」這兩個口號，這是一九二二年在上海舉行的全國基督教大會所提出來的口號。所謂「中華歸主」，就是要使全中國的人都相信基督教。那時候，在帝國主義控制影響下的中國基督教的領袖們，像軍隊作戰一樣，把基督教已「佔領」和還沒有「佔領」的地區，都在地圖上清楚地表現出來。這是一個宏願，但也只是一個宏願而已。所謂「本色教會」，就是「一方面求使中國信徒担負責任，一方面發揚東方固有的文明；使基督教消除洋教的醜號。」（已故誠靜怡先生的話）跟着這個口號同時被提出來的，是另一個口號，就是「自治、自養、自傳」。「自治」也有人寫做「自立」或「自理」。

這兩個口號的提出，是在當時反基督教運動發出以後，它們主要的目的，就是要把基督教裏面「洋」字的涵義洗刷掉，因為當時的反教運動最主要的口號是「基督教是帝國主義的走狗」。但是，時代是不許可這個運動得到多大成功的。一方面基督教的領袖們對這個運動的認識還不深刻，另一方面，**帝國主義的傳教士們口頭上贊成這個運動，實際上是反對的，因為如果中國教會真的實行「三自」，帝國主義就不能利用基督教來進行侵略，而這些傳教士們就要「滾蛋」。**在不久以後，所謂「國民革命」就叛變了革命，同帝國主義妥協，而基督教也就**不談「三自」**，可以很舒服地生活在半封建半殖民地的環境裏。再其次，是**中華全國**基督教協進會在一九三一年所提倡的「五年奮進運動」。這是「九一八」的前夕，國事蜩螗，民氣消沉，而基督教也受到一般情緒的影響。並且，「中華歸主」的口號喊了十年，還沒有什麼重大的進展，這就使基督教的領袖們深深地感覺到基督教本身的弱點。當時的口號是「求主奮興我的教會，先奮興我」。**解放前中華全國基督教協進會又重複提倡一個「奮進運動」。這兩個運動都是帝國主義利用「屬靈」的口號，來麻醉中國信徒的一種辦法。**[2]

　　現在我們所提倡的基督教革新運動，在意義上雖然和過去的幾個運動是一致的，但在內容和本質上卻是和它們不同的。解放以前的中國，是帝國主義、封建主義、官僚資本主義統治下的中國，是半封建半殖民地的中國。過去基督教的幾個運動，都是在這個社會意識形態下發動的，也沒有超過這個意識形態的範圍。解放後的中國，是打倒了帝國主義、封建主義、官僚資本主義以後的新中國，是新民主主義的中國，是朝着社會主義道路邁進的中國。基督教革新運動是在這樣一個新環境、新意識下提出來的口號。它的目標不只是清算過去基督教個別的弱點，而也是要把中國的基督教基本地、全盤地改造，使它脫離了西方社會傳統的

---

2　刊於《天風》時，「解放前中華全國基督教協進會又重複提倡一個『奮進運動』。這兩個運動都是帝國主義利用『屬靈』的口號，來麻醉中國信徒的一種辦法。」原文為「最近又重複提倡一個『奮進運動』。這個運動是四年前由基督教協進會發起的，解放後在名義上還存在着。」

影響，脫離了中國舊社會思想的羈絆，恢復了耶穌福音本來的面貌，使
基督教變成新中國建設中一個積極的力量。

## 動盪的時代中的基督教

　　解放前後的基督教呈現着混亂的、苦悶的情況。這一種情況的所以
產生，是很容易了解的。在過去一百四十多年當中，基督教在中國所過
的日子，比較是「一帆風順」的。庚子的義和團運動，和以後的幾次**因
爲反對帝國主義而興起的**反教運動，都不過是樹葉上的微風，沒有震撼
到基督教的骨幹。這個時期的基督教和半封建半殖民地的中國社會，是
不可能有什麼基本衝突的，因爲它的本身就是這樣的一個社會所孕育而
成的。中國的解放，却給基督教帶來了一個不容易了解，而却又非應付
不可的現實。中國的解放是由共產黨領導着的，而共產黨是唯物的、無
神的。這似乎是一個思想上的問題，但實際上它主要的是一個利害上的
問題，因爲共產黨要推翻現行的制度，而現行的制度，也就是基督教在
裏面寄生着，受着它蔭庇的制度。反動派和帝國主義的宣傳，更加深了
這一個懼怕和成見。現在，這一個革命的運動却以迅雷不及掩耳的速度
推翻了舊的統治，建立了新的政權。怎麼辦呢？有的人是徬徨的，有的
是消極的，有的是等着看的，因爲他們不知道將要來臨的是什麼。

　　忽然，人民政治協商會議舉行了，共同綱領通過了。在政協會議裏
面，有五位基督教民主人士的代表；共同綱領清楚地規定了宗教信仰的
自由。這一個事實，在基督教裏面普遍地鼓起了樂觀、希望的情緒。許
多基督徒鬆了一口氣，他們曉得他們過去的憂慮是過分的、是多餘的。

　　但是過了不久，許多基督徒樂觀的眼光，又被一陣黑雲遮蔽住了。
從舊解放區和新解放區裏不斷地傳來苦悶的聲音。教堂被借用或徵用了，
聖經被沒收了，教會的許多工作受到阻礙了。這樣的情形并不是普遍地
發生的；有些地方——尤其是大城市，是幾乎沒有問題的。也有些地方，
經過相互了解以後，問題就解決了。然而問題既然發生，它們就常常會
被強調、被誇大、被歪曲。於是，許多基督徒又陷在懷疑和苦悶的深淵裏。

## 基督教爲什麼會遭遇到困難

　　關於基督教所發生的困難，主要的責任是應當由基督教本身來担負的。基督教同時代脫了節；基督教不但同時代脫了節，基督教并且發生了反時代的作用——這就是基督教所以遭遇困難的主要原因。爲什麼說基督教同時代脫了節呢？基督教同資本主義在意識形態上是同一時代的產物；目前基督教的信仰內容和儀式制度，大部分是受了資本主義社會的影響。中國的基督教除了這種影響以外，當然更受了一百年來半封建半殖民地的社會影響。這一個複雜的情況，就使中國的基督教在中國的社會裏，呈現了兩種不同的現象。由於原始基督教的積極性與革命性，基督教對中國的社會曾經有過相當的貢獻。這個貢獻不只表現在基督教的教育、醫藥、慈善等社會事業上，也表現在基督教對中國革命事業的影響。孫中山先生是一個基督徒；參加五四運動、救國運動，和其他的革命運動，也有不少的基督徒。爲什麼基督教的積極性與革命性，在中國的社會裏更有發揮的機會呢？那就是因爲中國的基督徒同樣是中國的人民，而中國的人民，都受了半封建半殖民地的社會的壓迫與剝削，而因此，或多或少地，都有革命的要求。

　　然而，這只是事實的一面；事實的另一面，就是造成目前基督教所遭遇困難的原因。在基督教裏面，有許多言行不符、吃教貪污、門戶水火的弊病。有不少的基督徒不能在言行上爲耶穌救人救世的福音做見證；相反地，他們生活的表現，常常使教外的人輕視基督教，甚至厭惡基督教。其次，是一些基督徒的「關門」主義。他們手捧聖經，虔心祈禱，以爲天下的大事，都可藉此而得到解決。他們害怕「政治」；他們一口咬定基督教不應當同政治發生關係。其實，他們并不是害怕政治；他們所害怕的，主要的是他們所認爲是「左傾」的政治。對維持現狀的任何東西，他們的顧慮是比較少的。由於他們的「關門」主義，他們對現實就不了解，而他們就同時代脫了節，變成保守的，甚至是反動的力量。再其次，是基督教同帝國主義的關係。基督教和帝國主義有沒有發生關係？基督教有沒有受到帝國主義的影響？關於這些問題，我們要在下面做一個說明。在這裏，我們只要指出：基督教同帝國主義的關係的問題，

是目前基督教對外關係的最主要的問題，也是基督教在解放後所以遭遇困難的最重要的因素。這個因素，在個別的事件中，可能被誇張，被歪曲了，但這個因素的存在，是不能否認的。

除了基督教本身應當負起的責任以外，一般人對基督教的成見，和地方幹部處理宗教問題的偏差，當然也是使基督教遭遇困難的原因。基督教是「洋教」，是帝國主義的工具；基督教是迷信的、反科學的，是人民的鴉片，這是一般人，尤其是受過唯物思想訓練的人，對於基督教的看法。基督教當然并不是完全如此的。然而，基督教普遍地給人這樣一個印象，卻是事實。更不幸的，是一般人把基督教同天主教裏面的某些成分混合起來看，也把基督教同迷信反動的「會門」混合起來看。這就使基督教除了它本身的弱點以外，更在一些與它不相干的事上，代人受過。

## 怎樣應付困難

基督教在新時代中發生困難，這并不是一件特殊的事。中國的社會從半封建半殖民地的階段，轉入新民主主義的階段，這是一個巨大的轉變；在這個轉變中，社會生活的各方面都需要一番澈底的調整與改造，基督教自然也不例外。這個調整與改造，不可避免地會引起許多問題。基督教所遭遇的困難，就是這些問題的一部分。雖然每一個問題都有它的特殊性，但是，在一個轉變中的時代，一切問題的一般性是不應當被忽視的。

問題發生了，怎麼應付呢？在一個短的時期中，許多基督徒都爲這一件事苦思着，焦慮着。他們幾乎不能想到基督教其他方面的問題。在華北五省，我們曾彙集了一百六十多件關於基督教的案件，送給有關當局處理。還有許多個別的案件，在可能範圍內，我們都送請地方或中央的當局處理。有些案件是迅速地滿意地解決了。有些案件，因爲情形複雜，或公文來往費時，就拖延下去，或竟不能得到合理的解決。地方和中央人民政府也曾爲這些問題發出若干的指示。一九四九年十二月湖北

省人民政府，爲了貫澈尊重宗教信仰自由保護教堂的政策，特向所屬各級政府發佈通令。一九五〇年一月六日中央人民政府內務部發出「機關部隊借用教會房屋，應採協議方式」的指示。同年一月廿二日中央人民政府主管機關對平原省人民政府所詢問關於城市地產房屋問題，予以詳細答覆，其中數項是關於教會房屋的。同年二月一日湖北省人民政府根據內務部的指示，再向所屬機關發出尊重宗教信仰自由，保護教會教堂的通知。這些文件都證明了人民政府對這件事是關心的，然而，因爲許多問題不是能在一個短時期內解決的，有些人便以爲這件事沒有獲得應有的注意，其實事實并不如此。

一九五〇年四月，基督教訪問團到北京去訪問，這個訪問團是由政協宗教界民主人士代表、中華全國基督教協進會、中華基督教會全國總會、中華基督教青年會全國協會、中華基督教女青年會全國協會等五個單位的代表組織而成的。當他們訪問基督教團體工作完畢以後，他們就去拜訪若干政府首長，和人民團體的負責人。他們也參加了政協全國委員會宗教事務組的兩三次座談會。在他們的拜訪中，最重要的是他們同周總理的三次談話。參加談話的除了訪問團員——鄧裕志、劉良模、涂羽卿、崔憲祥〔詳〕、艾年三和本文作者——之外，還有趙紫宸、陸志韋、江長川、王梓仲、高鳳山、龐輝亭、趙復三、凌俞秀靄、陳文潤、劉維誠、楊肖彭、鄭錫三、霍培修等京津方面基督教領袖，全體共十九人。我們拜訪周總理的目的，主要的是給他報告解放後基督教一般的情況，并請他幫我們解決目前基督教所遭遇的困難。周總理對我們的報告，表示非常的關切。在聽取了我們的報告以後，他便表示他自己對基督教的意見。他承認了基督教過去對中國社會的貢獻；他認爲：在新民主主義的階段中，唯心與唯物可以並存，那就是說，相信宗教的，和不相信宗教的，可以在共同綱領的基礎上長期合作；就是在社會主義的社會中，只要基督教是人民所需要的，它還是可以存在的。當我們把基督教二十幾年來所提倡的自治、自養、自傳的理想告訴周總理的時候，他不但表示贊同，也表示嘉許，認爲這是基督教今後必須遵循的途徑。但周總理談話的中心，却在指出基督教同帝國主義在歷史上的聯繫，和帝國主義在目前國

際形勢中利用基督教去進行反革命工作的事實與可能。基督教同帝國主義的關係這個題目，在參加談話的基督教人士當中，并不是完全新鮮的。然而，周總理所做的清楚的分析，却給了我們一個深刻的印象，和鮮明的啓示。這個啓示是什麼呢？用一句簡單的話來說，這個啓示就是：「基督教應當自動地肅清帝國主義在它裏面的力量和影響。」一個沒有參加談話的讀者，是不容易了解這句話的涵義的。爲什麼基督教要肅清帝國主義的力量和影響呢？這一件事同基督教的許多問題，又有什麼關係呢？讓我們在下面對這些疑問做一個簡單的解答。

## 基督教與帝國主義

基督教的本身就是一個傳教運動。使徒保羅就是基督教的第一個，也是最偉大的**傳教士**。[3] 一個相信了基督教，被耶穌的福音所逮住了，變化了的人，是不能不把他所感受到的東西宣揚出去的。保羅說：「我不傳福音就有禍了，」就是這個意思。基督教最初傳到中國來，除了少數別有用心的以外，是完全出於這種純潔的動機的。一直到現在，大多數從外國到中國來的宣教師，無疑的是帶着政治侵略的作用的，但一部份的傳教士到中國來傳教，至少在他們主觀的意圖上，是出于純潔的動機的。[4] 但是，儘管基督教是一個崇高的宗教，是救人救世的福音；儘管某些傳教士和其他基督教的負責人士，[5] 主觀上是要服務中國人民，沒有宗教以外的企圖；基督教是可能被人歪曲，被人利用的。任何一種宗教，任何一種主義，任何一種學說，都是可以被人歪曲利用的。基督教的歷史，和世界文化思想的歷史，都可以充分證明這個事實。基督教是從西方傳到中國來的；西方的國家都是資本主義的國家；從十九世紀中葉以後，這些國家大多數都變成了帝國主義的國家。在這些國家裏培養出來，傳播出來的基督教，是不可能不深深地受到這些國家的文化的影響的。

---

3　刊於《天風》時，「傳教運動」作「宣教運動」；「傳教士」作「宣教師」。

4　刊於《天風》時，「動機」作「目標」。

5　刊於《天風》時，「某些傳教士」作「多數的宣教師」。

如果文化是一種意識形態，文化當然就反映了一個國家的社會物質生活。在這種情形之下，從西方傳到中國來的基督教，是不可能不受到西方國家的資本主義和帝國主義的影響的。

基督教傳到中國不久以後，帝國主義便開始在中國活動。基督教在中國的傳播，是依靠了不平等條約所規定的特權，而不平等條約的訂立，有不少是由於教案的糾紛。在這樣的基礎上生長出來的基督教，就必然地被一般人看做「洋教」。外國的傳教士，受了不平等條約的蔭庇，住在高樓大廈，養尊處優；有的時候，他們還會依勢凌人，作威作福。基督教學校裏的教育，甚至教會醫院的服務，都帶了洋氣。如果這一種洋氣，不過是單純外國的氣氛，那還不是太壞的；但所謂洋氣，是同帝國主義分不開的。過去基督教學校教育的奴化成分，這就是一個例子。

外國傳教士所宣傳的宗教又怎樣呢？似乎宗教是宗教，宗教裏面不可能攙雜其他的成分。但事實幷不如此，宗教是文化的一部分，所以它也是一種意識形態。宗教所追求的是絕對的眞理，然而，任何時代的宗教，都不是絕對的眞理，甚至不是相對的眞理。歷史上許多的罪惡，是假宗教的名義而行的；而帝國主義，就是這些罪惡中最毒辣的一種。

但是，帝國主義同基督教的關係，究竟是不容易被一般人所認識的。鴉片戰爭、甲午戰爭、八國聯軍之役、日本侵華戰爭──這是帝國主義，這是大家所能看得見的。但是，基督教裏面的帝國主義，却往往是看不見的。基督教同帝國主義究竟怎樣發生了關係呢？帝國主義幷不只是飛機和大砲，也不只是間諜和其他秘密的工作，這都是可以看得見的。還有一種無形的帝國主義，那就是帝國主義通過文化、思想、教育、甚至神學所發生的影響。舉一個眼前的例來說吧。美國侵略朝鮮、台灣，這是帝國主義，那是沒有人能否認的。在中國的基督徒裏面，有許多人曾經對美國的物質文明，對美國的所謂自由、民主，對美國式的生活，表示無限的嚮往。他們從這個嚮往中產生一種對美國文化的錯覺與幻想。現在呢？這個錯覺與幻想是部分地被打破了。在過去的兩個月中，基督徒的團體和個人，在上海、南京、鎮江、廣州、韶關、北京、西安、太

原、蘭州等地都曾發表宣言，反對美帝侵略台灣朝鮮，反對美機大量屠殺朝鮮和平居民，反對美機侵略我領空及其暴行。這是一種鮮明的表示，這個表示證明了中國的基督徒們，已經開始認識美帝國主義的眞面目。

　　但是，這個帝國主義又怎樣在基督教裏面發生了它的作用呢？讓我們說得具體一點，坦白一點吧。絕大多數的美國傳教士是反蘇反共的；絕大多數的美國傳教士對中國革命的態度，是反對的或懷疑的。卽使他們表示同情，這個同情也是有限度的。他們對於美國又怎樣呢？無疑的，他們不承認美國的社會制度有什麼基本上的毛病，卽使他們承認它有些毛病，他們認爲這些毛病是可以改善的。他們當然不承認美國是帝國主義的國家。至於美國一般的國策呢，他們卽使不能完全同意，他們至少是基本上同意的。他們認爲美國式的生活是最寶貴的；他們認爲實行美國式的生活的，就是一個「自由世界」；他們不惜用任何的代價，去保證這個「自由世界」的存在與發展。

　　如果上面的分析是對的，我們就馬上可以看清楚基督教怎樣同帝國主義發生了關係。根據他們的看法，美國式的生活是最寶貴的；在必要的時候，爲要維持這種生活，就是發動戰爭，也是應當的。幷且，美國式的生活對美國的人民，旣然是寶貴的，對其他的人民，也應當是寶貴的。旣是這樣，幫助別的國家的人民，反對共產主義或其他生活方式，採取美國式的生活，或者維持美國式的生活，也是一件天經地義的事。爲要達到這個目的，當然最好是用和平的手段，但如果必須用戰爭，這個戰爭是「合理」的，是「正義」的，因爲一切都是爲着「自由世界」。

　　這是一套邏輯，是一套完整的邏輯；只要你接受了它的前提，它的一切結論是不可避免的。你說這是一套奇怪的，荒謬的邏輯嗎？假如你設身處地，替多數美國的**傳教士**想一想，[6] 想到他們所受的教育，和美國一般文化對他們廣泛而深入的影響，你就不會覺得這一套邏輯是奇怪荒謬的。根據這套邏輯，他們否認美國是帝國主義；他們基本上擁護或同

---

6　刊於《天風》時，「傳教士」作「宣教師」。

情美帝國主義一般的政策，他們對國際問題採取一種與絕大多數中國人民相反的意見。在有意無意，有形無形之中，他們的意見滲入到他們的工作，滲入到他們自以爲是純潔不偏的宗教信仰，滲入到他們同中國基督徒所發生的一切關係。受到這種意見的影響的人們，他們的意識模糊起來了；他們的思想發生了矛盾了。一方面他們不得不相信美國是帝國主義；另一方面，他們覺得美國似乎還不是帝國主義。一方面他們愛祖國，愛一切爲和平民主而鬥爭的人們；但另一方面，他們又覺得一切似乎都是相對的，在某種前提之下，就是帝國主義侵略的戰爭，也是可以原諒**的**。這是一種毒素，這是帝國主義所散播的看不見的毒素。這種毒素可以通過宣傳或其他的文化工具發生作用；它當然也可以通過基督教發生作用。

## 基督教革新的途徑

我在上面說過，我們在和周總理的談話中得到一個啓示，這個啓示就是：「基督教應當自動地肅清帝國主義在它裏面的力量和影響」。這一句話的意義和重要性，經過上面一段的解釋，我想應當是比較明瞭了。今天的世界，正是帝國主義在垂死的掙扎中發動瘋狂的侵略的時期。在這時候，帝國主義的手段是毒辣的，帝國主義的陰謀是無孔不入的。帝國主義要利用宗教，這不但是一個可能，並且已經是一個公開的事實。在這樣的情形下，中國的基督教不但應當提高對帝國主義的警惕，也應當自動地肅清帝國主義在它裏面已經存在着的，和正在發展着的力量與影響。這不是一件容易的事，但却是一件非做不可，幷且是非常急迫的事。做這件事的時候，我們需要一些基本的認識。中國的革命是成功了，中國革命的成功，是中國全體人民意志的表現。中華人民共和國的政府，是眞正代表中國人民的政府，中華人民共和國的政府所奉行的共同綱領，是符合全體中國人民利益的綱領。中國的人民必須與全世界主持正義的人士，團結起來，共同保衛世界和平。只要我們把握了這幾個重要的事實，堅決地反對任何足以破壞或損害這些事實的行動或企圖，使基督教

一切的工作與表現，都不違反這些事實的要求，本質上，這就是對帝國主義提高警惕，這就可以肅清基督教裏面帝國主義的力量與影響。

其次，是中國教會自治、自養、自傳的原則的實現。中國的教會在過去一百多年當中，在人材和經濟方面都是倚靠西方教會大力的培養與支持，這是我們非常感激的。從物質方面來說，我們需要這種幫助；從精神方面來說，我們也需要這種幫助，因爲基督教會，是一個普世的教會，一個普世的教會需要物質的互助，和靈性的交流。但是，今天的時代是不同了。中國的教會卽使還沒有長大成人，至少是應當站立起來，走上自力更生的道路了。從中國基督徒自尊心的要求來說，中國教會喊了二十幾年的自治、自養、自傳的口號，今天是應當兌現了。不但如此，西方教會經濟人材的援助，是不可能完全同帝國主義的作用分開的，帝國主義是可以利用這些媒介來進行它的陰謀的。這并不是說，西方的經濟人材都是爲帝國主義所利用的，而只是說，這個利用的可能是存在着的。我們并不主張中國的教會馬上斷絕它與西方教會的經濟與人材的關係。這是不可能的，也是不需要的；中國的教會和它的事業，必須經過一個相當的時期，才能完全地自立、自養。但是，這個時期是應當有它的限度的，這個限度的長短，是要由每一個單位的實際情況來決定的。在這個過渡的時期當中，中國的教會就應當謹慎小心，使西方教會善意的援助，不被帝國主義的陰謀所利用，并使這種援助促成自治、自養、自傳的原則的實現。**的支持的。這種援助，從今天的觀點看來，是同帝國主義利用基督教來進行侵略的事實分不開的，同時也是阻碍了中國教會實行三自的。中國教會既然要走上革新的道路，就應當完全割斷帝國主義的關係，徹底實現自治、自養、自傳。**

再其次，是中國教會的事工。宗教有它的神秘和超世的成分，這是不容易爲一般人所了解的。但宗教也有它的生活上的表現，這是大家所能認識與欣賞的。這二者是互爲表裏，互爲因果的。基督教的信仰爲什麼還不能在中國的人民當中發生更大的影響呢？這可能是因爲它的陳義過高，不容易爲一般人所把握，但也可能因爲它的表現與它所崇奉的教義背道而馳。在這個新時代中，基督教一切的工作與事業，都應當受到

一個嚴厲的、深刻的批評與檢討，而尤其重要的是使這些工作與事業發揮基督教的優點，配合共同綱領的政策，真正地表現它的為人民服務的精神。

中國教會革新的需要，不只包括上述幾點。中國的教會應當怎樣造成經濟獨立的條件，怎樣培養適合於新時代的領袖人材；我們應當怎樣把中國教會的制度典章改變，怎樣把神學中西方社會的意識形態清算，使它們更能符合耶穌的福音的本來面目，更能適應中國信徒在新環境中的需要；我們應當怎樣教育基督徒羣眾，使他們更能認識新時代，更能把他們的宗教信仰變成新時代中的動力——這些都是中國基督教的革新所應當包含的問題。這些問題需要長期的研究與討論；這些問題如果不能得到滿意的解決，則我們革新的願望還只是一個空洞的理想。但是，如果我們能夠深切地了解上述三個原則的基本性與重要性，並根據這些原則去解決其他的一切問題，我們便已對中國基督教革新運動，樹立了第一個向着新時代邁進的里程碑。

## 宣言是怎樣發表的

我們到北京去訪問政府首長的時候，目的是要他們幫助我們解決基督教的許多問題。但當我們同周總理做了三次談話以後，我們的思想改變了。問題是要解決的，但解決問題幷不是基督教目前最急迫的任務。其次是解決問題的方法。我們原來想請求中央人民政府下一個通令，要各地方人民政府嚴格地執行共同綱領中宗教信仰自由的規定。但後來我們曉得這一種辦法，不一定能發生我們所預期的效果。如果基督教本身不能設法把一般人頭腦中對基督教的成見去掉，政府即使下了通令，也不能把現在的情況基本地改善。在這時候，我們便覺得我們有一件必須要做的事——我們應當發表一篇對外的宣言。

為要把我們的意見更有效地傳達給周總理，我們在與他第一次談話的時候，便預備了一個文件，這個文件的題目是「關於處理基督教問題的初步意見」。這個文件的第一段是「關於肅清帝國主義力量提高民族

自覺精神的辦法」，然而這不是文件的主要內容。其他的幾項才是文件的中心，這幾項是：「關於基督教團體之登記」、「關於佔用教會房產之處理辦法」、「關於宗教信仰自由之各種規定」、「關於設立中央宗教機構問題」。這個文件經過了八次的修改；它本來不是一個宣言，但後來却變成一個宣言了。它本來是請求政府解決基督教的問題的，但它後來却變成基督教自己表示態度的文件了。在文件的第五個修正稿中，關於基督教本身的問題，我們還保留了一條，把它放在最後。這一條是：「基督教在地方上所發生的問題，如教堂被佔用等，得由有關之基督教團體隨時向地方或中央人民政府報告，由政府處理之。」但在第六個修正稿中，我們就連這最後的一條也刪掉了。這是不是表示我們覺得基督教本身的問題不重要呢？不是的。我們認爲基督教在新時代中的幾個基本問題，如果沒有得到滿意的解決，其他的問題也就不能得到滿意的解決。相反地，這些問題解決了，其他的問題也就迎刃而解。

我們起先幷不打算爲這個宣言廣泛地徵求簽名。當訪問團從北京到了西安以後，我們便匆匆地把宣言第五修正稿寄給國內數十位同道，請他們簽名。當我們回到上海，和上海的基督教領袖們討論到這個宣言的時候，我們就發見他們有幾點重要的修正與補充，我們必須把它們放在宣言裏面。他們的第一點意見是：把原來的一條「基督教團體應以不用外籍人員爲原則，其實行辦法應與政府協商之」，和提倡自治自養的一條合併起來，改爲「中國基督教教會及團體，凡仍仰賴外國人才與經濟之協助者，應立卽擬定具體計劃，在最短期內，實現自力更生的目標」。這個修正有兩個涵義：第一是「不用」有排外的嫌疑；第二是原文未能指出中國教會過去對自治自養這個理想已經有了的努力與成績。上海的領袖們的第二點意見是：把原來的引論取消，改爲現在的引論。原來的引論只提到與周總理談話的經過，而現在的引論却指出宣言本身的意義。上海的領袖們這幾點寶貴的意見，我們都完全接受了。北京的領袖們也有一個建議，就是：把引言中「又因爲把基督教傳到中國來的國家，主要的都是這些帝國主義的國家，」改爲「又因爲把基督教傳到中國來的人們，主要的都是從這些帝國主義國家來的，」這個意見我們也接受了。

宣言最後的稿子——第八修正稿，雖然沒有把所有的意見包括在內，大家認爲是比較滿意的。這就是現在公佈的稿子。在公佈的前夕，我們還做了最後的一個修改，那就是把具體辦法中第一項「應立即擬定計劃」裏面的「立即」兩個字刪去。這兩個字引起了不少的誤會，因爲許多人以爲是要立即斷絕外國的經濟關係，而原文的意義只是立即擬定自力更生的計劃。

我們根據最後的稿子，徵求國內四十位同道爲宣言的發起人。這四十個人包括了大部分在北京參加與周總理談話的同道。如果時間許可，我們是應當徵求更多的同道做發起人的，但因爲我們不願意把宣言發的日期拖得過長，我們就只好不爲這件事多化時間。這是要請沒有列名發起的同道們原諒的。

我們徵求到四十位同道做發起人以後，便於七月二十八日將宣言稿子連同徵求簽名的信，寫給全國一千多位基督教負責人士。第一批簽名在八月底截止，共收到一五二七個名字。從地域和簽名者的職務來說，這次簽名的代表性是相當廣泛的。到本文寫完的時候（一九五〇年九月二十五日），第二批簽名又達一千五百餘人。我們相信以後還有陸續簽名的，這些簽名我們希望都能在天風週刊上全部發表。

隨着簽名而來的，還有許多國內同道關於這個宣言或其他問題的來信。有許多人，尤其是偏僻地區的教友們，對這個宣言表示熱烈地擁護；也有不少的人提出關於基督教革新的意見。也有些人對宣言的內容提出疑問，其中最普通的一種就是「基本方針」裏面「警惕帝國主義，尤其是美帝國主義，利用宗教以培養反動力量的陰謀，」這一句話。我們除了在本文內對這個問題略加解釋以外，還在天風週刊及青年協會書局新出版的一些新書中，詳細地討論到這個問題。

這個宣言從我們五月初與周總理談話的時候起，到九月二十三日在北京人民日報發表的時候爲止，共經過了四個多月。在這幾個月當中，我們少數負責的人雖然時時刻刻要把這件事做好，但事實上是做得很不周到的，也難免犯了若干的錯誤，我們要爲此向國內同道表示深摯的歉意。

結語

　　「中國基督教在新中國建設中努力的途徑」這個宣言是發表了。到此文刊出時爲止，簽名的已經超過了三千人，以後還有繼續簽名的。國內基督教同道對這個宣言的響應，不能不說是相當廣泛而深入的。北京九月二十三日人民日報的社論說這是一個「蓬蓬勃勃的改革運動……這個運動的成功，將使中國的基督教獲得新的生命，改變中國人民對於基督教的觀感……我們相信一千五百多位基督教人士的宣言，不但將爲愛國的基督教徒所擁護，而且也將爲愛國的天主教徒所響應。」人民日報除了公佈宣言原文幷專文贊助以外，還用了巨大的篇幅把全部名單和統計數字刊登出來。政府和教外人士對於這個運動的重視，一方面使我們興奮，但另一方面也使我們感到惶恐與慚愧，因爲這個宣言的發表，不過是這個革新運動的起頭，在我們的面前，還有許多艱鉅的工作要我們去做。我們誠懇地希望全國的同道堅強地團結起來，爲這個艱鉅的任務的完成而努力。

（天風週刊二三三 — 二三四期）一九五〇年九月二十五日

（著者按：本文內容爲要符合三自革新運動的發展，有若干處已經修改。一九五二年一月二十四日）


## 討論問題

一、　在過去的三十年中，中國的基督教曾經提出過那些口號？爲什麼這些口號都沒有實現？這些口號的本質如何？

二、　請述中國基督教三自革新運動發生和發展的國內與國際條件。

三、　基督教遭遇困難的主要因素是甚麼？怎樣應付困難？

四、　基督教與帝國主義的關係如何？請自我檢討是否受了帝國主義的影響。

五、　基督教革新的途徑如何？

六、　你對革新宣言的內容有何意見？

## （四）八個月來基督教三自革新運動的總結

原刊於《天風週刊》262–263 期（1951 年 5 月 8 日），頁 5、14–16。
收入《基督教革新運動學習手冊》時略作修改，新增部分以**宋體**標出。

### 一、革新宣言簽名的發展

一九五〇年七月二十八日吳耀宗等四十位愛國的基督教人士發表了以「中國基督教在新中國建設中努力的途徑」爲題的宣言，推動了基督教革新運動。它的中心內容，便是割斷中國基督教與帝國主義的關係，建立自治、自養、自傳，中國人民自己的教會。到今天爲止，全國在革新宣言上簽名的基督徒已經超過了十八萬。這些簽名來自中國的四面八方，也有遠自新疆、寧夏、西康、四川、雲南、貴州、熱河、綏遠、海南島等地送來的。苗、傜、羌等兄弟民族的基督徒也簽了名。

全國各地熱愛祖國的基督徒對於在革新宣言上簽名這件事非常重視。例如四川和安徽鳳台等地的基督徒用精緻的綢緞和白細布恭正地抄上了革新宣言全文，然後再簽上名；有的在簽名以後，再鄭重地蓋上自己的圖章或手印。除了簽名以外，他們還時常附寄擁護革新運動的信件。

全國基督徒在革新宣言上簽名的，截止四月中旬，計華東區有五七、六四六（編按：即 57,646）人，中南區有三四、二四八（編按：即 34,248）人，華北區有一四、八五七（編按：即 14,857）人，東北區有九、七九四（編按：即 9,794）人，西南區有六、二二七（編按：即 6,227）

人，西北區有四、一一一（編按：即 4,111）人。香港也有五位熱愛祖國的基督徒在革新宣言上簽了名，以省分而論，浙江省有二二、六三一（編按：即 22,631）基督徒簽了名，全國第一；福建省有一二、一二二（編按：即 12,122）基督徒簽了名，全國第二；河南省有一〇、二六五（編按：即 10,265）基督徒簽了名，全國第三；廣東省有九、四八四（編按：即 9,484）基督徒簽了名，全國第四。

## 二、與帝國主義者的鬥爭

　　基督教革新運動的發展，乃是一個與帝國主義尖銳和長期的鬥爭。百餘年來帝國主義便利用了基督教對中國進行各種侵略。最早到中國來的美國傳教師裨治文在他的家信裏面說：「我等在中國傳教之人，與其說是由於宗教原因，毋寧說是由於政治的原因。」這些帝國主義份子在他們的爪牙便是耶穌基督所說的：「披着羊皮的狼」。

　　當愛國的基督教人士發動了三自革新之後，潛藏在基督教裏面的帝國主義份子和他們的爪牙起了恐慌。他們最初用明的與暗的方法來反對三自革新運動。他們「勸告」基督教領袖們不要在革新宣言上簽名。他們說：「如果你們贊成，有一天，你們會後悔」。他們搬出「宗教徒應該超政治」的謬論來阻撓信徒們贊成三自運動。他們又散佈各種謠言來中傷三自革新運動的發起人。有些教會領袖是贊成革新運動的，但是因了帝國主義分子的陰謀破壞，挑撥離間，他們對於簽名便發生了躊躇。有些教會領袖由於長期依賴了帝國主義對於三自缺少誠意和信心。也有極少數受帝國主義影響很深的基督教領導人物對三自運動便抱着「兩面派」的態度，因爲他們的利益與帝國主義是分不開的。在表面上他們贊成三自；在心裏面他們不贊成三自；對外國傳教士則表示他們的贊成三自革新運動乃是「出於無奈」。

　　但是，絕大多數熱愛祖國的基督徒是擁護三自革新運動的。

　　因此，自從革新宣言發表以來，簽名的基督徒人數便不斷地增加。去年八月簽名的有一五二七人，九月增加到三二六八人，十月增加到

八六九七人。

　　一九五〇年十月，中華全國基督教協進會在上海舉行第十四屆年會。帝國主義分子和他們的爪牙企圖不把革新宣言列入議程，阻止基督教領袖們對宣言表示態度，但是，從全國各地來的一百四十多位基督教領袖與代表都在小組裏提出要對宣言表示態度的議案，並在大會上一致舉手通過了號召全國基督徒擁護三自革新宣言的決議案。這是帝國主義分子破壞中國基督教愛國革新運動的一個大失敗。

　　由於美帝國主義在中國侵略陰謀整個的失敗，他們就藉着奧斯汀在聯合國的無恥讕言來對中國人民，特別是中國基督徒實施威脅利誘。他把美國在中國披着宗教外衣所進行的各種文化侵略說成是對中國的「恩惠」；他又說中國教會的工作人員如果沒有美國津貼就無法生存下去。美國以爲這幾句話會說動中國基督徒去順從他們的意旨；但是，恰恰相反，奧斯汀的無恥讕言激起了全中國基督徒正義的憤怒。北京的教會團體、學校、醫院和留美學生兩萬多人在十二月十三日舉行了中國宗教界空前的愛國示威大遊行，來抗議奧斯汀和美帝國主義對中國基督教的誣衊。接着，天津、上海、南京、杭州、蘇州、漢口、瀋陽、鄭州、昆明等地的基督徒也立即響應了，紛紛舉行反帝示威行動。

　　這樣，美帝國主義惱羞成怒，就企圖以凍結中國在美資金的陰謀來打擊中國，特別是中國基督教的三自運動。他們以爲這一措施一定會「餓死」中國教會的工作人員，一定會扼死三自運動。那知相反地這種事情反而增加了中國教會人士走上三自途徑的決心。本來他們打算在三五年內完成三自，現在他們要馬上實行三自。

　　中央人民政府政務院在十二月廿九日公佈了「處理接受美國津貼的文化教育救濟機關及宗教團體的方針的決定」，這個英明的決定有力地打擊了美帝國主義的陰謀，鼓勵了基督教徒實行三自的決心。一月五日吳耀宗、涂羽卿等二十六位基督教領袖發表了擁護政務院處理方針的宣告，他們指出：「這個決定完全符合中國人民的利益，並將有力地促進中國基督教革新事業的完成」。廣州、重慶、成都、瀋陽、北京、天津、

太原、太谷、福州、鄭州、杭州、金華、寧波等全國各地的基督教人士也都發表宣言，擁護政務院的決定，並踴躍地向各地人民政府進行登記。

這樣，美帝國主義扼死三自運動的陰謀，又被熱愛祖國的基督徒所粉碎了。但是，帝國主義是決不會甘心於它們的失敗的，它們一定還要千方百計地來破壞我們的三自運動。它們最近的陰謀是指揮它們的爪牙，製造假三自運動。他們不承認帝國主義曾利用了基督教侵略中國的歷史事實，却說基督教早已有了「三自」。他們拿這樣的論調來淆亂視聽，分散三自革新運動的力量。愛國的基督徒對於這種假三自運動以及其他帝國主義破壞三自運動的陰謀、詭計、必須提高警惕，隨時予以揭穿並打擊。

## 三、抗美援朝運動

帝國主義者雖然百般阻撓並破壞三自運動，三自運動却在一天天地發展擴大。帝國主義的邪氣敵不過基督徒愛國主義的正氣。

十一月間，全國展開了轟轟烈烈的抗美援朝運動，而在革新宣言上簽名的基督徒人數便也隨之而增加，十一月的簽名有一六、九四三（編按：即 16,943）人，十二月有五二、九五六（編按：即 52,956）人，本年一、二兩月共有四八、四九二（編按：即 48,492）人，三月有二二、四八七（編按：即 22,487）人，四月據不完全的統計，已超過了三萬人。這說明了抗美援朝愛國主義運動正是基督教的愛國主義運動。

為支援中朝戰士與朝鮮難民，全國各地基督徒紛紛響應政府號召，捐獻並徵集救護袋、慰勞袋與慰問信等。耶穌家庭組織了志願醫療隊，準備到前線去為英勇作戰的中朝戰士服務。

山東濰坊的基督教會決定把宗教信仰與愛國主義配合起來。他們號召各教會：「應在禮拜天或每日早晚聚會時，用新時代知識配合聖經真理，多講愛國愛民，為人民服務的道理」。

本着各地愛國信徒的要求，青島、天津、上海、南京等地的基督教

聯合會都作了請當地各教堂懸掛國旗的決議或建議。今天，這些地方的禮拜堂已大部份懸掛了莊嚴偉大的五星國旗。

為反對美國武裝日本、濟南、青島、廈門、西安、重慶、成都、廣州、梧州、周村、焦作等，全國各地的基督徒，都紛紛舉行控訴大會，發表宣言，並遊行示威，上海一萬多基督徒在三月廿一日參加了宗教界五萬多人反對美國武裝日本的大遊行，成都、重慶、蘇州、昆明等地的基督徒也都參加了當地宗教界反對美國武裝日本的示威大遊行，這些在中國基督教歷史上都是空前的。

全國各地基督徒自願的訂立愛國公約，使抗美援朝運動經常化，並使它與三自革新運動密切配合起來。

經過了這許許多多的愛國行動，全國各地基督徒對於祖國的熱愛，革新運動的擁護，都大大的提高了一步；有許多宗派過去是不相往來的，如今也在愛國主義的旗幟下，緊密的團結起來了。

四、對帝國主義者的控訴與檢舉

全國各地的教會與基督教經過了對美日帝國主義與潛藏在教會裏面的帝國主義分子的控訴與檢舉，清楚地認識了美帝國主義的真面目，提高了對祖國的熱愛，並增加了推進三自革新運動的決心。例如：中國基督教信義會在漢口舉行的擴大會議中，控訴了反動的外國傳教士，指出他們冒着傳教之名，作了許多間諜活動，為帝國主義與反動統治階級，散佈出世思想，不抵抗主義，末世論調，來欺騙中國基督徒，消滅中國基督徒的愛國思想。外國傳教士自己高樓大廈，豐衣美食，却勸中國基督徒安於貧苦生活，只求「靈魂得救」。信義會信徒們在這個會議上解除了逃避香港、發表荒謬言論的前總監督彭福的職務，製訂了新的憲章，組織了民主集中制的執行委員會，使這一直在差會統治之下的信義會獲得了解放，變成中國人民自己的教會。

又如碭山耶穌家庭，[7] 自一月間派代表團到宿縣參加對帝國主義分子馬悟理，郝伯良等的控訴後，認識了帝國主義的罪惡，激起了對美帝國主義的仇恨和高度的愛國熱情，於是便組織了赴朝志願醫療隊。

蘇州基督徒在經過對女傳道龍襄文的反動言論進行控訴、檢舉，並對她進行教育與說服之後，提高了他們的政治覺悟與愛國熱誠。龍襄文在她自我檢討中也指出：她的荒謬言論，是由於長期受了美帝奴化教育，她今後要加緊學習，站穩人民立場，為人民服務。

青島愛國的基督徒劉玉軒、石宇恆等檢舉了披着宗教外衣，散佈反動言論，離間信徒與政府關係的美國特務顧仁恩，青島市人民政府公安局便將他逮捕，為人民除害。這件事更提高了青島教徒們的警惕，進行對潛藏在教會裏面的帝國主義分子王德仁等的控訴。

現在，全國性的基督教機關像中華基督教青年會全國協會等，也已經開始控訴美帝國主義過去利用這些機關進行對中國的侵略陰謀。這個控訴的過程不但檢舉了教會裏面的帝國主義分子，並且也幫助信徒們肅清教會內部的美國殘餘影響，增加他們的政治認識和警惕，也提高了他們對祖國的熱愛。

## 五、學習運動

隨着基督教革新運動的展開，很多基督徒覺得他們應該加緊學習時事，提高政治認識。為了配合這一個需要，青年協會書局出版了一套包含有《新民主主義學習手冊》、《基督徒對美國應有的認識》、《帝國主義怎樣利用宗教侵略中國》、《基督教與世界和平》等小冊子的「新時代學習叢書」。

廣州基督教團體組織了「廣州市基督教工作人員新知學習會」，許多牧師踴躍參加。上海基督教機關工會主辦了認識美帝本質與美國侵華

---

7　刊於《天風》時，「耶穌家庭」作「耶穌崔庭」。

史的學習。北京、南京、重慶、西安、長沙、武漢、杭州等地的教會也都組織了時事學習會。


## 六、總結與檢討

中國絕大多數的基督徒是熱愛祖國的，他們堅決地要與帝國主義割斷關係，建立自治自養自傳的中國人民自己的教會。他們熱烈地擁護三自革新運動。潛藏在教會裏面的帝國主義分子雖然用了各種陰謀，來反對三自運動，扼死三自運動，並製造假三自來分散革新運動的力量；但是三自革新運動仍在一天天地展開、擴大。今天在革新宣言上簽名的基督徒已經超過了十八萬人。帝國主義者的陰謀是被粉碎在愛國的基督徒的力量下面了。雖然這樣，帝國主義者一定會用各種陰謀詭計來繼續破壞這個三自革新運動的，因此我們必須提高警惕，隨時予帝國主義者的陰謀以打擊。

基督教三自革新運動已經有了一個很好的開始，但是它還存在着下面的幾個缺點：


（一）對革新宣言的簽名運動還不夠廣泛深入——全國在革新運動宣言上簽名的基督徒雖已超過了十八萬人，但這還只是全國基督徒的百分之十八；有的雖然已經簽了名，但是對革新宣言並未學習。對革新宣言的基本精神的認識還不够深刻，有的在革新宣言上簽名僅是爲了敷衍。

（二）有些地方的教會對時事學習還不夠認眞，不夠深入，有的甚至還根本沒有時事學習。

（三）政治覺悟與警惕尚未提高——全國有很多教會尚未舉行對帝國主義利用他們的教會侵略中國的控訴，對於潛藏在教會內的帝國主義分子與反動分子的檢舉也還不夠。他們的政治覺悟與警惕尚未提高。

（四）三自運動尚無具體計劃（也無全國統一領導的機構）——很多教會

提倡三自運動，但自己還沒有具體計劃，因此對於三自運動的實施也沒有把握。（同時，全國也沒有一個統一領導機會，來促進三自運動）。

爲了使基督教三自革新運動更加發展，我們要努力的方向有下面幾點：

（一）以抗美援朝作爲我們中心任務——抗美援朝是全國人民一致的中心任務，我們今後應該把三自革新運動與抗美援朝運動密切配合起來。我們要多講愛國愛教，爲人民服務的道理，多作抗美援朝的宣傳，多做識字教育，醫藥衛生等服務工作。我們希望全國教堂能把美麗可愛的五星國旗掛在禮拜堂裏面。我們也希望全國教堂能訂立愛國公約，並切實實行。

（二）肅清美帝國主義影響——由於教會過去被美國及其他帝國主義所利用，目前經濟關係雖已斬斷；但在思想及其他方面與美帝國主義還有藕斷絲連的現象，因此我們要以最大的努力來澈底地，永遠地，全部地肅清教會內部美帝國主義的影響。

（三）提高警惕，清除敗類——我們要配合政府鎮壓反革命政策，認眞檢舉並肅清潛藏在教會裏面的帝國主義分子和甘心做美蔣匪特的教會敗類。爲了保衛祖國和保持宗教的純潔，我們要提高警惕，使教會不做帝國主義分子與匪特敗類的「防空洞」。我們要在教會內普遍舉行控訴會，揭露帝國主義利用教會侵略中國的各種陰謀與事實，檢舉潛藏在教會裏面的帝國主義分子與匪特分子。我們要努力把自己的屋子打掃乾淨。

（四）擁護土改，加緊農業生產——土改乃是建設新中國重要步驟之一。凡是土改尚在進行的地區，教會人士應該學習並擁護土地改革。鄉村的基督徒也應該響應政府號召。加緊農業生產。

（五）加強時事學習，我們基督徒要有計劃有組織地認眞學習時事，來提

高我們的政治認識。做基督徒應該熟讀聖經，做中國人民就應該認真學習時事。我們的思想包袱，比一般人重，因爲受美帝的毒化影響深，所以我們非加強學習，改造自己不可。

（六）更廣泛深入地展開三自革新運動——我們要在教會內展開革新宣言的學習，更廣泛地舉行簽名運動，使每一個尚未簽名的中國基督徒在革新宣言上簽名。

（七）擬定三自運動計劃並成立全國領導機構——我們要號召全國教會，凡尚未完成自治、自養、自傳者，要馬上擬定三自計劃，有步驟地使教會變成中國人民自己的教會。同時，我們要成立一個領導全國基督徒推動抗美援朝三自革新愛國運動的機構。

我們相信，中國基督徒在上面所指出的努力方向下面，本着我們愛祖國的熱誠和宗教信仰，一定對新中國的建設與保衛世界和平的事業作出相當大的貢獻來。

一九五一年四月十五日

## 討論問題

一、 八個月來革新宣言簽名運動的發展情況如何？怎樣繼續發動簽名？

二、 帝國主義，尤其是美帝國主義，企圖用那些方法來破壞三自革新運動？

三、 三自革新運動應該怎樣與抗美援朝運動相結合？

四、 怎樣才算是愛國愛教？請自我檢討是不是一個愛國愛教的基督徒。

五、 我們應該怎樣進一步展開三自革新運動？

## （五）在「處理接受美國津貼的
## 基督教團體會議」上的講話
### ——一九五一年四月十六日——
### 中央人民政務院文化教育委員會副主任　陸定一

原刊於《人民日報》1951 年 4 月 25 日。陸定一為中央人民政府政務院文化教育委員會副主任，於 1951 年 4 月 16 日的「處理接受美國津貼的基督教團體會議」作開幕講話。收入《基督教革新運動學習手冊》時新增討論問題，新增部分以**宋體**標出。

　　中央人民政府政務院文教委員會宗教事務處召集的「處理接受美國津貼的基督教團體會議」今天開幕了。這個會議的目的，是根據政務院去年十二月二十九日決定，鼓勵基督教的自治、自養、自傳運動，處理接受美國津貼的基督教團體，使之變成為中國教徒完全自辦的團體。

　　政務院為什麼要作出決定，處理接受美國津貼的宗教團體？這個理由，在十二月二十九日郭沫若副總理的報告中，已經說得很明白。第一，因為美國帝國主義以巨額款項津貼宗教事業，加以控制，來進行對中國人民的欺騙、麻醉，和灌輸奴化思想，是惡毒的文化侵略方式之一。第二，因為美國帝國主義不斷地企圖利用它所津貼和控制的文化機關，包括宗教團體在內，對人民的新中國進行造謠、誹謗，出版和散佈反動書刊，甚至隱藏武器，勾結蔣匪特務，進行間諜和破壞活動。這種活動，在美帝國主義侵略朝鮮、台灣以後，中國人民抗美援朝運動廣泛開展的時候，更加活躍起來。第三，因為美國政府在去年十二月宣佈凍結我國在美國

的財產，企圖用這個辦法來增加人民政府的困難，威脅所有在接受美國津貼的宗教團體中全部中國工作人員的生活。因此，人民政府對於接受美國津貼的宗教團體，就有責任予以妥善的處理。

各位知道，在中央人民政府政務院去年十二月二十九日決定發佈之後，中央人民政府和地方人民政府已經召集過多次會議，處理接受美國津貼的文化教育救濟機關，都得到良好的結果。政府所採取的方法，就是在處理一個問題時，召集所有有關方面，宣佈政策，共同商討，然後施行。此次對於接受美國津貼的基督教團體，宗教事務處已經起草了一個處理辦法的草案，邀請全國的基督教團體代表來開會，共同討論，然後呈請政務院批准實施。

今天的講話，分三部分：第一，關於愛國主義；第二，美國帝國主義利用基督教進行侵略全世界和侵略新中國的陰謀；第三，對中國基督教徒的幾點期望。

## 第一，關於愛國主義

處理接受美國津貼的基督教團體，這決不是一個技術性的問題，這是一個鬥爭。鬥爭的目的是徹底肅清一百多年來美帝國主義對我國的文化侵略的影響。要進行這樣一個鬥爭，需要宗教團體的愛國教徒與政府團結起來，在以中國共產黨為領導的人民政府的指導之下，共同努力。為了達到這個團結，需要有政治上的共同基礎。教會裏的美國帝國主義分子一直在向中國教徒說，共產黨與宗教徒是不能有這樣的共同基礎的，因為共產黨是唯物主義者，宗教徒是唯心主義者。不錯，共產黨員的世界觀是唯物主義的，宗教徒的世界觀是唯心主義的，這兩種世界觀是相反的。共產主義者認為，辯證唯物主義是馬克思列寧主義黨底世界觀，辯證唯物主義和歷史唯物主義是共產主義的理論基礎。我們又認為，中國的共產黨員與中國的愛國的宗教徒，包括基督教徒在內，在政治上是有團結的基礎的，這就是人民政治協商會議所通過的偉大的共同綱領，這個綱領是共產黨的代表和宗教界的代表和各方面的代表在一起，共同

舉手通過的。在共同綱領的基礎上，我們能夠團結起來，把處理接受美國津貼的基督教團體的事情做好，把肅清美國帝國主義文化侵略影響的事情做好。

現在讓我把共同綱領中與此次會議有關的幾條，向大家宣讀：

共同綱領序言：「中國人民政治協商會議一致同意以新民主主義即人民民主主義為中華人民共和國的政治基礎，並制定以下的共同綱領，凡參加人民政治協商會議的各單位、各級人民政府和全國人民均應共同遵守。」

「第五條：中華人民共和國人民有思想、言論、出版、集會、結社、通訊、人身、居住、遷徙、宗教信仰及示威遊行的自由權。」這裏所說的宗教信仰的自由權，就是凡屬新中國的人民，不管他贊成或反對宗教，不管他信仰什麼宗教，政府不得干涉。

「第八條：中華人民共和國國民均有保衛祖國、遵守法律、遵守勞動紀律、愛護公共財產、應徵公役兵役和繳納賦稅的義務。」這就是說，不論宗教徒與非宗教徒，都有上述的義務，首先是保衛祖國的義務。不能因為做了宗教徒或非宗教徒，就可以不愛國。

「第四十二條：提倡愛祖國、愛人民、愛勞動、愛科學、愛護公共財物為中華人民共和國全體國民的公德。」這些公德，教徒與非教徒都有責任去提倡。

「第七條：中華人民共和國必須鎮壓一切反革命活動，嚴厲懲罰一切勾結帝國主義、背叛祖國、反對人民民主事業的國民黨反革命戰爭罪犯和其他怙惡不悛的反革命首要分子。對於一般的反動分子、封建地主、官僚資本家，在解除其武裝、消滅其特殊勢力後，仍須依法在必要時期內剝奪他們的政治權利，但同時給以生活出路，並強迫他們在勞動中改造自己，成為新人。假如他們繼續進行反革命活動，必須予以嚴厲的制裁。」幫助政府鎮壓反革命，不論教徒和非教徒都有同樣的責任。

「第五十四條：中華人民共和國外交政策的原則，為保障本國獨立、

自由和領土主權的完整，擁護國際的持久和平和各國人民間的友好合作，反對帝國主義的侵略政策和戰爭政策。」

「第四十一條：中華人民共和國的文化教育爲新民主主義的，即民族的、科學的、大眾的文化教育。人民政府的文化教育工作，應以提高人民文化水平，培養國家建設人才，肅清封建的、買辦的、法西斯主義的思想，發展爲人民服務的思想爲主要任務。」

各位先生們，從共同綱領裏，我們可以看見，除了在世界觀的問題或宗教信仰的問題上，政府不得用行政命令干涉外，在許許多多其他的問題上，我們有共同責任團結起來一致努力的。說我們之間找不到團結合作的共同基礎，那只是帝國主義者的造謠罷了。

我們的世界觀不同，但我們都是中國人，都要愛祖國，都要反對帝國主義和反動派，都要爲中國的獨立、民主、和平、統一、富強而鬥爭。

每一個中國人都應該愛祖國，中國的基督教徒也有責任愛國。我們愛祖國，不但因爲我們自己生長在中國，我們的祖先在中國，我們的子子孫孫也將居住在中國；我們愛祖國更因爲今天的中國已經是人民自己的中國，今天的中國和過去的中國已有本質上的不同，而比任何時候都更加可愛了。

我國近百年來，外受帝國主義的欺侮，淪爲半殖民地，國內有封建主義和官僚資本主義的壓迫，廣大勞動人民的生活非常痛苦。愛國志士爲了祖國的解放，前仆後繼，犧牲奮鬥。到了這次人民解放戰爭，由於毛主席和共產黨的領導，由於全國人民的努力，消滅了八百餘萬國民黨匪軍，使美帝國主義獨佔中國爲殖民地的陰謀完全失敗，美帝國主義給與國民黨匪幫六十萬萬美元的軍事援助，絲毫不能挽救帝國主義封建主義官僚資本主義反動統治的滅亡。中國人民得到眞正的解放。

人民的新中國建國一年半以來，在國內，除了台灣西藏以外，實現了政治、軍事、經濟上的眞正統一；在人民代表會議的基礎上，全國第一次實現了眞正的民主政治；十二年來反動派所無法解決的通貨膨脹與物價高漲的現象迅速制止了。全國的土匪極大部分肅清了。交通恢複，

鐵路公路暢通無阻，從滿洲里可以直達廣東廣西。全國鐵路通車的有二萬六千多公里，而一九三六年只有一萬一千公里（不包括當時偽滿的鐵路）；公路通車的有十萬多公里，而一九三六年只有六萬多公里。在廣大的新解放地區實行了減租減息和土地改革，去冬今春約有一億四千萬人口的地區實行了土地改革，加上已經實行土地改革的老解放區，共有三萬萬人口的地區實行了土地改革，那裏的農民擺脫了封建地主的壓迫與剝削，生活改善了，生產力和生產的積極性也跟着提高了。去年糧食和棉花的生產已經接近戰前的水平，今年正在爭取超過戰前的水平。水利事業大發展，今年開始要把十年九災的淮河加以根本治理。向來由外國人管理的海關眞正收回了，而且辦得很好。國內外的貿易恢復而且發展了，國內的貿易現在着重於發展城鄉交流，因而農村和城市的生產都有了廣闊的市場；對外貿易方面，儘管帝國主義竭力阻礙，但一九五〇年進出口貿易量還是超過了近二十年的任何一年，並且出現了七十三年來未曾有過的出超，出超佔進口總值的百分之九・三四。人民政府調整了公私經濟之間的關係，使公私生產事業欣欣向榮。此外，克服了前年的大災荒，救濟了失業，防止和撲滅了各種疫病，向廣大工農普及了文化教育。據不完全的統計，全國已有一百多萬職工參加業餘學校學習，有二千五百萬農民入了去年的冬學。有毒素的美國影片已經在市場上完全被排擠出去。舊中國的任何政府，從來沒有在這樣短的時間裏，替人民做出這樣多的事情來。

中國人民的勝利還不止這些。中國人民的最大的勝利之一，是援助朝鮮人民擊敗了美帝國主義對朝鮮的侵略，從而保衛了我們的偉大祖國。這個勝利已經迫使敵酋麥克阿瑟下台。中國人民志願軍和朝鮮人民軍對美帝國主義的勝利，證明了中國人民和世界和平民主陣營力量的強大，證明美帝國主義和一切帝國主義不過是紙老虎。由於這些成就和勝利，我們的國家是空前的強大了，在世界上的地位和威信是空前的提高了。我國和蘇聯訂立了友好同盟互助條約，這兩個大國的聯合，成了世界上不可戰勝的力量。

凡是中國人民，對於自己的祖國的強大，能夠不感到興奮和驕傲嗎？能

夠說這樣的祖國不可愛嗎？凡是善良的中國人一定熱愛光榮偉大的新中國。

我們愛祖國，當然不能違背共同綱領，去愛那些祖國的敵人。帝國主義壓迫了我們一百年，蔣介石匪幫壓迫了我們二十多年，他們現在還在夢想再騎到中國人民的頭上來。我們對於他們，只有仇恨。美帝國主義侵略朝鮮、台灣，企圖重新武裝日本來進攻我國，企圖挑起第三次世界大戰，我們一定要堅決反對。而且我們完全有信心，中國人民一定勝利，世界和平的力量一定勝利。

基督教的信徒中，最大多數是愛國的。有些教徒過去爲了愛國，受過國民黨匪幫的毆打與監禁。這些愛國者是光榮的。去年九月，以吳耀宗先生爲首的基督教徒，發表了「中國基督教在新中國建設中努力的途徑」，提出了以肅清基督教內帝國主義影響爲目的的自治、自養、自傳的運動，這是一個愛國主義的宣言。人民政府對於這種愛國的主張，是予以支持和鼓勵的。

## 第二，美國帝國主義利用基督教進行侵略全世界和侵略新中國的陰謀

基督教原來是歐洲的宗教。基督教的傳佈到歐洲以外，是十六、七世紀開始的。當時各資本主義宗主國，都以自己的殖民地爲傳教對象，但對其他國家基督教的輸入，即予以排斥。在我國，這些侵略者也各在自己的勢力範圍內傳教。美國牧師裨治文曾經不打自招地說：「我等在中國傳教之人，與其說是由於宗教的原因，毋寧說是由於政治的原因。」到了十九世紀中葉以後，資本主義發展成爲帝國主義，英美帝國主義者想以宗教爲工具，侵略全世界，同時爲了緩和各教會間的衝突，所以在美國人穆德的主動下，發展了「教會合一運動」，「全世界前進宣教運動」，在各國成立「基督教協進會」，在中國也於一九二二年成立了「中華全國基督教協進會」，這是由英美帝國主義控制的機關。此外，還成立了「世界基督教學生同盟」、「基督教青年會世界協會」、「世界基督教女青年會」、「世界主日學總會」（現改爲「世界基督教教育協會」）、

「聯合聖經公會」等國際性的基督教團體。穆德曾一手募捐過三億以上的美金，用於發展這些團體。主要的捐助者，是美國大資本家洛克斐勒和黃色報紙托辣斯的老板赫斯脫等。

　　雖然有了這些國際性的團體，可是在第二次世界大戰以前，國際基督教的傳教系統仍有三大集團，第一是美國，其次是英國，再次是西北歐各國，彼此抗衡。到了第二次世界大戰以後，美國成為第一號帝國主義國家，英法等國降為第二第三等的國家，美帝國主義在國際傳教事業上也奪得了獨佔的領導地位。美國帝國主義進一步地控制了各個基督教國際團體，以便利用宗教作為它的侵略工具，來獨霸全世界。一九四八年八月在荷蘭京城成立的「世界基督教協進會」（又譯作世界基督教會協會），標榜所謂「普世性」或「世界性」的「教會合一運動」，這個團體就完全是在美帝國主義的直接支持下產生的。

　　這個協進會，在籌備過程中，曾由美國金融巨頭洛克斐勒一次捐助了五十萬元美金，作為訓練反共宗教幹部的經費。著名的美國戰爭販子杜勒斯，親自出席了這個協進會的成立大會，並且擔任了該協進會的國際事務委員會主席之一。大家知道，戰爭販子杜勒斯，在第二次世界大戰時是主張聯合德日法西斯，進攻蘇聯和侵略中國的，現在是美國國務院的「顧問」，是美國帝國主義外交政策的實際領導人。

　　這個標榜「基督教普世運動」的「世界基督教協進會」，去年七月初在加拿大開會，通過了一個「對於朝鮮戰爭的決議」。這個決議曾於一九五〇年八月刊載在美國紐約協和神學院出版的刊物（基督教與危機）上。其內容主要有兩點：第一，誣蔑朝鮮民主主義人民共和國，擁護美帝國主義對朝鮮的侵略戰爭，說「攻擊是由北朝鮮發動的」，「要求維持世界秩序的聯合國立即決定正視這種侵略行為，並授權予各會員國均應支持警察法案」。第二，反對斯德哥爾摩禁止原子武器的宣言，大家知道，這個宣言在全世界上有五萬萬以上的簽名者，在全中國有二萬萬以上的簽名者，但是「世界基督教協進會」却反對這個宣言，並禁止基督教徒在這個和平宣言上簽名。贊成美帝國主義侵略朝鮮，和反對禁止

原子武器，這是「超政治」的宗教信仰問題麼？顯然不是，這顯然是政治主張，是美國帝國主義者的政治主張。可以看出，「世界基督教協進會」是美國帝國主義的侵略工具，所謂「基督教普世運動」是美帝國主義利用基督教侵略全世界的幌子，與中國人民的愛國主義不能相容。

第二次世界大戰後，美國帝國主義爲了利用基督教進行文化侵略，以便併吞世界，除了組織「世界基督教協進會」以外，還加強和擴大了宗派性的國際組織，如「世界信義宗聯合會」、「世界浸禮會聯盟」，以及原有的基督教國際團體，如「基督教青年會世界協會」、「世界基督教女青年會」、「國際宣教協會」、和「世界基督教教育協會」等。所有這些國際性的基督教團體，經費的百分之八十都來自美國。對於亞洲，美帝國主義是特別關心的。美國帝國主義所控制的「基督教青年會世界協會」「國際宣教協會」「世界基督教協進會」「世界基督教教育協會」都派了專駐亞洲的區幹事。再則，在亞洲舉行了一連串的會議，如「世界基督教學生同盟」於一九四八年十二月在錫蘭舉行「亞洲領袖會議」，「基督教青年會世界協會」於一九四九年八月在曼谷舉行「東南亞青年會領袖會議」，「世界基督教女青年會」則於一九四七年在杭州舉行了「全體理事會」，由戰犯宋美齡爲主要講員，一九四九年十一月又在曼谷舉行「亞洲總幹事工作會」，後來又在印度舉行「亞洲領袖訓練會」，「世界基督教協進會」及「國際宣教協會」於一九四九年十二月在曼谷舉行「東南亞基督教會議」。這些會議，都把共產主義作爲嚴重的「問題」「威脅」或「挑戰」來討論。對於世界人類的公敵美國帝國主義及其侵略行爲和新的世界大戰計劃則一字不提。

中國的接受美國津貼的基督教團體，有許多是與美國的「北美基督教差會聯合會中國委員會」直接發生關係的。在中國的接受其他國家津貼的基督教團體，現在也會間接同美國發生關係了。

中華基督教會全國總會去年七月號的會報上發表了五月八日「北美基督教差會聯合會中國委員會覆中國某些基督教徒的信」，從這封信裏可以看出美國帝國主義在新中國成立後對中國繼續進行文化侵略的方針。

這封信由美國人葛惠良、法樂爾、包巴格、密爾士、施懿秀、寇清〔潤〕嵐簽名。他們在這裏對寫信去的「某些中國教徒」說：「你們這次寫給我們的聯名信，是具有不可估計的價值」。「當我們再念過簽署此次聯名信的各位的姓名，他們都是久在我們懷念之中和非常熱忱於我們共同主義的基督徒朋友，我們心中就記起在普世祈禱團契之中，我們對於你們有一種經常持久而不可分離的聯系。」新中國是獨立了，解放了，有光明的前途，愛國的基督教徒都很興奮，但這封信却悲哀地說，「我們要重新背起忍受困苦和自我犧牲的十字架。」這封信指示這些「共同主義的基督徒朋友」說：「你們現在努力去造出一種新的方式，以該撒的物還給該撒，上帝的物還給上帝」，就是說，以宗教爲外衣，暗地裏勾結美帝國主義反抗人民政府。這封信答應在經濟方面，願意捐款「幫助中國教會，而不至有所貼害」，就是說，改變公開津貼的方式爲祕密津貼，這種秘密津貼的方式，毫無疑義，就是收買。對於中華全國基督教協進會，願意「繼續以最高額的補助費」供給，「該會希望此項補助費到何時，卽給到何時」；「基督教文字和促進鄉村教會等，都可利用國外教會的捐款」。對於教會學校、醫院、及其他基督教機關，該信表示要「熱心贊助」。對於外國人來中國傳教，該信表示「我們相信，我們的宣教師準備願在這些情形（指新中國的條件）之下來服務。」

從「北美基督教差會聯合會中國委員會」的信裏，我們可以看到：第一、在新中國成立之後，美國帝國主義者因爲在政治、軍事、經濟各方面的侵略都失敗了，拼命企圖保持它在中國的文化侵略據點，對於利用基督教來進行文化侵略和間諜活動是更加關心了。第二、在所謂「普世團契」的幌子下，企圖收買中國基督教徒，反對中國教會自治、自養、自傳的革新運動，和反抗人民政府。

以上的事實表明，利用基督教來進行文化侵略，這是美國帝國主義侵略政策的重要組成部分之一。在所謂基督教「普世性」或「世界性」口號的背後，是美國帝國主義血淋淋的魔掌，在準備反對新中國的侵略戰爭，並且準備「普世性」的大屠殺。這種情形，值得中國人民尤其是基督教徒深深警惕。

　　毫無疑問，美國和其他外國的基督教徒裏，大多數是勞動人民，教會的領袖中也有好人，我們是要同他們聯合起來反對帝國主義，爲世界和平而奮鬥的。但是，現有的基督教國際團體和「北美基督教差會聯合會」之類，以及在我國的美國差會，都是美帝國主義的侵略工具，這一點也是毫無疑問的。正因爲這是一個政治問題而不是信仰問題，所以人民政府對於中國基督教團體與外國基督教團體關係的問題，必須過問，以保障國家的安全。基督教徒也有責任在這件事情上協助政府。

　　在對中國進行文化侵略的陰謀中，帝國主義者向來是與國民黨反革命匪幫勾結一起的。披着傳教外衣的美國帝國主義分子畢範宇，是與國民黨反革命匪幫關係最密切的，他曾經做過蔣匪的顧問，替蔣匪起草過反共反人民的「教育計劃」。匪首蔣介石從前所提倡的「新生活運動」，是與帝國主義在我國的傳教活動有密切關係的。愛國的基督教徒，應該注意潛伏在基督教團體中的帝國主義分子，死心塌地的帝國主義走狗，和國民黨反革命匪幫分子，應該協助政府來揭露他們。

## 第三，對基督教徒的期望

　　我們希望，中國的基督教徒站到反帝愛國的旗幟之下，在偉大的共同綱領的基礎之上，與人民政府團結起來，在人民政府的指導之下，共同努力，建設新中國。

　　（一）現在全國有三個大運動正在進行，即抗美援朝、土地改革、和鎮壓反革命。希望中國基督教徒積極擁護和參加這三個運動。抗美援朝的目的，是使我國有一個可以和平建設的國際環境，因爲如果我們的國家處在帝國主義武裝進攻的威脅之下，就沒有可能進行和平建設。抗美援朝同時也爲了爭取世界和平，反對美國帝國主義的戰爭政策與侵略政策。爲了取得抗美援朝的勝利，除了英勇的人民志願軍與朝鮮人民軍在前線作戰以外，在後方要做很多工作，這些工作之一，就是把抗美援朝的宣傳達到每處每人，在教徒中特別要注意肅清恐美、崇美、媚美的思想，建立對美國帝國主義仇視、鄙視、蔑視的思想。土地改革的目的，

是消滅封建的土地所有制，提高占人口百分之八十的農民的生產熱情，發展農業生產，改善農民生活，只有這樣做了，我國的工業才能順暢發展。鎮壓反革命，對於特務、土匪、惡霸和不知悔改的反革命分子等害蟲的清除，是鞏固國防，保護生產，安定社會秩序的當務之急，教徒有責任來協助政府揭發這些反革命分子，特別是披着宗教外衣的像顧仁恩這類的反革命分子。

（二）「中國基督教在新中國建設中努力的途徑」宣言，簽名者已達十八萬人，這是好的。必須繼續在基督教徒中擴大這個簽名運動。但更重要的，是要在實際上而不僅在口頭上實現基督教團體的自治、自養、自傳。首先是接受美國津貼的教會團體，必須立即做到這個任務。人民政府是一定鼓勵你們、幫助你們這樣做的。此次由政務院文教委員會宗教事務處所擬的「處理接受美國津貼的基督教團體辦法草案」，就是為了這個目的。

愛國的基督教徒與人民政府更加親密的團結起來，共同努力，把我們的祖國建設得更強大更富裕吧！


# 討論問題

一、「處理接受美國津貼的基督教團體會議」的召開有什麼重大的意義？

二、 基督教與共產黨有沒有團結合作的共同基礎？

三、 中華人民共和國成立以來的建設事業有那些偉大的成就？

四、 美帝國主義怎樣利用基督教進行侵略全世界和侵略新中國的陰謀？

五、 基督徒為什麼應該積極參加抗美援朝、土地改革、鎮壓反革命三大運動？

# （六）中國基督教各教會各團體代表聯合宣言

原刊於《人民日報》1951 年 5 月 25 日。另見《光明日報》1951 年 4 月 26 日；《天風》262–263 期（1951 年 5 月 8 日）。收入《基督教革新運動學習手冊》時新增討論問題，新增部分以**宋體**標出。

我們中國基督教各教會各團體的代表，聚集在我們人民中國的首都——北京，出席中央人民政府政務院文化教育委員會召集的處理接受美國津貼的基督教團體會議。茲向全中國與全世界的同道們發表下列宣言：

在世界人民和平力量空前高漲的今天，帝國主義已經走近了末日。美帝國主義對朝鮮台灣的侵略，只是它死亡前的掙扎。美帝國主義正在重新武裝日本和西德，企圖達到它的侵略目的，去做再一次人類大屠殺的準備；然而它是不能成功的。它在朝鮮已經遭受到中朝人民沉重的打擊，它還得遭受到最後的、悲慘的失敗與死亡。我們堅決地反對美帝國主義這一個挑撥戰爭的陰謀；我們堅決地反對使用原子武器，反對單獨對日媾和，反對武裝日本，反對武裝西德！我們要與全世界愛好和平的基督徒團結起來，反對美帝國主義這一切破壞世界和平的企圖！

全世界絕大多數的基督徒是善良的；但是帝國主義却一貫陰險地利用基督教來做它的侵略工具。一九五〇年七月，世界基督教教會協會中央委員會在加拿大開會，通過一個關於朝鮮戰爭的決議，誣指朝鮮民主主義人民共和國爲「攻擊的發動者」，要求聯合國授權給各會員國支持對朝鮮的「警察行動」，並反對世界五萬萬人簽名的、要求禁用原子武

器的斯德哥爾摩和平呼籲書。這個決議是顛倒是非的，是違反全世界愛好和平的人民的意志的。世界基督教教會協會這個決議的口吻是美國國務院的口吻。實際指揮世界基督教教會協會通過這個顛倒是非的決議的，是美國華爾街的工具、策動朝鮮戰爭的杜勒斯。我們對世界基督教教會協會這個決議，提出嚴重的抗議。我們也要揭發美帝國主義在過去一百多年中，利用在中國進行的基督教傳教活動對中國進行文化侵略和間諜工作的陰謀。我們在一九五〇年九月所發表的「中國基督教在新中國建設中努力的途徑」這個宣言，就是主張割斷中國基督教與帝國主義的一切關係，肅清教會內帝國主義一切影響。我們認爲割斷與帝國主義的關係，肅清教會內帝國主義的一切影響，是中國基督徒與全世界基督徒所必須努力的方向。我們必須潔淨上帝的聖殿，保持基督教的純潔。

一九五〇年十二月二十九日中央人民政府政務院公佈了「關於處理接受美國津貼的文化教育救濟機關及宗教團體的方針的決定」。在這次會議中，我們討論了政府提出的「對於接受美國津貼的基督教團體處理辦法（草案）」，又聽取了政府各位首長的報告並經過詳細討論，我們認爲中央人民政府的措施對於基督教的照顧眞是審愼周詳，無微不至。共同綱領的第五條保證了人民的宗教信仰自由，而且我們也享受了宗教信仰自由。而這個措施更大大地鼓勵並且加強了我們基督教徒自治、自養、自傳的信心。我們對於政府的這些措施，不但熱烈的擁護，並且要表示我們衷心的感激。美帝國主義要用凍結資金的辦法，使依賴美國津貼的中國基督教事業陷於絕境，但人民政府却幫助我們走向光明的坦途。我們相信，中國的基督徒依靠上帝，並在毛主席英明領導及政府鼓勵協助之下，可以完全用自己的力量，建立起更完善、更純潔、更能服務人民的中國基督教事業。

我們號召全國的同道：

（一）堅決擁護並執行中央人民政府政務院「處理接受美國津貼的文化教育救濟機關和宗教團體的方針的決定」、「接受外國津貼及外資經

營之文化教育救濟機關及宗教團體登記條例」，和此次大會通過並將由政務院批准的「對於接受美國津貼的基督教團體的處理辦法」，要最後地徹底地永遠地全部地割斷與美國差會及其他差會的一切關係，實現中國基督教的自治、自養、自傳。

（二）熱烈參加抗美援朝運動，堅決擁護世界和平理事會關於締結五大國和平公約的決議，擁護中國人民抗美援朝總會的一切決議，並普遍地簽訂與切實執行愛國公約。每個教堂、每個基督教團體和每個基督教刊物都要進行抗美援朝的宣傳，使這種宣傳普及到每個信徒。

（三）擁護共同綱領，擁護政府的土地改革及鎮壓反革命政策，遵守政府的一切法令，積極響應政府的號召，為國家建設而努力。我們要提高警惕；堅決拒絕帝國主義的一切誘惑，協助政府檢舉潛伏在基督教中的反革命分子和敗類，堅決揭穿帝國主義和反動派破壞三自運動的陰謀，積極展開各地基督教教會及團體對帝國主義份子和反革命敗類的控訴運動。

（四）加強愛國主義教育，廣泛地展開學習運動，以提高信徒的政治認識。

　　最後，我們號召全國基督徒，繼續擴大革新宣言簽名運動，以最大的決心，來實現中國基督教三自革新的任務，以最高的熱情，來迎接中華人民共和國無限光明的前途！

吳耀宗　　　　（中華基督教青年全國協會出版組主任、上海）
鄧裕志（女）　（中華基督教女青年會全國協會總幹事、上海）
劉良模　　　　（中華基督教青年會全國協會事工組主任、上海）
陳見眞　　　　（中華聖公會主教院主席主教、上海）
涂羽卿　　　　（中華基督教青年會全國協會總幹事、上海）
敬奠瀛　　　　（山東大汶口馬莊耶穌家庭）
謝永欽　　　　（中華基督教自立會代理理事長、上海）
倪柝聲　　　　（基督教徒聚會處、上海）

喻　筠　　　　　（中國基督教信義會全國總會主席、長沙）

邵鏡三　　　　　（中華基督會總幹事、南京）

吳高梓　　　　　（中華全國基督教協進會主席、上海）

崔憲祥〔詳〕　　（中華基督教會全國總會總幹事、上海）

繆秋笙　　　　　（中華基督教宗教教育促進會執行幹事、上海）

尤樹勛　　　　　（中華基督教勉勵會全國協會幹事、上海）

徐　華　　　　　（基督復臨安息日會中華總會會長、上海）

黎照寰　　　　　（中國基督教公誼會主席、上海）

周維同　　　　　（中華聖潔教會牧師、北京）

關彼得　　　　　（中國神召會副會長、北京）

沙　毅　　　　　（中國基督教宣道會主席、武昌）

魏文舉　　　　　（華北公理會總幹事、北京）

巍以撒　　　　　（真耶穌教會全國總會會長、北京）

李澤珍（女）　　（中華基督教女青年會全國協會副主席、上海）

沈德溶　　　　　（天風周刊主編、上海）

張伯懷　　　　　（中華基督教出版協會執行幹事、上海）

胡祖蔭　　　　　（廣學會義務總幹事、上海）

周盛康　　　　　（中國主日學合會、上海）

金炎青　　　　　（中華浸會書局、上海）

李培恩　　　　　（中華聖經會、上海）

王梓仲　　　　　（華北基督教聯合會總幹事、北京）

蕭國貴　　　　　（中華基督教循道公會湖北教區主教、漢口）

凌賢揚　　　　　（中華聖公會華北教區主教、北京）

董恆新　　　　　（山東大汶口馬莊耶穌家庭）

江長川　　　　　（華北基督教聯合會主席、北京）

邵鳳元　　　　　（中華基督教會河北協會主席、北京）

曾友山　　　　　（中華聖公會河南教區主教、開封）

鄭建業　　　　　（中華聖公會河南教區總幹事、開封）

鄧述堃　　　　　（中華聖公會浙江教區主教、杭州）

張海松　　　　　（中華聖公會鄂湘教區主教、漢口）

招觀海　　　　　（中華基督教會廣東協會幹事、廣州）

譚沃心　　　　（中華基督教會廣東協會總幹事、慶州）

孫鵬翁　　　　（中華基督教會東北大會理事長、瀋陽）

金玉清　　　　（中華基督教會東北大會執行幹事、瀋陽）

王　忱　　　　（中華基督教會東北大會理事、瀋陽）

王恆心　　　　（中華基督教會江淮大會主席、徐州）

鮑哲慶　　　　（中華基督教浙滬浸禮議會總幹事、杭州）

熊眞沛　　　　（中華基督教循道公會華南教區主席、廣州）

鄭錫三　　　　（中華基督教循道公會華北教區主席、天津）

馬景全　　　　（希望月刊主編、成都）

陳芝美　　　　（中華基督教衛理公會華南區教育委員會總幹事、福州）

胡翼雲　　　　（廣東基督教協進會總幹事、廣州）

段大經　　　　（信義會東北教區理事長、安東）

胡煥堂　　　　（基督教陝甘協同會會長、西安）

沈天然　　　　（安息日會華中聯會會長、武漢）

周清澤　　　　（廈門市基督教聯合會主席）

馬星閣　　　　（保定基督教聯合會主席）

龐之焜　　　　（北京市基督教聯合會主席）

趙復三　　　　（北京市基督教聯合會總幹事）

陳文潤（女）　（北京基督教女青年會總幹事）

張伯清　　　　（基督復臨安息日會華北聯合會長）

謝頌三　　　　（上海基督教聯合會主席）

戚慶才　　　　（上海浸會懷恩堂牧師）

陳和相　　　　（上海中華聖公會天恩堂會長）

陳善祥（女）　（上海基督教女青年會總幹事）

艾年三　　　　（上海信義會牧師）

韓文藻　　　　（南京基督教協進會總幹事）

鄭汝銓（女）　（南京基督教女青年會總幹事）

沈邦彥　　　　（南京衛理公會華中年議會執行委員會主席）

楊紹誠　　　　（南京來復會會長）

鈕志芳　　　　（杭州市基督教協進會副會長）

霍培修　　　　（天津市基督教聯合會會長、
　　　　　　　　天津基督教革新促進委員會主席）
喬維熊　　　　（天津基督教革新推進委員會副主席）
高仰忠　　　　（廣州基督教會反美愛國促進三自工作委員會執行幹事）
林錦儒（女）　（廣州基督教女青年會總幹事）
唐馬太　　　　（廣州東山兩廣浸會幹事）
張化如　　　　（廣東老隆崇眞總會）
武　英　　　　（河南信陽信義會牧師）
張光旭　　　　（薛平西代）（中華聖公會福建教區主教）
游瑞霖　　　　（福州中華基督教會）
劉年芬（女）　（漢口基督教女青年會總幹事）
王齊興　　　　（昆明基督教聯合會會長）
宋傑人　　　　（重慶基督教青年會副總幹事）
李牧羣　　　　（重慶中華路德會牧師）
王約翰　　　　（川北中華聖公會會吏總）
秦石香　　　　（川南中華基督教會牧師）
尹保乾　　　　（西康雅安中華基督教革新會主席）
王俊賢　　　　（成都華西協合神學院教授）
曾淑愼（女）　（廈門基督教女青年會幹事）
施中一　　　　（蘇州基督教江浙鄉村聯合會）
朱明齋　　　　（貴陽中華聖公會牧師）
梁元惠　　　　（廣西梧州基督教聯合會）
張寶箴　　　　（平原安陽中華基督會）
鄭子修　　　　（中華基督教會山東大會、濟南）
李素良　　　　（上海時兆月報經理）
楊紹唐　　　　（上海內地會牧師）
陳蓉生　　　　（上海清心堂牧師）
沈緒成　　　　（上海安息日會）
竺規身　　　　（上海靈工團牧師）
又　生　　　　（北京救世軍）

李常樹　　　　　（長沙基督教團體聯合會主席）

劉均安　　　　　（長沙眞耶穌教會）

許士琦　　　　　（南昌市基督教協進會會長）

田景福　　　　　（西安青年會總幹事）

聶夢九　　　　　（西安基督教聯合會會長）

王道生　　　　　（陝西三原福音村中華基督教會牧師）

王存義（女）　　（西安基督教女青年會總幹事）

孫耀宗　　　　　（哈爾濱自立會牧師）

賈　義　　　　　（綏遠基督教牧師）

吳英才　　　　　（南寧中華聖公會牧師）

萬福林　　　　　（中華基督教會湖北大會理事長）

劉貽羆　　　　　（長沙中華聖公會會長）

李雍吾　　　　　（中華基督教會湖南大會總幹事）

程　光　　　　　（湖南聖經學院院務委員會主任委員）

吳煥新　　　　　（青島中華基督教聯合會副會長）

劉堯昌　　　　　（西安中華聖公會主教）

劉配芳　　　　　（西安中華基督教循禮會牧師）

李既岸　　　　　（南京貴格會靈恩堂牧師）

趙紫宸　　　　　（北京燕京宗教學院院長）

陸志韋　　　　　（北京燕京大學校長）

李湘英　　　　　（北京燕京神學院學生）

吳貽芳（女）　　（南京金陵女子文理學院院長）

陳崇桂　　　　　（重慶神學院院長）

高仁瑛（女）　　（中華基督教女青年會全國協會城市部主任幹事、上海）

施如璋（女）　　（中華基督教女青年會全國協會學生部主任幹事、上海）

高毓馨（女）　　（中華基督教女青年會全國協會鄉村部主任幹事、上每）

江文漢　　　　　（中華基督教青年會全國協會副總幹事、上海）

陸幹臣　　　　　（中華基督教青年會全國協會市會組主任幹事、上海）

李壽葆　　　　　（中華基督教青年會全國協會駐京聯絡員、上海）

李儲文　　　　　（中華基督教青年會全國協會宗教教育部幹事、上海）

羅冠宗　　　　　（上海基督教抗美援朝委員副總幹事）
蔣翼振　　　　　（南京金陵神學院教授）
韋卓民　　　　　（華中大學校長、武昌）
艾瑋生　　　　　（華中大學教授、武昌）
陳建勳　　　　　（中華基督教信義會信義報主筆、漢口）
劉大作　　　　　（山東大汶口馬莊耶穌家庭）
俞秀藹（女）　　（北京基督教女青年會會長）
高尚仁　　　　　（北京基督教青年會總幹事）
張以藩　　　　　（長沙基督教青年會總幹事）
劉齡九　　　　　（前田家半月刊編輯）
諸培恩　　　　　（南京基督教青年會總幹事）
趙浚波　　　　　（北京中華聖公會會長）
劉仲和　　　　　（北京中華聖公會會長）
張士充　　　　　（北京燕京大學基督教團契主席）
王毓華（女）　　（北京基督教女青年會幹事）
黃　浩　　　　　（北京基督教青年會副董事長）
賈泰祥　　　　　（中華基督復臨安息日西北聯合會）
蔡詠春　　　　　（北京燕京宗教學院教授）
高鳳山　　　　　（北京匯文中學校長）
楊明葆　　　　　（太原基督教青年會總幹事）
羅世琦　　　　　（濟南齊魯神學院教授）
賈玉銘　　　　　（孫美芝代）（中國基督教長老總會主席）
楊懷生　　　　　（上海基督教青年會總幹事）
蔡智傳　　　　　（南昌基督教青年會總幹事）
朱晨聲　　　　　（中華基督教全國總會公報編輯、上海）
林永俁　　　　　（中華全國基督教協進會幹事、上海）

一九五一年四月二十一日

## 討論問題

一、〈中國基督教各教會團體代表聯合宣言〉的發表，有什麼重大的
意義？

二、我們爲什麼要反對美帝國主義武裝日本？武裝西德？

三、世界基督教會協會的幕後指使者是誰？它曾做過那些可恥的決議？
對於這種披着宗教外衣的反動組織，我們應該採取什麼明確的
態度？

四、怎樣才能潔淨上帝的聖殿，保守基督教的純潔？

五、美帝國主義凍結我在美資金，能「扼死」中國基督教三自革新運
動嗎？

六、我們應該怎樣響應〈聯合宣言〉所發出的號召？

# （七）中國基督教的新生
## ——出席「處理接受美國津貼的基督教團體會議」的感想——

原刊於《人民日報》1951 年 5 月 24 日。另見《天風週刊》期 262–263（1951 年 5 月 8 日），頁 5，14–16。收入《基督教革新運動學習手冊》時略作修改。新增部分以**宋體**標出。

中國基督教的革新運動，就是基督教的新生。這個新的生命從一九五〇年七月「中國基督教在新中國建設中努力的途徑」這個宣言發表的時候，就開始萌芽；到了一九五一年四月，中央人民政府政務院文教委員會宗教事務處召開了「處理接受美國津貼的基督教團體會議」以後，基督教革新運動有了質的發展，這個新生的嬰兒就呱呱墮地了。

這個「處理接受美國津貼的基督教團體會議」是四月十六至二十一日在北京舉行的，出席的代表共一百五十四人，還有若干列席和旁聽的。這一百五十四位代表包括了三十一個基督教宗派和二十六個基督教團體，那就是包括了中國基督教大部分的主要力量。

這個會議，在出席的基督教代表的經驗中，是空前的。他們幾乎每一個人都參加過無數次的各種各類的會議，然而許多人都有了這個感覺：這一個會議所給他們的影響，比任何一個會議都更基本，更深刻。

這個會議有幾個特點：

第一，它是政府所召集的。由於處理接受美國津貼的文化教育救濟機關和宗教團體的需要，教育部曾經召集基督教大學會議，衛生部曾經

召集「華北區處理接受美國津貼的醫院會議」，最近中國人民救濟總會也召集了「處理接受美國津貼救濟機關會議」。宗教事務處所召集的這一個基督教團體的會議，也是同一性質的。

政府是在尊重、同情和照顧基督教的情況下召開這個基督教團體會議的；這個會議是在政府與愛國的基督教徒緊密團結的情況下召開的。

第二，這個會議是基督教空前的愛國大團結。由於宗派的分歧和信仰的差異，基督教的團結不是一件容易的事，但現在，在政府領導之下，基督教的各個宗派，各個團體却在愛國主義的旗幟下團結起來了。

第三，這個會議是在堅決反對帝國主義的氣氛中召開的。在過去，在一個全國性的基督教會議中，外國傳教士，無論人數多少，總是處在領導和控制的地位的。一九五〇年十月中華全國基督教協進會舉行年會，在這個會中，沒有一個外國傳教士出席；在中國基督教歷史中，這是破天荒的。然而，帝國主義的傳教士雖然不在裏面，他們的影響，却還是頑強地在那個年會中表現出來。在這一次政府所召集的會議中，領導者是幫助基督教肅清帝國主義影響的人民政府和基督教裏面的民主力量。

第四，這個會議是在基督教革新運動進行了八個月，全國的基督徒熱烈地參加了抗美援朝運動，有了相當的覺悟以後召開的。這個運動曾經遭受到帝國主義和它的走狗們多方的歪曲與破壞，但它還是穩步地發展着。在會議開幕的時候，全國基督徒在革新宣言上簽名的已達十八萬人。這個發展給政府所召開的這個會議打下一個基礎，使這個會議能夠把革新運動從量的發展轉入質的發展。

這個「處理接受美國津貼的基督教團體會議」的目標是什麼呢？在舉行這個會議的教育部大禮堂裏面掛着一幅鮮明的標語：「在中央人民政府領導下把一百多年來美帝國主義對中國人民的文化侵略最後地、澈底地、永遠地、全部地加以結束」。這就是這個會議的目標——割斷基督教同帝國主義的關係，並幫助基督教解決從割斷與帝國主義關係而產生出來的一些困難。

會議進行了六天，三天是大會，三天是小組會。在大會中，有中央

人民政府政務院郭沫若副總理、文化教育委員會陸定一副主任、邵荃麟副秘書長、何成湘處長、中共中央統一戰線工作部李維漢部長、內務部謝覺哉部長、陳其瑗副部長等首長出席講話。大會舉行了兩天的控訴會，通過了一個宣言，討論了「對於接受美國津貼的基督教團體處理辦法」，成立了一個新的領導機構——「中國基督教抗美援朝三自革新運動委員會籌備委員會」。

這個會議在六天當中有了輝煌的成就。

會議的第一個成就，就是使出席的絕大多數的代表們得到一個新觀點，那就是：清楚地認識了基督教與帝國主義的關係。僅僅在幾個月以前，基督教與帝國主義的關係這個題目，還是許多基督徒辯論的焦點。許多人不承認基督教同帝國主義發生了關係，但他們的認識是很模糊的。當革新宣言發表的時候，我們所遇見的最大的困難，就是宣言中關於帝國主義利用基督教的那一段話。中國有一句成語說：「與惡人居，加入鮑魚之肆，久而不聞其臭」。基督教同帝國主義發生了一百多年的關係，生活在這樣的情況下的基督徒，對帝國主義的面目，是不容易有客觀的認識的。這一個會議為什麼能使出席的代表們得到一個新的認識呢？主要的因素就是陸副主任的講話。這一篇講話，一方面有力地說明了人民的新中國建國一年半以來的偉大成就，另一方面深刻地分析了帝國主義怎樣利用基督教來進行侵略，尤其是通過一些所謂普世性的世界基督教組織。當講話提到基督教的「普世」運動與「合一」運動的主角——穆德的時候，許多聽衆都彷彿大夢初覺。穆德——這個環繞地球六十八次，走了一百七十萬哩路程，一手捐募過三億以上的美金，建立過無數的世界性與地方性的基督教組織的人物，他是全世界基督徒的偶像，是近代基督教最卓越的領袖。現在，在一個新的觀點的探照下，他的原形顯露了——他無非是美帝國主義和「美國世紀」一個最忠實、最富有侵略性的服務者而已。

陸副主任的講話，如果用兩句話把它綜合起來，就是這樣：新中國的可愛；帝國主義的可恨。這篇講話不只是暴露了帝國主義利用基督教

的罪惡，它也使我們從愛國主義的立場更清楚地認識了今後基督教努力的途徑，那就是：一方面堅決地割斷基督教與帝國主義的關係，另一方面以熱烈的愛國行動，來迎接中華人民共和國無限光明的前途。

在許多代表的經驗中，他們所得到的這一個新的觀點，就形成一個基本的轉變。不只是思想上的轉變，也是靈性上的轉變；不只是政治性的轉變，也是宗教性的轉變。一個經驗了這樣轉變的人，不但對他自己和他所做過的工作，有了新的認識，他對基督教在中國一百多年的歷史和目前全世界的基督教運動，也會給予一個新的估價。會議的這個成就，是一個劃時代的成就。

會議的第二個成就，就是兩天的控訴大會。在目前國內鎮壓反革命的怒潮中，控訴已經成爲大家所熟悉了，習慣了的事；然而在基督教的羣衆裏，控訴却還是一件完全新鮮的事，不只是一件新鮮的事，也是一件困難的事。在福音書中，耶穌曾說過：「不要論斷人，免得被人論斷。」一般基督徒都牢牢地記住這個教訓。控訴不只是「論斷」，它也是審判，是定罪，似乎控訴是和耶穌的教訓背道而馳的。究竟是不是這樣呢？我以爲不是的。耶穌叫我們不要論斷人，是叫我們不要從自私和驕傲的觀點出發，吹毛求疵地在別人身上找過錯，而忘記了我們自己所有的，也許是更大更多的弱點。控訴却是完全符合耶穌的教訓的。馬太福音第二十三章就是耶穌對文士和法利賽人的一篇最有力，最深刻的控訴。他不但以正義的呼聲來反對罪惡，他也以勇敢的行動來打擊罪惡。他拿着鞭子把利用宗教儀式來進行剝削的人們趕出聖殿。

控訴對基督徒還有另外的一些困難。我們控訴的對象就是美帝國主義傳教士中的特務分子和中國基督教中的敗類。這些人在不久以前，在許多基督徒的心目中，還是虔誠的信徒，還是基督教忠實的領袖。我們許多人同他們不只是同道同工，也是親密的朋友。現在翻起臉來對他們控訴，實在不是一件容易的事。

還有一個困難，也許是最大的困難，就是帝國主義，尤其是美帝國主義，用以進行侵略的巧妙方法。他給我們吃的是毒藥，然而，毒藥

上面却蒙着一層糖衣；許多人中了毒還不曉得，還在那裏誇獎糖衣怎樣的甜。

然而，這些困難都克服了。小組中的醞釀，大會中的高潮，都使這次會議中的控訴，成爲中國基督教歷史中一件空前的事。控訴的對象包括：臭名昭著的美帝國主義分子畢範宇、李提摩太、駱愛華，和中國基督教敗類陳文淵、梁小初、顧仁恩、朱友漁等。參加控訴的人，有的一夜沒有睡覺，有的幾夜沒有睡好，他們在精神上和思想上做了坦白的檢討和尖銳的鬥爭。他們不能再姑息，再客氣，再隱瞞了。他們從內心裏噴射出他們的義怒，他們要清算帝國主義對基督教造成的罪惡，使基督教成爲純潔的，中國人民自己的基督教。

控訴所以能够進行，能够成功，就是因爲許多代表有了一個新的觀點——他們開始認識了帝國主義的罪惡；控訴却又使他們的認識更加清楚，使一些還沒有認識的人有了認識。

會議的第三個成就，就是全體代表所發表的「中國基督教各教會各團體代表聯合宣言」。這個宣言把一九五〇年七月所發表的「中國基督教在新中國建設中努力的途徑」的革新宣言推進一步。

關於自養的問題，我們在第一個宣言裏主張：「在最短期內實現自力更生的目標」。一九五〇年十月，中華全國基督教協進會舉行年會的時候，也只通過在五年之內實現自養的計劃。但兩個月之後，形勢就改變了。美帝國主義企圖以凍結資金的辦法，使依賴美國津貼的中國基督教事業陷於絕境。許多基督教團體便馬上給美帝國主義一個響亮的回答，—— 他們宣佈：從一九五一年起，不再接受美國的津貼，也不接受任何外國任何方式的津貼。這是一種更積極的精神，根據這種精神，我們便在這一次宣言裏向全世界的基督徒們清楚地宣告說：「中國的基督徒依靠上帝，並在毛主席英明領導及政府鼓勵協助之下，可以完全用自己的力量，建立起更完善、更純潔、更能服務人民的中國基督教事業。」

第一個宣言所說的「自力更生」，只是要割斷基督教同帝國主義的經濟關係，但第二個宣言却前進一步了：我們要「最後地澈底地永遠地

全部地割斷與美國差會及其他差會的一切關係」。爲什麼要割斷中國基督教同各國差會的關係呢？那就是因爲中國基督教同美國差會及其他大部分由美國津貼的差會的關係，不只是經濟的關係，也是人事、行政、政策和其他方面的關係。帝國主義不只通過經濟關係對中國基督教發生影響，它也通過其他的關係發生影響；並且通過這一切關係，去進行反革命的活動。如果我們要肅清帝國主義的影響，粉碎帝國主義的陰謀，我們就應當完全割斷中國教會與外國差會的關係。其次，所謂差會，就是派遣傳教士到中國來的西方教會的代表；這些教會就是所謂母會，而接受傳教士的教會，就是所謂子會。「母會」有時也被稱爲「先進」教會，「子會」有時也被稱爲「後起」教會。這些名詞，都是在帝國主義與殖民地、弱小民族關係的氣氛中產生出來的，是對中國教會的侮辱。在今天新中國的環境中，我們不需要再同差會發生關係，也不應當同差會發生關係；我們所要實現的是中國基督教澈底的自治、自養、自傳。

在第一個宣言裏，我們指出了基督教急迫的任務，那就是：「警惕帝國主義、尤其是美帝國主義利用宗教以培養反動力量的陰謀」；第二個宣言却清楚地，有力地暴露了帝國主義的這個陰謀。它揭露了美帝國主義控制下的，一向自稱爲公正的、超政治的、所謂普世性的世界基督教教會協會誣衊朝鮮民主主義人民共和國爲「侵略者」的決議，和它對要求禁用原子武器的斯德哥爾摩和平呼籲書的誹謗。這個宣言號召全世界的基督徒「割斷與帝國主義的關係，肅清教會內帝國主義的一切影響」。如果美帝國主義可以利用，並且實際上利用了這一個名義上具有最高權威的基督教世界組織，美帝國主義當然也可以利用，並且實際上利用了其他類似的世界基督教聯合組織，來進行它的侵略。這個宣言使我們對這個事實，有了清楚的認識，也大大地提高了我們對帝國主義新的陰謀的警惕。

我們在第一個宣言裏，號召全國的基督徒反對封建主義，帝國主義及官僚資本主義，並提倡愛國主義的精神。第二個宣言却提供了實踐愛國主義的具體任務，那就是：熱烈參加抗美援朝運動，並擁護政府的土地改革及鎮壓反革命政策。這三個任務不但與新中國建設有着非常重要

的關係，它們與基督教革新運動，也有着非常密切的關係。要抗美援朝，就首先要肅清基督教裏面親美、崇美、恐美的思想；要擁護土地改革和鎮壓反革命政策，就必須認識共同綱領的基本精神和政府整個建設方針，尤其是關於處理宗教問題的方針，這些都是必須與愛國行動緊密地結合起來的愛國主義教育，是基督教革新運動今後深入發展所必不可少的一件基本工作。

這個宣言表現了一個大的氣魄，一個大的信心。帝國主義的侵略是必定失敗的；帝國主義的本身是必定滅亡的；相反地，中華人民共和國的前途是無限光明的。這是新中國人民磅礴的氣魄。在基督教方面，宣言充分地表現了中國基督徒獨立、自主的信心。他們不再需要帶着侵略毒素的帝國主義任何方式的「援助」；他們已經站立起來，把中國基督教的前途掌握在自己的手裏。有人說：這個宣言將使帝國主義者發抖。是的，如果他們深切地了解了這個宣言的涵義，他們是應當發抖的。這個宣言表示了中國基督教新的動向，如果受了帝國主義一百多年控制的中國基督教已經走上一個獨立、自主的新方向，那麼，帝國主義的前途是可想而知的。正如宣言上所說的：「帝國主義已經走近了末日。」

會議的第四個成就，就是它所通過的「對於接受美國津貼的基督教團體處理辦法」，這個「處理辦法」經過政務院批准以後，就可以公佈實施。它的主要內容，就是要幫助基督教解決從割斷帝國主義關係和實行三自革新而產生的一些困難。正如宣言所說的：「中央人民政府的措施對於基督教的照顧真是審慎周詳，無微不至」。這個「處理辦法」是政府自動提出來的，在某些方面，也超出了出席會議的代表們的期望之上。這個文件對全國基督教同道將會產生一個異常重要的影響。它將證明：政府不但沒有像反動分子所宣傳的，歧視基督教、壓迫基督教，相反地，政府是尊重基督教、同情基督教，並且主動地幫助它解決它自己所不能解決的問題。如果過去在一些基督教落後羣衆和政府之間還存在着若干的距離，這個「處理辦法」應當可以使這些基督徒對政府有了一個更明確的認識，因而使他們對政府的宗教政策表示衷心的擁護。

　　會議的第五個成就，就是它所產生的基督教領導的新機構——「中國基督教抗美援朝三自革新運動委員會籌備委員會」。這個新的機構是一個由愛國愛教的基督徒們所共同組織的人民團體，它的主要任務，就是：第一，在基督教團體和基督徒羣眾中推進愛國行動和愛國主義教育；第二，澈底肅清帝國主義對基督教的影響；第三，有計劃、有步驟地完成中國基督教三自革新的任務。這個新的機構是革新運動必然的發展，它將使全國的基督徒在愛國革新的旗幟下，更廣泛地團結起來，爲新中國的建設而努力。

　　這個「處理接受美國津貼的基督教團體會議」的成就是偉大的，它使中國基督教的新生，從胚胎時期進入出生時期和發展時期。如果帝國主義對中國基督教的影響像一棵阻礙了我們的前進，爲我們所要砍倒的大樹，過去八個月的革新運動使這棵樹的老幹，在刀鋸齊施之下，遭受了嚴重的打擊。這一次的會議，却像一把巨斧，對準了樹幹，狠狠地砍下去，使樹幹搖搖欲墜。雖然樹還沒有完全倒下去，它的命運是注定了的。

　　但是，即使老樹倒了下來，問題並沒有完全解決，因爲還有那棵樹盤根錯節的基礎，我們必須在一個相當期內，進行挖根的艱苦工作，使這棵樹還潛藏在泥土裏的根節，完全被挖掘出來。

　　中國基督教的新生，並不只要砍掉帝國主義的大樹，它還要建立中國基督徒自治、自養、自傳的新教會。這個任務是艱巨的；我們所已經獲得的成就，僅僅是一個起頭，我們還應當依照「中國基督教各教會各團體代表聯合宣言」的號召，堅決地割斷與帝國主義的關係，澈底地肅清帝國主義的影響，熱烈地參加抗美援朝和其他一切反帝愛國運動，加強愛國主義教育，廣泛地展開政治的學習，繼續擴大革新宣言簽名運動，使中國基督教的革新，隨着帝國主義的沒落和新中國建設的發展，進入一個嶄新的時期。我們希望全中國的基督徒，拿出最大力量，來完成中國基督教這一個歷史的任務。

（轉載一九五一年五月廿四日北京《人民日報》）

## 討論問題

一、「處理接受美國津貼的基督教團體會議」的特點是什麼？它的目標
　　是什麼？

二、「處理接受美國津貼的基督教團體會議」有什麼輝煌的成就？

三、 穆德在基督教裏究竟是一個怎樣的角色？他在中國曾經進行了那些
　　陰謀活動？

四、 論述控訴運動的意義。聖經對控訴運動有那些啓示？我們應該怎樣
　　繼續深入展開控訴運動？

五、 爲什麼帝國主義的侵略必定失敗？帝國主義的本身必定滅亡？

# （八）三自革新運動發展概況

本文未見刊於其他報刊，應為首發文章。

　　一九五一年四月中國基督教抗美援朝三自革新運動委員會籌備會成立至一九五一年年底的八個月中，基督教的三自革新運動有了很大的成就，茲將八個月來的發展情況，簡述如下：

（一）革新宣言簽名運動──從一九五○年七月廿八日革新宣言發出至一九五一年年底止，簽名人數共三二六、四六五人（編按：即326,465 人）。

（二）抗美援朝愛國運動──響應抗美援朝總會「六一」捐獻飛機大砲的號召，全國基督教教會及團體捐獻「基督教三自革新號」戰鬥機，繳款總數是人民幣二，七一七，一一八，七二二元（編按：即2,717,118,722 元）超過原定的十五億捐獻額百分之八十一。

　　全國基督教團體訂立愛國公約的共有二七二處，（檢查修訂的愛國公約及家庭、個人愛國公約不計在內）。

　　許多基督教教會及團體參加了「五一」及國慶等愛國示威遊行，並在禮拜堂內懸掛國旗，也做了一些優撫烈軍屬的工作。為響應世界和平理事會的正義號召，有些基督徒在反對美國武裝日本的投票和擁護五大國締結和平公約上簽了名。

（三）控訴運動——自從一九五一年五月中國基督教抗美援朝三自革新
運動委員會籌備委員會發出「搞好傳達，搞好控訴」的號召至
一九五一年年底止，各地共舉行了一〇八次規模較大的控訴會。

（四）學習——全國的基督教團體幾乎無例外地進行了學習。學習與控訴
已逐漸緊密地結合起來，把學習作爲控訴與革新的準備。有些地方
舉辦了三自革新學習班。在基督徒中已經展開了思想改造運動。

（五）書刊審查及出版工作——在中華基督教出版協會的主持下，初步
審查了上海、漢口、成都等地的幾個主要基督教出版機關的書籍
一七五〇種，審查的結果，一半以上含有超政治、親美崇美及反蘇
反共毒素。還有幾個較小的出版機關的書籍尚在審查中。

此外，中國基督教抗美援朝三自革新運動委員會籌備委員會宣傳組
也審查了在上海出版的四十餘種基督教期刊，其中十一種應該停
刊，已將審查意見提供政府有關部門參考。

中國基督教抗美援朝三自革新運動委員會籌備委員會成立後即正式
以《天風週刊》爲籌備委員會機關刊物。

（六）地方性的愛國革新組織——一九五一年年底止，全國基督教以抗美
援朝，三自革新，反帝愛國等名稱成立的地方組織共有一七〇處。
這些組織的主要任務是發動革新宣言簽名，領導學習，推動控訴，
捐獻等愛國革新工作。

目前基督教抗美援朝三自革新運動正在繼續蓬勃地發展着。

附錄：

# 一、中國基督教抗美援朝三自革新運動委員會<br>籌備委員會成立（章程）

在政務院文化教育委員會宗教事務處召開的「處理接受美國津貼的基督教團體會議」最後一天的會議上，主席團內的基督教教會及團體代表向大會提出了一項建議，那就是「提請籌組中國基督教抗美援朝三自革新運動的全國統一領導機構案」，由陳見眞主教代表提出。全體代表在聽了陳主教的報告後，一致舉手通過這個議案，並選出吳耀宗等二十五人爲籌備委員。原提案內容如下：

提請籌組中國基督教抗美援朝三自革新運動的<br>全國統一領導機構案

**理由：**中央人民政府政務院宗教事務處最近召開處理接受美國津貼的基督教團體會議，我全國基督教各教會各團體的代表聚集北京，我們共同認識必須擴大與深入基督教的抗美援朝愛國革新運動，一致要求全國性統一領導機構之及早成立，以便更進一步號召與推動全國的基督徒實現反帝愛國三自革新的偉大任務。

**辦法：**同人等商討再四，擬定產生辦法如下：

（一）定名：本會擬定名爲「中國基督教抗美援朝三自革新運動委員會籌備委員會」。

（二）性質：本會爲全國愛國愛教的基督徒聯合組織的人民團體。

（三）組織：本會以下列方式組織成之：

　　甲、本會在正式宣告成立前先設籌備會，委員廿五人，由大會推定之。

　　乙、本會設常務籌備委員十一人，自籌備委員中產生，由大會推定之。

　　丙、本會設主席一人，副主席四人，自籌備委員中產生，由大會推定之。

（四）任務：本會籌備期中擬推進下列各項任務：

　　甲、擴大與深入基督徒的抗美援朝運動。

　　乙、執行世界和平理事會和中國抗美援朝總會的一切決議與號召。

　　丙、推進基督教的三自革新運動建設中國人民自治自養自傳的教會。

　　丁、廣泛進行基督徒愛國主義教育。

（五）工作：具體工作包括（1）擬定章程；（2）籌募經費；（3）聘任幹部；（4）與有關方面聯繫等。上述工作均由常務籌備委員會開始進行之。

（六）由大會授權常務籌備委員會，在籌備工作完成時，由常務籌備委員會提名經多數籌委同意增加若干執行委員及常務委員並宣佈本會正式成立。


　　以上辦法是否有當提請

公決

提案人：本會主席團基督教教會及團體代表

附錄：

## 二、對於接受美國津貼的基督教團體處理辦法
### （一九五一年七月廿四日中央人民政府政務院公佈）

原刊於《人民日報》1951 年 7 月 27 日。

　　根據本院一九五〇年十二月二十九日第六十五次政務會議〈關於處理接受美國津貼的文化教育救濟機關及宗教團體的方針的決定〉和同次會議批准的郭副總理報告中「接受美國津貼之中國宗教團體，應使之改變爲中國教徒完全自辦的團體，政府對於他們的自立自養自傳運動應予以鼓勵」之原則，茲規定對於接受美國津貼的基督教團體處理辦法如下：

一、　中國各基督教教會及團體，應與美國差會及大部分由美國經費支持之其他非美國的差會，立即斷絕關係。在中國之上述差會應即停止活動。

二、　在中國基督教教會及團體中工作之美國人員，應按下列原則處理：（一）有反人民政府言行者應予撤職，其犯有罪行者，報請政府依法懲辦；（二）自願離開者准其返國；（三）無反動言行而教會及團體認爲有需要留下並願供給其生活者，可以續留，但不得擔任教會及團體的行政職務。

三、　已經實行自養之基督教教會和團體原來所辦之社會服務事業如醫療機關、福利機關等，其經費能自給者，可繼續辦理，但須組織董事

會，保證實行政府法令。董事會名單應由政府批准。其經費不能維持者，得申請政府補助或接辦。但教會及教會團體所辦大中小學校（除宗教學校外），均應與教會分開，學校使用之房屋，原則上應劃歸學校；如其房屋係與教會及團體共同使用者，由當地人民政府，依據具體情況，另訂處理辦法。

四、 外國差會如自願將其在中國的財產（不包括土地）捐贈給中國基督教教會及團體，經政府審核批准後，中國基督教教會及團體得接受其全部或一部，但此項捐贈不得附有任何條件。

五、 已經實行自養之中國基督教教會及男女青年會，其教堂及辦公處所直接使用之房屋的房地產稅，政府可予免徵。

六、 中國基督教教會及團體出租之房屋，應按照政府法令，保障租賃權，並向政府納稅。凡由政府借用之教堂房產，可視當地實際狀況和對教堂的需要情況，協商處理，必要時得訂立合同。

七、 已經實行「自治、自傳、自養」之基督教教會及團體，在一九五〇年十二月二十九日以前，其本教會及團體所有之經費如存儲國外而需提回者，須提供確切詳細證據，說明來源及用途，呈請政府審核批准。如有欺瞞、謊報、假造證據等情，其負責人及有關人均應負法律上之責任。

八、 凡曾接受外國津貼的教會及其附屬事業，均應按照中央人民政府政務院〈接受外國津貼及外資經營之文化教育救濟機關及宗教團體登記條例〉進行專門登記，不得借故拖延或抗拒；其已確實實現自養者，該項專門登記應予註銷。

# 4

# Religion
## is
## Free in China

Shanghai: China Welfare Institute, 1952.
Originally published in *China Reconstructs*, no. 6 (November–December 1956)

# RELIGION
# IS FREE
# IN CHINA

*by* WU YAO-TSUNG

*Reprinted from* "CHINA RECONSTRUCTS"
No. 6, Nov.-Dec., 1952
*Published by* CHINA WELFARE INSTITUTE
157 Changshu Lu, Shanghai, China.

*Religion is Free in China* 書影

AMONG the enthusiastic throngs which celebrated the third anniversary of the founding of the People's Republic of China last October 1 were Christians, Buddhists, Moslems and followers of other religions who had reason to rejoice at the genuine freedom which they now enjoy. The improved status and quickened life of all religious communities in China is attested by innumerable facts. 1 will begin by citing some testimony from members of my own faith, Protestant Christianity.

A pastor of a rural church in Pingyuan province, North China, wrote recently to the *Tien Feng* weekly, a Christian publication:

"Since liberation, our religious services, big and small, have never stopped. Every kind of work goes on as usual. Church membership has not only not decreased, but has even increased."

Another pastor wrote from Kiangyin, Kiangsu province, East China:

"In the early days after liberation, our church had some fears, and so did I because the Americans and the Kuomintang said that when the Communists came, they would destroy religion arid persecute the church. But these rumours quickly evaporated. Our church has never missed a meeting; on the contrary, it is flourishing and its membership is growing."

A church member from Changshu, Kiangsu province, testified:

"Christmas 1951 was the happiest in the history of our church. A beautifully decorated hall; above the pulpit a dove made of tinsel paper and a big inscription which read: 'Celebrate the birth of Jesus and protect world peace.' Christmas takes on a new meaning for us—in new China ..."

The People's Government won the confidence of believers very early. One group of Christian leaders tells how, as early as 1949, its members toured Central China to examine the situation of the church there. In Nanchang, they called on the chairman of the Kiangsi Provincial People's Government in the company of some local pastors. Urged by the chairman to tell of any difficulties encountered by their churches, one pastor mentioned that troops had borrowed a few pieces of furniture from a Christian middle school and failed to return them promptly, while another told of attempts to requisition another church building on the plea that it was not being used. The chairman rang for an aide and said, "Go find out what troops borrowed the furniture and have them return it as soon as possible." Then he called his secretary and instructed him: "Make a long distance call to Kiukiang and tell the municipal government they can't touch the building without the consent of the owners and the permission of higher authorities." Such prompt attention to even minor complaints impressed the Christians deeply.

Generally speaking, owing to the dearth of suitable premises in country districts and small towns, church buildings, which are generally of good quality, are often used for public meetings. The pastor who wrote from Kiangyin described the conditions which the local government laid down for their use:

(1) The consent of the church must be previously secured;

(2) Cleanliness and order should be strictly observed;

(3) The meetings should not interfere with religious services; and

(4) The buildings must not be used for meetings of a recreational nature.

The complete respect which government organs accord to the church and to the religious convictions of its members could not be better illustrated.

## Abuses Corrected

It is true that, after liberation, certain Christian leaders were accused by their fellow Christians and removed from office. This has given rise to various lies intended to damage the reform movement in the Chinese churches and discredit the People's Government. Actually, such events had nothing to do with the issue of freedom of religion. At a time when the entire people were rising to expose and drive out imperialist agents, oppressors and swindlers in every field of national life, it was natural that the same thing should happen in the religious field.

The case of the "Jesus Family" sect at Tawenkou, Shantung province, which prided itself on its supposed practice of "Christian communism" furnishes an example. This sect used to be led by Ching Tien-ying whom many acclaimed as a saint and the foremost spiritual leader in the Chinese Christian movement. In April 1952, however, mounting resentment among Ching's own followers led to an open revolt in which he was exposed as a hypocrite, swindler and feudal tyrant.

Ching's "sanctified" crimes could fill a book. He made every person who joined give up all earthly belongings to the "family," professedly in the common interest. Ordinary believers suffered from cold and hunger, while Ching himself lived royally and accumulated a secret fortune from their offerings. The members of the sect sacrificed not only their possessions but also their spiritual freedom. A couple would be informed that it was "the Lord's will" that they marry, and had to do it whether they loved each other or not. After a few days together, however, all newly-wedded pairs had to separate since the "family" required men and wives to live apart. One couple were known to have been permitted to room together for only eleven days in ten years of marriage. By contrast, Ching himself confessed to clandestine relations with a number of women leaders in the "family" as well as to having raped some girl members.

Although Ching Tien-ying claimed that his sect had no imperialist connections, it is now known that it received foreign funds and that a missionary connected with the group made an intelligence survey of the Northwest provinces. The survey was so secret that the man who typed the 100-page report was required to promise, with his hand on the. Bible, that he would never divulge its contents.

Dr. H. H. Tsui, General Secretary of the Church of Christ in China, and Mr. Shen Teh-jung, editor of the Christian weekly *Tien Feng*, were among those who investigated this case on behalf of the Christian Reform Committee. Now the members of the "Jesus Family" freed from their former slavery, have set up a new, democratic congregation, known as "Jesus Church."

During the land reform, some rural churches, especially in places where the landlords happened to be Christians and exerted influence upon them, had to stop services for a short time. But after the completion of the great liberation process in which millions of peasants threw off the centuries-old landlord yoke, many such churches reported a new spirit in their work. In some cases, they wrote that the authorities allotted them new land and buildings.

### Religious Liberty Guaranteed

Religious liberty is guaranteed in the Common Programme of the People's Republic of China, which is the Magna Charta of our Chinese citizens. The preaching of the Gospel has never been interfered with. There is no censorship of religious literature or of any other literature. The Bible is freely circulated.

Christians who had their doubts at the beginning of the liberation now realize that what passed for religious liberty under the Kuomintang regime was merely cloaked oppression and the exploitation of religion for political purposes. In pre-liberation days, many a Christian did not dare to voice his deepest convictions on questions of world peace, social justice and civil rights. If he spoke too boldly on these matters, he was liable to be branded a "Red agent" and blacklisted. Today, Christians are free to express their honest views on all subjects, including the way the government is run. The new government, which belongs to the people, has no fear of the people or their criticisms.

The government not only strictly adheres to the principle of religious liberty; it is helping every faith to develop in a normal and healthy way. For example, since liberation, the Christian Reform Movement has fought successfully to achieve the threefold aim of self-government, self-support and self-propagation for the Chinese Church. The government has facilitated the achievement of these objectives by waiving house and land taxes on all church property which is actually being used for religious purposes. This has relieved the financial burden of the churches and enabled them to support themselves without foreign subsidies, which they are now refusing to accept.

### No Discrimination Against Catholics

The policy of the government toward the Catholic Church is the same as that toward the Protestant and all other religions. Catholicism is not discriminated against, despite the numerous proved cases in which it has been misused to cloak imperialist and counter-revolutionary purposes.

President Hu Wen-yao of the famous Aurora University in Shanghai has written: "The government has never interfered with the religious activities of the Catholic Church... it differentiates strictly between religious faith and deliberate incitement to disobey the law, masquerading under the guise of propagation of religion. Speaking only about Shanghai, religious activities in the Catholic Church have increased since liberation... Some foreign nuns and priests have been expelled from the country. This was done because they carried out activities which were detrimental to the interests of the Chinese people. The charges are well established and supported by voluntary confessions. The slanderous attacks made on the Chinese government after they left the country are contrary to the truth and against their own consciences."

## Exposing False Charities

I can confirm this from my own experience. Recently I visited an orphanage formerly run by the French Catholic Sisters of Charity under the management of Peitang Cathedral in Peking. This orphanage had been in existence for 89 years during which 25,670 babies and children were admitted and 23,403 died— a mortality rate of 91 per cent! Even though a small part of the babies coming to institutions of this kind may be admitted in such poor condition that their lives cannot be saved, this cannot explain so shocking a death rate. It has now been established that the great majority of the children died because of ill treatment and cruelty.[1]

The new superintendent of the orphanage says of its condition under the French Catholic Sisters of Charity:

"The children were given very poor food and insufficient clothing. When they were caught stealing food because of hunger, they received heavy punishment. Some were so starved that they picked up the poisonous beans of the acacia tree to eat, which actually caused the death of one little girl. Babies were fed skim milk which made them develop huge stomachs while their bodies remained skinny. When a child got sick, it was required to fast for three days, whatever the complaint, before being sent to the clinic. Nearly all the children were under-developed, both physically and mentally, and some of them were deformed.

"All orphans except the babies had to work long hours. When the required quota was undelivered, they were made to kneel on the stone floor or beaten. Some of the fine work such as embroidery, spoiled their eyes, especially since they had to labour at night without sufficient illumination.

"The income from the work the children did covered 48 per cent of the total expenses of the orphanage."

---

1    This was one of many cases of its kind. For others, readers may consult "Children's Tears," a documented, illustrated account published by the China Welfare Institute, Shanghai.

While its orphanage has been taken over, the religious work of the Peitang Cathedral goes on unobstructed. Last May, it was visited by Mr. Les Flood, Mrs. Dorothy Flood and Mrs. Madeline Kempser, Australian delegates to the International Conference in Defence of Children, who found many people going there for Mass every morning. Afterwards, Mr. Flood wrote:

"We have heard many deplorable allegations in Australia concerning the Chinese people and their right to conduct religious ceremonies. But we participated in Mass in the Cathedral and have seen nothing of religious persecution. We now see that in liberated China, Catholic Church members enjoy complete religious freedom. I want to tell the Australian people that priests and nuns and other people in new China put their signatures on the Appeal for a Five-Power Peace Pact and are actively working for world peace."

During the Peace Conference of the Asian and Pacific Regions, held in Peking last October, scores of Catholic delegates from many countries, including priests, attended services regularly at the Cathedral. The Chinese delegation to the conference included an outstanding Catholic leader as well as Protestants, Moslems and Buddhists active in religious affairs.

## Buddhist Shrines Repaired

Buddhists also have reason to be happy over their new and improved status. Under the reactionary rule of the Kuomintang, Buddhism was an oppressed religion. Temples were generally occupied by soldiers, who played havoc with the building and the revered possessions of the monks.

The People's Government has completely reversed this position. Now temples are not only well protected, but also receive generous subsidies for necessary repairs. The famous Ling Yin Temple in Hangchow, the Jade Buddha Temple in Shanghai and the historic temples on Wu Tai mountain are among many which have been benefited in this way. Buddhist services are being conducted without any restrictions, Buddhist literature is circulated freely and its sale is greater than before liberation.

### New Day for Moslems

Moslems in China are also enjoying new freedom and new, full respect— in sharp contrast to the humiliations they suffered in the past. The government has appropriated large sums of money for the repair of mosques. Last year, the Government Administration Council announced that the three great festivals of Islam—Lesser Bairam, Korban Bairam and Manlid al-Nabiyy—would be holidays for Moslems working in government offices, the armed forces, schools and factories. During these festivals, government-managed retail stores, including bookshops give special discounts to Moslem customers.

In August 1952, Moslem leaders met in Peking to take steps for the formation of an Islamic Federation with a view to uniting Moslems for the advancement of their religion, patriotic activities and the cause of world peace. At this meeting, a delegation of fifteen Moslems was appointed to make a pilgrimage to Mecca.

Burhan, Chairman of the Preparatory Committee of the Islamic Federation, said of the general conditions of Moslems in our country:

"In old China, the bandit gang of Chiang Kai-shek, backed by the United States government, adopted a policy of discrimination, division and massacre towards the various nationalities in China who adopted the Islamic faith. Because of this policy, Moslems in China, over a period of decades, have been pushed into ever greater depths of poverty, degradation, darkness and misery… But now under our great leader, Mao Tse-tung, the various Islamic nationalities of our country are enjoying full privileges of racial equality and religious freedom, and a peaceful and happy life."

### Full Political Rights

The followers of the different faiths not only enjoy religious liberty but play a full and active part in the political life of the country. They are represented in the People's Representative Conferences of cities, towns and villages, and in the Chinese People's Political Consultative Conference, through which the Chinese people exercise their rights as masters of the country.

To those who measure new China by old standards, and who are obsessed with the idea that the Chinese people are "imprisoned behind a Bamboo Curtain," this description of the status of religion may be surprising. How is it possible that a government led by the Communists, which hostile propaganda represents as the enemy of religion, not only does not discriminate against the religions or attempt to destroy them, but respects them and helps them to live and prosper? The answer is that the Chinese People's Government exists for the people. If any section of the people, great or small, want religion, what reason has a people's government for not giving believers full freedom to practise their faith and equal political rights and privileges?

Our Common Programme guarantees freedom and equality for all religions. It binds people of every faith together in a united effort to create a new social order for the peace and happiness of all.

# 5

《關於中國基督教三自愛國運動的報告》

上海：廣學會・1956

原刊於《天風》502 期（1956 年 4 月 16 日），頁 7–14。

# 關於中國基督教三自愛國運動的報告

（1954 年 7 月——1956 年 3 月）

·吳 耀 宗·

从 1954 年 7 月中國基督教全國会議到現在，已經有一年半了。在这一時期內，國际局勢有了一定的緩和；新中國的社会主义建設和社会主义改造事業獲得了偉大的成就；中國基督教三自爱國运動有了很大的推進；中國教会在各样事工上結了不少仁义的果子。为这一切，我們应当把荣耀和讚美歸給上帝。

现在我代表中國基督教三自爱國运動委員会常务委員会，把一年半以來三自爱國运動的情况和我們今后的方針任务，作一个扼要的報告。

## （一）中國基督教全國会議后
## 三自爱國运動的情况

1954年，在中國基督教三自爱國运動的進程

從 1954 年 7 月中國基督教全國會議到現在，已經有一年半了。在這一時期內，國際局勢有了一定的緩和；新中國的社會主義建設和社會主義改造事業獲得了偉大的成就；中國基督教三自愛國運動有了很大的推進；中國教會在各樣事工上結了不少仁義的果子。爲這一切，我們應當把榮耀和讚美歸給上帝。

現在我代表中國基督教三自愛國運動委員會常務委員會，把一年半以來三自愛國運動的情況和我們今後的方針任務，作一個扼要的報告。

## （一）中國基督教全國會議後三自愛國運動的情況

1954 年，在中國基督教三自愛國運動的進程中，是特別值得紀念的一年。在這一年的 7 月，62 個中國教會宗派和教會團體的 232 位代表聚集在北京，舉行了中國基督教全國會議。這個會議是中國基督教三自愛國運動一個重要的里程碑。在這次會議以後，中國基督教三自愛國運動有了很多新的收穫，主要的有以下三方面：

第一、在大團結精神的鼓舞下，三自愛國運動在全國範圍內獲得了更廣泛深入的發展。

1954 年全國會議的中心訊息就是在反帝愛國基礎上的大團結。這個會議所表現的團結精神基本上結束了中國教會在外國差會控制下四分五裂的局面。在會議以後，代表們回到自己的地方，向各教會的弟兄姊妹傳達了會議的訊息。全國各地三自愛國運動組織都舉行了以省、市、縣爲範圍的傳達會。有些地方，像福州的傳達，做到了「堂堂傳達，戶戶知曉。」

在大團結精神的鼓舞下，更多的教會和基督徒參加了三自愛國運動；已經參加這個運動的同工同道，他們對這個運動的熱情和信心也有了顯著的提高。從全國會議以後到 1955 年底爲止，各省、市、縣共有地方三自愛國組織 197 處，其中在全國會議後成立的有 22 處，在全國會議後加強和擴大的有 43 處。

　　但是，我們的道路並不是完全平坦的。一方面，教會內還有一部分同工同道沒有充分了解三自的意義和團結的意義；另一方面，正當我們滿懷信心地前進的時候，竟有極少數人借口「信仰問題」來反對三自，破壞團結。三自愛國運動是中國基督徒自覺的反帝愛國運動；全國會議也一再強調在信仰上互相尊重的原則。然而這些人竟以毫無根據的藉口來反對中國信徒多年來希望實現的三自，破壞全國基督徒彼此相愛的大團結。這些人雖然只是極少數，但他們在一定時間內却曾成為一些同道的絆腳石，在一些受到他們欺騙影響的同道當中，三自愛國運動繼續廣泛深入的發展也受到一定的阻碍。

　　1955 年 2 月，中國基督教三自愛國運動委員會常務委員會第三次會議在上海舉行，到會的委員重申了擴大和鞏固反帝愛國大團結的決心。會議的決議指出：我們應當以愛心和耐心去團結愛主的信徒，使他們認清是非，積極〔參〕加三自愛國運動。會議的這個決議在全國各地同道中得到了熱烈的擁護。

　　在全國性的肅清反革命運動中，1955 年下半年和 1956 年初，一些暗藏在基督教內的反革命分子被揭發了。這些反革命分子，披着宗教外衣，勾結帝國主義和反動派，刺探情報，散佈謠言，破壞中國人民各項中心運動。在基督教裏面，這些反革命分子藉口「信仰問題」來反對三自愛國運動。他們所以要提出「信仰問題」，是企圖利用宗教性的口號，來掩護他們的反革命活動，並藉以蒙蔽信徒，毒害青年，破壞信徒在三自愛國運動裏面的團結。

　　這些反革命分子被揭發，清除了中國基督徒在團結道路上的障碍。今天，全國基督徒已經在更廣泛、更鞏固的基礎上團結起來了。

　　第二、由於三自愛國運動廣泛深入的發展，中國教會在實現三自、建設教會方面，取得了更大的進展。

　　解放以後，特別是從 1954 年以來，在上海、杭州、江蘇、浙江、山東、廣東、廣西、湖北、湖南、河南、山西、陝西等省、市和鄉村都有新建和修理的禮拜堂，在這些修造聖殿的善工中，許多弟兄姊妹奉獻

了時間、人工、金錢、材料。他們愛主愛教會的熱心，非常使人感動。

教會的靈性生活在不斷地長進。1954 年至 1955 年，北京、天津、沈陽、寧波、廈門、福州、長春、濟南、蘇州、廣州等城市都舉行了全市性的培靈會、退修會。各教會單獨舉辦的培靈會、佈道會還很多。參加這些聚會的人是很踴躍的。例如丁玉璋、孫漢書兩位牧師在沈陽主領培靈會，到會的多至六、七百人，有的從二十里路以外的郊區趕來，每晚都不缺席。黃培永、蔡文浩兩位牧師到福州主領培靈會，戚慶才、李儲文兩位牧師到廣州主領培靈會，同道們都深深受到感動，看到許多新的亮光，信心更加堅固。此外，解放後聖誕節的慶祝是一年比一年更盛大，更熱烈；過去兩年的聖誕節就是顯著的例子。

在青年弟兄姊妹較多的地方，也舉行了夏令會和冬令會。在這些聚會中，我們看到了中國教會優秀的下一代。上海一位青年基督〔徒〕在談到他們的冬令會時說：「主的愛像一根無形的綫把我們牽在一起。通過查經、崇拜、交通，我們在信仰上、思想上、感情上發出共鳴。我們到聚會的地方，正如到自己的家一樣。我們看見神的恩典是普施給每一個人的。」

通過教會的經常事工和這些聚會，福音的種子結了美好的果子；許多教會的信徒人數增加了。單就浙江一省而言，在過去三年中，該省的中華基督教會增加了 2,587 人，中華聖公會增加了 1,473 人，浸禮會增加了 1,312 人；浙江省的中國耶穌教自立會自解放後增加了 2,968 人。

許多教會的全國性機構的事工，也有了顯著的推進。例如：中華聖公會主教院於 1955 年 6 月祝聖了三位新主教。基督復臨安息日會於 1955 年 8 月舉行了全國性會議，成立了安息日會中華總會全國委員會。

中國教會的神學院正在積極地為培養未來的教會工作人員而努力。每年申請報名的學生是很踴躍的。從金陵協和神學院、燕京協和神學院等學校畢業的學生，在走上教會崗位後，一般都能很好地工作。關於教會經典著作和神學問題的比較高深的研究，中國教會的神學家和神學院的教授們正在開始進行。由於中國教會三自基礎的日益鞏固，這一方面的工作必將有更多的發展，並將受到更大的重視。

中國基督教的出版事業，在過去一年多當中，有一定的發展。把1955年和1954年比較，單以廣學會、青年協會書局、浸會書局和中國主日學合會來計算，1955年出版圖書275,700冊，比1954年增加了將近兩倍。各單位銷售書籍數量，一般都有增加。聖畫和年月曆的銷數都在數萬份以上。中華聖經會在1955年出版了新舊約全書的袖珍本。1955年新出的刊物有基督徒青年刊物《恩言》和中華聖公會的《聖工》等。最近幾個主要的基督教出版單位的全體同工提出了集中力量、進一步開展基督教出版事業的意見，他們的這一要求是正確的、及時的。

中華基督教青年會和女青年會在一年多以來，都曾召開全國性會議，明確今後的方針任務。通過這些會議，同工們進一步認識了全心全意為人民服務的意義，在社會上做了許多榮神益人的工作。他們對三自愛國運動和各教會的團結合作，也貢獻了力量。

第三、全國教會的工作人員和信徒的愛國主義覺悟普遍地有了提高。他們更積極地參加了祖國的社會主義建設和國家的各項中心運動，更積極地參加了保衛世界和平運動。

根據不完全的統計，在1955年，全國20個省內的許多教會工作人員都進行了經常的學習；北京、天津、蘇州、南京等城市還推動了信徒的學習。通過學習，同工同道們的認識都有了提高。各地信徒踴躍地參加了防汛、抗旱、醫務、護倉、修路、治湖、掃盲、愛國衛生、勞動生產等各項工作、各地基督徒中的農民、手工業者和私營工商業者也大部分參加了農業、手工業合作和資本主義工商業的改造，在他們當中湧現了不少的先進模範人物。當我和陳見眞主教、鄧裕志女士以全國民代表身份在山東視察時，我們和聊城翟樓村的好幾位信徒談話，知道全村的信徒都已經參加了農業生產合作社。該村的趙俊月同道從1952年到1954年連續被選為縣的勞動模範，並受到獎勵，他也是該村的村長和合作社社長。

全國各地有許多的同道擔任了各級人民代表大會的代表和中國人民政治協商會議全國和省、市、縣委員會的委員。最近在北京舉行的中國

人民政治協商會議第二屆全國委員會第二次全體會議中，有 20 位教內的同工同道出席和列席了會議。中國的基督徒已經更緊密地和廣大的中國人民團結起來了。

中國教會也繼續努力參加保衛世界和平運動，參加各項促進國際友誼合作的工作。我們在 1955 年 2 月號召全國信徒在世界和平理事會爲反對使用原子武器而發表的「告全世界人民書」上簽名。全國信徒都踴躍地簽了名。有些年長的同道也不辭勞苦，趕到教會，莊嚴地簽了名。蘇北泰縣中華基督教會一位 77 歲名叫陸志發的信徒，才從病床上起來，就扶着手杖，跑了 30 多里路去簽名。南昌市一位 60 多歲、已瞎眼的同道江高亮，因自己走路不便，堅持要他的妻子去參加簽名大會。這些例子表明了中國基督徒保衛和平的誠摯意志。

許多同道出席了各種國際性會議，或出國訪問。我和吳貽芳女士出席了在赫爾辛基舉行的世界和平大會，和施如璋女士出席了在新德里舉行的亞洲國家會議。中國教會也接待了一些訪問中國的外賓，包括英國公誼會代表團。中國基督徒與世界各國人民的接觸，對增進各國人民間的了解和友誼，起着良好的作用。

一年半以來，我們的收穫是豐富的。但在我們的工作中也還存在着不少的缺點。

我們缺乏對工作的全面計劃，也缺乏實現工作計劃的具體步驟。我們沒有經常地、及時地檢查工作、總結經驗。

我們對地方三自愛國組織如何推進愛國活動及如何協助教會做好自治、自養、自傳工作，很少給予具體的指導。我們對許多地方有關學習、訪問和主領各種集會的要求，常常不能予以滿足。各教會希望我們協助解決的一些具體問題，由於我們努力不夠，有時也不能得到及時的解決。

我們的任務是繁重的，但我們還沒有充分發掘潛力，把一切可以動員的力量動員起來，共同推進工作。有些抱有專長，對三自愛國運動的某一方面可以有特殊貢獻的人，我們也還沒有給他們以充分貢獻力量的機會。

　　總一句說，我們的運動有了很大的發展，但我們的工作還是遠遠地落在工作需要的後面。上述缺點，我們都應當盡力予以改正。

## （二）中國教會的時代見證

　　中國解放已經 6 年了。在全國解放後的第 2 年，即 1950 年，40 位同道發起了中國基督教三自愛國運動。5 年多以來，這個運動穩步地向前發展。今天，我們的行列已經從幾十人成長到幾十萬人。解放後，我們親眼看見祖國社會主義建設事業的突飛猛進。一年多以來，我們也深切地體認到新中國和全世界善良人民爲世界和平而奮鬥的偉大意志和力量。我們越往前走，就越看得清楚上帝所給我們的託付。因此，當我們回顧過去的時候，我們所想到的不只是我們在工作上的收穫和缺點，我們更想到在我們已經走過的道路上，上市〔帝〕給了我們什麼啓示，要差遣我們去作什麼見證？這是我們在這次會議中所應當尋求和分享的。

　　我們基督徒根本的使命，就是爲基督耶穌救恩的福音作見證。同時，我們這些蒙恩的兒女也要在所處的時代中，見證上帝的作爲和祂的旨意。今日，上帝在中國和中國的教會裏已經成就了奇妙的大事，我們既然看見了，就不能不把「凡自己所看見的都證明出來」。

　　第一、實現中國教會三自的見證。

　　中國的基督教是從外國傳來的。傳福音本是美好的事；多少國外敬虔愛主的信徒，曾在傳揚福音的工作上獻上許多禱告，捐助許多金錢。但是，不幸帝國主義利用了傳教來進行侵略活動，把差會制度和殖民主義緊密地結合起來。過去許多爲大家所熟知的，帝國主義利用基督教侵略中國的事實就不再提了。這裏只舉一個最近的例子，1955 年 9 月 18 日，在美國出版的《基督教世紀》週刊上登載一篇題爲〈冷戰中的差會〉的社論。作者在說到我國提前釋放美國間諜一事時，就不得不承認：美國情報機構曾把強大的壓力，加在傳教士個人和差會身上，要他們在中國進行情報活動。

差會制度和殖民主義侵略政策的結合，曾使中國教會和教外廣大人民間發生很大的距離；差會對中國教會的控制，又使中國信徒不能發揮愛人的力量。在這樣的情況下，中國教會又怎能見證上帝的能力和榮耀呢？

數年來的事實充分證明中國教會能夠、而且完全應當〔全〕心擺脫差會的關係和殖民主義的綑綁；中國的基督徒，藉着上帝在基督耶穌裏豐盛的恩典，能夠團結起來，並且〔能〕夠建立和興旺自己的教會。今天，上帝已爲我們的教會開了一條又新又活的自治、自養、自傳的道路，使我們基督徒從此能夠毫不蒙羞地在中國人民面前，爲主的福音作見證。我們爲此高聲稱頌讚美上帝。我們相信，各國不懷成見的同道們也一定爲中國教會的新生，感到歡喜快樂。

三自愛國運動的基本意義就是要中國信徒管理自己的教會。中國信徒管理自己的教會並不等於中國教會脫離了各國基督徒間在靈性上的團契。我們所反對的是殖民主義和殖民國家的侵略，而不是別的國家的基督徒和人民。我們相信：「所有在各處求告我主耶穌基督之名的人，基督是他們的主，也是我們的主。」各國教會的信徒，彼此互爲肢體，基督是我們共同的元首。

完全實現了自治、自養、自傳的中國教會，使中國的信徒更能效忠於基督，更能爲基督的福音作美好的見證。我們非常重視兩千年來全世界基督教的豐富遺產，這個寶貴的遺產印證了聖靈在各時代、各地區的信徒中所做的工作。但我們同時相信：在今天的時代，聖靈還是在各地區的信徒中進行祂的工作。我們相信：由於中國基督教所處在的特殊的歷史情況，中國基督徒擔負着一個重大的使命，就是去更多地、更深刻地發掘福音的寶藏。我們相信：完全實現了三自的中國教會，對全世界基督徒的靈性團契，應當可以有更多的貢獻。

第二、參加社會主義建設的見證。

中國人民選擇了社會主義的道路。社會主義的道路是廢除人剝削人、人壓迫人、人仇視人的道路；是實行互助合作、平等友愛、爲全體人民

謀幸福的道路。社會主義的這些特點是完全符合基督的教訓的。解放後，我們看見我們的國家大踏步地向着社會主義的道路前進；一年多以來，我們更看見我們社會主義建設事業的突飛猛進。我們正在進行第一個五年計劃。全國人民都以歡欣鼓舞的心情來迎接這個社會主義改造和社會主義建設的高潮。我們基督徒中的工人、農民、手工業者、資本主義工商業者、知識分子也同全國人民一起，熱烈地參加了這個偉大的運動。許多重工業的基地已經建立起來；農業生產量將大大提高；農村正在建立電話網、道路網、醫療所、文化站在其他滿足人民物質文化需要的設施。還使我們高興的是資本主義工商業能通過和平改造的方法，逐漸走上完全爲人民服務的社會主義道路。在過去一個長遠的時期中，絕大部分的中國人民，由於反動統治的剝削和壓迫，過着窮苦的生活；今天，我們已經清楚地看見一個繁榮富強的新中國的遠景。這是多少年來中國人民所夢寐以求的。中國人民所要努力實現的就是這樣一個公義的、仁愛的、處處符合我們基督徒信仰的社會主義制度。難道我們基督徒還有什麼理由不擁護這樣的社會制度，反而歡迎那已經死去的半封建半殖民的舊中國社會嗎？

　　上帝賜給人自由意志，每一個國家的人民都可以自由地選擇他們自己的政治制度。我們中國人民喜歡我們已經選擇的社會主義的道路，別國人民也同樣可以自由地選擇他們所喜歡的道路。我們不會干涉別人的選擇，我們也不願意別人干涉我們的選擇。只有採取這樣互相尊重、互不干涉的態度才能使每一個國家、每一個民族按照他們的歷史條件，按照他們的特殊需要，用他們認爲最好的方法，去實現他們自己美好的理想。

　　領導我國進行社會主義建設是中國共產黨。雖然共產黨的世界觀和我們的世界觀是不同的，但共產黨是一貫地、忠誠地執行着宗教信仰自由政策的。過去幾年的經驗證明，我們基督徒在共產黨所領導的國家裏享受着完全的宗教信仰自由。在解放後的六年多當中，我們基督徒的內心感到無限的安慰。我們認爲中國的解放和中國的社會主義建設都清楚地顯示了上帝對中國人民聖善慈愛的旨意。

在新中國裏，我們更有機會去傳揚耶穌基督純正的福音，我們基督徒也更能夠在日常的生活中察驗何爲上帝的善良、純全、可喜悅的旨意。北京一位女同道說：「過去我們在禮拜堂裏聽到許多仁愛公義的道理，一走出禮拜堂，所遇見的却到處是殘忍、苦難和恐懼。只有在現在，我們所傳的和我們所見的才能一致，我們才能在生活中按照我們所信的去行。」我們在新中國所體驗的一切，都使我們相信：任何認爲基督教必須反對社會主義制度和共產主義制度的看法，都是沒有根據的。

第三、爲保衛世界和平而努力的見證。

在耶穌基督降生的時候，人類所聽到的宣告福音的第一聲就是：「在至高之處榮耀歸與上帝，在地上平安歸與祂所喜悅的人。」

全世界的基督徒，包括中國的基督徒在內，在和平問題上都應當有非常鮮明的立場，因爲我們所傳的是救贖的福音，也是和平的福音。上帝在耶穌基督的十字架上，是要廢掉冤仇，成就和睦，使人與上帝之間和人與人之間，都歸於和好。因此，耶穌就明明白白地告訴我們：「使人和睦的人有福了。」

今天全世界人民最關心的問題是世界和平的問題。大規模毀滅性武器的存在，威脅着無數人民的生命和人類文明的前途。因此，反對戰爭，保衛和平是一個崇高偉大的使命。

中國人民要和平；中國人民要同全世界善良的人民在一起，反對戰爭，保衛和平。我們說中國人民要和平，這是我們每天每時所耳聞目見的事實。舉一個例：我們的國家正在用巨額的資金來進行在我國偉大的第一個五年計劃的建設。如果我們用沒有成見的眼光來看這個計劃，我們就不能不承認：這是一個造福於人民的計劃。如果中國人民不是誠心誠意追求和平的，我們就不會進行這樣一個巨大的計劃。這樣一個巨大的建設計劃，同時也需要一個和平的國際環境來進行。

我們不但看見了中國人民的和平建設，體認了中國人民的和平意願，我們也看見一個在全世界日益增長的和平力量，我們看見和平共處的原

則日益爲全世界公正善良的人民所接受。這是一股不可抗拒的力量；這一股力量不但代表了全人類對和平的要求，也表達了聖善慈愛的上帝對這個時代的呼召。

在過去的幾十年當中，我們不斷地聽到以反對共產主義爲藉口的準備戰爭的宣傳。這一種戰爭宣傳，在今天國際形勢趨向緩和的時期中不但沒有消滅，有時反而更加囂張。今天世界上還有不少的人受這種戰爭宣傳的影響，這是一件不能不引起我們關心的事。這些以反對共產主義爲藉口的戰爭宣傳是完全歪曲了事實的。我們清楚地看見：這些宣傳戰爭的人們所污蔑和攻擊的國家和人民，都像中國一樣，要求和平，並且以巨大的力量來進行和平建設。相反地，那些污蔑別的國家的人們，正是要發動戰爭的人。事實勝於雄辯。我們相信：在越來越多的、無可爭辯的事實的面前，那些顛倒是非、製造戰爭的宣傳將必完全失去效力。

我們相信：在全世界有無數虔誠的、不懷偏見的基督徒願意爲和平而努力。獲得 1955 年國際和平獎金的挪威福貝克牧師就是一個例子。我們基督徒應當一同多結聖靈的果子，就是仁愛、喜樂、和平、忍耐、恩慈、良善、信實、溫柔、節制。

我們相信：戰爭決不是不可避免的，因爲廣大世界人民沒有人願意再看見另一次給人類帶來無限災難的戰爭。我們認爲世界各國人民，不分種族膚色、政治見解、社會制度、宗教信仰，都應當爲我們所共同擁護的和平事業，團結起來。我們中國徒願意和全世界愛好和平的基督徒緊密地攜起手來，爲消滅戰爭，實現世界持久和平和全人類的幸福而奮鬥。

我們還要對解放台灣的問題說幾句話。台灣是中國的領土，中國人民一定要解放台灣。除了用戰爭方式解放台灣以外，還存在着用和平方式解放台灣的可能性。今天台灣的人民正過着水深火熱的生活，他們都迫切地期望着回到祖國的懷抱。我們深信：中國人民爭取用和平方式來解放台灣願望，一定會得到全世界愛好和平的人民的熱烈擁護與支持。爲了世界和平事業的推進，我們中國基督徒要與全中國的人民在一起，爲和平解放台灣而努力。我們願意以愛心接待從台灣返回祖國大陸的基

督徒和教會工作人員，我們願與他們爲建設祖國、推進基督教三自愛國運動而共同貢獻我們的力量。

（三）我們的使命

中國教會已經脫離差會的關係，成爲中國信徒自己管理的教會；中國教會已經結束差會控制時期中四分五裂的狀態，團結起來了。

主所賜的宏恩是超過我們所想所求的。數年來中國基督教三自愛國運動取得了極其豐盛的收穫。三自愛國運動初創時期的萌芽，今天在全中國基督教各個角落裏已經普遍地開花了。這個重大的成就，使我們清楚地看見上帝在這時代給予我們中國基督徒的託付。

今天，我們的時代正在飛躍地前進；在今後的時期中，我們應當更加努力，使我們的教會，在主的手中，成爲一個更合用的器皿。我們應當更熱烈地參加祖國偉大的社會主義建設。我們應當爲保衛世界和平事業作出更多的貢獻。爲了達到以上的目標，我們要就目前全國信徒所最關切的問題，提出我們的意見。

第一、我們應當進一步鞏固和擴大我們的團結。我們在中國基督教全國會議中所達成的團結，是這幾年來三自愛國運動中一個重大的成就。一方面，這個團結使我們齊心協力，在反帝愛國的基礎上，與全國人民在一起，爲建設偉大的祖國而奮鬥。另一方面，這個團結並不影響各人在信心上所領受的不同的恩賜；在互相尊重的原則下，我們還是可以按照各人所領受的，爲主發光。這個團結，拆除了信徒與信徒之間的牆壁，拆除了各教會之間的牆壁，拆除了基督教與廣大人民之間的牆壁。這個團結使中國基督教三自愛國運動更迅速地向前邁進。

今天，全國會議所表達的團結精神，已在更廣大的信徒中深入人心。在這樣的情況下，我們更應當發揮誠懇謙虛、彼此相愛、互相幫助的精神，進一步鞏固和擴大我們的團結，使我們能夠爲社會主義建設，爲保衛和平事業，爲教會的事工，貢獻出更多的力量。我們也應當採取眞誠

坦白、民主協商的工作方法，儘量照顧各方面的要求和意見。我們也希望每一個教會內的同工同道都能緊密地團結起來，發揮積極負責、友愛互助的精神，使教會真正成爲一個主內的大家庭。這樣，我們就可以在我們所共同努力的工作上，有一樣的心思、一樣的意念，就可以更深刻地體認「弟兄和睦同居，是何等的善，何等的美。」

第二、差會制度在中國教會裏遺留下來許多不合理的現象，這些現象妨碍了教會事工的推進。因此，我們希望各有關教會，根據實際情況，對本教會的組織機構、人事安排、事工經濟等方面，進行全面的考慮和整理，以達到健全機構，加強領導，確立制度，改進工作的目的。在各教會進行這些工作的時候，我們應當根據各有關教會的請求，予以必要的協助。做好這些工作，中國教會就更能表現出獨立自主後健全活潑的新氣象。

第三、中國教會自從實行三自以來，仰賴上帝的恩賜，藉着弟兄姊妹的奉獻，有不少已經能夠完全自養。但是，在一部分教會裏面，目前還存在着一些經濟困難。在我國人民經濟生活不斷提高的情況下，信徒的奉獻能力也一定隨着有所提高，這些教會的自養困難，也一定能夠逐步得到解決。但是，對目前存在着困難而要求幫助的教會，我們應當發揮友愛互助的精神，予以協助。因此，我們建議成立一個中國教會自養促進委員會，全面考慮中國教會的自養需要，在 1956 年內，在各教會協助之下，對全國教會有關自養的情況，能夠得到一個比較清楚的了解；並從各方面籌集經費，爭取在 1957 年內，使全國教會的自養問題，得到基本上的解決。

第四、教會最基本的使命是傳揚福音，引人歸主。這就是中國教會自傳的工作。一方面，我們應當繼續肅清帝國主義和基督教內反革命分子通過歪曲聖經所散佈的思想毒素；另一方面，我們也要更深刻地體認作爲我們生命泉源的福音中的眞理。我們應當組織有經驗、有恩賜、有造就的傳道人和信徒在信仰上互相尊重的原則下，舉行有關自傳工作的研究會和進修會，藉以交流、分享自傳工作的經驗。中國基督教三自愛

國運動委員會應有一個常設機構來負責推動自傳研究工作。

　　第五、中國基督教過去的出版事業，主要是翻譯大批的外國著作，因此，出版物的內容很多不合中國信徒的需要。解放後，這個情況已有改變。目前全國信徒對基督教出版物的需求是非常急迫的。在這種情況下，我們應當大力鼓勵著作，並協助各基督教出版機構，整頓組織，改進業務，提高質量，明確分工，積極聯繫信徒羣眾，了解他們的需要，更多地、更及時地出版爲信徒所歡迎的書刊。我們應當協助各地基督教刊物進行整理，消除不必要的重複和人力、物力的浪費。各刊物的內容，應加以充實使它們更能滿足讀者的需要。我們應當出版一種能夠滿足信徒靈性需要並對教牧人員的工作有幫助的刊物。

　　第六、中國教會，過去在差會制度的束縛下，對專門研究的工作是做得很少的。解放後，神學院的部分教授已經開始進行一些研究工作。我們今後必須更有計劃地組織具備條件的同工同道，充分利用各基督教團體中現有的和需要添購的圖書資料，就神學、教會歷史、教會事工等方面進行研究。此外，我們也應當從事教會古典著作的編譯工作。

　　第七、在人力方面，今天中國教會的情況是：要收的莊稼多，作工的人少。因此，我們必須充分利用潛力，有計劃地爲中國教會培養更多的人才。一方面，我們應當使蒙召的青年弟兄姊妹，能夠在神學院裏得到深造；另一方面，我們應當通過神學院的專修科、函授科等，使現有的教會工作人員有進修學習的機會。教會也應當隨時選拔積極有爲的基督徒青年給他們充分發揮力量的機會。我們對教會內知識分子的安排使用，也應當特別加以注意。

　　第八、我們要號召全國信徒在不同的崗位上，和各界人民在一起，響應政府各項中心運動，積極參加祖國社會主義建設事業。佔全國基督徒多數的農民信徒，應當發揮愛鄰如己、互助合作的精神，積極參加農業合作化運動，努力增產。基督徒中的工商業者應當歡欣地接受社會主義改造，變成自食其力的勞動人民。基督徒中的學生、知識分子、技術人員應當加緊學習，努力工作，把自己的技能和知識，貢獻給社會主義

建設事業。基督徒中的家庭婦女，應當提高認識，建成和睦互愛的家庭，參加各頁〔項〕服務衆人的工作。

第九、我們要繼續響應世界和平理事會的各項號召，和全世界愛好和平的基督徒和人民緊密地攜起手來，促進國際友誼合作，提倡互相尊重、和平共處的原則，並支持各國基督徒和人民爲世界和平所作的各種努力。

第十、三自愛國運動主要工作之一，就是推動愛國主義學習。目前一部分教會工作人員已經經常地進行學習；我們應當使這種學習更加深入，更加結合實際。我們也應當使另一部分同工，特別是農村教會的同工和義工，得到更好的學習機會。我們希望教會內一切弟兄姊妹，都能進行學習，特別是有關三自愛國運動各項問題的學習。我國目前正在進行大規模的社會主義建設，因此，我們還應當大力推動有關社會主義的學習，藉以提高信徒對社會主義建設的熱忱。

我們今天回顧一下在我們以往的道路上所留下來的腳踪，深深感到我們的每一步都有主的恩惠和平安隨着我們；我們相信，主的聖手也必定會繼續帶領我們，奔走前面的路程。

我們深信全國愛國愛教的同道，必能齊心努力，團結一致，克服困難，完成上帝的託付，使我們的教會，在社會主義的新中國裏，發出聖潔的光輝，歸榮耀於我們在天上的父。

# 6

# Touring China's Churches

Wu Yao-tsung[1], Shanghai: China Welfare Institute, 1958.
Originally published in *China Reconstructs* (January 1958): 20–23.

---

1    WU YAO-TSUNG is a chairman of the "Three-Self" Movement Committee of the Protestant
Church in China, Moderator of the Church of Christ in China, and a member of the Standing
Committee of the National People's Congress.

# TOURING
# CHINA'S CHURCHES

WU YAO-TSUNG

*Touring China's Churches* 書影

DURING the last two years, in company with Bishop Robin Chen of the *Chung Hua Sheng Kung Hui* (the Chinese Anglican Church) and Miss Cora Deng, general secretary of the National Y.W.C.A., I have made yearly tours of inspection, each lasting one month, to find out the condition of the Christian churches in out-of-the-way places. In Anhwei province, for example, we visited churches in nine cities or towns and in six villages, while preachers from churches in 25 other places came to see us. In the winter of 1956 and the spring of 1957 my colleagues Bishop Stephen Wang and Pastor Tsai Wen-hao, with several other workers from churches in Shantung province, formed a team for a thorough inspection of the country churches in eastern Shantung, visiting 42 churches in 7 towns and 25 villages.

What was the object of these tours? We wanted to know at first hand the actual situation of the church in the rural areas. We found that it was more complicated than we had imagined and the reports we had had gave only a partial picture. The tours were an eye-opener to us all.

## In the Rural North

Some of the churches with which we came into contact in the rural areas of the north were simple to the point of primitiveness. Housed in the home of a believer or of the preacher himself, the place of worship often possessed no more than a few benches and a small table. On festivals, when there was a larger congregation than usual, they would meet—weather permitting—in the courtyard, sitting on the ground. The preacher, often unpaid and making his living as a farmer, might be barely literate, with little or no theological training. Yet the churches were managing to carry on.

In the small town of Fuyang in Anhwei, we were pleased to find two Christian groups flourishing—a former China Inland Mission church and one of Seventh Day Adventists. The preacher at the ex-C.I.M. church is a practising herbalist who devotes all his spare time to religious work. Sunday services at this church drew congregations of between 500 and 1,200 people according to the season—most of its members being farmers who had to walk several miles to worship. The Seventh Day Adventist church was smaller, with an attendance varying from one to three hundred. Here the preacher was a young woman with only elementary theological training. In both churches the number of baptisms has increased year by year since the liberation. Another flourishing church, which we did not visit but whose pastor came to call on us, was the former China Inland Mission church in Hochiu, which has 27 country chapels. Before liberation its total membership numbered 2,000; in 1955 this had almost doubled.

These churches are doing well because they have devoted pastors who take good care of their flock. But there is also a more important reason. The "Three-Self Movement"[2] has taught Chinese Christians to love their country as well as their religion. Because of this new attitude—which was not encouraged when the churches were under foreign mission control—Christian people are taking a much more active part than before in the work of social transformation and construction. They join the agricultural cooperatives, take part in various national movements and combine their religious life with their social duty whenever the latter is a matter of concerted effort. In the village of Chailou in Shantung, the Christians we visited had so distinguished themselves in work that one of them, Chao Tsun-yueh, had been elected head of the village, head of the agricultural cooperative and a "model worker" of the entire county for those years running. This oneness with the people not only wins respect for Christians but helps the growth of the Church.

In another place, Peiyao village in Loning county, Honan province, there are about 20 families, four-fifths of them Christian. In 1954 this village was re-named "Gospel Village". In the daytime the Christians there work hard in the fields; in the evening they sing hymns and worship together. Because of their good work, their village has become a "model" and been awarded a red banner, which hangs over the chapel door.

## Freedom is a Fact

It has been said by some that Christians in rural districts have less religious freedom than in the big cities. Our tours did not confirm this. We found

---

2    Self-Administration, Self-Support, Self-Propagation of the Gospel.

churches in small places enjoying the same freedom as those in the urban centres. Occasional instances do arise in which local government workers are prejudiced against religion and do not handle religious affairs in the right way. Such irregularities occur in the handling of non-religious matters as well. But if they are reported to the proper authorities they are almost always corrected.

There are times too when the reasons for difficulties in small towns and villages—or even in cities—must be sought in the churches themselves. In one town in Anhwei, when the people were doing their utmost to fight a flood, the pastor said: "This flood is a punishment sent by God for our sins; do nothing for the end of the world is at hand." Another pastor in the same place compelled a sick relative to stop consulting the doctor and resort to prayer alone. The sick person died. Such actions by Christians naturally arouse the indignation of the people, for they make religion appear to be an anti-social force.

## Religious Life Flourishes

Now let me say a few words about the city churches. Conditions there are normal, and there are even signs of growth. The celebration of Christmas can be cited as an instance. In Shanghai for several years running, a chorus of almost 300 young people has sung Handel's *Messiah* or other choral works for three successive nights to audiences of several thousand. Services of worship, pageants and other Christmas functions have all been enthusiastically attended. In July 1958 a Christian Youth Rally was held in Shanghai. The committee in charge aimed for 1,500 enrolments; 2,700 applications came in. They compromised by accepting 1,700.

No religious activities of any kind are interfered with. Every city or town has a Religious Affairs Bureau which offers the churches any help they may need for their work. Attendance varies at different churches according to the quality of leadership. On the whole, it has gone up steadily since liberation. The Sunday School at the Bethel Church in Swatow is worth special mention. Its children's division has 23 classes, 65 teachers and over 600 children. The adult division has 80 members, with 10 teachers in 8 classes. In addition there are 9 Bible classes for women, with 150 members, and 10 classes for men, with over 100 members. Altogether over 900 men, women and children receive religious instruction in this one church on a Sunday morning before service—which usually has a congregation of over 1,000.

The rural churches in the south, which was less fought-over in the wars of past years, are in some ways more firmly established than those in the north. Take for example the 21 churches and their chapels in the "Upper River" district of Chekiang province. These reported an increase of 813 members in the last few years, bringing the total number of believers up to 4,000. Many of the southern country churches are also better-off materially than those in the north. I visited one in a small village some 10 miles from Ningpo and found it in all ways as well-provided as a city church.

The Nanking Union Theological Seminary (an amalgamation of 11 denominational seminaries), the Yenching Union Theological Seminary, (an amalgamation of nine), and six other seminaries in the country have a total enrolment of 300. At the beginning of 1957 a United Christian Publisher was set up in Shanghai uniting (functionally, not organically) four religious publishing houses well-known in China and abroad—the Christian Literature Society, the China Baptist Publishing Society, the Association Press and the China Sunday-School Union.

During the period immediately before and after the liberation, wild rumours circulated about the coming "persecution" of religion by the Communists. But reality soon proved these fears groundless. Religious freedom was guaranteed first in the Common Programme and then in the Constitution promulgated in 1954. This is no empty pledge; the government has been doing its utmost to operate the policy of religious freedom ever since liberation.

With this first anxiety relieved, Christians began to take courage and church attendance to increase. Many churches have ordained new ministers and consecrated new bishops; old church buildings are being renovated and new ones erected—often with offerings of money and labour on the part of church members.

## Distortion Abroad

Despite these eloquent examples of religious freedom in new China, to which many foreign visitors can bear testimony, ludicrous and malicious propaganda appears in the west. A former missionary, visiting Peking in January 1955 rang up the home of a Chinese minister who, according to a report circulated in Geneva, had recently been shot along with 28 others. The minister was astonished to hear a voice demanding incredulously, "Are you still alive?" A persistent instance of distortion is that of the "Jesus Family", a well-known religious community in Shantung. Ching Tien-ying, the leader or this "family" —posing as its devoted spiritual father—was exposed by his own members in 1952 as a merciless tyrant and hypocrite who made them serve him like slaves while he secretly lived a life of luxurious depravity. Missionaries who were formerly in China have repeatedly twisted the fact of this case and offered them as a story of persecution.

## The "Three-Self" Movement

Protestant missionary enterprise in China began in 1807, when Robert Morrison started preaching the Christian Gospel to the Chinese people. This was a good thing in itself, but some of its effects were harmful. Right up to the liberation, the Chinese church was controlled by the missionaries. Throughout the whole period Christianity was mainly regarded as a foreign faith. This is not to be wondered at, since the foreign missionaries, with extraterritorial rights, shared the dominant position of the foreign powers in China. Many made themselves unwelcome by lording it over the Chinese Christians and in some instances interfering with China's internal affairs. It was difficult to expect such missionaries to preach a pure Gospel of love, unmixed with power politics. This was a basic cause of the anti-imperialist *I Ho Tuan* ("Boxer") uprising in 1900.

The Chinese Christians were keenly aware of this undesirable situation. Even before the "Boxer" Uprising they started a movement for an autonomous church, so they could break away from control and financing by the missions and manage their own affairs. This movement succeeded only in isolated cases. The missionaries discouraged it for obvious reasons: if it had succeeded and spread they would have lost their position, and their governments would have lost political advantages.

After China's liberation almost all the missionaries left, not because they were compelled to but because they felt that they could not fit into the new situation. This provided the setting for the launching of the "Three-Self" movement, for the genuine autonomy that Chinese Christians had desired for decades and which harmonized with the new political situation.

What has this movement achieved during the last seven years? In the first place, it has brought Chinese Christians a new sense of pride and achievement. They feel they have come of age and shown themselves capable of managing their own affairs. Their task has not been simple. The churches have had to find new sources of financial support; argue down those who did not want to abandon the old humiliating reliance on others; and differentiate between Gospel truth and the ignorant or obnoxious preaching that has sometimes found its way into the pulpit. But they have proved fully able to deal with these problems. They have sought independence from foreign missions partly because they have grown up and can take care of themselves and partly because of the close connection between foreign missions and colonialism.

Our stress on independence does not imply that the "Three-Self" movement is in any way anti-foreign, or that the Chinese Christians want to cut themselves off from their co-religionists in other countries. No group of Christians could do this without losing something spiritually very precious, which can only be gained from a worldwide Christian brotherhood.

It must be said, however, that the relations between Christians of different countries with different political systems and ideologies can not but be hampered by the fact that leading international Christian organizations seem to identify themselves with the interests of one group of nations as against other groups. In these circumstances it is naturally difficult for such organizations to serve as centres of a worldwide fellowship in which Christians can be united in a common search after the will of God and a common effort to follow their Lord Jesus Christ. It is hoped that the time will come when Christians from all countries—whatever their social and political systems—can meet together in love, understanding and mutual forbearance. Chinese Christians believe that fellowship between Christians from different countries can make a great contribution to world peace.

## What of the Future?

Finally I must deal with one more question—the future of religion in China. Very few people nowadays would question the fact that there is a very clear policy of religious freedom and that the government means to stick to it and will do its best to enforce it.

But new questions, of a more basic nature, are now coming up, and Christians from abroad invariably ask about them, Marxism-Leninism, they say, is the leading ideology in China and is being taught in schools and colleges. Under its impact, what will become of the young people—or even older ones who are already believers? And what chances will there be of making new converts? It is true that this constitutes a deep-seated contradiction. But if we look it in the face its seemingly ominous character disappears.

## A Confident Reply

My answer, in essence, is this: let the Christian faith prove itself. If it is such a fragile thing that it cannot stand up in a critical philosophical environment, its death should be a matter of regret to nobody. But if it is the staunch, virile, life-giving faith that every devout Christian believes it to be, its vital testimony will always convince people because it meets the spiritual needs and eternal yearnings of the human heart. Indeed, a critical environment may help to search out those who profess the faith only in name—the seeds, in the words of Christ's parable, that fall by the wayside or on stony ground.

But, as distinct from different views on matters of faith, is the social environment so unfavourable? Chinese Christians have expressed their hearty approval of the socialist way of life because it is fully in accord with Christ's teaching. The remission of taxes on church property, the provision of facilities for religious activities, the equal rights enjoyed by Christians in political life today—these are all evidence of the government's genuine concern for our welfare. As citizens we are free to express our consciences. We can make known our views and criticisms on any subject, major or minor.

On our inspection tour in Anhwei in the winter of 1956, our group listed 47 complaints made by religious workers in different places and brought them to the attention of the local or provincial authorities. We later received a reply from the provincial government department concerned telling us exactly how each case had been handled and settled. Such a thing could never have happened under the Kuomintang regime.

Such facts explain the confidence and optimism of the Chinese Christians regarding the future of their country and their church. They have faith in God and in the power and vitality of the Christian Gospels, in the wisdom and integrity of their people and their leaders, and in the socialist way of life as the best and only one for the Chinese people to follow.

第五部分

未刊文稿

1

基督教與新時代

（1950）

本文為吳氏演講筆記手稿複印本。是次演講是應中華全國基督教協進會擴大執行委員會邀請，以「基督教與新時代」為題，全文收入《基督教叢刊》24 期（1950 年 3 月），參卷四上。

## I. 怎樣去認識新時代

A.　中國方面──新時代的意義

1.　由共產黨領導，由其他黨派及民主人士參加，是真的參加，民主的參加。因為有好的意見，衹要是言之成理的，不分派別都被採納。

  a.　重要的位予共黨，因為要建立政權，需要用自己相信的人，能把握政策的人。我們不必說他包辦，因為有必要。

  b.　黨外的人參加之後，也會把風聲轉好的。因為它以服務的作風來領導，我們可放心，決無貪污。像一隻船有了好舵手。

2.　壞的方面也有──徵糧公平負擔等發生問題，多多偏向都發生不好的現象。因此多少人對現政府發生懷疑，怨恨。這個看法不對，因是衹看局部的，不是全面的。要了解整個的方針。有許多過分的事件發生是歷史的報服〔復〕，政府不能壓下去的。做好的事也會發生壞現象的，要了解發生此現象的主要原因。

反帝國主義是好的，如不反，中國革命不能成功。但反帝中發生過火的事——認爲凡是有外國氣的都是帝國主義。因此對發生偏向的現象和下級幹部作風的不對都可以反對，但應用了解的看法去看——整體看，大處看，用歷史的眼光看。

B.　國際方面——

1.　美國對基督徒（中國）思想的影響最深

美國是時代的悲劇。美國的基督徒也被〔懞〕在裏面。

美國是個財主，但是害病外面看不出來，天天早晨起總是覺得這裏痛，那裏痛，不知是甚麼原故。於是想是甚麼在害他並且去對付設想的敵人和他的伙伴。最痛心的是，許多美國友人，尤其是基督教的友人也被（懞）在這種看法之中而在共同 演這個悲劇。

中國基督徒的腦中對這種情形（American way of life）存着很深的想法。American way of life ＝ 1. 自由主義，2. 個人主義。中國樣樣都與此相反。因此產生此態度：1. 懷念美國式生活，2. 懷疑中國式生活。但是中國人要明白美國人爲甚麼要說美國式生活好？這是美帝國主義作怪。它穿上美國式生活的衣服，要假名保護這個生活，甚至要以爲中國是被魔鬼害了，要來保護中國，替中國打魔鬼。因此幫忙反動政府打中國的人民革命事業。如果中國人是這樣看是個悲劇的演出。

2.　蘇聯

已走上建設的康莊大道。但中國人美國人對蘇聯的成見深到如此地步——中國的共產黨如果祇是土地革命不要緊，但中國共產黨和蘇聯聯起來就不好了。我們應明白蘇聯所主張的有兩個要素：

1.　有地方性。中國的共產主義，領導如果不是中國自己的不會成功的。

2.　有國際性的。中國的革命與世界的革命分不開。

這個原因並不是因爲蘇聯的共產主義強硬而中國的共產主義溫和，乃是因爲蘇聯是領導人民革命的國家。固然蘇聯希望它的主義的成功，不過這主義的生長有它客觀的條件──各國都有被壓迫的人民要革命，像洪流一樣，不是美國帝國主義可以阻止的。

## II. 基督教裏服務的人應取甚麼態度

1.　未解放前對 Totalitarian 國家懷疑大？號

2.　解放後好一點，但仍不放心宗教自由

3.　統一戰線──政協會有代表訪問團做橋樑都證明統一戰線要把全部人民都包含在內，基督教徒也在內。

這又可以把過去疑問放心了。

## III. 基督教要做甚麼

1.　改革事業的一部份──革新工作，研究基督教的眞意義。拿行動，具體工作，去解釋人家對基督教的懷疑，切斷與帝國主義的關係。

2.　把困難的問題誠誠懇懇提出來，請政府幫忙。

3.　使當地教會與政府取得聯繫。

政協代表做基督教與政府之間的橋樑──把政府的政策傳達給教會，另方面把教會的困難傳達給政府。

4.　Mission Boards

有的回去。

有的留在中國──如果是要留在這裏來與共產黨對抗就不好了。

替中國人民消毒。

5. 基督徒應當反對帝國主義，美帝國主義。

首先要看清楚，反對美國帝國主義不＝反對美國人民，不是反對美國的差會。因此不要誤會，以為拿了美國錢不能反對她的外交政策。我們連自己的政府——中國國民黨反動派政府也反對，何況一個外國的帝國主義政府的外交政策呢？！差會拿了錢來固然沒有說要反對共產主義，反對共產黨，但有些人拿錢到中國來幫助我們，要我們不談政治，祇談耶穌基督好了，但過去刊物趨向國民黨的就不說這些。我們反對美帝國主義並沒有與美基督教的友誼有違背。

6. 基督教應當一面倒

過去可以超然，但現在不能。一邊倒並不違反基督教。祇看你是否倒向真理。倒向這個一邊當然不是說這一邊有了全部的真理，但倒向一個方向是贊成他所做某些事，和對某種政策的主張。

7. 基督教的現在與將來

a. 有人可以以為我們是跟着共產黨跑的了，因為以為兩個是一樣的，但是

b. 兩個是不同的。是兩個相同的或平行的跑在相同的一點上面，可以和政府合作。

c. 基督教的特殊點——

耶穌基督的福音的教訓有很多寶貝——人與人的關係，人與上帝的關係，全部聖經處處都是做人的道理。是不是共產黨除了聖經找不到？還是他們從革命工作中去發覺、學習。

耶穌的生活。耶穌說我是道路真理生命。道成肉身的啟示。

犯偏向，好像祇有共黨下級幹部犯。其實我們在生活的另方面犯偏向。

魔鬼是有組織的惡勢力，structure of evil[,] structure of grace。這個 grace 不一定是教會的獨佔品。共產黨也在生活中表現基督教與唯物論的不同：

1. 一個講 Immanence，偏重現在，變

2. 一個講 Transcendental，偏重永恆不變

這個不變，對立，應當是一個整體的兩面。

真正的基督教不偏的把兩面統合起來，成熟的共產黨員也會如此。五十年，百年後，這個真理一定出來。但基督教徒不必等，現在就身體力行，以生活來見證，為耶穌的生活作有力的見證。

<u>Not For Publication</u>

Duplicate    W.T.Wu

## Some Thoughts About A new Orientation In Christian Theology

(The following is the substance of an address given to a group of theological
students and Christian workers in Shanghai on Jan 15,1952. It is now mimeo-
graphed and circulated among a few friends in China and abroad. This is done
with some hesitation, but without apology. The hesitation is due to the fact
that the author is not a trained theologian and the paper raises a number of
theological issues which have formed subjects of controversy in numerous writ-
ings in different ages. It is indeed a bold, perhaps presumptuous, attempt
to deal with such a vast subject within the compass of a brief address, even
aside from the question of competency.

But no apology need be offered in bringing the subject to the attention of a
few friends. The events which occurred in China during the past few years
<u>are landmarks of world history</u>. As such, they inevitably have vital bearing
on all phases of national life, including the religious. They may open up
new vistas of truth or offer new angles from which to view old truths. The
Christian Reform Movement in China has already imposed problems on Christians
in China for which solutions must be found. They are <u>indeed problems which
concern not Christians in China alone, but believers throughout the world</u>.
This paper, if it does not shed light on these problems, at least enables
readers to take a peep at their scope and their seriousness.

It is hoped that this paper may start fruitful discussion among those who
receive it. The author will be most grateful for comments and observations
resulting from the reading or discussion of this paper, especially those from
friends in the West.

                      Dr. Wu Yao-Tsung
                   c/o The Chinese Peace Committee
Note: Underlining not      9 Tai Chi Chang, PEKING, CHINA
      in original text.
      Done by J.G.E.

Text of Address:
                    Since the issuance mixine in July 1950 of the "Manifesto On
The Task Of The Church In China In The Construction of a New China", the
progress on the part of the Christians in China has been considerable. The
most remarkable achievement is the exposure of the fact that imperialism made
use of the Christian religion for over a century as a tool of aggression against
the Chinese people. At first many of our fellow-Christians found it hard to
realise this fact. But today, the situation has changed. Especially since
the Conference held in Peking in April 1951, many Christians have come to see
this fact and to accept it as fact. Hence the great indignation and the nat-
ion-wide "accusation movement" among Christians which has effectively torn x
the religious mask off those missionaries and their lackeys who were in real-
ity in the service of imperialism. Today the majority of the Christians in
China have no more doubt in their minds as to the f validity of this accusation.

In making use of Christianity as a tool of aggression against the Chinese people
imperialism avails itself of the service of several aspects of religion - per-
sonnel, administration, education, medicine, social welfare work etc. One,
and by no means the least of these is theology.

Today we are in a position to make a criticism of the traditional theology
of the last thousand years or more wihich the missionaries of the west manip-
ulated for their own ends and with which they spoon-fed the Chinese Christians.
We know that while the basic content of the Christian faith remains unchanged
through the centuries, theology, as the inner interpretation of that faith, may
change and does often change. The question of the self-propagation of the g
gospel in China is not only a question of who should preach the gospel but @

"Some Thoughts about a New Orientation in Christian Theology" 書影

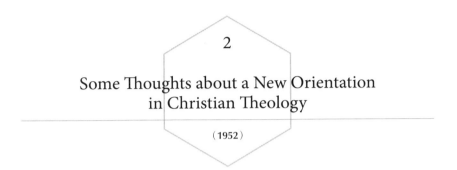

# 2

# Some Thoughts about a New Orientation in Christian Theology

## (1952)

An address given to a group of theological students and Christian Workers in Shanghai on January 15, 1952. Library and Archives Canada, MG30 C 130, James G. Endicott Fonds, Volume 59 File 1242 Y. T. Wu: Manuscripts and Correspondence, n.d. 1944–1962, 6 pages.

(The following is the substance of an address given to a group of theological students and Christian workers in Shanghai on Jan 15, 1952. It is now mimeographed and circulated among a few friends in China and abroad. This is done with some hesitation, but without apology. The hesitation is due to the fact that the author is not a trained theologian and the paper raises a number of theological issues which have formed subjects of controversy in numerous writings in different ages. It is indeed a bold, perhaps presumptuous, attempt to deal with such a vast subject within the compass of a brief address, even aside from the question of competency.

But no apology need be offered in bringing the subject to the attention of a few friends. The events which occurred in China during the past few years are landmarks of world history. As such, they inevitably have vital bearing on all phases of national life, including the religious. They may open up new vistas of truth or offer new angles from which to view old truths. The Christian Reform Movement in China has already imposed problems on Christians in China for which solutions must be found. They are indeed problems which concern not Christians in China alone, but believers throughout the world. This paper, if it does not shed light on these problems, at least enables readers to take a peep at their scope and their seriousness.

It is hoped that this paper may start fruitful discussion among those who receive it. The author will be most grateful for comments and observations resulting from the reading or discussion of this paper, especially those from friends in the West.)

c/o  Dr. Wu Yao-Tsung

The Chinese Peace Committee

9 Tai Chi Chang, PEKING, CHINA

Note: Underlining not in original text. Done by J. G. E.

Text of Address:

Since the issuance in July 1950 of the "Manifesto on the Task of the Church in China in the Construction of a New China", the progress on the part of the Christians in China has been considerable. The most remarkable achievement is the exposure of the fact that imperialism made use of the Christian religion for over a century as a tool of aggression against the Chinese people. At first many of our fellow-Christians found it hard to realize this fact. But today, the situation has changed. Especially since the conference held in Peking in April 1951, many Christians have come to see this fact and to accept it as fact. Hence the great indignation and the nation-wide "accusation movement" among Christians which has effectively torn the religious mask off those missionaries and their lackeys who were in reality in the service of imperialism. Today the majority of the Christians in China have no more doubt in their minds as to the validity of this accusation.

In making use of Christianity as a tool of aggression against the Chinese people imperialism avails itself of the service of several aspects of religion—personnel, administration, education, medicine, social welfare work etc. One, and by no means the least of these is theology.

Today we are in a position to make a criticism of the traditional theology of the last thousand years or more which the missionaries of the west manipulated for their own ends and with which they spoon-fed the Chinese Christians. We know that while the basis content of the Christian faith remains unchanged through the centuries, theology, as the interpretation of that faith, may change and does often change. The question of the self-propagation of the gospel in China is not only a question of who should preach the gospel but also one of what is to be preached.

How are we to ascertain what we should preach? We cannot reach an answer simply by shutting ourselves up in our studies and working hard on our manuscripts. In our present situation something basic needs to be done; it is now time to reorientate [reorient] ourselves in theology. There are three prerequisites for this reorientation; (1) knowledge of the true nature of the Gospel, (2) criticism and liquidation of those elements in Christian theology which are foreign to, and betray the gospel, and are merely ideologies of the ruling classes and, in particular, of imperialism, and (3) a clear understanding of New China and the emerging new world which are already realities right in front of our eyes and compelling us to account for them.

* * *

The Gospel of Jesus Christ presents us with a most satisfying and well integrated philosophy of the universe and of life. But the gospel is not merely philosophy (philosophical), it is the Way, the Truth and the Life—the gate to salvation.

To understand Jesus' conception of God is the key to the needed reorientation in theology. Let us begin with the two attributes of God which traditional theology expounds—God's transcendence and God's immanence, and try to see them in their dialectical unity. God transcends the world, humanity and all human shortcomings and sins as well as human achievements and yet, he is immanent in nature and history as works out His purposes through man, no matter how imperfect man is.

The New Testament furnishes excellent examples of God's transcendence and His immanence in relation to man. "None is good, save one, that is God", (Lk 18:19) said Jesus. This is a judgment made from the plane of the transcendence of God. But Jesus also said, "Be ye perfect as your Father in heaven is perfect." (Mt. 5:48) Here is revealed a faith in the potentiality of man which comes from faith in the God who is indwelling in man. In John 8 the absolute holiness and perfection of God is made the criterions for judgment when Jesus said, "He that is without sin among you, let him cast the first stone at her". But in John 14 Jesus also said, "He that believeth on me, the works that I do shall he do also and greater works than these shall he do". Jesus' faith in God and his faith in man are one. When he commanded us to love God and our neighbor as ourselves, he taught us that the transcendent God is also the immanent God, and that love of God and love of neighbor is inseparable. The injunction "Man shall not live by bread alone has the same implication, though in a different setting. Man does live by bread,—a truth ignored by the ascetic who seeks after the transcendent God to such a degree that he simply brushes aside the laws of the human bodies an expression of God immanent in man. But man must also live by "every word that proceedeth out of the mouth of God"— which, in the human realm, simply means laws governing human relations. A man who thinks only of bread for himself and ignores social laws will land in trouble. Unfortunately even nations today are ignoring the lialectical unity of the two aspects of this basic truth and are landing not only themselves but the rest of the world in trouble.

Thus God is not only the transcendent, holy and lofty Being, the "Wholly Other", but also the One who works in history, in human movements and in the inner hears [hearts] of man and women [woman]. God has not given the world up to man as man or to the devil but is himself working in the world.

In uniting the immanence of God with His transcendence, we not only see the Christian Gospel in its true light but also acquire a new attitude towards the question of social change. It will teach us to look with greater humility at the present world revolutionary movements which traditional theology taught us to shun and to discover in them the will of God for our generation.

When we view God's transcendence and His immanence in dialectical unity, our conception of God is no longer abstract but is full of practical implication. Judged from the plane of God as the transcendent Being, the struggles and achievements in human history are necessarily relative. But since God is also immanent in history, a relative moment in history as the timely expression of the absolute will of God takes on an absolute character. Man must not seek refuge in the holiness and perfection of the absolute God and justify compromise with sin or withdrawal from the struggle for human elevation within the realm of the relative.

If we see God only in His transcendence, we are bound to arrive at a pessimistic view of man. Man would then be regarded as utterly weak and helplessly degenerate. But if we see God also as immanent in the processes of nature and of society, we cannot be pessimistic. We shall be inspired by the recognition of the power of God in and around us. Religion then becomes for us receptiveness to and search for the truth of God and reliance on His love and obedience to His will. The religious person is consequently full of joy and confidence. In realizing that his vocation is to cooperate with God in the working out of His will in history, he finds his place in God's economy for the recreation of the world. He cannot but gain an insight into the significance and true meaning of life.

* * *

For more than a thousand years the main currents of theological thinking have persistently tended to neglect or under-estimate the doctrine of God's immanence. Consequently, in the one-sided emphasis on the doctrine of God's transcendence, we have missed the real dynamism of that doctrine. According to this one-sided emphasis, man is sinful, miserable and utterly depraved; God and man are separated from each other by an absolute chasm. The present world being irredeemable, in the sphere of religion, attention is completely focused on the next world and on "spiritual" matters. "Justification by faith" is interpreted as a personal, sometimes merely subjective affair. The "salvation of the soul" takes the place of interest in social change since genuine social uplift is impossible with man's heart "at Fault". To entertain the idea of improving man's lot in the world is a sign of human pride and depravity. Thus we arrive at the "above politics" mentality par excellence. Unfortunately, this is not "above politics" but a service to reactionary politics!

If this is our religious outlook, we cannot but be detached from realities. The one-sided emphasis on God's transcendence does not mean we are thus truly neutral in social matters. We are simply handing the world over to the devil.

With this religious outlook occupying the predominant place in traditional theology, Christians through the ages have at best supported certain reformist movements, which the ruling classes welcome as safety valves against social unrest.

Let us take a few representative personalities in Church history to see how their positions have influenced the mind of Christians towards withdrawal from the world and acquiescence before the forces of evil.

The first and the greatest Apostle was Paul. We should not in any way minimize Paul's contribution in interpreting and spreading the gospel. Yet, there are elements in his teaching which easily lead to a one-sided emphasis to the detriment of the wholeness of the truth of the gospel. For instance, in Phil. 1:21 and 23, he said, "To me to live is Christ and to die is gain. I am in a strait betwixt the two, having the desire to depart and be with Christ, for it is far better." Reading these and other verses there can be no doubt as to Paul's loyalty and devotion to Christ. But they easily suggest to readers that the earthly life is worthless and is a burden to be cast off sooner or later.

Augustine laid great stress upon the contrast or gulf between the absoluteness and loftiness of God on the one hand and the insignificance, lowliness and misery of man on the other. The highest aim for man is the vision of God and union with God. This aim man cannot achieve until the next life, which is the true life. Augustine's dualist position cannot but produce an utterly pessimistic view. It easily leads to an attitude of renunciation of the world which he regarded as evil.

Thomas Aquinas gave his Church an integrated system in which he tried to prove that the universe with all that exists in the world and in society is rational because it is the will of God. In trying to harmonise faith and reason, he actually gave a theological defense to the status quo. Like Augustine, Aquinas regarded the knowledge of God as the highest good of man, and the way to achieve it is the giving up of earthly goods and the pursuance of the ascetic monastic life.

Martin Luther was not only conservative in his social views but also unable to depart from the dominant deviation of traditional theology. Two of the most precious elements in the European Renaissance were not traceable at all in the Religious Reformation, namely the respect for reason and the interest in and optimism as regards life. Luther believed reason to be blind in matters concerning the salvation of the soul and regarded natural man as under the grip of evil. His one revolutionary role was his emphasis on the inwardness of religion, justification by faith—against the ecclesiastical authority of the Church of Rome and barren scholasticism. Objectively, Luther played a progressive role in history because, in criticizing the Church of Rome which was the main bulwark of European feudalism, he helped to bring about the disintegration of European feudalism and to pen the way for capitalism.

In the years following the First World War, Europe found itself in poverty, chaos and bewilderment. This situation provided the contemporary setting for the resurgence of the traditional theological tendency of absolutising the gulf between man the sinner and God the Holy One. It was in this situation that Barthianism arose as the "rediscovery of the gospel" and has since gained popularity among different classes of Christians.

I do not wish to underestimate the very important role which Barthianism played in the fateful period after the First World War. Barthianism is a bulwark against the rising tide of Hitlerism—the fanatical claims of false gods who would plunge humanity again into the abyss of a bloody and oppressive world. Barthianism is also a sobering influence to those who believe in the power of man in overcoming evil who forget that the abuse of this power can only be avoided when it is touched and inspired by the holiness and perfection of the transcendent God. In this sense, Barthianism brought out the best in traditional theology and made it applicable in a world which seemed helpless in the face of the power of evil.

On the other hand Barthianism is not free from the harmful influence which over-emphasis of the transcendence of God in traditional theology has exercised in our effort to grasp the whole gospel of Jesus. Barthianism can easily lead to defeatism; if a man is perennially sinful, he cannot hope to bring about a true betterment of life in this world. Worse still, Barthianism plays itself into the hands of reactionaries who use their perfectionism as a tool to condemn wholesale needed revolutionary changes and genuine improvement of social conditions.

The so-called neo-orthodoxy which has been prevalent for some years under the leadership of Reinhold Niebuhr in the United States furnishes a good example of how Barthianism could be misused. Neo-orthodoxy is really a watered down version of Barthianism. Though the United States hardly suffered from the First World War—in fact she was greatly benefitted by it—decaying capitalism cast a shadow over the outlook of every honest observer. And yet apparent prosperity benumbs any sense of approaching disaster and leaves room for human hope. Hence the curious mingling in neo-orthodoxy of the elements of both pessimism and optimism.

It is astonishing how readily neo-orthodoxy placed itself at the service of reaction. We in China see this most clearly. Today when the world is going through the greatest convulsion in its history, the pronouncements of the leaders of neo-orthodoxy and the pronouncements of the State Department are hardly distinguishable. Is it not strange that when we the Chinese people —which include the Chinese Christians—are experiencing a true liberation and are beginning to reap its fruits, we are looked upon as lost and beyond the pale of civilization. (J.G.E. This is one of the main contributions of the Western missionaries—what a help to the war planners in the Pentagon).

It gives one pain and sorrow to see the depth of degradation into which ideology has sunk in the name of theology.

We do not deny the fact that in the history of Christian theology there were trends which emphasized the immanence of God. Pelagius—Augustine's contemporary—for example, opposed the notion of original sin and contended that man can resist sin and will the good and needs no help because everything created by God is good. In the nineteenth century, as a reaction against the extreme notions of divine transcendence current in the eighteenth century, such theologians as Wesley in England and Schliermacher in Germany put great stress upon faith and feeling as channels through which God is known, because He is not outside or behind the world but in it. In some cases, under the influence of Spinoza, the doctrine of divine immanence amounted to genuine pantheism. But these trends cannot be regarded as the main current of

Christian theology.

Since the middle of the last century, under such leaders as Charles Kingsley and F. D. Maurice, Christian socialism has attracted the attention of certain groups of Christians. In the United States the "social gospel" was propounded most forcefully by Walter Rauschenbusch, who was a true prophet in his age, though within limits. Since the end of the First World War the theological aspect of the movement developed into the school of Religious humanism. This school did emphasize the immanence of God in human history and the significance of man as God's co-worker and a force in remaking the world. But this was merely a fleeting reflection of the temporary "prosperity" of American capitalism immediately after the First World War, rather than a deep theological conviction. It completely evaporated after the advent of the big depression of 1929.

* * *

If I am not mistaken, a new theological system is due to emerge and is actually emerging. Christian theology in the past thousand odd years has been molded in the soil of feudalism and capitalism. It cannot be doubted that during these great epochs of human history, Christian theology took on ideological taints peculiar to the age and environment of the builders of great theological systems. It cannot be doubted that with few exceptions, the outstanding theological trend running through the centuries has been the one described in this address, namely, the over-emphasis of the transcendence of God and the helplessness of man, rather than the expounding of the doctrine of the dialectical unity of God's transcendence and his Immanence [immanence] and the possibilities of man when released from social enslavement. One wonders whether the preoccupation concerning the perennial sinfulness of human nature is not due, in part at least, to the fact of social injustice and unrest which exist in every epoch of history. If this suspicion is confirmed, then one has the right to conclude that a true social emancipation will be followed by a true spiritual uplift, which simply means a profounder realization of God's immanence in history, informed and conditioned by his transcendental perfection.

If a new theological system is emerging, what will be its components? Let me offer a few suggestions.

First, we must restore and re-establish the Christian conception of God as both transcendent and immanent, as presented in this address, and apply it fruitfully in the present world situation.

Second, we need to recognize the universality of God's revelation. We need to realize that God's purpose is worked out through all sorts of means. Even those who do not confess His name may be channels through which His truth is revealed. The one great cause for the difficulties some Christians in China are facing is their inability to appreciate the true meaning of God's omnipresence. They are bewildered because they refuse to see God's light which comes through unexpected channels. We must break down the wall of this sectarianism; and must not divide people up into camps of "Christians" and "non-Christians", "theists" and "atheists", with the assumption that only "Christians" and "theists" can know the truth.

Third, we should look at nature and society as areas of the working of God and the sciences of nature and society and the laws governing their changes and processes as ways in which God works. The secular and the religious, the social and the spiritual aspects of our life are not divided and shut up in water-tight compartments.

Fourth, we should gain a new confidence in man. God works in man. Man is the temple of God and therefore, a being capable of great things. This is an optimistic view of the nature of man but it is not blind optimism. When one sees the forces of evil that still encompass us and still control such a great part of the life of the world, one cannot be blindly optimistic. We appeal for a new appreciation on man's powers, not because man is faultless, but because such an appreciation will remove the inhibition inherent in an over-critical attitude and will serve as a force for emancipation.

Fifth, we should not conceive of the Kingdom of God as something in the distant future, for which we can just wait. The Kingdom begins here and now for all who awaken to its reality. The Niebuhrian school takes pride in using the absolute criterion of the transcendent God in judging the "relativity" of the method and the goal of communism. This "perfectionism" is only a means by which the privileged class discounts and puts to nought the revolutionary movements.

What are we Christians to do? First we should repent. In the past, wittingly or unwittingly, we have been blindfolded and utilized by forces which are at bottom selfish, wicked and anti-Christian, and we have rebelled against Christ. We have twisted his teachings. We not only failed to help liberate our people but have become a tool for enslaving them. Today we should repent and become brave fighters for Christ, whose spirit is really at work in the great revolutionary movements of our time.

Then we must learn from the Communist Party. The Communists are genuinely working for the people and have great lessons to teach us Christians. Many of us who say "Lord, Lord" have in reality betrayed Christ, but God is using those who actually do his will to accomplish His purpose, whether they confess His name or not. Christians, Communists and all who truly have the welfare of the people at heart must work together for the salvation of the world from the forces of war and enslavement which still threaten humanity.

Notes on a Conversation with Dr. Y.T.Wu --roughly compiled afterwards  Mar.28 1952.

The conversation centered around the place of religion in the new society.  Can one rec-
oncile the Christian and communist points of view?If youbelieve the communists have a
correct interpretation of history and a solution for the socialproblems of mankind, can
you still honestly believe in God?  Is there any place left for the Christian interpret
ation of life or has it become absolete?
     Dr. Wu told us of one old friend who is a devoted worker in the new government who
now says that he has given up his religious ideas, they are of no more use to him.  Dr.
Wu's reply was "In that case, you did not have much to give up".

Dr. Wu - I have gone through this whole matter over and over again and I have found quite
the reverse from my friend.  The study of Communist doctrine and especially the thought
of Mao-tse-tung and his application of Marxism-Leninism to China, have clarified my
Christian ideas and strengthened my fiath.  I wrote a good deal of this down in my
book, "No man hath seen God", twelve years ago.  I have some revisions since then.

First of all, the necessity to study the effects of imperialism in the missionary move-
ment have illuminated more clearly for me what is wrong with the churches interpretation
of Christianity.  I have traced the source of this use of the church by the imperialistic
influences of our day back through early church history, Augustine, Aquinas and others
right back to Paul, whose writings reveal a great deal of it.  I find basic deviations
from the thought and teachings of Jesus. Briefly, it is this: theologians have created
a dualism - the transcendence and the immanence of God.  God is in man but God is also
away out there in the universe.  They have separated these two ideas and they have over-
emphasized the transcendence of God.  Man is sinful and almost helpless, they have siad.
Man cannot act on his own; must depend on God to save him, primarilythrough the sacrifice
of His son Jesus.  They have under-emphasized God actingthrough man himself - the
incarnation of God in all mankind.  Because of the weakness and helplessnessof man, a
great deal of attention has been concentrated on eschatology - therewards andpunishments
of a future life.  The compensations for a miserable life here by the fulfilment of all
dreams hereafter have been used to quiet the rebelliousspirit in man, to point up the
violent nature of revolution as immoral, although, in the main, the church has justified
the use of violence by those in authority and bythe ruling class, to which the church
leaders belong.

This class difference is noticeable also in the application of the doctrine of the
immance of God which led to the trend known as reformism characteristic of theProtestant
chruches and of modernism as opposed to fundamentalism.  God in man prompts him to repent
of his sins and be saved, they say, but it is an individual matter, strictly a personal
relationship between himself and God.  A vast number of changedand saved individuals will
automatically mean a changed society.  This will take time- but what is time in the
eternity of God? .. andthis slow and gradual method of evolution is painless and does not
involve the question of the morality of violence.  This is Christian"love" as contrasted
with what is termed as the Communist teachings aboutthe class struggle which is inter-
preted by Christians as a doctrine of hate.

What has been the result of these trends?  The answer is seen in the attitude of Christians
as individuals and the church as an institution to the colonial questions and, in our
time also, to warfare by mass extermination and the use of anti-communism - with an
emphasis on atheism - as an excuse for captialism. disguised as democracy and Christianity,
to support the most oppressive leaders in countries emerging from feudalism and colon-
ialsim.  The result is appallingly clear in Korea and the Christians have done little to
stop it, and in too many cases have condoned and supported this most unjustified war-
fare againstran innocent population, - and continue to do so.

All this is background for one's own religious faith and the questions you have asked
regarding my interpretation of the relation of Christian faith to Communism.  I have
been greatly helped by the careful study of the writings of Mao Tse-tung and I recommend
to you the reading and re-reading of his essay "On Practice" which will explain to you
in greater detail than I can do tonight the sililarities between his thought and my own

"Notes on a Conversation with Dr. Y. T. Wu" 書影

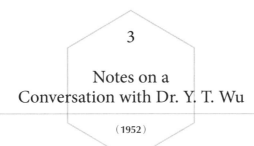

# 3

# Notes on a
# Conversation with Dr. Y. T. Wu

( 1952 )

Roughly compiled afterwards. March 28, 1952. Library and Archives Canada, MG30 C 130, James G. Endicott Fonds, Volume 59 File 1242 Y. T. Wu: Manuscripts and Correspondence, n.d. 1944–1962, 5 pages. Reproduced by permission of "Estate of James G. Endicott."

The conversation centered around the place of religion in the new society. Can one reconcile the Christian and communist points of view? If you believe the communists have a correct interpretation of history and a solution for the social problems of mankind, can you still honestly believe in God? Is there any place left for the Christian interpretation of life or has it become obsolete?

Dr. Wu told us of one old friend who is a devoted worker in the new government who now says that he has given up his religious ideas, they are of no more use to him. Dr. Wu's reply was "In that case, you did not have much to give up."

Dr. Wu—I have gone through this whole matter over and over again and I have found quite the reverse from my friend. The study of Communist doctrine and especially the thought of Mao-tse-tung and his application of Marxism-Leninism to China, have clarified my Christian ideas and strengthened my faith. I wrote a good deal of this down in my book, "No man hath seen God," twelve years ago. I have some revisions since then.

First of all, the necessity to study the effects of imperialism in the missionary movement have illuminated more clearly for me what is wrong with the church's interpretation of Christianity. I have traced the source of this use of the church by the imperialistic influences of our day back through early church history, Augustine, Aquinas and others right back to Paul, whose writings reveal a great deal of it. I find basic deviations from the thought and teachings of Jesus. Briefly, it is this: theologians have created a dualism—the transcendence and the immanence of God. God is in man but God is also away out there in the universe. They have separated these ideas and they have over-emphasized the transcendence of God. Man is sinful and almost helpless, they have said. Man cannot act on his own; must depend on God to save him, primarily through the sacrifice of His son Jesus. They have under-emphasized God acting through man himself—the incarnation of God in all mankind. Because of the weakness and helplessness of man, a great deal of attention has been concentrated on eschatology—therewards and punishments of a future life. The compensations for a miserable life here by the fulfillment of all dreams hereafter have been used to puiet the rebellious spirit in man, to point up the violent nature of revolution as immoral, although, in the main, the church has justified the use of violence by those in authority and by the ruling class, to which the church leaders belong.

This class difference is noticeable also in the application of the doctrine of the immanence of God which led to the trend known as reformism characteristic of the Protestant churches and of modernism as opposed to fundamentalism. God in man prompts him to repent of his sins and be saved, they say, but it is an individual matter, strictly a personal relationship between himself and God, A vast number of changed and saved individuals will automatically mean a changed society. This will take time—but what is time in the eternity of God? … and this slow and gradual method of evolution is painless and does not involve the question of the morality of violence. This is Christian "love" as contrasted with what is termed as the Communist teachings about the class struggle which is interpreted by Christians as a doctrine of hate.

What has been the result of these trends? The answer is seen in the attitude of Christians as individuals and the church as an institution to the colonial questions and, in our time also, to warfare by mass extermination and the use of anti-communism—with an emphasis on atheism—as an excuse for capitalism, disguised as democracy and Christianity, to support the most oppressive leaders in countries emerging from feudalism and colonialism. The result is appallingly clear in Korea and the Christians have done little to stop it, and in too many cases have condoned and supported this most unjustified warfare against an innocent population,—and continue to do so.

All this is background for one's own religious faith and the questions you have asked regarding my interpretation of the relation of Christian faith to Communism. I have been greatly helped by the careful study of the writings of Mao Tse-tung and I recommend to you the reading and re-reading of his essay "On Practice" which will explain to you in greater detail than I can do tonight the similarities between his thought and my own religious interpretation of life. (Mary: this is the pamphlet I was reading in Montreal, when I learned by experience what I had known in theory; i.e. theat people are not free to read or assemble as they wish. J.G.E. We were raided in a private home by the police).

Extract from "On Practice": regarding the difference between perceptual knowledge and rational knowledge—"Perceptual knowledge is knowledge of a thing in its individual aspects, its appearance and its external relations, whereas rational knowledge, marking a great step in advance, is knowledge of a thing in its entirety, its essence and its internal relations. When one arrives at a rational knowledge, one is able to reveal the internal contradictions of the surrounding world and this grasp the development of the world by considering it in its entirety—the internal relations of all its aspects." (Note, Dr. Wu did not quote this passage but in glancing over the pamphlet I think it is one of those related to what he was telling us, so I have put it down." (Dr. Wu) cont'd

Now, my idea of truth is that man sees a little here, a little there and gradually in the history of the individual and of the human race, he comes to understand the relationship of many, many phenomena and experiences. So, as a mature person he sees life not as a heap of isolated, accidental, unrelated phenomena, but as an infinite pattern, in which everything is interdependent and related to everything else. This totality of truth, (not Abstract Truth, but All Being, Everything that is) is so overwhelming to man that he has to form some concept which, though he does not fully understand, he can name. In awe, and in tear, man bowed before this Concept, which he called God, and sought to placate or appease such infinite power to offset the ills which beset his mortal span. You might describe it as a personification of Nature which became more or less crystallized into a super-natural Being with all the various forms of anthropomorphism that developed in one tribe or another. As social organization developed, men personified God in terms of human beings—The Great Chief, Lord of Hosts, King of Kings, then Father. This final concept grew out of moral purpose or design in the universe plus a very revolutionary view of society—namely, that men were inter-related to all other men on the basis of a common human heritage, as children are related in a family. The emphasis which Jesus put on the concept of God as Father must have been a most disturbing in a slave society, hardened by a traditional theocracy and bound in national servitude to Rome. He rejected the old concepts of King vs. subjects, Lord vs. slaves who did his will, blindly, fearfully or in verbal obeisance only, hiding what was really in their hearts.

Jesus said, that is not the nature of the universe—it is like a family where all the children are regarded with equal love and given equal opportunities to develop, where there is concern for what happens to each. This concern of the Father is imitated by the children who learn to live, not in jungle isolation or warring competition, but in helping one another and rejoicing in the welfare on one another.

This concept was contrary to the desires of those who wished to rule over their fellow men, dictating their conduct by rigid laws and formalisms and enriching themselves by the labor of others. Jesus, from the very first, preached a new order, giving the poor their rights and liberating men from all forms of captivity. When he mentioned the rich it was always in sorrow or in anger that they would not or could not see the necessity for change. Whatever he said about Rome was probably altered in later years when Christianity has become the official religion of Rome, but there is evidence that he was most unhappy about the relation of Jerusalem to Romeo. Pilate, while he pretended to take no responsibility for the death of Jesus, did not stop it. The Communists complain that Jesus did not challenge people to rise and overthrow their oppressors, that he taught meekness and submission, love your enemies, turn the other cheek etc. and that these teachings have been used by the church to keep down revolutionary tendencies. But it is plain that Jesus was not killed for these teachings,—whatever use has been made of them—but he was killed for challenging authority and domination of the priesthood and those who used them to maintain the old economic and social order.

Returning to the comparison of his theology with the thought of Mao Tse-tung, Dr. Wu described the process by which man comes to a concept of God as the totality of truth. Man's understanding of this is a growth, a development in which each step is built upon what has gone before, with every now and then a new burst of understanding which illuminates the whole and thrusts forward the process to the ultimate goal of perfection of understanding and relationship with all of life. Mao Tse-tung emphasizes the essential relation of practice and theory—either without the other is incomplete and may be entirely futile. The Christian also recognises this integration of theory and practice. He must bring each new experience up into the light of rational understanding and also put the theory based on increased understanding back into practical experience. This is a continuous process. Otherwise experience becomes pragmatic and understanding becomes dogmatic and development is arrested at that point. One example of this in Christian faith is the question we discussed at the beginning of the conversation—namely the dualism that has arisen between the theories of the transcendence and the immanence of God. By crystallising these theories instead of constantly testing them by human experience (e.g. the church's attitude to atom bombs, germ warfare and colonialism in general) leaders of church thought have paralyzed the moral judgment of Christians.

They have stood still, in the midst of the most stirring and rapid social changes in history. This is the best that can be said of them, for they have actually contributed greatly to the onslaught of imperialism. (Dr. Wu is very clear and strong about that more so than I have indicated).

It is a mistake to try to separate God from man as the church has done, and the attempt to hide this mistake by bringing sinful man "back to God" through various rites and acceptance of doctrine which may only be verbal, has not been successful. The terrible acts of imperialistic nations show up the glaring nature of this mistake to all except those who blind their eyes and will not look. This state of affairs is proclaimed by the Communists. Therefore, say many Christians, it must be false and we do not have even to consider it. This will not excuse them in the light of history, for God is in history and what is true cannot forever be hidden. (Dr. Wu quoted something at this point, but I have not time to look it up in the New Testament.) Jim says perhaps it was, "If the light that is in you be darkness, how great is that darkness."

At some point Dr. Wu talked of the development that takes place the more one sees of God in man. He himself is humbled by the revelation of God he sees in the Chinese Communists with whom he has worked closely for years now in various official capacities as a religious representative on government bodies. He says it is not a case of Communist domination of China but everybody recognizes that it is the wisdom and experience and selfless devotion of the communist leadership which is directing the organization of the whole nation and obtaining the support of the people. He says Communist Party leadership in public affairs is like a pilot ship guiding the nation with precision, finding solutions which fit into very complicated and swiftly changing situations. He emphasized that the higher you go in the Communist Party the more you will find simplicity and humility and willingness to accept criticism. In all levels of organization, right up to the People's Political Consultative Council, of which Dr. Wu is a member, frank and thorough discussion of all points is a cardinal principle. When these administrative councils make a decision, what counts most is, "What do people think of it?" This is the main thread running through all of Mao Tse-tung's thought and writing. He relates all theory to this practical point—do people support it, does it serve their needs? If not, the theory must be reconsidered and the practice be revised. Now in the earnestness with which they have undertaken the campaign against corruption it is made plain, over and over again, that bureaucracy is a deviation from serving the people and must be rooted out.

All this, as Dr. Wu sees it, is just another way of talking about human society as the brotherhood of man under the Fatherhood of God—not only talking about it but putting it into practice in a more fundamental and far-reaching way than the Christians have ever done in all their experience with exploited peoples.

In strong terms Dr. Wu emphasized that you cannot speak of the brotherhood of man in an abstract way—as so many Christians glibly do—as if it was something that existed in men's minds. This is "idealism" in the sense in which philosophers speak of it, and in that sense I am not an idealist, he said. The Communists are expressing brotherhood in a very materialistic sense— in bread and land to the people, in their own simplicity of living and in the meticulous honesty and integrity which they demand of their own ranks first, then of the whole nation. "If you cannot love man whom you have seen, how can you love God whom you have not seen?" Or, if you are not honest with man, in your every day dealings and in your attitudes, how can you be honest with God.

Now it is true, he said, that the more one sees of God in man, the less one looks outside of man to find God. This is as true as the recognized fact that the more man understood and controlled nature by scientific means the less dependent he was on theories of placating and appeasing nature by superstitious practices. Why, then, does an enlightened man in this scientific age, need God at all? Because of the limitations of his nature. His emotional nature makes him restless. He is not satisfied "with bread alone" (my phrase, not Dr. Wu's) but reaches out for other things and is never fully satisfied. (This part of the conversation is the hardest to reconstruct, and I must wait to read his book or other writings to fully understand it) Man realizes his limitations most when he suffers—and the more sensitive and "mature" he is, the more keenly he suffers in a social way—that is, in ways that are concerned with people and not just with his personal satisfactions.

From what source does man draw power to endure great suffering? I believe the Communist and the Christian draw from the same source but they express it in different ways. This of the thousands of Communists who have been in prison in China—hundreds or thousands never came out. How did any of them survive these long ordeals, and how was it that those who saw them did give witness of their courage and devotion to the end? Think of the communists in Jui Chin in Kiangai province, surrounded by Kuomintang armies (in 1934) blockaded so that they had little food, not even salt, I have talked with survivors. Where did they find comfort to sustain them? Not by looking at Jui Chin— there was only despair in that situation. They thought of the revolution which they knew would spread all over China, what it would mean in terms of new life for all those millions. They looked back through the years since their Party was formed—such a small group and how it had already grown and proved itself and won the support of the people with whom they had come in contact. They thought also, of the Soviet Union where already the results of the revolution had been assured and demonstrated. They thought of other countries where few if any of the oppressed people were organized, Africa—for instance—and what it would mean when their day of liberation came. From all this collective struggle and hope they drew strength and they related it to dialectal materialism upon which their Party's theory and practice is based—something always emerging from something old, through collective struggle and sacrifice, towards a classless society. The power of this movement sustains the Communist in suffering, keeps him calm to find a way out if possible, or to face death without flinching and often with a cry of triumph. (Mary: I thought of Julius Fuchik, the Czech martyr resisting torture for many months to the end and sending out messages for "singing tomorrows".

Where does the Christian find comfort in his hour of trial? Some, of course, depend chiefly on thoughts of life after death. But that is not the only source of comfort, for the Christian, also, draws power from all that he knows of truth in the world around him, in history, through the Bible and otherwise, right back to the beginning of time, before the earth cooled or the stars had found their orbits. To him this is the power of God, the great moral purpose for which life was created. He looks back at all the struggles between those forces which he calls good and evil contending with each other for the destiny of man. Dr. Wu believes that a Christian who tries to understand the currents of the present day will find the Marxist explanation of the movement of history, reasonable on the whole, and will be glad to work on practical programs under their wise leadership.

At the same time he will not feel it necessary to repudiate all his ways of thinking in religious terms. He is challenged by the Communists to re-study history and to left the wheat from the chaff in the experience of religious people, recognizing more clearly than ever before how good and evil forces have struggled within religious movements and how, in the present as in earlier days, and vividly in the records preserved in the Bible, the rank and file have often been misled, confused and exploited by leaders who used religion for their won [own] selfish ends.

Dr. Wu talked of the ways in which people regard the death of a friend. A logical materialist, he said, should accept it without tears because he thinks of death as part of the process of continuous change—the individual goes, the movement goes on.

But the average man who loves his friend wants this relationship to go on forever,—and cannot bring himself to think of himself as out of the picture —and so he weeps at his friends death, and perchance, seeks comfort in the dreams of a future life, dreams which can neither be denied nor proved to be realities.

(I have lost some of the thought on this subject, but I think the crux was the great emphasis which the Christian lays upon the individual as contrasted with the collective way of life. Once the eyes are opened to the value of collective action for the good of all, it is startling to note how little use of it has been made by the church. Hymnology and theology centre upon personal salvation whereas in the thought of Jesus we are taught to disregard this motive and learn to act in terms of our neighbor—surely a call to collective living).

Dr. Wu thinks his view of God is not the same as humanism at all. At the same time he says that a little reflection indicates that Jesus never intended the term Father to be taken in a literal (anthropomorphic) sense. Obviously he did not mean someone who takes a wife and begets children. God is a spirit—the term Father is a personification of the totality of universal truth. Prayer is not asking for favors but it is a real emotional activity—the opening of the heart and mind to universal truth, surrendering the will to act upon what is discovered— an alignment with moral purpose in concrete form, not in abstract terms.

Then we discussed the Communist belief that religion will wither away, just as eventually the state and even communism itself will disappear because there will be no more need for any of these things when there is enough for all and everybody has been educated in a new kind of discipline etc. which the new society is built upon. However, they give another reason for the withering away of religion, namely that it is an illusion. That is the point where Dr. Wu differs. He thinks it is a reality, not an illusion. He says, however, that the more God is realized in man, the less will men think of God apart from man. In Biblical terms, that will be when the Kingdom of God has come upon earth in all its fullness. The Communists believe that all truth is knowable and what is now mystery—even about the origin of life, living matter, will become known eventually. Dr. Wu says that no one can prove they are wrong but the concept seems too vast for us to grasp at present, anyway, and it seems more reasonable to assume that some things may never be understood.

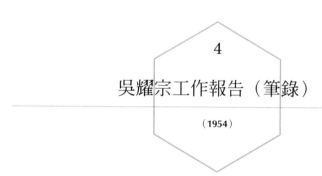

**4**

# 吳耀宗工作報告（筆錄）

（1954）

江文漢筆記。吳耀宗在 1954 年 7 月 28 日上午全國基督教會議的工作報告。
全文參〈中國基督教三自革新運動四年來的工作報告〉，
《天風》425–427 期（1954 年 9 月 3 日），頁 3–10。參卷四上。

## 七月廿八日上午 吳耀宗

將傳教事業與帝國主義聯繫起來，過去不少同道難接受。傳教士——司徒雷登、戴德生、畢範宇；慕天恩、駱愛華、卓偉、海維德，百分之九十以上反對解放。

愛國教徒的反抗。1906 俞國楨牧師（教案、不平等條約）自立教會。解放後謠言：（一）共產黨要消滅宗教（二）信與不信（三）變天思想。

謠言——廿九位牧師被槍斃，包括王明道。

一九五〇九月廿三日革新宣言，四年來簽名的四十一萬七千多人（2/3）六十幾宗派團體，包括邊疆少數民族。

一九五一年四月「北京會議」成立三自籌委會工作成就：在人事、行政等方面教會割斷與帝國主義關係，開始肅清影響，分步實現了三自。成就：

（一）擺脫了控制，自己主持的團體（帝國主義分子離開，差會結束），
　　　經濟（奧斯丁，凍結）自養。

（二）開始肅清帝國主義影響（傳教工作，歪曲經文，學校醫院等文化事
　　　業，培養親美反蘇），認識祖國偉大可愛（水區、北京對比）齊學習，
　　　形象化教育，也認識到共產主義的勇敢堅貞和自己感到慚愧。控訴
　　　運動 1951/ 123 市 228 次。耶穌家庭，顧仁恩，馬兆瑞。

（三）提高了反帝愛國認識，參加了各項愛國運動與保衛世界和平運動
　　　（捐獻，優撫，公債，公約，飛機十五億，實得廿七億，最近公債
　　　也是廿七億。出現勞模，人代，湘潭七十五歲愛國老人。上海區代
　　　表十五位），和平宣言，五大國簽字，反細菌戰，和理會，歡迎國
　　　際和平戰士。

（四）新中國的教會出現了新生氣象，並達到了前所未有的團結（修建新
　　　建禮拜堂，奉獻，消除宗派間隔閡，各教會人員退修會，青年聯合
　　　夏令會，聖誕節〔去年上海大合唱270多人三晚〕，復活節音樂崇拜，
　　　兩神學院成立（互相尊重，發揚真道）。


取得的經驗：

（一）反帝愛國與愛教的道路，表達了給人。多數信徒的意願，能在此基
　　　礎上團結。

（二）愛國與愛教會沒有矛盾

（三）對反帝愛國，愛教互相結合的道理，其關鍵在乎經常的學習與廣大
　　　人民的緊密團結。


工作中存在的缺點：

（一）不夠廣泛深入，宗派傾向（門戶之見），沒有對運動以外的信徒加
　　　以了解並採急躁態度，妨害了團結（觀望對立），對自養自傳未予

適當協助。應由籌委會與吳本人負責，與羣衆聯繫少。

今後方針任務——

三自使帝國主義遭受了嚴重打擊，但帝國主義不放棄。美帝在研究其失敗原因與佈置新策略，香港、日本、東南亞、台灣進行活動。污蔑中國教會，破壞三自革新，促使泰國、寮國、高棉組織佛教聯盟，印度增加傳教士，侵朝軍牧師，建立第二道防共戰線。

我們自己所受根深蒂固影響，需繼續肅清。長期艱巨工作，不要滿足已得成就。

此會代表性——　32 宗派，13 獨立堂

凡是利於團結的做法就作，凡不利的改正。

不要看自己過於所當看的（謙虛）。

承認互相尊重是關係的基礎。

「三自愛國」運動的新名稱。

「革新」引起誤解，革新原是對帝國主義。

方針——在反帝愛國基礎上擴大團結，除去障礙

任務——

（一）號召全國信徒，擁護憲法，爲建設社會主義社會而努力。

（二）反帝侵略爭取世界的持久和平。爲和平作美好見證（以實際行動）。

（三）繼續進行愛國主義學習，澈底肅清帝國主義影響。

（四）貫澈自治精神，促進教會內部的團結。

（五）研究教會自養情況，協助教會完成自養。設立「自養促進委員會」予以必要地與可能地協助。請求政府繼續予以照顧和幫助。

（六）在互相尊重原則上研究自傳工作。肅清帝國主義毒素，傳揚純正福音，設立「自傳研究委員會」（出版、神學院）。

（七）貫澈愛國愛教精神，提倡愛國守法純潔教會（「自由」不能變成「由
　　自」，行爲生活的見證。

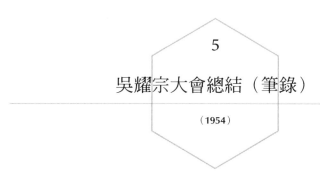

# 5

# 吳耀宗大會總結（筆錄）

（1954）

江文漢筆記。吳耀宗在 1954 年 8 月 6 日上午全國基督教會議的總結。

## 八月六日上午　吳耀宗

這是第一次沒有帝國主義控制的全國會議，總的精神是團結。會開得好
因爲團結的目的達到。意見一致是「甘心樂意」的：反帝愛國的基礎，
取消「革新」定名三自愛國；信仰互相尊重；在新機構擴大團結；掃除
一切對團結有妨礙的事。團結如何達成？先明白過去與障礙：

不廣泛——本身缺點，羣衆認識不夠，對信仰看法。現在一致如何得
來？（1）思想見面——協商方法——知無可言，言無不盡。（2）互相
尊重，「兩千年信仰從來沒有清一色的」「不是教會的合一而是教會團
結」，必須謙卑。「我們不是神」。（3）認識提高（反帝愛國），帝
國主義思想毒素是妨礙團結，「信與不信劃界是錯誤的」，自立會並不
自立，自治太誑妄，因教會是神設立的。

今後如何？帝國主義陰謀利用基督教，警惕。江長川（十萬教徒）與崔
憲祥〔詳〕（十六萬）號召不爲帝國主義留空子，志願軍「國外大門由
我們來包幹，國內的建設由你們來包幹」。此次會議是三自愛國運動的

「里程碑」「指路牌」。

1. We have heard a good deal of the Chinese Christian Reform
Movement, but only in general terms. Can you possibly
give us some exact information of its present status.

The Chinese Christian Reform Movement - now called the
"Three-self Patriotic Movement" of the Christian Churches
in China - is a movement to make the Chinese Churches com-
pletely free from the control and domination of foreign
missions to become religious institutions entirely managed
by the Chinese Christians themselves. "Three-self" means
self-administration, self-support and self-propagation.
This movement is not "anti-foreign", nor merely "nation-
alistic". It was started because the Chinese Christians
felt that it was meet for the Chinese Church to become
completely independent as China emerged from its semi-
feudal and semi-colonial status to become a free and strong
nation. For one thing, the Chinese Christians believe they
could manage their own affairs without the missionaries;
for another thing, the Chinese Christians want to rid them-
selves of the harmful influences which many of the mission-
aries exerted on the Chinese Christians by the introduction
of ideas which we believe are not in accord with the teach-
ings of Jesus.

The movement is called "patriotic" not only because
the missionaires discouraged patriotism among Chinese Chris-
tians in the past, but also because most of the missionaries
after China's liberation take a hostile attitude toward
new China and would have the Chinese Christians take the
same attitude. The "Three-self Patriotic Movement" helps
the Chinese Christians to see the wonderful progress that
has already been achieved in New China and the glorious
future ahead of us.

The "Three-self Patriotic Movement" was started in July
1950 and has now 410,000 adherents which constitute about
two-third of the entire Christian population, comprising
practically all the denominations and sects in China. The
number of adherents is steadily increasing.

The Chinese Christians, like the adherents of all the
other religions in New China, enjoy complete religious free-
dom. This freedom is clearly stated both in the Common
Program and in the new constitution promulgated in September

"Questions by Josef. F. Hromadka" 書影

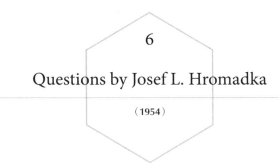

# 6

# Questions by Josef L. Hromadka

(1954)

1.  We have heard a good deal of the Chinese Christian Reform Movement, but only in general terms. Can you possibly give us some exact information of its present status.

    The Chinese Christian Reform Movement—now called the "Three-self Patriotic Movement" of the Christian Churches in China—is a movement to make the Chinese Churches completely free from the control and domination of foreign missions to become religious institutions entirely managed by the Chinese Christians themselves. "Three-self" means self-administration, self-support and self-propagation. This movement is not "anti-foreign", nor merely "nationalistic". It was started because the Chinese Christians felt that it was meet for the Chinese Church to become completely independent as China emerged from its semi-feudal and semi-colonial status to become a free and strong nation. For one thing, the Chinese Christians believe they could manage their own affairs without the missionaries; for another thing, the Chinese Christians want to rid themselves of the harmful influences which many of the missionaries exerted on the Chinese Christians by the introduction of ideas which we believe are not in accord with the teachings of Jesus.

The movement is called "patriotic" not only because the missionaries discouraged patriotism among Chinese Christians in the past, but also because most of the missionaries after China's liberation take a hostile attitude toward new China and would have the Chinese Christians take the same attitude. The "Three-self Patriotic Movement" helps the Chinese Christians to see the wonderful progress that has already been achieved in New China and the glorious future ahead of us.

The "Three-self Patriotic Movement" was started in July 1950 and has now 410,000 adherents which constitute about two-third of the entire Christian population, comprising practically all the denominations and seats in China. The number of adherents is steadily increasing.

The Chinese Christians like the adherents of all the other religious in New China, enjoy complete religious freedom. This freedom is clearly stated both in the Common Program and in the new constitution promulgated in September 1954. The government has made great and ceaseless efforts to completely enforce this policy of religious freedom in the whole country since China's liberation in 1949.

The Chinese Church has shown signs of new life since the "Three-self" movement was started. Just take one example: the celebration of Christmas in 1953 in the whole country was unprecedented in its scope, enthusiasm, joy and devotion. In Shanghai, a chorus of 270 young men and women sang "The Messiah" to a worshipful audience of a total of 4,000 Christians from all the churches in three successive nights.

In July 1954 an all-China Conference of Christian Churches was held in Peking. It was attended by 232 representatives from 62 denominations, sects and organizations. The conference pledged its hearty support of the Three-self Patriotic Movement and the delegates achieved a sense of unity never experienced before among Christians in China.

The official organ of the "Three-self" Movement "Tien Feng" (Heavenly Wind), a weekly, has now 8,000 subscribers and the circulation is steadily increasing.

2.　Have there been any changes in theological approach, systematic substance and organizational structure of the Chinese Churches?

There has been no essential change in the theological approach and systematic substance of the Chinese Churches. The original name of the "Three-self" movement included the world "reform". In the all-China Conference of Christian Churches in July 1954, the word "reform" was dropped because some people misunderstood it to mean "theological reform" which was never intended by the movement. Instead, the principle consistently advocated by the "Three-self" movement, and on which the Peking Conference in July laid great emphasis, is the admission of the existence of differences in theological views and mutual respect for these differences. An outstanding example of the application of this principle of mutual respect is the formation of the Nanking Union Theological Seminary in 1952 and the Yenching Union Theological Seminary in 1953— the former comprised eleven units and the latter seven, which embraced different theological views.

It is natural, however, that the Chinese Christians should find inspiration for new insights into the meaning of the Christian gospel because of the new situation they are in. There are many evidences of Chinese Christians digging in to the treasures of the Gospel from a new perspective. This is a wholesome development and when it matures, it will be an enrichment of the life of the Chinese Church.

There has been no change in the organizational structure of the Chinese Churches in the realm of ecclesiastical order, rites, ceremonies, etc.

3.　What is the Chinese Churches' attitude to the Ecumenical Movement (the World Council of Churches)? Have they any connection with it?

The Chinese Churches have been members of the World Council of Churches since its inauguration. We regret however that the Council on some occasions pronounced judgments which were contrary to the facts and which therefore did not help the Christian cause in a world of tension. For example, in a meeting of the Central Committee of the Council held in Toronto in July 1950, the Korean Democratic People's Republic was branded as "an aggressor" in the Korean War, while she acted only in self-defense. In the same meeting, the Stockholm Appeal for the banning of atomic weapons—signed by one-third of the human race—as was regarded as "a strategy of propaganda". We hope the World Council of Churches in carrying out its social mission, will be a medium in which international understanding is achieved among Christians in different countries through the frank sharing of views. This will enable the Council to become a true world Christian brotherhood and will be a great contribution toward world peace.

The Chinese Christians have always stood for fellowship among Christians in all countries. We consider this fellowship the more important and urgent in the present world still threatened by war and split by ideologies.

(Wu Yao-tsung)

Chairman,

The Three-self Patriotic Movement
of the Christian Churches in China
Stockholm, November 23, 1954

## Toward the Purification of Christian Theology

Since the issuance in July 1950 of the "Manifesto on the Task of the Church
in China in the Construction of a New China" the progress on the part of the
Christians in China has been considerable.  The most remarkable achievement is the
exposure of the fact that imperialism is so unscrupulous as to have made use of the
Christian religion for over a century as a tool of aggression against the Chinese
people.  At first, quite a number of our fellow-Christians found it hard to accept
this fact.  But, today, we are pleased to say that the situation is changed.
Especially since the conference held in Peking in April 1951, many Christians have
come to see this fact and to accept it as fact.  Hence the great indignation and
the nation-wide "accusation movement" among Christians which has effectively torn
the religious mask of those missionaries and their lackeys whenana who were in
reality in the service of imperialism.  Today the majority of the Christians in
China have no more doubt in their minds as to the validity of our accusation.

In making use of Christianity as a tool of aggression against the Chinese
people, imperialism avails itself of the service of the several aspects of the
religion —— personnel, administration, education, medicine, social welfare work,
etc.  One and by no means the least of these aspects is theology.

Today we are in the position to make a criticism of the traditional theology
with
of the last thousand years or more/which the missionaries and the theological
seminaries of the west have spoon-fed the Chinese Christians.  We know that while
the basic content of the Christian faith remains unchanged through the centuries
theology, as the interpretation of that faith, may change and does often change.
                                              requires
The question of self-propagation of the gospel in China demands us to decide not
only whether the gospel should be preached in China by the Chinese or by westerners,
but also what we should preach about that gospel.

How are we to ascertain what we should preach?  Some theologians think that
they can reach the answer simply by isolating themselves in their studies and
working hard on their manuscripts.  But they will disappoint us and themselves too.
There are three pre-requisites for the emergence of a new theological system: (1)
knowledge of the nature of the gospel, (2) criticism and liquidation of all those
elements in theology which do not belong to Christian theology itself but are
ideologies of the ruling classes and, in particular, of imperialism, and (3) eagerness

"Toward the Purification of Christian Theology" 書影

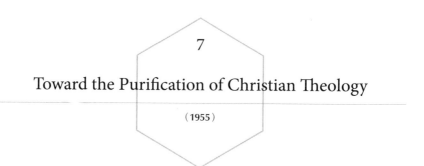

# 7

# Toward the Purification of Christian Theology

## (1955)

This paper was retrieved from the archives of James and Mary Endicott, in the Library and Archives Canada located in Ottawa: MG30 C 130, James G. Endicott Fonds, Volume 59, File 1242, Y. T. Wu: Manuscripts and Correspondence, n.d. 1944–1962.
Reproduced by permission of "Estate of James G. Endicott."

Since the issuance in July 1950 of the "Manifesto on the Task of the Church in China in the Construction of a New China" the progress on the part of the Christians in China has been considerable. The most remarkable achievement is the exposure of the fact that imperialism is so unscrupulous as to have made use of the Christian religion for over a century as a tool of aggression against the Chinese people. At first, quite a number of our fellow-Christians found it hard to accept this fact. But, today, we are pleased to say that the situation is changed. Especially since the conference held in Peking in April 1951, many Christians have come to see this fact and to accept it as fact. Hence the great indignation and the nation-wide "accusation movement" among Christians which has effectively torn the religious mask of those missionaries and their lackeys who were in reality in the service of imperialism. Today the majority of the Christians in China have no more doubt in their minds as to the validity of our accusation.

In making use of Christianity as a tool of aggression against the Chinese people, imperialism avails itself of the service of the several aspects of the religion—personnel, administration, education, medicine, social welfare work, etc. One and by no means the least of these aspects is theology.

Today we are in the position to make a criticism of the traditional theology of the last thousand years or more with which the missionaries and the theological seminaries of the west have spoon-fed the Chinese Christians. We know that while the basic content of the Christian faith remains unchanged through the centuries theology, as the interpretation of that faith, may change and does often change. The question of self-propagation of the gospel in China requires us to decide not only whether the gospel should be preached in China by the Chinese or by westerners, but also what we should preach about that gospel.

How are we to ascertain what we should preach? Some theologians think that they can reach the answer simply by isolating themselves in their studies and working hard on their manuscripts. But they will disappoint us and themselves too. There are three pre-requisites for the emergence of a new theological system: (1) knowledge of the nature of the gospel, (2) criticism and liquidation of all those elements in theology which do not belong to Christian theology itself but are ideologies of the ruling classes and, in particular, of imperialism, and (3) eagerness to see the New China and the New World which are already realities right in front of our eyes and compelling us to account for them.

The gospel of Jesus Christ presents us with a most comprehensive and well-integrated philosophy of the universe and of life. He Himself is the Life, the Way, the Truth, the gate to salvation. Salvation is vindicated in man's love—his love of God and his love of man. The two are the two sides of a coin and the one cannot exist without the other.

To understand Jesus's conception of God is the key to theology. There are two attributes of God which must be seen in their dialectical unity—God's transcendence and God's imminence. God transcends the world, humanity and all human shortcomings and sins and, yet, he is imminent in nature and history and works out His purpose through the instrumentality of man, no matter how imperfect.

The New Testament gives us the most excellent examples of joining the two in perfect unity and balance. "None is good, save one, that is God" (Luke 18:19) said Jesus. This is, of course, a judgment made from the plane of the transcendent God. But Jesus also said, "Be ye perfect as your Father in heaven is perfect" (Matthew 5:48). Here is revealed a faith in the potentiality of man which comes from His faith in the God who is indwelling in man. In John 8 the absolute holiness and perfection of God is made the criterion for judgment when Jesus said, "He that is without sin among you, let him first cast a stone at her." But in John 14 he said, "He that believeth on me, the works that I do shall he do also, and greater works than these shall he do." His faith in God and His faith in man are one.

Thus, God is not only the transcendent, holy and lofty Being, the "Wholly Other", but also the One who works in history, in human movements and in the inner hearts of men and women. God has not given the world up to man or to the devil but is fulfilling His will through the laws of nature and of society and through the people's movements.

In coming to know God both in His transcendence and imminence we acquire a new attitude towards social revolution. Social revolution brings about changes that are long overdue and inevitable as they are within the good purpose of God. Hence we not only cease to be afraid of revolution but welcome it.

In thus knowing God our conception of God no longer remains abstract but is full of practical implications. Judged from the plane of God as the transcendent Being the struggles in human history are necessarily relative. But the transcendent and the imminent are not two separate Gods but are the one and the same Person. Consequently, under the given conditions of any particular place and moment the claim of the relative on us is absolute. Man must never resort to the holiness and perfection of the absolute God to gain justification for his withdrawal from the struggles for human elevation within the realm of the relative. When you have discovered what is right under the circumstances that for you is an absolute obligation. And that absoluteness is not weakened in the least by your knowledge of transcendence as one aspect of God's Being.

If we only see God in His transcendence we are bound to arrive at a pessimistic view of man. Man is regarded as utterly weak and helplessly degenerate. He is contemptible and deserves nothing but destruction. But if we can also see God in His imminence in the processes of nature and of society, we cannot be pessimistic. We shall be humbled and, at the same time, inspired. Religion becomes for us the search for the Truth of God, the worship of the Person of God, the reliance on the Love of God and the obedience to the Will of God—on the part of man in all his relativity. The religious person is consequently full of joy and confidence. In finding that his vocation is to cooperate with God in the working out of His will in history, he finds his place in God's economy for the re-creation of the world. He cannot but gain an insight into his own significance and the true meaning of life.

\* \* \*

For more than one thousand years the main currents of theological thinking have persistently tended to neglect the doctrine of God's imminence and, consequently, in the very making of the one-sided emphasis on the doctrine of God's transcendence, the Church has missed the real dynamism of that doctrine. Man is miserable, dirty, utterly depraved. God and man are separated from each other by an absolute chasm. The present world being irredeemable, the attention is completely focused on the next world and on "spiritual matters". The salvation of the soul, takes the place of any interest in social change since, basic to any social problem, man's heart is at fault and helplessly so. To conceive of the idea of improving man's lot in the world becomes itself a sign of human pride and depravity. Thus we arrive at the "above politics" mentality par excellence.

If this is our religious outlook we cannot but be detached from realities. This, of course, does not mean that we are thus truly neutral. We are simply handing the world over to the devil. We are actually cooperating with the devil. We are conservative, benumbed and are good tools for the reactionary forces in history.

With this outlook occupying the pre-dominant place in traditional theology and traditional Christianity, Christians through the ages have at best been able to support certain reformist movements, only to be used by the ruling classes. Christians have never been a revolutionary force.

Let us take a few representative personalities in Church history to see how their positions have influenced the mind of the Church towards withdrawal from the world and acquiescence before the forces of evil.

The first and the greatest Apostle of Jesus was Paul. We should not lightly ignore his contribution and dismiss him as a reactionary. Yet, there are many points in his teaching which are often detached from their contexts and given unilateral emphasis to the detriment of the wholeness of the truth of the gospel. For instance, in Phil. 1:21 and 23, he said, "To me to live is Christ and to die is gain. I am in a strait betwixt the two, having the desire to depart and be with Christ, for it is very far better." From these and other verses there can be no doubt as to Paul's loyalty and devotion to Christ. But they easily suggest to readers that the earthly life is worthless and is a burden to be cast off sooner or later.

Augustine is another great theologian who, unfortunately, capitalizes upon the contrast or gulf between the absoluteness and loftiness of God on the one hand and the insignificance, lowliness and misery of man on the other. The highest aim for man is a vision of God and union with God. This aim man can hardly achieve until the next life. As to this life Augustine's dualist position cannot but produce an utterly pessimistic view. It amounts to no less than the renunciation of the world or the surrendering of this world to the devil.

Thomas Aquinas gave his Church an integrated system in which he tried to prove that the universe with all that exists in the world and in society is reasonable. In trying to harmonize faith and reason he actually gave a theological defense to the status quo. Like Augustine Aquinas regarded the knowledge of God as the highest good of man, and the way to achieve it is the giving up of worldly interests and obedience to the Church.

Martin Luther was not only reactionary in social views but also unable to depart from the dominant deviation of traditional theology. Two of the most precious elements in the content of the European Renaissance were not traceable at all in the Religious Reformation, namely, the respect for reason and the interest in and optimism as regards life and realities. Luther, on his part, believed man to be blind in matters of faith and recognized the natural man to be under the spell of evil. His one revolutionary role was the protest against the authority of the Church of Rome. By his emphasis on justification by faith his theology left no place to the Roman hierarchical system in the instrumentality of man's salvation. Objectively, Luther played a progressive role in history because, in criticizing the Church of Rome which was the main bulwark of feudalism, he helped to bring about the disintegration of European feudalism and to open the way for capitalism.

In the years following the first World War Europe found itself in poverty, dis-order and bewilderment. This situation provided the contemporary setting for the resurgence of the traditional theological bias of absolutizing the gulf between man the sinner and God the Holy One. It was in this situation that Barthianism arose as the "rediscovery of the gospel" and has since gained popularity among those who are under the influence of the ruling class in decay with its anxieties and fears and its unrealistic hopes.

Niebuhrism essentially is the American version of Barthianism. Though not different from Europe in any basic way, conditions in North America are considerably better because of her distance from the war areas and the exorbitant wealth the American monopolists have accumulated through the world wars. But the darkness of the prospect of the ruling class is inescapable and there is reason for that class to be pessimistic. Hence the resultant neo-orthodoxy which is nothing but a watered-down Barthianism made to order for present-day American consumption. Since the middle of the last century under such leaders as Charles Kingsley and F. D. Maurice Christian socialism has attracted the attention of certain groups of Christians. In United States the "social gospel" was propounded most characteristically by Rauschenbusch. Since the end of the first World War the theological aspect of the movement has taken shape in the school of Religious Humanism. This school did emphasize the imminence of God in human history and the significance of man as God's co-worker and means in re-making the world. But this was a superficial conviction. It came to identify the imminence of God with the temporary "prosperity" of the American capitalistic system which maintains itself only by most bloody exploitation and oppression. Thus, religious humanism itself degenerates itself to be a religious voice in praise of capitalism and imperialism.

\* \* \*

Having criticized the traditional theological positions we now proceed to ask: What are to be the chief component parts of the new theology?

First, we must establish or restore the Christian conception of God which unites both His transcendence and His imminence.

Second, we need to recognize the universality of truth. We need to realize that God's purpose is worked out through all sorts of means. Even those who do not confess His name can embody some important portions of His truth. The one great cause for the difficulties some Christians in China are facing is their ignorance as to the true meaning of God's Omnipresence. They suffer not because of any persecution but because of their blindness to God's light which comes to them in ways which they have not expected God to use. Thus, today, we must break down the walls of our sectarianism. We must not in every circumstance divide people up into the camps of Christians and non-Christians, theists and atheists with the assumption that only the Christians and the theists can know any truth at all.

Third, we shall now look at nature and society as areas of the working of God and the sciences of nature and society and the laws governing their changes and processes as the ways in which God works.

Fourth, we shall gain a new confidence in man. God works in man. He is the temple of God and, therefore, a glorious being.

Fifth, we shall conceive of the Kingdom of God not as something in the distant future world for which we can just wait. It begins here and now with you and me. The Niebuhrian school takes pleasure in using the absolute criterion of the transcendent God in judging the "relativity" of the method of communism. This "perfectionism" is only a means by which the people's movement against the interests of the capitalist class may be paralyzed.

What are we Christians to do? First, we must repent. In the past, wittingly or unwittingly, we have been blindfolded and utilized and have rebelled against Christ. We have twisted His teachings. We not only failed to liberate our people but have become a tool for binding them. Today, we should repent and become brave fighters for Christ.

Then, we must learn from the Communist Party. In the past we have committed the mistake of refusing to admit that the Communists could have seen some truth on the ground that they were atheists. Today, we should be genuinely thankful to God. Those who say "Lord, Lord" have betrayed Christ and crucified Him anew. God is using those who are actually practicing His will to serve His purpose. I do not mean to make this statement for Communists to hear because it sounds like a mean attempt to Christianize Communism or to claim for Christianity the truth which Communism represents. But to Christians ourselves, it is right to assert that the Communists are fulfilling the purpose of God in a way which we Christians need to learn. Are we then suggesting that believers are to accept the leadership of the non-believers? We all are accepting the leadership of God.

11月12日上午8:30分 中國基督教第二屆全國會議开幕
　　　　会场：長江劇院
　　　　—— 吳耀宗主席講話 ——

　　中國基督教第二屆全國會議，是中國基督教重要的会议。几年来组织起了重大变化，基督教也長同样的起了大变化。一方面反常壮国的成就，基本上实是逐步但还有问题存在。另前面我们的代表到25个地及有335人来开会比1951、54、56、57各次全國性会议最多的人数。54年有232人。这一次为第二届会议全额代报中还有几位由小数民族的同工同道

　　54年7月第一届会议典章上说每三年召开会议一次，现今设为五年才召开有着全国开展群风互右运动，基督教也发着社会主义教育运动58开听到59年基本结束。其情况，在这二三年中有大变化在所西开教学中各种工作均都不好就是经过教育的认识提高

　　这次会议原拟在北京为什么時在上海主要是中央在北京大会暂定了研原和宗教界14n人对吃，住，就通都感到困难故改在上海也有関处，上海是最大城市重要工业迈波，费用也有好些，解决问题较深較通

　　是不是不够重视，恰恰相反，已在北京3此层(李任文)等都是伟己知步我搞，何局长親自来上海住在这里，上海宗教事务局盛局長都同样的重视，國際飯店吃住都是妥善佈置盛局长没"吃要餐"把工作当作政治任务，國際飯店为了解我们生活情况以便適应我们需要

　　对我们信任——伯仙如从前全国性会议开幕首長講話现今都不是这样我们自己开会议在51 54 57有你我斗争形势今天为人民内部问题自己可以开也有能开不是党与政府对我们领导减火且随時起程欣导协助，如盛局長说物資需要我们負责思想问题由你们提出檢检开得好，书記了社在动员前请吴耀宗、吴贻芳谈話西小时为关会议召设我们有力量保到的伖会开得好，这说明党的元微不里伶导长怀竝此就是很生动的，10年来得党与政府的領导非常感激向党政府感谢(掌声)非常楡快地也向市宗教事务处感谢以及对各部门協助我会工作(掌声)

　　神仙会方式开预备会　全会領徹神仙会精神

　　神仙会意义，自由自在无拘顾虑，在会议里有觉有问题就提出公表讨论思想見面，提高认识，就解决问题　八个字诀。——听、一看，想，——是自我教育　三有不足——自有自乘自侍的三有是
自己提问题　自己分析问题　自己解决问题

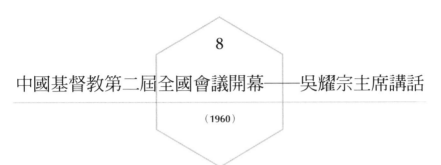

# 8

# 中國基督教第二屆全國會議開幕──吳耀宗主席講話

（1960）

本文為吳耀宗在 1960 年 11 月 12 日至 1961 年 1 月 14 日間召開的中國基督教第二屆全國會議開幕講話筆錄。原文為手抄本。

11 月 12 日上午 8:30 分

會場：長江劇院

　　中國基督教第二屆全國會議，是中國基督教重要的會議。幾年來祖國起了重大變化，基督教也是同樣起了大變化。一方面反帝愛國的成就基本上算是進步，但還有問題存在。另方面我們的任務到 25 個地區有 335 人來開會，比 1951，54，56，57 各次全國性會議最多的人數。54 年有 232 人。這一次為第二屆會議，全數代表中還有幾位由少數民族的同工同道。

　　54 年 7 月第一屆會議典禮上說每三年召開會議一次，現今變為五年才召開。為着全國開展整風反右運動，基督教也受着社會主義教育運動。58 年開始，到 59 年基本結束。其情況在這二三年中有大變化。在前召開或當中召開恐怕都不好，就是經過教育後認識提高。

　　這次會議原擬在北京，為甚麼改在上海，主要原因是中央在北京大會暫定不開，原為宗教界 1400 人對吃，住，交通都感到困難，故改在上

海也有好處。上海是最大城市，重要工業建設，召開也有好處，解決問題能深能透。

是不是不夠重視，恰恰相反，已在北京派員（李儲文，籌備具體已初步就緒），何局長親身來上海住在這裏。上海宗教事務局盛局長都同樣的重視。國際飯店吃住都是妥善佈置。盛局長說：「吃要飽」，把工作當作政治任務。國際飯店會前了解我們生活情況，以便適應我們需要。

對我們信任——例如以前全國性會議開幕首長講話，現今就不是這樣。我們自己開會議，在 51，54，57 年有你我鬥爭形勢。今天爲人民內部問題，自己可以開，也有能力開。不是黨與政府對我們領導減少，是隨時正在領導協助。如盛局長說物質需要我們負責，思想問題由你們提出。□會開得好，和要不忙在動身前請吳耀宗、吳貽芳講話兩小時。有關會議可讓我們有力量保證把會開得好。這說明黨的無微不至。領導關懷處處是很生動的。10 年來得黨與政府的領導，非常感激，向黨政府感謝（掌聲），非常愉快地向市宗教事務處感謝，以及對各部門協助我會工作（掌聲）。

神仙會方式開預備會。全會貫徹神仙會精神。

神仙會意義。自由自在無所顧慮，在會議裏自覺有問題就提出，公眾討論，思想見面，提高認識，就解決問題。八個字：講；——聽；——看；——想；——是自我教育；三自不是——自治自養自傳的三自，是自己提問題，自己分析問題，自己解決問題。

和風細雨——不戴帽子，不打棍子，不抓鞭子（不算賬），在小組不用記錄。

爲甚麼採取和風細雨，過去開會狂風暴雨。因前後是不同。例如：

1951 年，反帝會。對帝國主義鬥爭控訴就不能用和風細雨。

54 年，爭取團結。基本團結至開會後，基督教內部反動勢力更猖狂，就有肅反鬥爭，到了平靜。

57 年，社會主義教育反右鬥爭，敵我矛盾也不能和風細雨。

今天會不是反帝會，不是反右會，不是對反革命，對它們基本上肅清。今天為人民內部矛盾，就可用和風細雨。以前不用狂風暴雨就沒有今天的神仙會。論神仙會的和風細雨，心情愉暢，並不等於無風無雨，可以在問題辯論上有風有雨。反對批評論點，不戴帽子，不打棍子，安心的不必顧慮。有大部份人不顧慮，敞開思想，大敢暴露，少數人或許顧慮，甚至也有原風不動，說出甚麼學習話，正面話有的說有紙，與每人思想敞開成正比例。重視努力敞開思想，談所欲談，到——真深透，關鍵就在這三個字。

是不是有問題，有而且不少。國外國內大好形勢，蘇聯為首社會主義人民民主陣營，繼續東風進一步壓倒西風。帝國主義愈變愈孤立。國內為了改變一窮二白，故有總路線，大躍進，人民公社三面紅旗。祖國的前途光明。

我們不是沒有問題。有關教會的，個人的，10 年來中國基督教的變化，今年九月三自愛國運動 10 周年紀念，反帝的成就，努力在我們工作上這個方向改造自己，敞開思想，敢想，敢言，有甚麼說甚麼。

有些同工想問題解決是可能否參國際，國內……

社會主義對人類歷史是起了大變化……

這次會議總任務目的是甚麼，有 16 字

提高認識……

解決問題……

心情舒暢……

貢獻力量……

與全國人民同走光明路，進一步開展基督教反帝愛國工作

大会总结 —— 吴耀宗

一、总的情况　二、主要收获　三、今后方向

中国基督教第二届全国会议 60天的预备会 6天的会议 大家都一般
地提高认识解决问题

1. 党领导 何局长高处长、统一战线都张部毛科部仍同工讲话全体
作报告 听安先念副总理讲话 接着本宗教局组织一切等领 何局
长在会议开始时说"你们自己维持"但是何局长自始至终党在领

导。2. 采用神仙会公式 神仙会情形有不确方向 在不确领导下解决
自我改造 教育认真 深入讨论解决问题 是以立场就基础 未开始始
终贯彻神仙会 有的坏歌神仙会如何解决问题 有的不相信党领
导与群众力量 听何局长讲话后这减少顾虑 有的重新生起害怕重点
批评会到最后明白了 真深透 有人作过自我斗争才把问题摆出
思想得收获 相反的把自思想包起 相信大家都可以心情舒畅

3. 同同工们始终认真态度有的自动加班 放心 有的三三二二
相谈论 有的到凌晨歌 资料室 先到组取经介绍 经验 活跃精神
虚心 采用三自 —— 自己提问题 自己分析问题 自己解决问题 自由
辩论 互助启发 彼此提高认识 一场很大 虽有个别不同一般都联系
实际

二、主要收获　1. 国际 2. 国内 3. 宗教政策 4. 自我改造

1. 国际大形势 东风继续压倒西风 大好形势 会有对形势是表面而意
无认识 经常习习听报告 说东风压倒西风 哪也就不够联系实际就
不起作用 心里怕大战 拿弹军事基地 怕解放台湾 四国会议 古巴事
非洲侭……经过60天 讨论得到收获 东风继续压倒西风 大好形
势 说当代是社会主义胜利帝国主义衰落 社会主义感到 加强和平过渡
有信心的感觉 亚非倒处有革命风暴 西德日事 非洲民族独立
争取民族解决 必须对帝国主斗争 古巴事标 诺拉丁美洲 12国家在
美后的开块口 资本主国运垄断 莫斯科声明"联合起对反压迫争天
是社会主义在世界取得胜利 资本主到到亡 帝国主直到前溃到亡
美帝侵东被惩罚 发生变化有的很幸呀 有的失方向 为先要明内立
流外代 阶级是时代主人 社一资 斗一两 由悲个形势看到由斗争
来省启全世界人类感到舒畅好 东西压倒西风是目前形势

〈大會總結——吳耀宗〉手稿

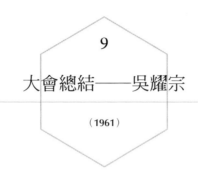

# 9
# 大會總結——吳耀宗
（1961）

本文為吳耀宗在 1960 年 11 月 12 日至 1961 年 1 月 14 日間召開的中國基督教第二屆全國會議總結講話筆錄。原文為手抄本。

一、總的情況

二、主要收穫

三、今後方向

## 一、總的情況

　　中國基督教第二屆全國會議 60 天的預備會 6 天的會議。大家都一般地提高認識解決問題。

1.　黨領導。何局長、高處長、統一戰線部張部長對部份同工講話，全體作報告。聽李先念副總理講話錄音。市宗教局組織一切參觀。何局長在會議開始時說「你們自己維持」。但是何局長自始至終黨在領導。

2.　採用神仙會式。神仙會情形有正確方向，在正確領導下羣眾自我改造教育，認真深入討論解決問題，是過去成就基礎來帶動，始終貫徹神仙會。有的懷疑神仙會能如何解決問題，有的不相信黨領導與羣眾力量。聽何局長講話後這減少顧慮。有的重新生起害怕重點批

評會，到最後明白了，眞深透。有人作過自我鬥爭才把問題找出思想得收穫。相反的把自思想包起，相信大家都可以心情舒暢。

3.　因同工們始終認眞態度，有的自助加班加點，有的三三二二相談論，有的到圖書館、資料室，與別組取經，介紹經驗，活躍精神飽滿，採用三自——自己提問題，自己分析問題，自己解決問題，自由辯論，互助啓發，彼此提高認識，冷場很少。雖有個別不同，一般能聯繫實踐。

## 二、主要收穫

1. 國際　2. 回歸　3. 宗教政策　4. 自我改造

1. **國際大形勢**。東風繼續壓倒西風，大好形勢。會前對形勢是表面而毫無認識，經常學習聽報告，說東風壓倒西風，聽過就不能聯繫實際，就不起作用，心裏怕大戰、導彈、軍事基地，怕解放台灣，四國會議、古巴事，非洲人民……經過 60 天討論得到收穫，東風繼續壓倒西風，大好形勢，說當代是社會主義勝利，帝國主義衰落，社會主義成就加強，和平建設有信心的成就。亞洲到處革命風暴，西德、日本、非洲民族獨立，爭取民族解決，必須對帝國主義鬥爭。古巴事標誌拉丁美洲 12 國家在美後門開缺口，資本主義國家壟斷，莫斯科聲明聯合起對反壓迫，今天是社會主義在世界取得勝利，資本主義到死亡，帝國主義直到崩潰死亡，美帝絞索被拉緊，發生變化，有的很喜歡，有的失方向。首先要明白主流是甚麼階級，是時代主人，社－資，戰－和。由整個形勢看到由鬥爭來發展全世界人類，愈鬥愈好。東風壓倒西風是目前形勢。

   目前形勢告訴我們，保衛和平不能委曲，和平必須鬥爭。由經驗與思想對照，腦中有親美崇美恐美思想，應據發展規律，思想清才敢鬥爭。由鬥爭取勝利，團結全世界人對帝國主義鬥爭，從勝利過勝利，認清國際形勢。國際討論總的轉爲人民歷史的創造。

2. **國內形勢**。必要黨領導，建立社會主義風格，不是人樂意度過，所以

要改造，資本主義改造到社會主義，徹底改造，不但「所有制」，還有政治思想改造更複雜艱巨——同工緊找工作上生活緊找看到三面紅旗，黨領導羣衆運動，經過排事實，講道理，感覺自己⋯⋯既然就不緊找對社會主義過渡、總路線，是不是或多或少抱主人態度來改一窮二白，緊找說明了過去一年在三面紅旗下，整個工業重工業完成超額完成鋼 1845 萬噸，比之 500 萬噸確是了不起事。在反動派統治下，多是災荒，黨領導下積極減少災荒危險性。解放後人民歡欣，舊社會內有利用自私出發，有的仍舊社會影響嚴重，看過——「英雄詩篇」與□□□□一個弟兄」這樣對比起來，就明白大好形勢，尤其是災區代表的回憶，僅會受帝國主義反動影響，覺對黨模糊不清。今知道黨黨無產階級先鋒隊，黨勞動人民提高利益，掌握社會發展規律，列寧主義真理。缺點與成就可比九個指頭與一個指頭。

3. **宗教政策更全面**。在張部長報告裏說是長期不變。三點收穫。[1]

❶ 體會到是社會主義革命利益爲出發，有正確處理黨與信教徒，有能夠團結也有利發揮反帝愛國保衛和平，爭取宗教團結打擊敵人，也利同工自我改造，也利社會主義建設全面。全面看法知道過去以宗教第一，教會本位來發展，享宗教特權，是違反國家利益。經學習知這要求是錯誤，應以革命出發，社會第一。

❷ 教會變中，特別農村有多惡霸反革命壞人，是帝國主義反動階級的基督教代理人，常做違法亂紀，妨礙人體健康，依法辦理爲保護國家利益，也貫徹宗教政策，不能允許反革命破壞宗教，提出恢復堂口。害民的教會活動，不但不可能，也是錯誤，應當揭發鬥爭，才能貫徹宗教信仰自由。58 年大躍進，人民公社鞏固全國廣大人民，幹勁衝天，改變一窮二白面貌。我們廣大信徒，特別農村，在黨領導下與人民一併生產高潮，生產活動與宗教活動矛盾，就算教會活動人數等都減少是必定的，不可抗拒。這不是宗教活動受限制，政

---

1　筆錄提及有三點收穫，但下文只有兩點。

策不貫徹。難道我們爲宗教政策自由來阻擋社會建設。今後宗教活動要服從生產，社會利益，爲適當安排宗教活動協助。

4. **自我改造**。進一步的必要性，可能性，有更大決心、信心。58 年後大躍進起對自我改造，可能有認爲積極學習勞動的實踐，在其中有自滿有誤，差不多了，可改可不改。馬馬虎虎過了事。這一次大覺悟，必要可能性各有提高。一從當時的面貌到改造必要。六項標準中討論時，就知習慣以後的方面看來有進步，還有問題。認爲十分正確。但基本改造在資本主義立場，還有與完全資本主義立場，在會議中大家對問題認識有提高，深淺不同，多數人在問題上肯提出，必須加強自我改造。

形勢發展向我要求，只認自我改造必要。國家發展 56 年就勝利。社會主義建設改造覺悟提高，見難就上，見易就讓社會面貌。我們要跟上形勢，必然爲一定時炸彈。

改造什麼。張部長說根據六項標準，改造政治思想，解決了不改造個人資產階級，這有錯誤。要在政治上求同。知改造是長期艱巨又反覆，更知是可能性，不是走灣路。國際東風繼續壓倒西風，國內廣大人民民主黨派大大進步，讓我明白黨給我們指導方針，以政治爲出發，勞動爲基礎。

總來說，自我改造由弄清形勢，自己認爲必要性可能性。

最後的說，今後方向——肅清帝國主義影響。張部長關心三自愛國

1. 反帝愛國：有不少反帝工作，仍是存在。故更提高警惕，肅清帝國影響。

2. 自我改造：爲大好形勢，更重要先團結。我們學習期會有缺點，黨是恩人，學習毛澤東著作。

3. 參加社會主義建設。不但自我改造，也要參加社會主義建設，大辦農業，大辦糧食，是黨毛主席領導。

處在時代，大新中國前途無限光明。顧一頭，一邊倒與全國人民聯繫自己，前途也光明，不斷前進。

吴耀宗、邓裕志先生等参观访问广东省和广西僮族自治区的报告

1963 年 2 月 25 日

全国人民代表大会常务委员会委员、中国基督教三自爱国运动委员会主席吴耀宗，及夫人杨素兰医师，全国人民代表大会代表、中国基督教三自爱国运动委员会副主席邓裕志，中国基督教三自爱国运动委员会常务委员李寿葆和上海基督教青年会主任干事黄祖胎等五人于1962年12月12日至1963年1月25日期间在广东省和广西僮族自治区进行了参观访问。

在广东省，我们到了广州市、佛山市、顺德县（包括大良、容奇、登州），七星岩，从化温泉，湛江专区（湛江市及茂名市）及海南岛等地。在广西僮族自治区，到了南宁市，桂林市及阳朔县。

我们此次去广东省和广西僮族自治区有两个任务：一是参观社会主义建设事业，二是了解广东省和广西僮族自治区基督教三自爱国运动的工作情况。兹将这次参观访问所得，分两个部分汇报于后：

第一部份：关于参观广东省和广西僮族自治区社会主义建设事业的体会和认识。

从这次参观访问中我们看到了几年来广东和广西两省、区在党的领导下，社会主义建设的巨大成就，受到了一次丰富的、形象化的三面红旗教育。兹将我们的体会和认识分述于后：

（一）大跃进的辉煌成就—— 我们看到在大跃进以来各地都有许许多多新的伟大的建设，到处都进行了大大小小的水利工程，有的地方大跃进以后在荒芜的土地上建立了崭新的城市，至于有现代化设备的工厂企业，更是不胜枚举。现在只一、二个例子：湛江专区的鹤地水库与青年运河。按原来计划，要五年完成，但在大跃进期间，在党的领导和专区全体人民的共同努力下，仅仅化了一年另二个月的时间就把水库与运河修建完成，使整个专区二百五十万亩农田得到灌溉，一百五十万亩农田免受涝灾的威胁，为农业增产创造了有利的条件。

在修建青年运河的过程中，群众发挥了敢想敢做的精神，创造了一条"天河"，横穿两个山头，河长 1,206 公尺，阔 5 公尺，有八个斗，墩高 3 2 公尺。在这

· 2 ·

# 10

# 吳耀宗、鄧裕志先生等
# 參觀訪問廣東省和廣西僮族自治區的報告

（1963）

1963 年 2 月 25 日

全國人民代表大會常務委員會委員、中國基督教三自愛國運動委員會主席吳耀宗，及夫人楊素蘭醫師，全國人民代表大會代表、中國基督教三自愛國運動委員會副主席鄧裕志，中國基督教三自愛國運動委員會常務委員李壽葆和上海基督教青年會主任幹事黃祖貽等五人於 1962 年 12 月 12 日至 1963 年 1 月 25 日期間在廣東省和廣西僮族自治區進行了參觀訪問。

在廣東省，我們到了廣州市、佛山市、順德縣（包括大良、容奇、登州），七星岩，從化溫泉，湛江專區（湛江市及茂名市）及海南島等地。在廣西僮族自治區，到了南寧市，桂林市及陽朔縣。

我們此次去廣東省和廣西僮族自治區有兩個任務：一是參觀社會主義建設事業，二是了解廣東省和廣西僮族自治區基督教三自愛國運動的工作情況。茲將這次參觀訪問所得，分兩個部分匯報於後：

第一部分：關於參觀廣東省和廣西僮族自治區社會主義建設事業的體會和認識。

從這次參觀訪問中我們看到了幾年來廣東和廣西兩省、區在黨的領導下，社會主義建設的巨大成就，受到了一次豐富的、形象化的三面紅旗教育。茲將我們的體會和認識分述於後：

（一）　大躍進的輝煌成就

　　我們看到在大躍進以來各地都有許許多多新的偉大的建設；到處都進行了大大小小的水利工程；有的地方大躍進以後在荒蕪的土地上建立了嶄新的城市；至於有現代化設備的工廠企業，更是不勝枚舉。現在只舉一、二個例子：湛江專區的鶴地水庫與青年運河。按原來計畫，要五年完成，但在大躍進期間，在黨的領導和專區全體人民的共同努力下，僅僅花了一年另二個月的時間就把水庫與運河修建完成，使該專區二百五十萬畝農田得到灌溉，一百五十萬畝農田免於受澇災的威脅，為農業增產創造了有利的條件。

　　在修建青年運河的過程中，群眾發揮了敢想敢做的精神，創造了一條「天河」，橫穿兩個山頭；河長 1,206 公尺，闊 5 公尺，有八個墩，墩高 32 公尺。在這條「天河」中可以行駛重 40 噸的輪船，河的兩旁還有行人道。河上更有鋼架橋連接兩旁的行人道，河下公路通行。這樣的創造，使我們深深地感到大躍進大大發揚了我國勞動人民的集體智慧，創造了史無前例的「奇蹟」。同時，當地的人民告訴我們，「如果沒有人民公社，要把青年運河這樣一項相當艱鉅的工程在一年之內建築完成是不可能的」，這也就證明了人民公社的優越性。

　　解放前，由於缺少水利和旱災嚴重，湛江專區的農業產量一向是很低的，人們經常只能以山芋等雜糧充飢，只有「大年初一才吃一餐米飯」。大躍進以後，修建了青年運河，搞了三個 10 億立方尺容水量的大水庫和 80 個小型水庫後，湛江專區的貧窮面貌就有了根本的改變。現在大多數農田「一不怕旱，二不怕洪水的威脅」，農業生產產量大大提高。以往，農田每年只有一熟，有了水庫以後，一年兩熟。過去專區的糧食依靠外地支援，現在糧食不但能自給自足，而且還有餘糧上繳。所以當地的人民都說「過去湛江專區是一個最貧窮的地方，大躍進以後湛江專區成為廣東最富裕地區之一」。

　　在廣西僮族自治區，大躍進以來的突出成就也到處可以看到。南寧市原來是一個沒有工業基礎、市政建設較差的城市。大躍進以來，市政

建設比原來規模擴大了四倍，到處可以見到寬闊平坦、綠樹成蔭的柏油馬路以及許許多多新建的樓房。同時，南寧市現在已有不少現代化的工廠，像南寧橡膠廠，在大躍進前是一所只有 30 個工人的修補輪胎的小工廠，58 年以後，逐漸發展起來，現在該廠已成爲一所有 700 多工人的現代化的橡膠品製造廠，生產大量膠鞋、輪胎，幷能製造精密度要求較高的火車用自動橡皮彎管及印刷機橡皮滾筒。

　　總之，在廣東和廣西僮族自治區我們看到了大躍進的輝煌成就，它們有力地證明了大躍進的成就是主要的，第一位的。

## （二）農村人民公社的優越性以及在 1962 年黨對農村貫徹了一系列的政策後已經取得了顯著的成效。

　　從廣東省南海縣大瀝公社歷年來農業生產增長的情況來看就充分證明了這一點。解放以後收成雖年年有所增長，但公社化後增長數量尤爲顯著。1958 年稻畝產爲 700 餘斤，而 1962 年達 940 斤之多。過去三年雖然有自然災害，但由於公社化後，水利工程修建得多，解決了大部分土地的旱與澇的問題，因而，產量依然有所增長。1962 年黨對農村人民公社貫徹了農業 60 條後，進一步提高了廣大社員的覺悟與集體生產的積極性。公社幹部對我們說：「自從公社化後，生產比以前有了增長，尤其是在貫徹農業 60 條以後，社員更加關心集體的利益，生產的積極性有了更大的提高。」

　　由於公社化後，生產大大增長，社員的生活條件也隨之大大改善。大瀝公社的社員家家戶戶用上了電燈，收入也逐年增加。我們曾訪問一家農戶，這家有七口人，其中有五個勞動力，每年收入達一千元以上。

　　我們訪問了廣東省順德縣的登州，登州是一個偏僻的小鄉，它的生產情況和大瀝公社一樣，一年比一年好。1962 年稻畝達產 900 斤。想不到原先的窮鄉僻壤，現在連公社的大隊也修建了小型排灌站，家家有電燈，每人每月口糧平均達 30 斤，超產部分尚不計算在內。

（三）國民經濟好轉，市場商品供應增多。

這次在廣州，我們在市街上看到食物店的櫥窗裏掛滿了乳豬、油雞、掛爐鵝等；又在市場裏看到肉攤上掛滿了厚膘的新鮮豬肉；在魚攤商看到大條青魚，鯽魚在水桶裏游着；雜貨攤上擺滿了南北雜貨。市場裏擠滿了人，選購自己需要的東西。一天晚上，我們去看廣州的夜市，看見街邊擺滿了各種賣夜宵的粥點攤頭，有雞粥、魚生粥、雲吞等，攤頭上出售的食物質量都很好，其中還有一些食物是不憑票敞開供應的。

我們在廣東各地遇見的人都說：「不感到糧食緊張」，因爲他們可以買到很多口糧以外不要糧票的食物。回想前年（1961 年）我們當中有人到廣東各地參觀訪問時的供應情況，就不如去年（1962 年）。這說明國民經濟去年比前年好，同時，我們一致感到國民經濟的好轉比我們所想像的要快得多。

我們也體會到：雖然我國國民經濟一年比一年好，但也要看到目前還存在著一些困難。目前我們生產的物質仍然是不夠的，如糧食、棉花等主要農作物還未過關；農業生產距離現代化的目標還很遠；同時，要爲工業生產提供更多的原料。

我們必須一方面要更高地舉起三面紅旗，努力發展生產，另一方面還必須艱苦奮鬥，勤儉建國、勤儉持家，以富日子當窮日子過，克服前進中暫時困難，使生活逐步改善、逐步富裕起來。

（四）黨的民族政策貫徹得很好。

從參觀海南島道什黎苗族自治州與南寧廣西民族學院，使我們具體看到黨貫徹民族政策的偉大成就。海南島的黎族苗族過去受盡國民黨反動派的欺壓與剝削，過着牛馬不如、貧窮落後的生活，吃野荣、野果，用樹皮遮身，住在低矮潮濕、空氣惡濁的「船屋」裏，陷於「衣不蔽體，面有菜色」的悽慘境地。解放後，黨幫助他們建立了黎苗族自治州，發展生產，改善生活條件，而且，現在每個公社都有中學、小學、醫院及

其他福利事業。目前不僅家家生活得到很大的改善，而且有 60% 的農戶存有餘糧，有許多人住進了磚屋。在大躍進期間，還修建了「一條街」，有人民銀行、新華書店、百貨公司、郵局、電影院等等。他們對黨，對毛主席帶給他們的恩情感激不盡，有一個黎族老婆婆說「誰說黨和毛主席不好，我就要揍他。」

在廣西僮族自治區，為了根本上改變帝國主義和國民黨反動派給少數民族造成的落後情況，使少數民族與全國各族人民一起幷肩前進參加社會主義建設，黨和政府在南寧市設立了專門培養少數民族幹部的學校——廣西民族學院。這個學院分為大專和預科兩部，還辦了縣級幹部的輪訓班。參加學習的少數民族學員一律享受公費，在大專學習的學員除了供給服裝費外，每月還有另用費三元和書籍補助費。這和解放前少數民族受欺凌壓榨的慘狀相比，真有天壤之別。

（五）我們的祖國遼闊廣大，有豐饒的物資與壯麗的河山。

這次參觀訪問正值隆冬，我們到達了祖國的南方，那裏的土地肥沃，礦藏豐富，氣候溫暖、舒適。如海南島有著各種礦藏，鐵砂的含鐵量達 80% 以上，可以直接煉鋼。那裏的土地和氣候適宜種植一切熱帶、亞熱帶的經濟作物。該島最南端的地方「鹿迴頭」，氣候宜人，風景優美，林立的椰子樹上高懸著纍纍果實，充滿着南國風光。這個寶島在國民黨反動派的統治下，受盡了摧殘，在較遙遠的封建時代中，也只是政治人物充軍流放的荒島。解放後，在黨的領導和三面紅旗的光輝照耀下，各族人民協力同心修建了許多水利工程和四通八達的環島公路網，蓋了許多工廠，栽種了防風林。全島遍地種植了橡膠、油棕、咖啡、可可等一百多種熱帶、亞熱帶的經濟作物，一改過去貧困落後的荒涼面貌，今天的海南島真不愧為祖國的寶島。

廣西桂林的山水確實奇偉多姿。灕江的清澈、陽朔群山的倒影，七星岩的幽深奇突、蘆笛岩五光十色的石鐘乳的琳琅大觀，真是美不勝收，無法描繪。「桂林山水甲天下，陽朔山水甲桂林」真是名不虛傳。祖國

江山如此多嬌，我們爲祖國的壯麗河山而感到驕傲。

從這次參觀訪問中，我們深深體會到我國社會主義建設事業的偉大成就都是由於全國各族人民在黨和毛主席的英明領導下，在三面紅旗的光輝照耀下得來的。三面紅旗是完全正確的，幷且越來越顯示出它們的威力。我們全國人民要更加緊密地團結起來，在黨和毛主席的領導下，鼓足幹勁，努力增產節約，爲爭取今年農業豐收，爲爭取國民經濟的新發展，爲爭取我國社會主義事業的新勝利而奮鬥。

三自爱国运动15周年座谈会

1965年9月23日下午

主席：吴耀宗

　　座谈会两个半天不够，为了畅所欲言，增加明天下午半天。

　　今天主要请老前辈先发言，如陈主教等，休息一下，我再谈些。明下午继续大家座谈。

　　为庆祝三自15周年，服务要向看，不要生往后看，不必作检查。眼光放远大。

陈己志：老二十九年来的一生教训的体会。15年系今天，我迎生三自机关，并分别以人民的名义时枢刀上发表了严肃宣言，自己才开始震动，任一个简号。他思去斗争参加了第一次北京会议。黄永认帝到用教会，任主很好地议论，这太彻底记得以得的教会，科使我是怎么样以一个人。从前中教会1957……在斗争要受把兰伯之纲，把英美封处博促供抹下来，奉造三自不是以前的老日子，没有从报上认其地志，也反认识自己，当初我不爱家，是还够生动，自从我从美国回来后（帝）一直甚甘异我，圣公会至政院对我不是没有列有，而是另列是由于我自己，圣公甚来还生等样之回忆，任生开始认识自己。我党先还一个生性发展（抗战时期）是吃了苦头，及认识对人民的危害性，我才看生（指最近两年）。

　　改造是不简单的。我是主教院之席，介教家用个人呼我为办。三自对我起了什么作用？有一天听有人说我：“保不老实”，我当时很对突，情说教主持口头上讲的是一套，行动是另一套。有教长多用时并一套讲的一套做的不作心，谁思我究列赞之圣，把生此意委列名主三自宣言上，不该起多将以全体的意任把三别人身上。我讲这么，不足为

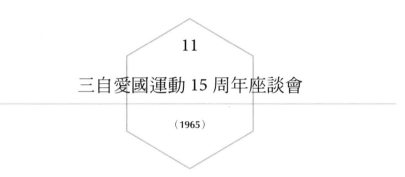

# 11

# 三自愛國運動 15 周年座談會

（1965）

原文爲座談會手稿筆錄。因篇幅關係，陳見眞、戚慶才、吳高梓、涂羽卿及尹襄發言從略。

1965 年 9 月 23 日下午

主席：吳耀宗

座談會兩個半天不夠，爲了暢所欲言，增加明天下午半天。今天請多位老前輩先發言，如陳主教等，休息以後，我再談談。明下午繼續大家座談。

爲慶祝三自 15 周年，眼往前看，不要只往後看，不必作檢查。眼光放遠大。

吳耀宗：

開了兩小時多的會已很疲勞，實在不大想再講話。但還是講一講。

尹襄從火熱鬥爭中剛出來，講了一番話，爲我們呼吸了些新鮮空氣。

有的同工的確講了心裏的話。多位好像是用顯微鏡對自己、教會，特別對自己思想發展情況看了一下，這當然很好。可是我們清楚點。我現在用望遠鏡角度看三自。運動總產生在某一時代、某一

歷史環境。如果用望遠鏡把它看清，則對這運動意義看得更清。運動果有歷史的意義，所以它不僅對國內有影響，也有國際影響。因此，黨與政府一貫領導、支持、鼓勵這個三自運動。三自在什麼樣歷史時期產生？我自己有着親身體驗，同大家講講：

中國是半殖民地，受帝國主義所傷，最嚴重的一次是 1931「九一八」，國民黨不抵抗，採取投降政策。全國人民面臨國家民族是否能生存下去的嚴重問題，問題的轉折點是 1935，是中國人民抗日救亡運動的開始。當然這運動由黨實際上領導（黨未出面），也就是 1935 是我一生的轉折點。回顧 30 年以前的我，爲什麼說這是我一生的轉折點？因我參加沈鈞儒領導的救亡運動，此後，上海學生統一起來，對國家危機負起責任。1935 我是什麼情況？當時中國有個唯愛社，西方傳來時，聖經有愛仇敵教訓（NCC 印度人），傳教士鼓吹，不要用武力，在基督教、傳教士雙重影響下，我是「唯愛社」主席。我當時出現人格分裂現象：聖經唯愛是眞理；抗日救亡也是眞理。我不知是由於理智還是由於直覺，我一面在抗日救亡方面，同時又主編《唯愛雙月刊》。我從和平主義逐漸轉到抗日救亡。我對國內政治感到興趣，因蔣介石不抗日，怎去組織人民。我對國際問題也開始注意，日本是帝國主義，它要滅亡中國，如何對付？當時我不認識英美是帝國主義。天天□□蔣介石腐敗，對人民殘暴，剝削人民自由，剝削人民，抗戰怠工。國民黨不抗日，共產黨抗日。但國民黨不抗日，反要消滅共產黨。當時我□□□的，國民黨是中國人民敵人，還未想到共產黨是人民恩人。我當時接觸地下黨員（那時不知他們是黨員，後來才知道），也慢慢接觸了馬列主義。1935 年前我堅決反共，寫了幾篇反共的文章，我以後漸認識黨，才逐漸轉變。從同情到與黨合作，分清了兩條界限：即中國人民與日本帝國主義界限；要抗日的人民與不抵抗的國民黨的界限。我從糊裏相信，不問政治、不分黑白的敵我中轉變過來了。我痛恨國民黨與日俱進，在成都我住了五年，與愛國青年搞在一起，天天與他們打交道，他們知我是老師。因此國民黨對我很注意、敵視。有個時候，想收賣我。有一次過去我來講道的：有一次畢範宇對我說：你是否可爲蔣先生寫些書宣傳？我拒絕說：「No」。

有人說我名字在黑名單中，我並不害怕。我是信基督教「洋教」的，有洋大人，國民黨大概不敢奈我何吧。但主要是愛國思想，我對國民黨恨，對共產黨愛。把挽救中國滅亡的希望完全寄托在共產黨上。1946 年初，我在華西壩基督教學生會上講了幾句同情共產黨的話，第二天忽然看見整個華西壩貼滿標語起來反抗。他們並把我演講稿貼出三次。這次搞了一個禮拜。後華大校長張凌高出來講「不要搞了」。有次清早一個燕京同學來說，他們組織特務要打三個人（沈體蘭、文幼章和我），我五點鐘在未吃早飯便跑了，去了鄉下。

　　我講這些並非表示自己了不起。但我當時不怕兇暴。然而對美國我怎樣？我在青年會的好處，二次去美留學，當然美國也有善良的人民。我在美住四年半，住在 Broadway，五分錢買一件又靈又巧的東西多好。總之，親美崇美，那時無原子彈，但兵艦飛機也很厲害，也恐美。抗戰時對美也佩服。最近報載美在我抗日時幫助日本。45 年羅斯福死，成都開追悼會，請五六個講員，我是其中之一。當時利用此機會，也想反對蔣介石。我另一方面認為羅斯福是偉大人物，美在緬甸幫很大忙。直到 46 年我回到上海，馬歇爾在南京幫蔣介石內戰。上海推 11 人去寧呼籲和平。我是 YMCA 幹事，我恐怕牽連青年會的洋大人 Oliver，和梁小初叫報上不要披露我的名字。發生下關血案，當時有位團員的秘書羅叔章在特務要打我時，一手把我拉進餐廳。我差兩三分鐘就被打中了，恐怖情況就不多談了。這時我看到了美帝的真正面目。共產黨要解放中國，國民黨要打內戰、反日從 1935 年，加上反國民黨，現在再加上反美。從看美帝面目，聯繫到美國與基督教關係，美國傳教士是否為傳福音？解放前夕，大概是 1948，我在《天風》上寫〈基督教的時代悲劇〉，揭露帝國主義利用基督教，發表後，有五種英譯本，廣泛在外國流傳，引起傳教士很大的不滿。因而他們說基督教刊物反美，反基督教，以停止津貼威脅，就是該社之爭，為保持《天風》生命，我辭去《天風》職務。

　　解放戰爭期中，全心全意倒在共產黨方面，淪陷期中，我天天聽英文廣播，聽到共產黨勝利的消息就非常開心。

　　解放了，怎麼解放的？怎麼勝利的？很多事我都不大清楚。勝利——好像美國出了很大力量；好像蘇聯也出很大力量。今天並不否認這些國家起一定作用。但今天想：把百分之 60 多日軍，95％偽軍牽制住的是共產黨。不然，美二原子彈，蘇出兵都不能打勝仗。中國怎麼解放的？近兩個月革命回憶錄講抗日戰爭（倪老說他差點連吃飯也忘了）。共產黨用巧妙方法打擊敵人，最根本的是人民戰爭，每篇都說明這個。每篇都很艱苦。推薦大家看《飛奪蘆定橋》。當時紅軍推進到安順坊，是石達開被殲滅的地方，共產黨是否能突破此難關？林彪戰爭時間，國共隔岸相對，黑夜羊腸小道，敵人點了火把，共產黨不點水把，拚命趕路，無喘息時間，敵放火燒橋，衝鋒到火裏去，飛奪了蘆定橋。過了關鍵，數不盡可歌可泣、驚天動地的事。這些事使我想到：共產黨領導我們打倒日本，打倒三座大山。回憶錄中很多領導同志在最前線，與士兵同甘苦，最後取得勝利。這不是軍事力量，是政治的因素，是小米加步槍勝利了。政治因素即馬列主義。過去我曾敵視馬列主義，共產黨用馬列取得偉大勝利。我從敵視轉爲敬愛，尊重態度。這是爲什麼我對馬列產生這麼大興趣的原因。

　　黨偉功偉績若單單看這兩個勝利還看不出，也要對比，對比解放前中國什麼情況？單講中國官僚資本、民族資本剝削殘酷情況不可想像。兩年來《解放日報》回憶對比文章，我幾乎每篇都看了。有時我感動的流淚，資本家把受傷的工人一腳踢出，野獸抱人吃了就算了，資本家比野獸還兇狠。從前地主勾結官行壓迫農民，事實不多講了。重憶起對比後，與今天新中國相比，是一個天，一個地。如有一點點是非感，正義感不能不說一個天，一個地。有人也許說：三年自然災時也是天嗎？我說，三年自然災時也是天，一步一步地會登天的，永遠除去了帝，反封的鎖鏈枷鎖會登天的。使人民翻身的共產黨毛主席確是我們的恩人。這就說明爲什麼絕大多數人民爲什麼熱愛黨、毛主席，只有極少數人不是如此。

　　痛恨帝國主義，痛恨它什麼？帝國主義根源是資本主義，發展到一定程度就會出來。約翰遜這種人抵抗侵略、戰爭政策。美資本家集團的威脅性更大，它在國內殺人不見血的社會制度；在國外窮兇極惡侵略。

過去中國是半殖民地，但制度是資本主義的。因此，資本主義道路要不要再來？清醒一下，就不能再走。走什麼路？共產黨領導我們走的社會主義道路是應當的。共產黨領導下出現無數驚人事迹，共產黨領導我們走的唯一使我們的幸福的路。就連把 NCC 拆掉，再延遲一座也不是容易的了。何況推翻制度，不是一步登天。衝過蘆定橋，黃繼光在朝鮮犧牲了。我們犧牲過什麼？天天住在沙發椅上，還有文化俱樂部照顧。我們現四面八方還有敵人，有半月形軍了包圍圈，在受帝國主義戰爭威脅下建設社會主義，任務是艱巨的，要付上代價的。我自己過去拿過美國錢，看到 Broadway 花花世界，還看到千千萬萬中國人□□了，不是往後看，而是往前看。我們就會熱愛社會主義、黨。同時，我們也就願付出我們應付出的一些代價。35 年至今的三十年間國內外形勢，我從□□甘地、唯愛主義，反共轉變到熱愛黨、社會主義。

三自運動就是在這歷史情況下產生的。反帝是由於 1931 年九一八，帝國主義威脅中國生存，不愛國就不能反帝，不能建設新中國。同時，也是在全世界受壓迫剝判的共同要求中產生的。爲把三自放在望遠鏡遠景中，這運動就不單單是□。我是信教的，有了三自我就會有了地位□。因爲三自是與全世界愛好和平的人民共同反對美帝。同時，我們自己的改造也要放在新的遠景裏。是否各位可饒恕我對今天有些同工的發言提出意見呢？

昨會我都說發言不必作檢討，但昨會有的同工還在檢討。如果一天到夜只在自己小圈子裏小天地兜圈子就不容易兜出來。如果用望遠鏡看 30 年來形勢的大改變與廣大人民投入時代洪流中，這樣眼光遠大了。改造就可更順水推舟，前進的更順利。高瞻遠矚，改造就會更容易些。

關於形勢的最近發展及我們今後任務，我明再講。

我信基督教是我半路出家的。解放以來，我確可說是愛教。我受傳教士，更重要的是我對人生問題，思想，自己多年來研究聖經，□□亮光。我信教並不是人云亦云，而是有領悟才信的。1918 年 6 月我領洗的。我生平寫的最多的一封信，8000 字，就在這時寫的，是理解我信教的愉

快和爲什麼信教，寫給一位海關的朋友的，想勸他也信教。1962 年我在廣州還見到他，他未信教。直到解放後，我爲教會情況很關心，解放初期，政府執行宗教政策，但個別地方我反映偏差時有些誇大，望政府更好貫徹宗教政策。幾十年我一直愛教，覺得基督教寶貴，今天我還是一個基督徒，但是對西方傳教士傳來的基督教，包括西方的基督教，我不敢用生命，但可以說絕大部份是壞的，是應該被否定的。全國人民要解放，但基督教反而引誘他們走到反革命道路上去。今革命高漲，世界基督教協進會就在美帝一邊反對人民革命。這樣的基督教還有什麼可愛惜的。若耶穌還活到今天，他完全不會贊成。世界基督教協進會可做的事，如果有上帝，祂不會允許美帝約翰遜、杜勒斯用基督教做招牌侵略別人。今天基督教已成爲御用的工具。全世界人民都會反對這樣的基督教。從 1950 三自發起後，天天清除毒素、垃圾，不但人，還有教會的舊東西清除掉，是好的，對信教的人有好處，也是對國家有貢獻。

## - 我的経歴 -

### (1) 家庭出身状况

　　我的名字是吴颖宗, 号叔涵, 有几次曾用过"叔澄"这个笔名。我是广东顺德县逢洲乡人, 诞生在广州对河的河南。

　　我的父亲名逢敏, 号博熙。祖父生了四男二女。四个儿子都在河南的永兴街各开一家小型的木店, 在我十岁左右的时候, 这些木店都先後破产。永兴街发生一次大火灾, 我家木店也被烧, 家境从此一蹶不振。父亲靠一种戒鸦片烟的药水维持生活, 後来药水没有人买了, 就到家里揽一些零碎工程度日。真到父亲七十四岁去世的时候, 家境一直是困难的。※(接後頁)

　　我是庶母生的, 哥二人, 姊一人, 妹二人; 大母生了一个女儿, 很早就结了婚, 不再我们同居。大姊活到八十多岁, 去年才逝世。二哥名乾伯, 是个英文教员, 二十九岁就患霍乱病死。四哥名仲明, 是个中文教员, 也在二十九岁病死。六妹名绍文, 於1946年病死。他们三人都已结婚。我的生母在我十三岁时就病死, 大母是在父亲去世前一年去世的。

　　现在还活着的姊妹, 只有三姊和七妹。三姊名乾明, 比我大四岁(我的生日1893.11.4)。她先後两次结婚, 後来都离了婚, 长期住在香港。七妹名柏荘, 多年在广州的执信学校

上海去市

〈我的經歷〉手稿

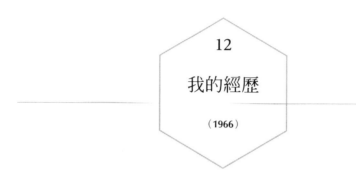

本文為吳耀宗手稿，撰於 1966 年 11 月 4 日。

## 一、家庭出身狀況

我的名字是吳耀宗，號叔海，有幾次曾用過「叔澄」這個筆名。我是廣東順德縣登州鄉人，（我的生日：1893 年 11 月 4 日），出生在廣州對河的河南。

我的父親名逢敬，號博樵。祖父生了四男二女。四個兒子都在河南的永興街各開一家小型的木店，在我十歲左右的時候，這些木店都先後破產。永興街經過一次大火災，我家的木店也被燒，家境從此一蹶不振。父親靠賣一種戒鴉片煙的藥水維持生活，後來藥水沒有人買了，就到處兜攬一些零碎工程度日。直到父親七十四歲去世的時候，家境一直是困難的。我家還因為房屋糾紛與房東劉某訴訟（地是房東的，原來的屋被燒掉，我們自費重蓋新屋，房東却否認我們這個「上蓋」權）。劉某賄賂法官，將我父親扣押在看守所幾個月。這件案後來怎樣結束，現在記不清了。

我是庶母生的，哥哥二人，姊姊一人，妹妹二人；大母生了一個女兒，很早就結了婚，不與我們同居。大姊活到八十多歲，去年才逝世。二哥名幹伯，是個英文教員，二十九歲就患霍亂病死。四哥名仲明，是個中文教

員，也在二十九歲病死。六妹名紹文，於 1946 年病死。他們三人都已結婚。我的生母在我十三歲時就病死，大母是在父親去世前一年去世的。

現在還活着的姊妹，只有三姊和七妹。三姊名幹明，比我大四歲。她先後兩次結婚，後來都離了婚，長期住在香港。七妹名柏莊，多年在廣州的執信學校任國文教員，後來也長期住在香港，爲學生補習功課並做些零活來維持生活。（她沒有結婚）。二哥有兩個兒子名崇範，崇獻，生活情況不詳；六妹有一個女兒名靄然，與一個商人結婚。以上三人也都在香港。七妹每年同我的妻楊素蘭通兩三次信，解放後到上海來看過我們兩次。在香港的其餘的人同我們沒有來往，也沒有通信。還有四兄的一個兒子名崇儀，在廣州一個運輸部門工作。

我的妻名楊素蘭，是個醫生，我們是在 1921 年 8 月在廣州結婚的。她的父親名楊若雲，在香港開一家書店，他死後就結束。我的妻有兄弟多人，其中最大的叫楊明新（已故），是我在北京稅務學校的同學，同我一道在海關工作，最後升爲稅務司，直到退休。還有一個妹妹。姊妹二人都在美國人辦的公醫學校學醫，畢業後同在廣州開診所。妹妹名楊紉蘭，同一個在檀香山出生的美籍華僑結婚。這人名沈來有，又名沈會儒，解放前曾爲美國卜內門公司推銷肥田粉（沈在美國學過農科）。沈曾一度轉回華藉，解放前他又去美國，是否保留華藉不得而知。沈自己有一所房子，在上海祥德路 26 弄 4 號。楊素蘭受沈托代爲管理，一年多前曾寫信給沈，勸他將房子獻給政府。沈回信說想回中國來，因此未能進行。1966 年 9 月 4 日楊素蘭寫信給虹口這房地局管理科代沈來有申請將該房子全部無償歸公。該信是她親自送去的，到 11 月 5 日爲止，尚未得到回音。楊紉蘭於 1956 年在美國逝世。楊素蘭有一個姪女名楊英雲同一個名阮均的結婚。阮的家庭是地主，解放後他在廣州唐拾義葯廠做技術人員，幾年前，據說是因家務原因，同子女到了香港，楊英雲獨自一人留在廣州。楊素蘭又有一個姪女名楊淑英，因還未結婚，解放前就住在我們家裏。解放後，在華東軍政委員會一個印刷單位作會計工作。三反時，因賬目差錯了五十三元，受到懷疑，她竟在該單位宿舍跳樓自殺。事後楊素到華東軍政委員會了解，據說並沒有對他批判或審問。楊素蘭

還有一個姪子名楊炳耀在福建當獸醫，又有一個姪子名楊炳亮在北京做通訊器材工作。

我們有兩個兒子，大的名宗素，今年三十六歲。他在聖約翰大學讀了一年就轉到燕京大學，畢業後分配到福州福建師範學院教俄文，當中有兩年被派到北京俄語學校進修。他在福建師院工作共　年（沒有註明），1964 年得到領導同意，調到上海師範學院教俄文。小的兒子名宗蘭，今年三十三歲，在聖約翰大學讀了一年書就參軍（抗美援朝時期），但沒有出國，被派到北京外國語學院讀書；畢業後分配到國防部工作。到 1963 年 10 月又參加了解放軍，現在轉入機械工業部工作，但我們沒有得到復員的正式通知。大兒子宗素還沒有結婚，二兒子宗蘭已結婚，愛人名王青，在北京公安部門做保密工作。他們有兒女二人，兒子在北京，女兒出生後就在我家，今年八歲。

我們有幾個乾兒女。楊素蘭一個乾女兒名張春熙，解放後我介紹到上海外事處工作，不久潛赴香港，在美國領事處工作，後因為被懷疑，辭職教書。她的父母等全家人都在香港。另一乾女兒名胡玉馨，在廣州行醫。另一乾兒子陳英超也是醫生，不久前在廣州去世。另一乾兒子是陳的弟弟陳英武，在西安石油研究所工作。抗戰期間，我在成都也有一個乾女兒，名張彩瑞。解放後，我也介紹她在上海外事處工作，後來調到一個外貿部門工作。


二、學歷

我七歲進私塾，十一歲在一個由英籍猶太人辦的育才學校讀書，程度相當於中學，校長是英國人，課程以英文為主，中文只是選修。我考試總是名列前茅，因此免收學費。1907 年在一次特別考試中，還得過四十元獎金。

1908 年北京稅務學校第一次招考，投考的八百多人，錄取了二十人，我是其中一個，那時我只有十六歲。這個學校是為訓練海關工作人員而辦的，一個中國校長，一個外籍校長（英國人），幾個主要教員都是英

國人。外籍人員都是從海關調來的。課程有條約、經濟、國際法、國文、法文或俄文、英文等，四年畢業。1911 年 9 月辛亥革命前形勢緊張，學校暫停，我回到廣州，在家裡住了半年多。1912 年 5 月復校，1913 年 1 月 21 日畢業。

1924 年秋，由於北京青年會一位美國幹事柴約翰（J. L. Childs）的幫忙，我到美國留學，在紐約協和神學院讀神學二年，同時在附近的哥倫比亞大學讀哲學。第三年我轉到離紐約不遠的麻狄蓀的德魯神學〔院〕（Drew Seminary），並繼續在哥倫比亞大學讀哲學，於 1927 年在哥倫比亞大學哲學系取得碩士學位。1937 年秋，我在美國大學作了七個月的演講後，再在紐約協和神學院讀了半年書。總結起來，我在美國讀過三年半神學和哲學。

## 三、在海關工作時期

1913 年 1 月在北京稅務學校畢業，就分配到廣州海關工作，於同年 4 月 2 日就職。我們第一班畢業二十三人，多數被派到海關，只有個別的派到其他單位。我們初到海關，名稱是「見習」，薪水每月六十海關兩（每海關兩合大洋一元五角多），一年後考試，成績優者為「幫辦」，薪水八十兩，成績差者為「供事」，薪水六十兩。我是被升為「幫辦」者之一。我在稅校讀書時，由二哥每月寄我六元或八元，家用及其他需要完全由父親維持，所以非常困難。我到海關後，每月給家用數十元，雖略好轉，但仍是入不敷出，常常舉債度日。海關，一般人稱之為「金飯碗」，多數人都過着荒淫無恥的生活。我是少數「潔身自好」者的一個，與一二知己朋友讀書作詩，運動遊覽。高級職員都是洋人，「華員」都要仰他們的鼻息；海關同洋行一樣，是奴性養成所。

1915 年 6 月，我被調到牛莊（營口）海關，那是日本人的勢力範圍。因為每年都有幾個月封河，沒有船隻進出，工作比較優閒。那裏有一個鹽務稽核所。由於我的提倡，海關和稽核所人員組織了一個「公餘俱樂部」從事體育運動及其他的有益娛樂，我被推為總幹事。

1917 年 8 月我被調到北京總稅務司署。這裏都是外籍工作人員，「華員」只有數人。同年 10 月我的薪水從 80 兩加到 100 兩，19 年 10 月從 100 兩加到 120 兩（80 元）。我的工作是在「漢文秘書處」，主任是日本人，名岸本廣吉，淪陷期中，他做了總稅務司。到北京不久後，我就住在青年會宿舍，同基督教發生密切的接觸。1920 年 3 月底，我得到一筆等於一年薪水的酬勞金，關平民 1,440 兩，合大洋 2,188 元。這筆款每七年發一次，實際是退修金的性質。這筆款使我能夠在 1921 年結了婚。1920 年 11 月 1 日我辭了海關職位，到北京青年會工作。這是一個很不容易作出的決定，因為海關薪水高，兩年加薪一次，每七年多得一年薪水，而青年會每月只有一百元，而且這是特別照顧。親友多為之驚奇，總稅務司署的負責洋員也要挽留我，但我的決心沒有改變。我所以這樣做，完全是因為我信仰了基督教。由於收入大大減少，我個人的經濟和廣州家庭的經濟，就更加困難了。

## 四、我是怎樣信仰基督教的

如上所述，由於信仰了基督教，我在生活方面上作了一個大轉變——從海關轉到青年會，實際上是從一種洋奴生活轉到另一種洋奴生活。在主觀上，我是追求一種理想，但實際上，這種理想只是幻想。

我是怎樣信仰基督教的呢？我有一個做人的理想。這個理想包含兩點。第一，關於個人。我從小身體就很弱，骨瘦如柴。長大後，又不注重衛生，起居飲食無度，1915 年患過一次大病，幾乎死去，從此每時每刻，都以個人健康為念。因此，如何實現有節制，有紀律的生活，就成為我日常的課題。第二，我從小就關心社會狀況，關心國家大事，以救國救人為己任。稅校畢業後的一段時間，袁世凱竊國，簽訂屈辱的「廿一條」，軍閥混戰，民不聊生，社會風氣敗壞，因此心中經常感到鬱結不快，但是無能為力，只有潔身自好。在我的日記中還有幾首詩，表達我當時憤慨的心情。總一句話說，我要做好人，要做好事，卻沒有能力。

就在這樣的心情下，我接觸了基督教。1911 年 7 月當我還在稅務學

校讀書的時候，我參加了北京青年會辦的學生夏令會，這是我第一次接觸基督教。我的日記上說：「余未嘗研究耶教，不過以迷信二字擯之而已。今聽諸氏之演說，乃知耶教實爲可信之理。此次演講者爲中西博學明理之士，從道德上，科學上，心理上解釋耶教，非強人信教者可比也。」這就是所謂「現代派」的說教，這種說教吸引了我。

1913 年 3 月，在我已經畢業，將要受職的前幾天，我聽到美國基督教頭子，後來又成爲反共的基督教「普世運動」主帥的穆德（John R. Mott）的佈道演說。他的題目是：「青年的嗜欲與惡習並其驅除之法」。我的日記說：「這次演講針對我多年的病痛，字字入余心坎。」

1918 年 4 月，我在北京總稅務司署工作，住在青年會的時候，又聽了美國又一個基督教頭子，「大佈道家」艾迪（Sherwood Eddy）幾次演講。就在這幾次會後我決志加入教會，承認耶穌基督爲我之救主。

艾迪在演講中說了些甚麼話呢？現在從日記中抄錄他所說的幾段話。「我在過去十四年中曾到中國四次。這一次剛從歐洲戰場歸來。中國正處在危急存亡之秋，而國人猶復爭權奪利，故亟欲喚醒青年，合力救國。」「中國人口多，物產豐富，但與各國比較，無一不居人之後，其原因在於無道德。救之之法，須先正其心。正心爲道德之聖。有道德然後可以言教育，有教育然後有良政府，有良政府然後物產工業得以興盛，然後國乃能強。正心之法，唯有信仰上帝之慈愛能力。」他又說：「我愛中國，我願服務於中國。我愛中國之心出於至誠，雖爲中國而死，亦所欣願」。我的日記上說：「余聞此語，爲之潸然淚下。」

艾迪還說過這樣一段話：「此次歐戰爲各國之罪孽所釀成，皆因各求私利而忘上帝。」「天下事無一足畏者，可畏者獨吾人之罪孽。」「物質最不可恃。在歐戰中，金城湯池，堅甲利兵，頃刻都歸烏有，惟最眞、最確、最可依靠者獨有上帝。」

與艾迪同時到北京的，還有一個專搞小型集會和個人工作的佈道家卜克門（Frank Buchman）。他同艾迪一樣，強調人的罪和耶穌得救。我也聽過他幾次演講，深受他的影響。這個卜克門就是後來發起「重整道

德運動」來瘋狂反共，調和階級矛盾，保衛資本主義的頭目。

上面，我比較詳細地記載了我個人在思想上和生活上的鬥爭。從反帝國主義的傳教士們針對當時中國青年的苦悶，用唯心的歷史觀和騙人的鬼話來征服他們的心靈，引誘他們到基督教的脫離人民，反對人民，反對革命的道路上去的經過。這是一個痛苦的回憶。

我應當補充幾句。傳教士們的影響雖然是主要的，但我自己在閱讀聖經中，也得到許多強烈而深刻的印象。

1918 年 6 月 2 日我在北京的公理會受了洗。爲我施洗的是美國牧師萬卓志（G. D. Wilder）。我的妻楊素蘭同她的妹妹在兩年多前也在廣州的聖公會受了洗。

在此以後的幾年中，我成了一個狂熱的基督教宣傳者。我自己的確得到安慰，有了希望，關於宇宙和人生的許多問題，似乎都得到解決。這樣，基督就成爲我的「救主」。我在青年會、教會、學校作了許多演講，爲我的經驗作「見證」。我受洗後一個多月就給一位同學寫了一封五千多字的信，希望說服他信教。兩個多月後，又寫了一封七千多字的信給他，但都沒有把他說服。

## 五、在北京青年會工作時期

我在 1920 年 11 月 1 日辭了海關的職位，到北京青年會工作。我有兩位同學，徐寶謙和張欽士（均已故），比我遲兩年在稅務學校畢業，畢業後沒有到海關，都到青年會工作。徐寶謙是學生部主任，1920 年要到美國留學，邀我繼任他的工作，經過一個時期的考慮，我就答應了。

北京青年會的總幹事和各部門的主任都是美國人，都是美國普仁斯頓大學（Princeton University）的畢業生。學生部的主任是柴約翰（John L. Childs）。兩年後他回國，我就做了學生部主任。

北京青年會的學生工作是男女青年會和教會合辦的。工作對象，主要是全城 24 個教會辦的和公立的男女大中學校的學校青年會。遇到全城

性的活動，如穆德、艾迪等人的佈道會，就約請所有學校的學生來參加。對學校青年會的主要工作是：查經班、演講、交誼會、夏令會等。學校青年會的目的，同城市青年會一樣，是通過「德、智、體、羣」等活動方式，和直接的宗教工作，來鞏固教徒，發展教徒，擴大影響。

從 1920 年 11 月我加入青年會到 1924 年 8 月我離開北京到美國留學的三年多中，有幾件事值得提一下。

第一件：1920 年華北大旱災，以北京青年會學生部為領導的學生幹事們在那年 12 月 18 日舉行了一個「旱災紀念日」，這是抄襲美國的「Tag Day」的辦法。我們動員全城的學生，在那一天到馬路上，每人手持一個「撲滿」，請行人為災民捐款。在半天多的時間，他們捐了七千八百多元。我為這件事忙了一個多月。這是青年會一種典型的「社會服務」活動，得到當時社會人士的支持。至於這八千塊錢最後是否真的到了災民的手裏，那就不得而知。我們當時對此也不感興趣。

第二件：1922 年 4 月 4 日，世界基督教學生同盟在北京清華大學開會，會期六天，參加的有 34 國的代表和中國來自 16 行省的男女學生教職員總共 798 人。這是一個規模盛大的會。為甚麼世界基督教學生同盟在這個時候選擇了中國的北京來舉行這次大會？原因是：五四運動後，中國的青年動起來了；他們的思想開始革命化了；馬列主義開始傳播到中國來了。帝國主義的基督教頭子們認為這是對付這個新形勢的最適當的時機，所以他們就決定到中國來開會。同盟的主席是基督教普世運動的頭子穆德，他和中國青年會全國協會總幹事余日章、副總幹事顧子仁，是這次大會的主要策劃者。

從下面幾個演講題目可以認識這次大會的目的：「國際關係的基督化」、「社會與實業改造」、「基督教與世界平民運動」、「基督教與文化」、「個人經驗中的基督」。這些題目都是針對我國青年當時的思想情況而擬定的。

在一次由中國代表單獨舉行的大會上，我代表北京的基督教學生提出全國基督教學生運動的問題，並建議由全國男女青年會全國協會委派

一個至少有一半是學生的委員會來商討這個問題。這是受當時「新思潮」影響而提出的一種倡議。關於這件事的發展，我在後面還要比較詳細地敘述。

世界基督教學生同盟在中國開會的意圖，中國的學生和其他知識分子是清楚的。因此，在大會後不久，就在全國展開一個聲勢浩大的「非基督教同盟」和反宗教運動。這是義和團運動後，中國基督教受到的具有思想意識內容的第一次衝擊。

第三件：1922 年 5 月我到上海參加了基督教全國大會，會期 10 天，會址在南京路的市政廳。到會代表，中國 502 人，外國 543 人，共 1,045 人。這是一次很重要的會議。帝國主義分子作了長時間的籌備，不但對全國教會情況進行了詳細的調查，對我國政治經濟文化等方面也作了詳細的介紹，出了一本厚厚的名為《中華歸主》的資料。所謂「中華歸主」是一個英文口號的中譯。這個英文口號是「基督教佔領中國」（"Christian Occupation of China"）。我們當時從「愛教」的觀點出發，擁護這個口號，但今天看來，這個口號的實際含意就是「帝國主義佔領中國」。

這次會議的主要目的，正如上面那個口號所表示的，是要大大擴展「傳教事業」，使基督教深入到我國的每一個角落。過去，中國基督教沒有一個正式的全國性機構；為了適應新的形勢，這次會議就成了一個「全國基督教協進會」，舉出一個中國人誠靜怡（已故）做總幹事，表面上這是「自治」的開始，但事實上，大權還是握在傳教士的手裏，經濟也是從國外來的。這次會議的主角還是在北京主持世界基督教學生同盟大會的穆德。中國人方面，除了誠靜怡之外，還有賈玉銘、劉廷芳（均已故）、趙紫宸等。世界基督教學生同盟大會和基督教全國大會這兩個主要會議同時在我國舉行，這是帝國主義利用基督教來侵略中國的深謀遠慮的表現。這兩次大會象徵着「傳教事業」在中國的「黃金時代」。

第四件：關於基督教的「革新」運動。五四運動和反基督教運動對我們年青的基督教徒是一個很大的觸動。我們有一個思想，就是基督教要「革新」。怎樣「革新」呢？第一，是要使基督教這個洋教「中國化」，

使教會變成「本色教會」。第二，是要使教會「社會化」，使基督教成爲改革社會的動力。第三，是要使基督教「現代化」，使我們對基督教的解釋合乎現代化的潮流。我們是以「先知」自命的。我同青年會兩位同事張欽士、胡篤生和青年會一位董事陳國樑（三人均已故）開始考慮這個問題。這時候，北京基督教人士（包括一些傳教士）已經辦了一個《生命月刊》，這個刊物的主要目的是「證道」（宣傳基督教），我們對此不滿足，因此又在 1923 年 4 月創辦了一個《眞理周刊》，社員除了我們四人外，還有一個吳雷川（已故，曾任燕京大學校務長和教育部次長）和兩位教會牧師。後來因爲人力財力均爲困難，與《生命》合併，改名《眞理與生命》。出了幾年，這個刊物也停刊了。

因爲我們要「革新」教會，我們當然也要「革新」青年會。我們不滿於由洋人把持的獨斷獨行的作風，我們主張採取一種由全體幹事參加的會務會議的民主制度。結果，總幹事格林（美國人）勾結董事部，藉口經濟困難，將全體幹事解僱，以後另行改組。那時候，我已經準備去美國留學，以後事情如何發展就不清楚了。

## 六、在美國留學時期

1924 年 8 月我到了美國，在紐約協和神學、哥倫比亞大學和麻狄蓀的德魯神學〔院〕讀了三年神學和哲學。我的費用的來源是：兩個神學院的獎學金、清華大學在美留學生管理處的津貼和美國青年會全國協會的補助。1925 年 8 月，我的妻楊素蘭也到了美國，在澤西市立醫院當實習醫生，1927 年 8 月與我一同回國。她去美國完全是自費的。這時候，我們的經濟特別困難。青年會薪水在我出國前就停止了。她在北京開業，由於人地生疏，看病的又多是熟人，不收診金，因此收入很少。我每月寄去廣東的家用，出國後由她的哥哥代墊。她去美國的旅費，是我從一位美國朋友處借來的。此外，她變賣了北京的傢俬，帶了一些零星中國東西到美國託人寄售，藉以維持其他費用。我妻到美國後，我們負債已達美金二千三百餘元。

　　在三年留美期間，我對於基督教歷史、聖經、神學、哲學等得到了一些基本知識。因爲我的眼睛流過兩次血，容易疲倦，讀書是很吃力的。在這時候，美國基督教的基要派和現代派正在進行激烈的辯論。協和神學院是屬於現代派的。神學〔院〕裏還有個別教授如華德（Harry F. Ward, 曾到中國講學）被看作是進步的，同情社會主義的。因此，我更感到我的宗教信仰是「合理的」，是能夠「適應現代潮流的」。在哥倫比亞大學，我上過實驗主義「權威」杜威的課。我於 1927 年得了哥倫比亞大學哲學系的碩士學位。

　　在我所接觸的許多美國人中，有一個比較熟悉的，就是瑞德（Philip Ritter，已故），他是一個廣告商人，待中國學生比較友好。他的兒子曾在北京青年會工作。紐約的中國學生很多，他們有各種兄弟會（Fraternities），其中有些是政治性的，如大江會（好像羅隆基是這個會的領導人）。我沒有參加這些組織。基督教學生另有一個由美國青年會協會領導的全美的組織，我參加過它的一些活動。爲了彌補我的經濟，同時也爲了體驗生活，我曾到一個中國餐館，一個美國餐館，一個私人農場，做過短期的勞動。

　　我同其他中國和外籍基督教學生一樣，常常被請到各處教會和其他團體演講中國文化、中國現狀、個人宗教經驗等題目，每次可得報酬五元或十元。我也參加過一些學生夏令會和其他基督教會議。特別值得提到的是我在 1925 年 7 月在加拿大參加的一次歷時三十六天的會議，地點在亞爾剛乾公園。這不是一個普通公園，而是一大片有森林、湖沼、風景優美、住戶很少的地帶。主持這個會議的是一位美國人名沙門（H. B. Sharman）的。他是一個比較富有的人，一生專門提倡「耶穌研究」。他主張不用參考書，只從四福音書的原文進行比較、分析討論、體會。這對熟悉福音書是有幫助的，但並沒有使人得到甚麼新鮮的東西。我們最大的收穫却是在這美麗的風景區得到一個多月的休假。在參加會議的二十幾個人中，除我自己之外，還有三個中國人，一個是誠冠怡（女，現在北京），一個是黃履中（曾在燕京大學教哲學，現在情況不明），一個是江貴雲（女，現在上海）。

沙門在中國傳教士中有兩個極其熱心的門徒，就是曾在成都工作的費爾樸（Dryden Phelps，美國人）和雲從龍（Earl Wilmott，加拿大人）。他們在中國時也大力提倡「耶穌研究」。幾個月前，費爾樸給我寫信，說 1967 年春，他們二人和夫人想到中國訪問。我們已請示中央，尚未處理。我個人的建議是，不讓他們來。

在美國三年，接觸了美國的「物質文明」和他們表面上的「自由」、「民主」。我有了相當深的親美崇美的思想。當然，我也看到美國的另一面：貧民窟、流動的、朝不保夕的農業工人、壟斷資本的剝削、廣大人民的貧困、荒淫無恥的生活。我對這些情況不能無所動於衷，但我所能接受的方案却只是像協和神學院所提倡的那種「社會福音」和改良主義。

## 七、在上海基督教青年會全國協會工作時期

在我回國前差不多一年，就接到青年會全國協會副總幹事兼校會組（學生部）主任顧子仁的信，要我到青年會擔任校會組工作。我答應了。從此以後，我就一直在青年會協會，開始是校會組幹事，後來做校會組主任。從 1933 年起，轉爲青年協會書局主任。

我們是在 1927 年 9 月 10 日從美國回到上海的。到上海後就知道我的父親已於 7 月 14 日去世，等我回去下葬。於是我們就回廣州料理喪事，在廣州住了一個月。

還有一件事值得提一下。當我們在回上海途中，在香港偶然在碼頭上遇見一個人名李合林（原名李鶴齡）的。他原在清華大學讀書，沒有畢業就到法國「勤工儉學」，路費是我贊助的。他就是在巴黎行刺當時中國公使陳籙的人。他本來是個基督徒，後來到了蘇聯，就加入了共產黨。1928 年 2 月李的妻和她的姊夫到上海來看我，說李已於一月前在廣東海陸豐遇難。

青年會全國協會是三十多個城市青年會和兩百多個學校青年會的總機構，當時的總幹事是余日章。他同買辦階級，資產階級很熟悉，很要好，

是一個「紅人」。他提倡「人格救國」，並大力羅致「人材」（如晏陽初、劉湛恩、朱懋澄）去搞平民教育，勞工事業，鄉村工作等。那時候，五四後的「新思潮」繼續發展，共產主義思想也開始傳播。余日章就是要用青年會的各種工作來抵抗這種潮流。他還特別請了潘光旦來出版一個《華年周刊》來做意識形態方面的工作。

我在青年會協會工作時期完全是跟着余日章的唯心主義和反共路線走的。我到過許多大小城市去訪問學校青年會，每逢遇到思想比較進步的青年，就勸他們不要受共產主義思想影響，要從基督教找思想上和生活上的出路。我在《華年周刊》和青年協會另一個幹事徐慶譽所辦的《知難周刊》寫過一些反共的文章。（徐後來投到國民黨內活動。）

在我擔任校會組主任時期，最突出的問題就是「中國基督教學生運動」的問題。這個問題是我在 1922 年的世界基督教學生同盟大會中首先提出來的。後來，經過幾年的醞釀，就由各方面的基督教學生代表於 1927 年在南京成立了一個「中國基督教學生運動籌備委員會」，1933 年又在上海成立一個「中華基督教學生運動臨時全國總會」。

1927 到 1933 這幾年是一個大動盪的時期。在大革命中，全國呈現了蓬勃的朝氣，「革命」成爲一個時髦的口號。蔣介石背叛革命，篡奪政權後，在各地進行大屠殺，並且帶來了日本帝國主義的侵畧。這一變化一方面在許多人中造成思想上的混亂，另一方面，又使大家更多地考慮到「國難」的問題。這就是當時基督教學生運動產生的背景。

我們擬定的「學運的目標」是：「本耶穌的精神，創造青年團契，建立健全人格，謀民眾生活的解放與發展」。在最後一句的前面，原來還有「實行革命」四個字，後來刪掉了。還有一個「學運的公約」，它的內容是：「靈性修養；儉樸生活；兩性貞操；健全體格；言行眞誠；嚴守時刻；合作精神。」從這個「目標」和「公約」看，雖然裏面有「謀民眾生活的解放與發展」這一句話，「學運」實際上只是一個個人修養的運動，連改良主義也說不上。但我自己當時爲這個運動努力，却還認爲這是對社會和國家的一種貢獻。

在這個基督教學生運動背後，還有一個個人權利之爭。學運的主要支持者是顧子仁，他在余日章下面，感到「英雄無用武之地」，就想搞成這個運動來作自己的資本，因為運動成立後就是一個獨立機構，不再是青年協會的附屬物，這是余日章等人所不能容許的。因此，顧子仁就受到排擠。我是校會組主任，也是學運主要負責人之一，因而也是一個不受歡迎的人。到1933年後，我就辭了校會組主任，轉為青年協會書局主任。在學運工作中，同我合作的還有兩個在校會組工作的人，一個是沈體蘭（現在上海），另一個是曹亮。（解放之前長期在香港工作，現在情況不明）。在我辭校會組主任職後，經過一段時期，江文漢就做了主任。在抗戰前夕，學運就在無形中消滅了。

我擔任青年協會書局主任後，就做出一個長遠的計劃，搞一套「青年叢書」，一套社會問題的小冊，一套宗教問題的小冊。「青年叢書」的內容相當廣泛，包括宗教、社會、傳記、文學、歷史等方面，大部分是從英文翻譯的，創作很少。我自己寫過幾本：《社會福音》、《沒有人看見過上帝》、《黑暗與光明》、《基督教講話》和一些小冊。我翻譯的有《甘地自傳》和杜威的《科學的宗教觀》。（前一譯本解放後由商務印書館修改後重印出版；後一本由某單位修改，是否已出版不知道。）除了社會小叢書有些內容比較進步外（因為都是教外人寫的），其他的書都是介紹西方神學，資產階級思想，唯心主義世界觀等。所有這些反動的書應當全部被否定，被批判，除保留一些作反面教材，和批判參考外，應全部銷毀。

青年協會的一切完全是美國化的。全盛時期，將近有一百個外國幹事在全國青年會工作，除了少數幾個外，都是美國人。在協會的頭子是鮑乃德（E. E. Barnett）。九一八事變後不久，余日章患心臟病逝世，鮑乃德就請了廣州青年會總幹事梁小初繼任。余日章當時還對洋人鬧點「獨立性」，梁小初則俯首貼耳，唯命是從。江文漢就是梁小初最信任的人。解放前梁小初逃到香港當白華，繼續為美帝國主義服務。

青年協會的工作人員過着優裕閑適的生活。（我的月薪是二百元）。每日工作六小時，星期六下午不辦公，每年暑天，幹事級的人有一個月

的休假。工人則受到顯著的歧視，不准用幹事的廁所，不准乘電梯，待遇低，工作時間長，除年節外沒有休假。他們過着奴僕的生活。這是我今天的感覺，當時我對這些情況是視爲當然的。

青年協會的經濟大部分是從美國來的，但每年也作一次募捐，向大官僚和資產階級乞憐，爲他們說好話，全國青年會的工作都要符合他們的利益。

## 八、抗戰時期；在成都

「九一八」事變後，是我的思想開始發生變化的時期。我開始接觸唯物主義思想，開始重視社會改造問題，開始參加基督教外的羣衆運動。最初是在基督教內同大家討論國難問題，發起對日經濟絕交和不合作運動，又和閻寶航（他當時是瀋陽青年會總幹事）等發起「東北社」。到1935年冬，救亡運動在全國開展的時候，我參加了全國救國聯合會，參加了以沈鈞儒爲首的「救國會」和陶行知所領導的「國難教育社」。1936年這一年，我的精力幾乎全部用在救亡運動上。我同有關人士經常開會，有時直到深夜。我同「七君子」——沈鈞儒、章乃器、王造時、史良、李公樸、沙千里、鄒韜奮——的接觸比較多。

這時候，我在思想上有一個矛盾。從1922年開始，我相信了和平主義（我稱之爲唯愛主義），認爲和平主義是耶穌愛的教訓最高表現。但同時我又主張武裝抗日。事實上，和平主義只是我頭腦中的「理想」，在行動上，我是徹底抗日派。

1936年11月23日「七君子」被捕，過了幾天，12月2日，我就離開上海到美國去。這是由於美國青年會協會的學生部要我到美國全國各大學作幾個月的旅行演講。爲什麼他們要請我去？原因是：美帝國主義怕日本獨佔中國，對日本有矛盾，因此，一個中國講員是比較受歡迎的。

我先在舊金山的一個學生大會作了六次系統演講，然後到全國各地去。在四個半月中，我到了44個大學，演講123次，聽衆統計25,690人。

演講的內容，宗教問題58次，中國和遠東問題，包括中國學運問題65次。我還帶了兩張留聲機片在每次演講後放送，其中一張是義勇軍進行曲。這時候，由於參加救亡運動的疲勞，我的身體很壞，肺病復發，每天晚上吃安眠藥，每次演講前吃補藥，但總算完成了預定的計劃。

剛到美國，我就讀到杜德的《世界政治》。（杜德是英共副主席，現在是修正主義者）加上我從鄒韜奮主編的《生活周刊》所讀到的有關國際問題的文章，我從此就對國際問題很感興趣。

1937年7月3日我從紐約乘船到英國參加在牛津舉行的「教會、社會與國家」的世界基督教會議，同船去的還有顧子仁。會議的目的是要「發見教會在現世的環境所必須應付的問題，並討論基督徒對此諸問題的意見之異同而謀一致的對付方法。」出席的有38國的代表400人，特約及青年代表400人，共800人。從中國去的代表還有劉廷芳，韋卓民的四人。會議最主要的議題是經濟制度問題，實際上是如何對付共產主義問題。會議中的「名流」、「學者」們如反共神學家尼勃爾（Reinhold Niebuhr）、本乃德（John Bennett）（均美國人）做出關於這個問題的五點決議，主要是宣傳基督教的「優越性」，共產主義的「缺點」，以及如何對付共產主義的辦法。

大西洋的航行中，我就聽到我國七七抗戰的消息，非常振奮。

1937年8月7日我離開倫敦，8月15日回到紐約。由於我在旅行演講中所得的報酬，除了開支外，還有點盈餘，我又在協和神學院讀了半年神學。1924年我第一次到這個神學〔院〕時，美國基督教正在進行「現代派」和「基要派」的大辯論，我自己是屬於現代派的，這一派的主角是富士迪（Fosdick），他是協和神學院教授，是個和平主義者。這一次，三年之後，美國基督教又展開了「新正統派」和「現代派」之爭，「新正統派」的主角也是協和神學院的教授尼勃爾（Reinhold Niebuhr）。他同舊正統派一樣，強調人的罪，並用此來否定現代派的改良主義。他從「現實主義」出發，認為在罪惡的世界裏，只要「現實」需要，甚麼都可以做。（幾年前，他主張美國使用原子彈。）尼勃爾是個反共專家，

他把共產主義說成是「烏托邦主義」。在一個相當長的時間內，我深受尼勃爾的影響。

這一次在美國一年多，一方面，我更多地吸收了美國反動種子的毒素，另一方面，我的親美，崇美思想也有所發展。1937 年 10 月 5 日羅斯福總統作了「制裁」日本侵略的演說；10 月 7 日前國務卿史訂生也作了「譴責」日本的演說，（儘管這時美國把大量戰略物資賣給日本。）這些，加上我自己在旅行演講中所作抗日宣傳似乎得到比較好的反應，我就對美帝國主義，特別對羅斯福本人，抱有相當大的幻想。

1938 年 2 月 4 日我離開紐約，經法國、瑞士、意大利回國，於 3 月 13 日到上海。這時候，我又繼續參加救亡運動，我的妻子楊素蘭則到難民收容所去當義務醫生。我參加許多座談會和其他有關抗日的活動。我接觸比較多的，一個是張宗麟（解放後在教育部任職，後來做了右派），他是救亡運動中的一個聯絡員；另一個是劉少文同志（黨員，現在北京，他的愛人曾做過我的秘書）。在出版工作方面，我搞了一個「非常時期文字計劃」，請教內外人士寫三十本關於國難、基督教信仰與生活、基督教與新思潮等小冊子。

有一次，在訪問漢口青年會的時候，我第一次看到周恩來同志和吳玉章同志。那是 1938 年 5 月 20 日在漢口的信義公所（信義會的招待所）。那時候，周恩來同志是十八集團軍駐漢代表兼政治部副主任。本來我託人聯繫要去拜訪他們，但他們却先來了。我們談了一個多小時，內容是宗教、抗戰、國共合作、中國革命、蘇聯清黨等。黨的兩位高級負責人親自來看我，使我非常感動。

1938 年 11 月 28 日我從上海到印度的瑪德拉斯參加國際宣教協會的大會，於 12 月 10 日到達。中國代表 49 人，其中有誠靜怡、徐寶謙（均已故）、沈體蘭、趙紫宸、顧子仁、陳文淵等。大會代表 464 人，來自六十幾個國家，會期 17 日。討論題目有傳道、宗教生活、經濟制度、國際關係等。講員有美國的穆德、日本的賀川豐秀、中國的顧子仁和陳文淵等。此次大會關於國際問題的言論，為會眾及全世界所注意，但主持

會議者力誠會衆勿作「過激的言論」，頗爲一部分人所不滿，尤其是中國代表。會後有各國代表十餘人發表譴責日本宣言。大會的主要目的之一顯然是要調和國際矛盾，「合而爲一」。

　　1938 年 12 月 31 日我同英國的和平主義者萊士德（女，解放前到過中國幾次，解放後到過一次）、徐寶謙、劉廷芳（均已故）和其他幾個人訪問了甘地。我把我所翻譯的《甘地自傳》送一本給他，並同他談了和平主義是否適用於中國的問題。我說是不適用的；他說，如果不是深切相信這個主義，那麼，還是用武力抵抗好，但和平主義是理想。1939 年 1 月 7 日，我們訪問了 80 歲的泰戈爾，他曾譴責過日本侵畧中國。出乎意料之外，招待我們住的是大洋樓，吃的是豐富的西餐。1 月 13 日我們訪問了尼赫魯，那時他是一個「民族英雄」。我告訴他我們將翻譯他的自傳，請他寫一段話。後來他寫了寄給我，我們將它用眞筆版印在書內。我們見到了印度的「三雄」，我對甘地是崇拜者，對其他二人也有高度評價。

　　1939 年 1 月 16 日我離開印度，1 月 29 日回到上海。

　　1939 年 10 月 26 日我離開上海，經寧波、吉安、桂林、貴陽，於 11 月 28 日到了重慶，參加青年會全國總幹事會議。議題有服務、技術訓練、民主訓練、國際宣傳、傳福音等。我作了三次演講，題目是：歷史、社會生活、個人生活中的上帝。12 月 11 日我到成都住了幾天，12 月 17 日到昆明住了半個多月。

　　在昆明，趙紫宸主持一個特別爲聯大學生佈道的小禮拜堂。這是英帝分子香港聖公會會督何明華所策劃的。這顯然是爲了對付當時的學生運動。我在昆明作了若干次演講，主要是宗教性的。我經過河內、香港，於 1940 年 1 月 14 日返抵上海。我在香港見了何明華，談了些什麼記不得了。

　　我在上海住了一年多，繼續參加救亡運動和民主運動，方式主要是聚餐會和小型會議。有一個「星六聚餐會」，參加的有鄭振鐸等。又有一個「星二聚餐會」，在我家舉行過幾次，參加的十幾人，人名記不清了。在基督教內還有一個「基督徒社會主義團契」，參加的有沈體蘭、龔普

生等。

1941 年 7 月 30 日我同江文漢乘船到香港，又乘飛機到重慶，在大轟炸的前一晚乘船到嘉宣上峨嵋山參加一個由男女青年協會學生部主持的「爲人師的耶穌」研究會，到會的十幾人，其中有潘光旦和費爾樸（Dryden Phelps，美國人）、雲從龍（Earl Wilmort，加拿大人）。會議從 8 月 16 日開了整一個月。9 月 17 日我到了成都，住了兩個多月，就到重慶，本來預備飛到香港返上海，但 12 月 8 日太平洋事變發生，交通中斷，於是我又於 1942 年 1 月 10 日回到成都。

1941 年 12 月 15 日，在重慶時，我同龔澎同志聯繫，到曾家岩第二次會見周恩來同志，談話內容記不得了。有人對我說，曾家岩周圍都是特務，「你眞大膽」。

有兩件事簡單提一下。太平洋事變前，劉寧一同志多次到我家開秘密的小會。這是由於我的同學張欽士的女兒張淑義（現在北京婦聯工作，當時是上海女青年會幹事）的關係。但我同劉寧一同志沒有見過一次面。這件事是他在 1949 年參加布拉格世界和平會議時告訴我的。

另一件是在太平洋事變後，許廣平同志被日寇逮捕受電刑，不敢到醫院去，常到我的家請我的妻楊素蘭治療。因此，我們同許廣平同志比較熟悉。

1942 年 1 月 10 日到成都後，我一直在那裏住了四年多。

在成都，我住在美國人費爾樸的家，他同雲從龍是「耶穌研究」迷。有一本書《爲人師的耶穌》是「耶穌研究」的創始者美國人沙門（H. B. Sharman）著的，本來已有中譯本，費不滿意，要我同金陵女子大學一位女教授劉開榮（解放後在南京，現在情況不詳）重譯。我們爲此花了不少時間。

我在成都幾年的主要活動是出版工作。抗戰後，我所主持的青年協會書局和廣學會已經把大批的書運到昆明、重慶、成都。太平洋事變後，這兩個機構都遷到成都。同我一齊工作的有青年協會書局另一個幹事張

仕章（不久前死）。他於 1933 年後就與我共事。他思想很反動，同托派有關係，同當時基督教內反動分子有很多聯繫。我自己有一個時期是反共的，後來對共產黨的認識也不足的，因此，對張比較信任。我認爲他能翻譯，會辦事，對他的反動本質不加注意，與他和平共處。直到 1958 年他做了右派時，我才對他劃清界線。同我們共事的還有一位專管帳的美國傳教士陶德發（L. Todnem）。

1942 年 9 月，我在成都發起基督教聯合出版社。這是由原在成都的華英書局、上海的廣學會、青年協會書局和一個專爲農村教會辦的《田家半月刊》四個單位組成的。華英書局和廣學會是由英、加傳教士主持；《田家》的編輯是張雪岩（曾做第一屆政協代表，已故）。聯合出版社出的新書很少，主要是推銷已出版的書。值得提到的是我所發起的兩個刊物《天風》周刊和《基督教叢刊》（季刊）。《叢刊》於 1946 年遷到上海後不久就停刊。《天風》則從 1945 年 2 月 10 日創刊起，直出到 1965 年 6 月 30 日的最後一期。最後幾年的《天風》從周刊改爲半月刊、月刊、雙月刊、不定期刊。

我爲什麼要創辦《天風》？這是因爲這時候日寇在我國大後方橫衝直撞，人心震動，我感到應當爲國家出一點力。我在創刊詞上說：「本刊是一個基督教的刊物。基督教對社會生活的基本主張是自由平等與博愛。這一個主張的基礎就是上帝爲父，人類是弟兄的信仰。現代民主主義，大部分是從這種信仰產生出來的。把這一個富有革命性的信仰，應用在現在的中國問題上，使它能夠變成轉移危局，救贖人生的力量，這就是本刊的使命。」

我那時候相信基督教是「革命」的，是可以「轉移危局」的。我完全沒有認識基督教的反動性；沒有認識到帝國主義和一切反動派都利用基督教來壓迫人民，進行侵略；沒有認識到我國基督教的大小人物都是依附在帝國主義和反動派的寄生蟲，做了他們的工具，完全爲他們服務。事實正是如此。出版了二十年的《天風》表面上發表了一些反帝愛國的言論，轉載了一些革命性的文章。《天風》創刊後，帝國主義分子馬上

說它的政治氣味太濃厚。解放前後，由於《天風》發表了我所寫的〈基督教的時代悲劇〉等文章，指摘基督教同資本主義和帝國主義的聯繫，他們就以停止經濟援助爲威脅，逼使我在一段時間內脫離同《天風》的關係。但整個《天風》的基本內容是宣揚基督教，保衞基督教，並且希望發展基督教，使基督教在這個反動堡壘在社會主義的新中國長期保存下去，與帝國主義和反動派同呼吸，共命運，繼續爲他們服務。《天風》刊登大量的反黨，反社會主義的言論，這不是偶然的。我們應當對這些披着宗教外衣來發表的反動言論進行徹底的揭露，徹底的批判。出版了二十年的《天風》是我們今天很好的反面教材。主編過《天風》的人有兩個，後來做了右派（已摘帽否不詳），一個是陳新桂，現在北京，曾在羅隆基下做宣傳工作，另一個是葉啓芳，現在廣州。《基督教叢刊》的壽命雖然比較短，但它的反動言論是多得驚人的。

在成都時，有一次，美國特務傳教士畢範宇對我說：「蔣委員長想搞一個基督教文字出版計劃，你是不是願意擔任這件工作？」我一口就拒絕了。我的拒絕是對的，但實際上，通過我所主持的整個出版工作，我還是忠心耿耿地爲反動派服務。

在成都時（1943 年），我寫成《沒有人看見過上帝》這本書。這是我的精心創作。我認爲唯物主義只有「橫」的方面，沒有「縱」的方面，而基督教的「上帝」則是把事物的「縱」的方面和「橫」的方面綜合起來的一個觀念。因此，我認爲基督教與唯物論沒有衝突。有一位教外評論者說我是企圖把二者「調和」起來，又說「眞理是不能調和的」。這兩句話眞是一針見血。我不但想「調和眞理」，而且我認爲基督教比唯物主義優越，因爲基督教兼有「橫」的方面和「縱」的方面，而唯物主義只有「橫」的方面。關於這一套錯誤思想，我在一篇題爲〈徹底批判基督教的世界觀；徹底打倒基督教的世界觀〉的交代中，作了初步的批判。今後還須作更深刻的批判。

1945 年 2 月，國際宣教協會總幹事美國人德克（J. W. Decker）到成都來活動。1946 年 1 月另一位美國基督教頭子狄芬多弗（Diffendorfer）

也來成都。他們對基督教聯合出版社大加讚賞並大力支持。德克要我們做一個「基督教文字事業方案」，這方案是我起草的，內容記不得了。這兩個美國基督教頭子都要爲戰後中國基督教文字工作進行策劃。

除了出版工作外，我在成都的主要活動是同基督教學生的各種組織如團契、夏令會、春令會接觸，並對他們演講。我也參加了一些由中外人士共同組織的研究民主政治、馬列主義、時事的小組。中國人參加有沈體蘭；沈志遠（右派，已故）也來過幾次。此外，我還三次參加一個名爲「載社」的翻譯基督教古典文學的工作（1942 年 7 月在青城山；1944 年 7 月在白鹿頂；1945 年 3 月在峨嵋山）。「載社」的主持人是美國傳教士葛德聖（E. H. Cressy），中國人是徐寶謙（已故）。這個計劃的目的是在意識形態方面爲中國基督教打下牢固的基礎。我當時是完全擁護這個計劃的。

1942 年 9 月 7 日馮玉祥到成都找我和其他幾位基督教人士發起一個基督教節約獻金運動。他爲這件事到處奔跑。直到 1944 年 1 月 16 日他來成都主持一個節約獻金大會，這個運動才告一段落。他的愛國熱忱是好的，羣眾也是支持他的，但我當時已經想到，獻出的錢還是幫助反動派做壞事，決不會用來抗日。

1943 年 5 月 16 日我到重慶參加基督教協進會的擴大會議，並爲大會起草一個宣言，主要內容是要基督教「發揮耶穌的革命精神」。因爲措辭比較溫和，得到大會一致通過。蔣匪還請全體代表去用茶會招待。這時協進會的總幹事是陳文淵（因反革命罪判徒刑五年），副總幹事是邵鏡三（反右時期在南京自殺）和吳高梓（文化大革命中被抓出來的重點鬥爭對象）。邵、吳二人的家都在成都，他們常來看我，但都是一般酬酢。

1943 年 5 月 25 日，我再到曾家岩，第三次會見周恩來同志，還有董必武同志和其他兩位同志在座。因爲時間長，我在他們那裏吃了午飯，休息後再談。談話內容記不得了，只記得一件事：我請董老給開寫一張學習馬列主義的書單，董老開了給我，這張書單我到現在還保存着。

1944 年 2 月，從濟南遷到成都的齊魯大學因爲部分學生反對反動的

校長湯吉禾，因而引起學生中反湯擁湯兩派的鬥爭。他們請我做董事，但我是無能為力的。結果，湯走後，還是請了孔祥熙的親信吳克明來做校長。

1944 年 4 月 23 日，我又到了昆明。這時候李儲文是昆明青年會的學生幹事，是他請我去的。我在那裏住了一個多月，做了幾次演講，參加了幾次座談會。我去看了李公樸，我同他比較熟悉。羅隆基也請我到他家吃了一次飯，客人只有我一個。飯後，他說希望我參加民盟。我說，有共產黨，不需要有民盟，我對民盟沒有興趣。彼此不歡而散。但是，過了一年多，我又感覺到中間黨派還有它的地位，還可以起些作用。這種看法，一方面表示我對中國共產黨還沒有足夠的認識，另一方面，同我自己從基督教□來的，「超然」思想和「中間路線」傾向有關。

1944 年 6 月 6 日在我從昆明返成都的途中，我在重慶參加了世界青年會百週年紀念大會。慶祝會是在孔祥熙的家裏舉行的。當時青年協會總幹事梁小初把孔祥熙看作靠山（其他教會頭子也是如此），有事就要找他。1944 年 6 月 8 日我回到成都。

1945 年 2 月 8 日，我遷入文幼章的家居住。文出生在中國，這時是在華西大學教書，大戰結束後，他短期在上海聖約翰大學教書。他做過蔣介石的顧問。他經常同我談話，討論時事、政治等問題。我在他的家住了一年多，當時在成都的幾個基督教大學的學生經常來看我們，要我們參加他們的活動，徵求我們對一些問題的意見。他們稱文的家為「民主之家」。這時候，文是以進步姿態出現的，但後來的事實證明，他是一個資產階級思想非常濃厚，非常崇美的機會主義者。自從赫魯曉夫登台後，他就受蘇修的泰養，完全陷入修正主義的泥坑裏。（1966 年 10 月 24 日文的兒子文少章同加拿大的另外三個人到上海，要求見基督教人士，並指名要見我。我同施如璋、羅冠宗在錦江飯店接見了他們，主要談了文化大革命與基督教。）

1945 年 4 月 28 日成都學生舉行了追悼羅斯福大會。文幼章和我被邀演講。我標榜美國的「民主」並以比較隱秘的話來諷刺國民黨反動派的

獨裁。事實上，我的話還是從崇美思想出發的。

1945 年 12 月 9 日昆明學生反內戰發生慘案消息傳到成都，成都學生起而支援。他們組織了二千人的遊行，我也參加了。到少城公園集合，由文幼章演說後散會。

1946 年 3 月 1 日，我爲華西大學一個基督教學生團體作了一次演講，題目是「我的宗教信仰」，演講中有一段說，基督教與共產主義沒有衝突。第二天早晨發見全校貼滿了反對我的標語、口號，說我歪曲了耶穌的教義，受了延安的津貼，做了共產黨的工具。我所說的那句話，今天看來，是完全錯誤的，因爲基督教和共產主義是互相矛盾的，沒有絲毫共同之處。但我那句話更重要的含義是，作爲一個基督徒，我不反對共產主義。他們也就是在這一點上反對我。當時校內比較進步的和中間派的學生都站在我的一邊。他們把我的講詞抄出，貼在廣告牌上，讓大家明白演講的全部內容，但這張記錄被反動派撕去，貼了兩次，撕了兩次，但很多人都看見了。兩派學生互貼標語，搞了一個星期，由學校當局勸止才結束。有一天，一羣反動學生看見我，就跟着我，想打我。我趕快回到文幼章家裏，他們就散去。

1946 年 3 月 10 日，我得到消息，說明天反動學生將要遊行，並要打三個人：文幼章、沈體蘭和我。那一天清晨，兩位進步學生把我送到城外一個私人花園躲了大半天。不知爲什麼原故，遊行沒有進行。

1946 年 3 月 28 日，燕京大學四個基督教學生團契，因爲我將要離開成都，爲我舉行話別會，並送我一本「去思集」，參加的有一百多人。許多其他基督教學生團契也送我錦旗、紀念冊之類。

1946 年 4 月 14 日，成都學聯所屬的 22 個學術團體爲我舉行一個歡送會。被歡送的還有沈體蘭和文幼章。碰巧李濟深也在成都，因此他也被邀參加。他們送了我一本紀念錦冊，裏面有許多熱情洋溢的話，參加這次會的三百多人都在上面簽了名。這一次隆重的歡送會完全出乎我意料之外。

我在成都的四年多中，主要是搞基督教工作，但同時也參加了民主

運動，接觸了許多青年學生，其中有基督教的，也有教外的。我是反日反蔣的。反日，我是堅決的。反蔣，我也是堅決的，但由於我在一個時期還有第三條路線的想法，無形中我還是給國民黨反動派保留位置。直到解放戰爭期中，我的思想才得到徹底的澄清，認識共產黨是中國人民唯一的救星，國民黨叛國集團是中國人民的死敵。

我反美不反美呢？可以說，在成都時期，我是不反美的。當時我認爲美國是盟國，羅斯福是偉大的人物，華西霸的美國人待我都很客氣，而且認爲我對那裏的基督教工作有貢獻。也是在解放戰爭期中，我才認識到美國是站在中國人民的死敵，國民黨叛國集團這一邊的，因此，美國當然也是中國人民的敵人。解放後，我的反美思想逐漸深化。今天，我也可以說，我堅決地反對美，痛恨美帝國主義，識認〔認識〕美帝國主義是中國人民和全世界人民的死敵，必須把它打倒。

1946 年 5 月 10 日我乘飛機離開成都，當天晚上回到上海。飛機是美國軍用飛機，是一位美國軍官給我聯繫的。他住在美國傳教士葛雷漢（David Graham）的家裏，我同葛夫婦很熟，因此，認識這位軍官。因爲當時交通非常困難，我就託他辦這件事。飛機內還有其他客人和一些物資。

## 九、解放前後

我從成都回到上海，正是蔣介石在美帝國主義全力支持下準備發動內戰的時候。我一方面參加一些基督教人士如涂羽卿、洪士豪等的「民主討論會」和一些中外人士如鮑威爾（J. W. Powell，《密勒氏評論報》主編）、沈體蘭、曹未風、宦鄉等的時事座談會，另一方面，我也參加了一般的民主運動。我們有一個每週舉行一次的聚餐會，參加者，據我所能記憶的，有下面這些人：沈鈞儒、郭沫若、馬敘倫、馬寅初、王紹鏊、沈體蘭、史良、章伯鈞、張絅伯、包達三、章乃器、譚平山等。陳叔通、李濟深，張瀾也分別參加過一兩次。

我和少數人（如張宗麟、沈體蘭）先後同黨內三位同志（章漢夫、

陳家康、華崗）不定期座談時局。

最突出的事件，是 1946 年 6 月 23 日的「下關血案」爲了反對內戰，上海幾十個人民團體推舉一個由十一人組成的代表團，組長是馬敍倫，團員有盛丕華、閻寶航、雷潔瓊、張絅伯、包達三、簣廷芳等和我自己，秘書是胡子嬰和羅叔章。我們的目的是向蔣介石、馬歇爾和中共三方面呼籲制止內戰。我爲代表團擬定一個專門給馬歇爾的英文備忘錄，內容是告訴他中國人民反對內戰，勸他說服美國政府不要幫助國民黨打共產黨。在上海車站，十萬羣衆示威送行。到了下關，代表團就被暴徒包圍，馬、閻、雷等人被打，我幸逃脫。經過許多人幫忙，全體代表才被送到中央醫院。鄧穎超同志帶了食品來慰問我們。中共辦事處還請我們吃飯，招待我們的好像是滕代遠同志。我把給馬歇爾的備忘錄送一份給他們。蔣介石只許簣廷芳一人去見他，見面時只敷衍了幾句。我們都去看了馬歇爾，他看了備忘錄，很有點「憤慨」，說美國是「中立的」，「並不是幫國民黨打共黨」。

在下關事件後不久，有一天（時間忘記了），鄧穎超同志，由劉少文同志陪同，到我家裏來，說是代表周恩來同志來看我。她說，黨的同志們很重視那份給馬歇爾的備忘錄。

1946 年 10 月底，鄭振鐸主編的《民主周刊》被迫停刊，鄭振鐸要我爲休刊寫一篇文章。我寫了一篇題爲《黑暗與光明》的文章，用隱晦的事實來影射黑暗將要過去，光明快要來到。1949 年底我的一本論文集出版，就採用《黑暗與光明》爲書名。

1946 年 11 月 30 日，我到中共上海辦事處，同其他一些人參加了朱德總司令六十誕辰餐會。

1947 年 5 月 4 日交通大學學生舉行「五四」晚會，請我去演講。5 月 26 日交大學生爲了反對國民黨發動內戰，準備遊行示威，學生已經在校園內集合。僞市長吳國楨探悉後，派軍警將交大大門包圍，並架起機關槍，如臨大敵。但學生堅持要遊行，並要求釋放被捕學生。當時形勢緊急，勢將發生流血事件。交大學生會打電話給我，要我馬上到校協助。

我約了兩位基督教人士陪我到了學校（其中一位是前青年會總幹事陸乾臣）。我們同學生負責人和偽市府代表開了一個會，經過一個多鐘頭的討論，達成一個妥協辦法，就是軍警馬上撤退；偽市府保證三天內釋放被捕學生；交大學生暫不遊行。學生負責人，偽市府代表和我們三個人都在協議書上簽了字。一場風波暫告結束。（以上僅憑記憶，事實可能有出入。）

1947 年 5 月 27 日，我應浙江大學學生邀請，到了杭州。那是于子三慘案發生的前夕。當天晚上，一羣浙大學生到我的寓所談話，約我在第二天晚上到學校為全體學生演講。那天晚上的演講受到學生的熱烈歡迎。演講內容是譴責反動統治的種種罪惡，鼓勵學生採取行動。浙大校刊《求是周報》將我的演講詞全文刊登。學生們要求我第二天再作一次演講。我答應了。5 月 28 日上午，我再到浙大演講，題目是《社會的基本問題》，主要內容是說，資本主義必將死亡，社會主義必將誕生。後來上海一個刊物（名字忘記了）也將我的講詞全文刊登。

這時候杭州青年會的總幹事是王揆生，他不但同當時的偽教育廳長雷法章勾結，而且因為司徒雷登生在杭州，就為他大事宣傳。這時候浙江大學的學生公社負責人，我記得是陳維新，他是在江文漢的領導下工作的。王揆生和陳維新等人對我在浙大所作的演講，當然是非常反對的。

1947 年 2 月 9 日在上海國貨大樓發生了梁仁達慘案。我在《天風》寫了一篇文章，抗議反動派的暴行，題目是〈我們的憤怒〉。我還參加了當時的「人權保障會」，出席了一次招待外國記者的會。

上面列舉了一些事實來說明我在解放前參加民主運動的情況。但是，很奇怪，直至 1946 年，我所寫的一篇文章，對內戰問題還是採取錯誤的，反動的看法。我說：「一年來國共兩黨相持不下，以干戈相見……不管誰打誰，我們不贊成中國人自相殘殺。」這一段話同吳涵等黑幫的話是完全一樣的。1946 年正是我參加上海人民團體代表團去南京呼籲和平的那一年。代表團的立場是很清楚的，我們反對美國幫助國民黨打共產黨。我給馬歇爾的備忘錄就是這樣說的。那麼，為什麼我所寫的那篇文章又

採取完全相反的看法呢？今天看來，這就是基督教的和平主義和「合而爲一」的思想在我的頭腦中作祟。我當然也受了當時流行的「第三條路線」思想的影響。

1947 年 7 月 4 日我離開上海乘飛機到挪威的首都奧斯陸參加世界基督教青年大會。中國代表共 23 人。我們乘的是信義會的專機，來回經過亞、非、歐 16 個國家。大會從 7 月 21 日開了十天的會。代表 1,500 人來自 70 個國家。這個大會是由青年會世界同盟、女青年會世界同盟、世界基督教學生同盟、世界教會同盟聯合召開的。大會的演講和討論是基督教信仰和家庭、社會、教育、世界秩序等方面的關係。那時候——大戰後的幾年——以美國爲首的西方國家都患着恐蘇病，要積極對付蘇聯。辦法之一是杜魯門的經濟援歐方案。世界基督教青年大會就是要在精神方面，對青年們進行「消毒」，使他們不受共產主義的影響。

我在奧斯陸開完會以後，就於 1947 年 7 月底到了英國的愛丁堡參加青年會代表大會。會議的情況記不得了。只記得有一次討論「意識形態的衝突」的會，這個會實際上就是討論「基督教與共產主義」。我是三個被邀發言者的一個。我在發言中說：「共產主義的種子是在人類不滿的狀況中生長出來的。在現世界裏，構成這個不滿的主要因素是國際間的不平等和社會間的不平等⋯⋯從歷史方面說，基督教對這兩種罪惡的造成，至少負一部分的責任。對付這兩種罪惡的辦法，不應當是反蘇，而是用我們所認爲是基督教的方法去對付它們。」在發言的最後一段，我還吹噓了基督教在意識形態方面的優越性。這次會的主席又是美國基督教反動頭子穆德。他還對我的發言加以誇獎。12 年後，美國基督教協進會的一個刊物名《中國公報》的，把我的這篇發言中關於基督教的優越性這一段話重登出來，題目是〈十二年前的吳耀宗〉。

從愛丁堡我到倫敦住了幾天，然後乘飛機到日內瓦休息了十天。這是由於當時在日內瓦青年會世界同盟工作的李儲文和該同盟的總幹事史特朗（Tracy Strong，即現在在中國居留的史特朗的兄弟）的邀請。在日內瓦，我沒有參加什麼基督教的活動。

1947 年 9 月 15 日我回到上海，終止了兩個半月的旅行。

關於這次出國，我應《世界知識》的邀請，寫了一篇題爲〈歐遊觀感〉的文章（1947.10.10 該刊），裏面有下面幾段話：

「世界是動盪着的⋯⋯世界在變，在對着人類所共同要求的方向變。」

「半個歐洲（指東歐）已經找到了自己的道路；其他半個還是在病態中；亞洲民族都顯出蓬勃的朝氣；非洲在開始覺醒。」

「美國正準備着對付她未來的敵人；然而，她却處處碰壁，而原因就是她認錯了敵人。她真正的敵人是誰？不是蘇聯，而是她自己——她自己內在的社會制度的矛盾。」

「歷史有它的定律，它是不能用任何主觀的企圖來改變的。這個歷史的定律，已經清楚地指示着人類所應當走的方向，如果要走一個相反的方向，結果就只有幻滅和沒落的悲哀。」

1948 年 7 月 23 日我離開上海到牯嶺（廬山）參加上海基督教作者團契會議，8 月 2 日經南昌返上海。會議主要是休養性質。我作了兩次演講，內容記不得了。

這裏順便提一下黨的兩位負責同志送給我的書。一本是《白毛女》，是陸定一同志送的，封面上寫着：陸定一敬贈，1946.6.25。另一本是關於現代史或近代史的書（書不在身邊），是吳玉章同志送的，封面上寫着「吳叔海先生」。吳玉章同志知道我的號，這使我感到驚奇。（送書的時間記不得了。）

1948 年 4 月 10 日，我在《天風》發表了一篇文章：〈基督教的時代悲劇〉。在文章中，我譴責了以美國爲首的帝國主義反蘇防共的叫囂；指出基督教和帝國主義息息相關，相依爲命，是一對孿生的弟兄；譴責了美國基督教某些「權威」把資本主義和自由主義當作上帝。但我同時也說：不要像共產黨那樣，把無產階級和共產主義當作上帝；「只有上帝是絕對，其他一切都是相對。」我還說，「基督教裏邊有許多可敬愛的人物，許多有價值的事業。」

1948 年 7 月 16 日我又在《大公報》發表了一篇文章〈基督教的改造〉。

我說：「中國三年來的內戰是應當由美帝國主義負責的，但美國幾位世界聞名的基督教學者不但沒有對美國的侵畧政策提出抗議，反而做了這種政策的代言人。」我主張基督教不要再提倡改良主義，而是要宣傳耶穌的「革命的福音」，否則基督教將會被時代的洪流所淘汰。

這兩篇文章，帝國主義傳教士們非常重視。前一篇有一個英譯本；後一篇至少有五個英譯本。

1948 年 4 月，我的文章〈基督教的時代悲劇〉在基督教內引起大辯論。4 月 28 日，由於傳教士們的反對，我宣佈脫離同《天風》的關係。從此，《天風》由林永俁主編，到解放後我才重新領導《天風》的工作。

1948 年 11 月 1 日基督教協進會舉行兩年一次的會議，開會十天。這是一次應變會議。美國基督教反動頭子艾迪（Sherwood Eddy）作了一次演講。我也作了一次演講，指出教會所以「失敗」是由於沒有發揮基督教的「先知性」。會議的其他情況記不得了。接着，在 11 月 11 日，我參加了基督教協進會討論如何對待共產黨的一次會議。11 月 21 日參加了青年會協會討論「新形勢」的會議。12 月 7 日參加了基督教協進會關於應變措施的會議。這些會議的主要目的是如何在國民黨垮台，共產黨取得政權後，繼續保持基督教的實力。

1948 年 11 月 28 日得到一位朋友的通知，說國民黨將逮捕「民主人士」，我在第二批名單內，請我躲避。我當天就到了楊顯東（農業部副部長）的家裏，住了一個星期。

1948 年 12 月 12 日我從上海飛到香港，經昆明、仰光於 18 日到了錫蘭的坎地。這是世界基督教學生同盟召開的「亞洲領袖會議」。中國代表還有江文漢。我在會上作了四次系統演講，題目是：「福音的內容」；「上帝與眞理」；「基督與道路」；「天國與歷史」。演講員還有錫蘭的奈樂司（D. T. Niles）、江文漢和日本的武田清子等。他們都是帝國主義所寵愛的人。會議開了 16 天。會完後，我同江文漢又到印度的瑪德拉斯訪問了幾天，於 1949 年 1 月 12 日飛回香港。

我到香港，由於解放軍節節勝利，上海將近解放，就不打算再回上

海。1949 年 1 月 25 日，因爲得到青年協會總幹事涂羽卿電報，要我回上海參加一個緊急會議，（那時梁小初已不在上海），我飛到上海，開會後，1 月 29 日又飛回香港。

這時候，許多「民主人士」如盛丕華、張絅伯、張知讓、沈體蘭都到了香港。我曾到過在香港負責聯絡工作的黨內同志龔澎和喬木（喬冠華）的家裏去過兩次。由於他們的安排，我於 1949 年 2 月 16 日，同一批人（自稱是商人），上了一隻輪船，到目的不明的地方去。同船的只記得有李純青和謝雪紅二人。

1949 年 2 月 25 日我們到了平壤，才曉得我們是要到北京去的。從平壤、經新義州、安東、到瀋陽住了四天，於 3 月 9 日到了北京，住在六國飯店。羅邁（李維漢）同志曾兩次到我的住處，談宗教問題。北京許多基督教界人士也來看我。

1949 年 3 月 25 日是我一生最光榮、最可紀念的日子。那一天，我同許多其他的人，在西苑第一次見到我們偉大的領袖毛主席。他是從石家莊到北京的。我們排了隊，毛主席同我們一一握手。他同我握手時說：「你是從上海來的。」我說：「是的。」毛主席如此關心人，使我得到深刻的印象。

1949 年 3 月 29 日，我同中國代表團乘火車經莫斯科到布拉格參加世界和平大會第一次會議。這次會議是由文化工作者國際協會和民主婦女世界聯盟召開的，原定在巴黎舉行，因爲法國不給簽證，包括中國代表在內的，不能去巴黎的代表就在布拉格開會。這次會議充滿了保衛和平的熱烈氣氛，中國代表受到熱烈的歡迎。會議期中聽到解放軍渡江，南京解放的消息，全場歡呼，將中國代表高舉起來，大批羣眾晚上還到我們旅館門前表示致意。回來時，五一節參觀了在莫斯科紅場舉行的慶祝遊行。乘火車回到滿洲里，在哈爾濱、長春、瀋陽、鞍山、撫順參觀了十多天，於 5 月 25 日回到北平。

1949 年 6 月 8 日至 10 日，我參加了在勤政殿舉行的新政協籌備會。

周恩來同志主席。〔，〕毛主席、朱總司令等均出席。

我在北京時，曾請公理會的王梓仲（右派，已摘帽）等，搜集華北五省有關教會問題的材料，準備向政府「告狀」。當時聽到許多關於教堂被佔領，傢俱被佔用的消息，我沒有去了解實際情況，就偏聽偏信，認爲執行宗教信仰自由政策有「偏差」，這是一個很大的錯誤。這時候許多教會，特別是在農村的，都被反動力量把持，他們利用教會來反對共產黨的領導。

1949 年 6 月 25 日，我從北京回到上海。這時候，上海已經解放，上海基督教的上層人物和傳教士們，紛紛舉行應變會議。6 月 28 日我參加了基督教協進會在聖經會舉行的關於「共產黨政策」的會議。7 月 4 日我參加了「上海緊急委員會」在聖經會舉行的，交換有關新形勢的情報的會議。至於帝國主義分子和基督教頭目對具體應變措施的討論，他們是不請我參加的。

1949 年 8 月 3 日在上海逸園（文化廣場）舉行文化界代表大會。我代表基督教界在會上作了發言。

1949 年 8 月 28 日，我離開上海到北京去參加新政協的籌備工作。9 月 21 日政協會議正式開幕，開到 30 日。毛主席致開幕詞，其中一句話說：「佔人類總數四分之一的中國人從此站立起來了——讓那些內外反動派在我們面前發抖罷。」這句話使我，同許多其他代表一樣，感動得熱淚盈眶。後來，當五星紅旗在主席台展開時，我們更感到非常興奮，感到作爲中國人的光榮與驕傲。最使我感到榮幸的，是我在天安門城樓上參加了 10 月 1 日中華人民共和國成立典禮。這是一個盛大的場面，是一個動人的場面，是影響整個世界歷史動向的里程碑。

政協的宗教界代表 8 人，其中 5 人是基督教的：劉良模、鄧裕志、吳耀宗、趙紫宸、張雪岩（已故）。我在政協會上代表宗教界作了五分鐘的發言。除了擁護共同綱領等三個文件外，有下面一段話：

「在共同綱領裏面，宗教信仰、自由的原則是確定了的。我們寶貴這個自由，我們也決不辜負這個自由，或濫用這個自由。我們也要用盡我們的力量，把宗教裏面的腐惡傳統和它過去與封建力量、帝國主義的聯繫，根本剷除。我們不但要在宗教裏面做消毒的工作，我們也要把宗教的積極作用，發揮光大。追求真理，服務人類是一切高級宗教的共同目標。」

這些話是完全錯誤的。我們當時沒有意識到，在宗教這個反動壘裏面，根本沒有什麼積極因素。宗教不是「追求真理，服務人類」，而是麻醉人民，為反動力量服務。我們享有宗教信仰自由，却利用這個自由來保護宗教這個反動堡壘，做了帝國主義和封建力量的工具。

1949 年 10 月 25 日我離開北京，回到上海。

11 月 3 日上海 80 多個基督教團體的 300 多人開歡迎會，請我同劉良模報告參加政協的經過，到會的有不少帝國主義傳教士。我們的報告實際上是為他們提供了情報。

基督教協進會同在上海的兩位政協代表（我和劉良模），經過短期蘊釀，決定組織訪問團傳達我們參加政協經過，和政協的成就。代表團員六人，我和劉良模是政協會議參加者，吳高梓、艾年三代表基督教協進會，涂羽卿代表青年協會，崔憲祥〔詳〕代表中華基督教總會。女青年協會的鄧裕志不是團員，她只參加了北京的訪問。我們從 11 月 22 日到 12 月 10 日訪問了南昌、長沙、武漢、開封四個城市。

帝國主義分子和基督教內的反動派一開始就放出空氣，說五位政協代表不能代表整個基督教，因此，在組織訪問團的時候，他們就插手進來，他們參加代表團的人數佔了三分之二。他們事先就在將要訪問的城市進行周密的佈置。訪問團原來規定的任務是：報導政協的經過和成就，宣達人民政府的宗教政策，但帝國主義和它的代理人却要利用這個機會來挑起教會內落後和反動分子對人民政府的對抗情緒。他們強調執行宗教政策的偏差，搜集片面性的材料，企圖通過訪問團去「告狀」。我們

兩位政協代表當時對這個陰謀沒有覺察的，我們甚至對他們的意圖，抱有一定的同情。他們原來建議的計劃很大，要訪問全國 18 個城市，其中一個是香港，但這個大的計劃沒有實現。除了上述四個城市外，我們後來只訪問了濟南、北京、西安三個城市。

1950 年 1 月 12 日基督教協進會等團體召集了一個 300 多人的會，請訪問團報告訪問經過。我作了報告。

1950 年 1 月 27 日華東軍政委員會成立，我是委員之一。在會議期中，我作了一次發言。我還是強調在各地發生的佔領教堂等問題，希望「貫徹宗教信仰自由政策」。

1950 年初，我的書《黑暗與光明》出版，這是一部論文集，它同另一本書《沒有人看見過上帝》，是我的代表作。後一本書系統地敘述了我的神學思想，主要內容是「調和」唯心主義和唯物主義。前一本書有相當一部分是專論或涉及政治問題的，既有要求進步的一面，也有從宗教信仰出發的錯誤和反動的一面。

也在這個時期，我主編一套《新時代學習叢書》，共 12 冊。題目是：基督教革新運動、新民主主義、人民民主專政、辯證唯物論、馬列主義、統一戰線、世界和平、認識蘇聯等。撰寫的有劉良模、鄭建業和我自己。吳高梓這樣反動的人我也叫他寫了一冊《基督教革新運動》。我們對這些題目不但是一知半解的，而且有許多看法是錯誤的，反動的。這套叢書反而使讀者披上「進步」的外衣來保持最後和反動的思想。

1950 年 4 月 13 日我同涂羽卿、劉良模、吳高梓、崔憲祥〔詳〕離開上海到濟南去，本來要進行訪問，但因事前沒有聯繫，沒有得到有關部門的協助。4 月 19 日我們到了北京。

# 13
# 十七年來的外交工作

（1967）

本文為手稿，撰於 1967 年 5 月 9 日，是吳耀宗撰寫的檢討文章。

## 解放後我所參加的外事活動（出國及去北京部分）

（1）　第一次世界和平大會——1949 年 4 月 20-25 日，布拉格。團長郭
　　　沫若，秘書長劉甯一，中國代表 38 人。此會原定在巴黎舉行，但
　　　有 276 人得不到簽證，決定去布拉格。與在巴黎的 1729 人，分別
　　　在兩地同時舉行。

（2）　世界和平理事會　　　　1951 年 2 月 21-26 日，在柏林。

（3）　世界和平理事會　　　　1951 年 11 月 1-6 日，在維也納。

（4）　世界和平理事會特別會議 1952 年 7 月 1-6 日，在柏林。

（5）　世界和平理事會　　　　1952 年 12 月 12-19 日，在維也納。

（6）　世界和平理事會　　　　1953 年 6 月 15-20 日，在布達佩斯。

（7）　世界和平理事會　　　　1953 年 11 月 23-28 日，在維也納。

（8）　世界和平理事會特別會議 1954 年 5 月 24-28 日，在柏林。

（9）　世界和平理事會　　　　1954 年 11 月 18-23 日，在斯德哥爾摩。

（10）亞洲國家會議　　　　　1955 年 4 月 6-10 日，在新德里。

（11）世界和平理事會　　　　1955 年 6 月 22–29 日，在赫爾辛基。

（12）世界和平理事會　　　　1956 年 4 月 5–9 日，在斯德哥爾摩。

（13）世界和平理事會　　　　1957 年 6 月 10–17 日，在〔愛？〕倫堡。

（14）世界和平理事會十周年紀念擴大會議

　　　　　　　　　　　　1959 年 5 月 8–13 日，在斯德哥爾摩。

（15）亞洲及太平洋地域和平會議

　　　　　　　　　　　　1952 年 10 月 2–12 日，在北京。


## 上述會議的主要內容

每一次會議，根據當時國際形勢，有一些特殊的內容，也有一般的內容。綜合起來，有下列各項：

——反對使用原子武器、細菌、化學武器；反對□□聖地；反對冷戰；反對軍備，主張裁軍；反對戰爭宣傳。

——反對帝國主義侵略政策，殖民主義政策；反對干涉別國內政；主張民族獨立，民族自由，擁護聯合國憲章。

——停止□□戰爭，印度支那戰爭。

——主張承認新中國，恢復中華人民共和國在聯合國的地位，反對對中國封鎖，反對美國佔領中國領土台灣。

——反對武裝西德和日本，反對西德和日本重新軍國主義化，反對歐洲防務集團，主張和平解決日本和德國問題。

——主張不同制度的國家和平共處；主張聯合國民主會議，由英、美、蘇、中、法五大國締結和平公約；主張國際問題和平協商，放棄使用武力能解決爭端。

——提倡文化交流，通過人民的聯繫，了解彼此的情況，消除誤解。

——號召世界人民為和平而鬥爭。

關於上述會議的一些情況

　　第二次世界和平會議於 1950 年 11 月 16–22 日在華沙舉行，我本來也是代表之一。但那時候，基督教協進會在上海舉行第十屆年會。關於三自問題，鬥爭很尖銳。我不能離開上海，向和大請了假。但周總理來電說要我去。後來經上海領導代爲說明情況，才改派劉良模出席。

　　代表團團長一般是郭沫若，有一次是宋慶齡，有一次是茅盾。秘書長是劉甯一、劉貫一、廖承志。三人中的一人或二人。大會發言一般是團長代的，有時再加一人。我也作過一次發言，內容有沒有談及宗教的話，現在記不了。我也代表代表團在北京作過一次報告。關於第一次世界和平大會，我爲《世界知識》寫了一篇長文（1949.8.5）；關於世界人民和平大會，我也爲《大公報》寫了一篇長文（1953 年 1 月）。

　　參加代表團的是代表各方面的人士，包括民主黨派負責人和「民主人士」，如羅隆基、章伯鈞、榮毅仁、劉□□、程潛、蔡廷鍇、楚圖苗、張奚若。宗教界人士中，我同施如璋參加的次數比較多。吳貽芳去過一次。喜饒嘉措去過一次，還有兩三次爲天主教（楊士達）和佛教的人。

我完全拥护中华人民共和国宪法草案和叶剑英同志关于宪法草案的说明。我完全拥护周总理的政府工作报告。这几个文件生动地、推确地说明了我们的社会主义祖国已经进入了一个新阶段、新时代。从中华人民共和国成立到现在仅仅二十九年，我国的面貌已经焕然一新，特别是在文化大革命以来，全国工农业和其他各条战线都取得了巨大的成就，人民的政治觉悟空前提高，无产阶级专政更加巩固。毛主席的革命外交路线和第三世界的发展成了推动历史前进的、愈来愈重要的力量。我相信这次第四届人大的胜利召开，将使全国人民意气风发，迎接新的大跃进的到来，为国家作出更大的贡献。

我由于曾经长期从事过基督教工作，因此，我想在这里说几个实际问题。

基督教和一切反动力量有着千丝万缕的关系。过去，基督教是帝国主义利用来侵略我国的工具。从鸦片战争起的一百

P.1

# 14

# 四屆全國人大會議發言

（1975）

1975 年 1 月 14 日。手稿。原文沒標題，是吳耀宗在第四屆全國人民代表大會上的發言。
是次會議通過了修改中華人民共和國憲法草案。

　　我完全擁護中華人民共和國憲法草案和張春橋同志關於憲法草案的
說明。我完全擁護周總理的政府工作報告。這幾個文件生動地、準確地
說明了我們的社會主義祖國已經進入了一個新階段、新時代。從中華人
民共和國成立到現在僅僅二十幾年，我國的面貌已經煥然一新。特別是
在文化大革命以來，全國工農業和其他各條戰線都取得了巨大的成就，
人民的政治覺悟空前提高，無產階級專政更加鞏固。毛主席的革命外交
路線和第三世界的發展成了推動歷史前進的，愈來愈重要的力量。我相
信這次第四屆人大的勝利召開，將使全國人民意氣風發，迎接新的大躍
進的到來，為國家作出更大的貢獻。

　　我過去曾經長期從事過基督教工作。因此，我想在這裏談談宗教
問題。

　　基督教和一切反動力量有着千絲萬縷的關係。過去，基督教是帝國
主義利用來侵略我國的工具。從鴉片戰爭後的一百多年中，帝國主義通
過基督教給中國人民帶來了無比的苦難。十月革命一聲炮響，馬列主義
傳到中國來。帝國主義就加強了基督教在中國的傳播，把它當作反對馬

列主義的武器。帝國主義還針對反帝，反封建的五四運動，在北京召開
「世界基督教學生同盟大會」。與此同時，帝國主義還傳來了主張愛仇
敵的「唯愛主義」。我自己曾經是唯愛主義的信仰者。在「九一八」事
變後，以及隨後在中國人民的抗日戰爭中，唯愛主義起了消極的作用。
當時廣大中國人民都義憤填膺，要抗日救國，而唯愛主義却主張不抵抗，
主張逆來順受。它恰恰成了賣國賊蔣介石和日本侵略者所需要的工具。

　　目前正在普及、深入、持久發展的批林批孔運動，對我的教育是
很深刻的。這不但是由於像我這樣年紀的人受孔孟之道影響比較深，而
且是由於它使我看到了基督教中的許多說教和孔孟之道何其相似。孔孟
宣傳「己所不欲勿施於人」。而基督教却要我們對待別人如同我們希望
別人對待我們一樣。這樣不講階級，不講路線的反動觀點可以找到許許
多多。

　　我還要談談宗教信仰自由政策問題。這次新憲法草案中也提到這個
問題。宗教信仰自由是我們國家基本政策之一。這個政策是不會改變的。
中國人民有信仰宗教的自由，也有不信宗教和宣傳無神論的自由。但是
隨着社會主義革命的深入發展，宗教的活動形式和範圍可能有所不同。
我們要特別警惕國內外階級敵人的造謠、破壞，利用宗教信仰自由政策
進行各種陰謀活動。

　　最後，總理的報告給我們提出了光明的，鼓舞人心的遠景。在今後
的關鍵的十年內，我們要建成一個獨立的，比較完整的工業體系和國民
經濟體系，要爲超趕世界先進水平打下鞏固的基礎。我們要做的事很多，
但是，在毛主席的指導下，我們一定能達到這個目標。我年紀已經大了，
但是我要決心加緊學習，改造自己的世界觀，爲社會主義革命和社會主
義建設作出一點貢獻。

吳耀宗 1975 年 1 月 14 日

宪法报告

　　1954年宪法，是中国第一个社会主义类型的宪法，它将来记载了宪法史的篇幅。

1954 以来发生了重大变化，特别是八年来我争斗争硬利了对林彪和四人帮所作的斗争了

　　"中国共产党是全中国人民的领导核心"
"毛泽东思想是我们指导思想的理论基础名出"
　　"全国人民代表大会是全中国最高国家权力的手下。

　　"加强了权力机构机关""中国共产党中央委员会主席统领全国的武装力量"

　　"中华人民共和国是工人阶级领导的以工农联盟为基础的无产阶级专政的社会主义国家"

　　公民自由

"中国现在民主也太少啦！"

　　公民有由一言论出版、集会、结社、遊行、示威、罢工的自由，有信仰宗教和不信仰宗教、宣传无神论的自由。

〈憲法報告〉手稿

**15**

**憲法報告**

（1975）

手稿，缺日期。應是吳耀宗就第四屆全國人民代表大會（1975 年 1 月 13 至 17 日）
關於修改中華人民共和國憲法草案所撰。

1954 年憲法，是中國第一個社會主義類型的憲法。二十年來證明，這
憲法是正確的。1954 以來發生重大變化，特別是八年來文革粉碎了劉
林兩個無產階級司令部。

「中國共產黨是全中國人民的領導核心」「馬列主義是我國指導思想的
理論基礎」「全國人民代表大會是在中國共產黨領導下的最高權力機
關」「中國共產黨中央委員會主席統率全國武裝力量」。

「中華人民共和國是工人階級領導的以工農兵聯盟為基礎的無產階級專
政的社會主義國家」

公民自由

「中國永遠不做超級大國」

公民自由——通信，出版，集會，結社，遊行，示威，罷工的自由，有
信仰宗教和不信仰宗教，宣傳無神論的自由。

# 16

# 對新憲法、張春橋報告及周恩來報告的感想

（1975）

手稿，缺日期。標題為編者所加。應是吳耀宗在第四屆全國人民代表大會
（1975 年 1 月 13 至 17 日）後所撰。

　　我最近重溫了新憲法和張春橋同志有關的報告，以及周總理的政府
工作報告。

　　這幾個文件最突出的一點，從我個人的體會來說，就是黨的領導。
「中國共產黨是全中國人民的領導核心」。「全國人民代表大會是在中
國共產黨領導下的最高權力機關」。「中國共產黨中央委員會主席統率
全國武裝力量」。

　　沒有共產黨就沒有新中國的一切。沒有共產黨就沒有新中國翻天覆
地的變化。沒有共產黨所統率的武裝力量，就不能取得抗日戰爭的勝利，
就不能抵抗建國後帝國主義的侵略。

　　全國人民代表大會是最高權力機關，但它仍然是在黨的領導下工作
的。四屆人大的隆重召開和勝利閉幕，就完全證明了黨的領導的必要性。

　　八年前的文化大革命是在黨的領導下進行的。今天轟轟烈烈的批林
批孔運動也是在黨的領導下進行的。這是我國的頭等大事；在國際上也
有深遠的影響。

　　黨為什麼能夠領導我們？這就是因為我們有馬克思列寧主義和毛澤

東思想。我們的偉大領袖毛主席的思想在國內越來越深入人心；在國際，我們贏得越來越多的朋友，尤其是第三世界的國家和人民。第三世界是反殖，反帝，反霸權的主力軍。中國是發展中的社會主義國家，屬於第三世界。我們堅決支持亞非拉國家和人民的團結，堅決支持他們的鬥爭。我們永遠不稱霸，永遠不做超級大國。

周總理的報告列舉了我國在偉大領袖毛主席領導下所取得的巨大成就。我們超額完成了第三個五年計劃；第四個五年計劃，在一九七五年也將勝利完成。農業連續十三年豐收，保證八億人口吃穿的需要。我們既無外債，也無內債；這與資本主義世界經濟動盪，通貨膨脹，成為一個鮮明的對照。

總理的報告也談到國際形勢。他說：「當前國際形勢的特點，仍然是天下大亂，而且是越來越亂了。資本主義世界面臨戰後最嚴重的經濟危機。世界各種基本矛盾進一步激化。一方面世界人民革命傾向蓬勃發展；一方面兩個超級大國爭奪世界霸權越來越激烈。」

「天下大亂」這句話說明了什麼？我們看看每天的報刊，就知道資本主義世界面臨着無法解決的問題。經濟危機引起了失業罷工，人民生活水平下降和各國在貿易關係中的矛盾。能源問題尤其是西方國家和生產石油國家間的嚴重矛盾。一句話：資本主義世界越來越走下坡路。雖然它不會馬上崩潰，它的壽命不會很長了。

「天下大亂」對中國人民是有利的，對全世界革命人民是有利的。亂是亂了敵人，推動了革命的發展。

總理也提到世界大戰的可能性。他說：蘇聯社會帝國主義是新的世界戰爭的策源地，總有一天要導致世界大戰。各國人民必須有所預備。總理又說：「目前，革命和戰爭的因素都在增加。不論是戰爭引起革命，還是革命制止戰爭，國際形勢總是朝着有利於人民的方向發展，世界的前途總是光明的。

總理還指出中美兩國之間存在着根本的分歧。由於雙方的共同努

力，三年來兩國關係有所改進。但蘇聯領導集團□□了馬克思列寧主義，我們同他們的爭論是要長期進行下去的。

上面有關國際形勢的話，我認爲都是毛主席革命外交路線的體現。這條路線劃分了主要敵人和次要敵人，是一條積極的主動的路線。

# 政府工作报告（1）

三届人大以来，我们在毛主席为首的党中央领导下，取得了伟大胜利和毛主席革命路线的…和…的无产阶级文化大革命…是对资产阶级和一切剥削的国际的…的这场大革命的…运动，是这场大革命的…和深入

超额完成了第三个五年计划，第四个五年计划一九七五年也将胜利完成。

农业连续十三年丰收，七四年比四八年长5 1/100。

八亿人口保证人民吃穿需要。

无内外债收支平衡与各世界经济活动为通货膨胀相反

加强了和各国人民特别是第三世界人民的团结以及国家建交等

一切胜利都是毛思想的伟大胜利，是毛主席革命路线的伟大胜利

当前任务是继续普及、深入、持久开展批林批孔运动

进一步发展工人阶级领导的以工农联盟为基础的，包括爱国民主党派，爱国人士，爱国侨胞和港澳同胞的革命统一战线。

国民经济走在世界纪内走在世界的前列

〈政府工作報告〉手稿

17

政府工作報告

（1975）

手稿，缺日期，標題為編者所加。應是吳耀宗在第四屆全國人民代表大會
（1975 年 1 月 13 至 17 日）後所撰。

　　三屆人大以來，我國各族人民政治生活中的頭等大事，就是偉大領
袖毛主席親自發動和領導的無產階級文化大革命……是對資產階級和一
切剝削階級的政治大革命……目前正在全國開展的批林批孔運動，是這
場大革命的繼續和深入。

　　超額完成了第三個五年計劃，第四個五年計劃一九七五年也將勝利
完成。

　　農業連續十三年豐收，七四年比六四年長 51/100。八億人口保證人
民吃穿需要。

　　無內外債，收支平衡與資本主義世界經濟活動為通貨澎漲相反。

　　加強了同各國人民特別是第三世界人民的團結，建交國家近百個。

　　一切勝利都是馬列毛思想的偉大勝利，是毛主席革命路線的偉大
勝利。

　　重要任務是繼續普及，深入，廣泛開展批林批孔運動。

　　進一步發展工人階級領導的以工農聯盟為基礎的，包括愛國民主黨

派、愛國人士，愛國僑胞和港澳同胞的革命統一戰線。

國民經濟在本世紀內走在世界的前列。

悼念周总理逝世一周年　　　　吴克宗
　　　　发言稿　　　　　　　　1977.1.7

　　在以华主席为首的党中央一举粉碎"四人邦"取得伟大胜利
的时刻，我怀着极其沉痛的心情，悼念伟大领袖毛主席 的亲密
战友，敬爱的周总理逝世一周年。

　　在中央几位最高领导同志中，我同周总理的接触最多，
他给我的教育也最多。周总理自始的坚定性，人怕革命的忘记险，
和蔼可亲，简单朴素，平易近人。

　　我第一次见到周恩来同志是在1938年5月20日。这是因苦合作
的时期。那时候，他是十八集团军驻汉口的代表，兼敌流都卞位。
当时我请求见到周恩来同志，想不到他与吴玉章同志 却亲自来到我的
住处。周恩来同志身穿一套草绿色 的军装，我们谈了一个多小时。谈话
的内容是 抗战，因苦合作，中日革命 和宗教等问题。党的两位高级领导同志
亲自到我的住所看我，使我非常感动。

　　我第二次见到周恩来同志是在1941年12月11日。我到曾家岩
中共办事处去的。那里房子很小，只有一间办公室，几间卧室，几张椅子和
板凳。曾家岩的周围都是国民党特务。就是在这个简陋的办公室里，他
们除了同口民党作斗争外，还要接见来访的革命群众、新闻记者、民主人士，

P.1

# 18
# 悼念周總理逝世一周年發言稿

（1977）

本文為吳耀宗在「各界愛國人士隆重紀念敬愛的周恩來總理逝世一周年座談會」上的發言。
撰於 1977 年 1 月 7 日。手稿。

在以華主席為首的黨中央一舉粉碎「四人幫」取得偉大勝利的時候，我懷着極其沉痛的心情，悼念偉大領袖毛主席的親密戰友，敬愛的周恩來總理逝世一周年。

在中央幾位最高領導同志中，我同周總理的接觸最多，他給我的教育也最大。周總理有革命的堅定性，又有革命的靈活性，和藹可親，簡單樸素，平易近人。

我第一次見到周恩來總理是在 1938 年 5 月 29 日。這是國共合作的時期。那時候，他是十八集團軍駐漢口的代表，兼政治部主任。當時我請求去見周恩來同志，想不到他與吳玉章同志却親自來到我的住處。周恩來同志身穿一套草綠色的軍裝。我們談了一個多小時，談話的內容是抗戰，國共合作，中國革命和宗教問題。黨的兩位高級領導同志親自到我的住所看我，使我非常感動。

我第二次見到周恩來同志是在 1941 年 12 月 11 日。我到曾家岩中共辦事處去的。那裏房子很小，只有一張辦公桌子，幾間臥室，一些椅子和板凳。曾家岩的周圍都是國民黨特務。就是在這個簡陋的辦公室裏，

他們除了同國民黨鬥爭外，還要接見來訪的革命羣眾、新聞記者、民主人士、國際友人，對他們揭露美蔣反動派的陰謀，宣傳共產黨的正確立場，做統一戰線工作。鄧穎超同志一方面協助周恩來同志工作，同時也負責婦女工作。

　　這是國內階級鬥爭和民族鬥爭最緊張的時候。蔣介石消極抗日，積極反共。周恩來同志給我分析了形勢，指出只要各階層人民團結起來，就能夠在民族生死存亡的關頭，打敗日本侵略者。他又詳細闡明了在國共兩黨合作的基礎上，建立各黨各派各界抗日民族統一戰線的主要意義。這次談話使我認識到，中國共產黨是抗日的中流砥柱，是不願做亡國奴的中國人民的希望，是一切愛國人民可信賴的力量。

　　我第三次會見周恩來同志是在 1943 年 5 月 25 日。那天還有董必武和其他兩位同志在座。這時抗日戰爭已接近勝利，國內形勢和國共兩黨關係將發生重大變化的時候。我對這種情況是有所了解的，但我對於今後中國何去何從，人民日夜盼望的和平民主的中國是否能成為事實，還有疑問。他們兩位同志給我詳細介紹了當時的形勢，重申周恩來同志在上次談話中所表示的信心：最後的勝利一定屬於共產黨和中國人民。從此，我更加相〔信〕中國共產黨，更加佩服周恩來同志，對我國的前途有更大的信心。因為談話的時間很長，我在他們那裏吃了午飯。特別使我感動的是，他們知道我身體不好，讓我休息後再談。他們給我無微不至的照顧，此情此景，使我難忘。董必武同志還應我的要求，開了一張學習馬列主義的書單給我。

　　從 1949 年解放後到 1959 年，我參加了 15 次世界和平會議。除了亞洲太平洋會議是在北京外，其餘都在國外舉行。周總理在每次出國前，都在中南海紫光閣召集我們作重要指示。總理對世界各種複雜問題都有極其廣博的知識和深刻的洞察力。立場堅定，旗幟鮮明。他的指示是我們在國外活動的指導原則。我記得他早就預言，蘇聯將力圖控制世界和平理事會。我們還是有一天要服務這個組織。果然自 1949 年以來，我們再也沒有和這個組織發生關係。1950 年他自蘇聯回來，看到在社會主義

國家中正確處理宗教問題的重要性。

周總理很關心宗教政策問題。1950 年 5 月 2 日到 12 日他約了我和劉良模、鄧裕志等一些基督教人士作了三次長時間的談話，地點都是在國務院。談話是在非常親切的氣氛中進行的。由於周總理的教育和啓發，我們發起了一個「三自革新」運動，成立了一個新機構，發表了〈革新宣言〉，宣佈中國基督教堅決割斷同帝國主義的關係，揭露帝國主義利用基督教進行的種種罪行。（總理怕革新二字爲某些人不能接受，改爲三自愛國。）

偉大領袖和導師毛主席看過〈宣言〉後，對我說：「〈宣言〉很有力量，但一定有人反對你們」。毛主席的教導，使我對基督教的反帝愛國運動有了更大的信心。在毛主席和周總理的支持下，《人民日報》曾經以三個版面刊登了第一批 1527 位簽名擁護〈宣言〉的名單。以後簽名的人數發展到十幾萬人。以後便明確有人反對。

最後，我回過頭來簡單談談 1946 年 6 月 22 日發生的「下關血案」和周總理對民主人士的愛護和關懷。

當時蔣介石在美帝國主義支持下，調動了一百多萬軍進攻解放區。在國民黨統治下的人民，政治上受到壓制，物價飛漲，民不聊生。反對內戰，要求和平民主，已經成爲廣大人民一致的呼聲，成爲不可抗拒的洪流。

爲此，上海幾十個人民團體推舉了一個由十一人組成的代表團到南京請願。我也參加了。

我們的目的是向蔣介石、馬歇爾，中共三方面呼籲和平，停止內戰。我爲代表團草擬了一份給馬歇爾的英文「備忘錄」，表示中國人民堅決反對美帝國主義支持蔣介石打內戰。

到了下關，代表團就被國民黨特務包圍毆打，許多人被打傷，送到中央醫院。周恩來同志和鄧穎超同志聞訊立即半夜起來看望我們。鄧穎超同志還送來了食物。以後，又在梅園新邨中共辦事處親自接待了我們。

　　回到上海後，鄧穎超同志在劉少奇同志陪同下，代表周恩來同志來我家看我，表示慰問。她說：黨很重視我給馬歇爾的備忘錄。這對我是一個很大的鼓勵。

　　周總理一生爲中國革命和世界革命作出的不可磨滅的貢獻和功績將永垂青史。「四人幫」反黨集團把周總理看成他們陰謀篡黨奪權的巨大障礙。他們惡毒攻擊和陷害周總理，甚至在周總理逝世後，「四人幫」還千方百計地壓制羣衆的悼念活動。但是周總理是巍巍高山，光明磊落，如日月經天，無論「四人幫」怎樣貶損他，都無損他的宏偉和光輝。

　　特別使我們慶幸的是，偉大領袖和導師毛主席生前又爲我們選定了一位最前衛的接班人華國鋒同志。毛主席親自對他寫上「你辦事，我放心」。毛主席放心，全國人民也放心。以華主席爲首的黨中央，繼承毛主席的遺志，所做的第一件事就是揪出了「四人幫」，爲黨爲國除了大害，眞是大快人心。

　　最使我激動的是，在一個多月前召開的人大常委會上，我高興地見到了鄧穎超同志。我們共同回憶往事，一幕一幕歷歷在目。周總理的崇高形象又重現在我的眼前。周總理爲革命赤膽忠心，出生入死，鞠躬盡瘁的精神和作風，好像又重現在鄧大姊身上。這時我禁不住心潮澎湃，更加懷念我們敬愛的周總理。

　　周總理離開我們了，但他永遠活在億萬人民的心中。周總理講過要「活到老，學到老，改造到老」。周總理這樣一位久經考驗的無產階級革命家對自己尚且如此嚴格要求。我更應該把這句話作爲座右銘，永遠跟黨走，爲社會主義革命和建設作出更大的努力。

　　毛主席，周總理和華主席都極其關心台灣的解放。他們說：我們一定要解放台灣。我相信，台灣一定會回到祖國的懷抱。

吳耀宗

1977 年 12 · 3

春节前市委领导同志接见时讲话.

不够考虑.

今天能够来参加这个会，並受到党中央派来上海的
简章同志的接见，感到非常高兴。趁这个机会，我想讲几句话。

四十多年前我就开始接近中国共产党。在以后漫长的
岁月里，党的许多负责同志，特别是我们大家所崇敬的周
总理，给我许多帮助和教育，使我逐步认识到，只有中国
共产党，只有社会主义，才能救中国。回

回顾过去一百多年的历史，苦难深重的中国人民，内
受反动派的压榨，外受帝国主义列强的欺凌宰割，祖国的大好
山河满目疮痍，多少有良心的中国人，期待着是日要此，
满腔悲愤。1949年出此分救了。在分救六十多年中，我看到
了翻天覆地的变化；八亿中国人民就起来了。迸发出巨人的威力，
恢复他们的尊严和自信，无数的事实证明了这一条真理："没有
共产党，就没有新中国"。

至一切巨人的进化是和实内外的阶级斗争和影响斗争
分不开的。试看看到解放前的1921年对辛亥年代的大屠杀。当当要
像干多万上的血海 大倒退转弄。无产阶级领导的红军，
在毛主席的带领下，走上了举世闻名的长征，创立延安，接收了华东，

P.1

〈春節前市委領導同志接見時講話〉手稿.

今天，市委、市革委领导同志和我们亲切会见，这是以华主席为首的党中央对我们的关怀。我能够来参加这个会，感到很高兴。在"四人帮"的控制下，这是不可想像的。现在，在华主席的英明领导下，粉碎了"四人帮"以后，中国革命取得伟大胜利的三大法宝之一的革命统一战线，又焕发出青春活力。

四十多年前，为了抗日救国，我就开始接近中国共产党。在以后漫长的岁月里，党的许多负责同志，特别是我们衷心爱戴的周总理，遵循毛主席建立广泛统一战线的教导，给了我许多帮助和教育，使我逐步提高了认识。在抗日战争期间，是谁为了中华民族的生死存亡，坚决抗击日寇侵略者？在抗日胜利后的岁月里，又是谁代表了人民要革命、民族要解放、国家要独立的强烈呼声，作出历史的最有力的回答？只有中国共产党。

标准稿纸　500格　（20×25）　2934

〈春節前市委領導同志接見時講話〉手稿

# 19

# 春節前市委領導同志接見時講話

（1977）

本文為手稿。另有一篇內容接近的手稿，日期為 1977 年 2 月 9 日。現附文末。

今天能夠來參加這個會，並受到黨中央派來上海的負責同志的接見，感到非常高興。趁這個機會，我想講幾句話。

四十多年前，我就開始接近中國共產黨。在以後漫長的歲月裏，黨的許多負責同志，特別是我們大家由衷愛戴的周總理，給我許多幫助和教育，使我逐步認識到，只有中國共產黨，只有社會主義，才能救中國。

回顧過去一百多年的歷史，苦難深重的中國人民，內受反動派的剝削壓榨，外受帝國主義列強的欺凌宰制，祖國的大好山河支離破碎，滿目瘡痍。凡是稍有愛國心的中國人，無不憂國憂民，滿腔悲憤。1949 年中國解放了。在解放後的二十多年中，我看到了翻天覆地的變化；八億中國人民站起來了。他們迸發出巨大的威力，恢復了自己的尊嚴和自信。無數的事實證明了這一條真理：「沒有共產黨，就沒有新中國。」

這一切巨大的變化是黨內外的階級鬥爭和戰線鬥爭分不開的。我曾看到蔣介石 1927 年對革命人民的大屠殺。共產黨人擦乾了身上的血跡，又繼續戰鬥。大圍剿後的紅軍，在毛主席的帶領下，走上了舉世矚目的長征，到達延安，挽救了革命，挽救了黨。就是這樣，中國共產黨經歷了無數的艱難曲折，犧牲奮鬥，由小到大，成為今日成熟的馬列主義政

黨。在特務橫行的白色恐怖下，在敵人的造謠污衊中，像我這樣的人，相信毛主席，相信共產黨，就這樣跟着黨走過來了。無數的事實證明，「聽主席的話，跟共產黨走」就是我們的前途。只有這樣，我們才能爲祖國，爲人民做些有益的事。

現在，我們偉大國家的締造者毛主席與我們永別了。但是久經考驗的中國共產黨和八億革命的人民，必然會產生自己的英明領袖。毛主席親自選定的接班人華國鋒同志擔負起重任以後，在短短的半年中，作出了許多重要的決定，採取了許多果斷的措施。最重要的就是一舉粉碎了「四人幫」，避免了歷史的倒退，挽救了革命，挽救了黨，受到舉國上下一致的擁護和讚揚。「四人幫」倒行逆施，早就人心喪盡，一旦受到揭露，立即土崩瓦解。他們所散佈的流毒，正在遭到肅清和批判。

華主席爲首的黨中央不久前又發表了毛主席的光輝著作〈論十大關係〉。這個文獻是各項工作的指導原則，調動一切積極因素，爲把我國建設成爲一個強大的社會主義國家而奮鬥。這篇文章深刻全面，雖然寫在二十年前，但是今日仍有它巨大的現實意義。華主席決心繼承毛主席的遺志，將社會主義革命和社會主義建設進行到底。

不久前，我去北京開人大常委會，見到許多老朋友。大家都異口同聲地說：「揪出『四人幫』後，我們都變得年青了」。現在〈論十大關係〉的發表，更使全國各族人民滿懷信心，團結一致，爲建設強大的社會主義國家而共同努力。我們的國家大有前途，周總理在四屆人大會上提出的宏偉藍圖必將實現。

我想講的就是這些。相信上海一千萬人民在新市委的領導下，一定能徹底推跨「四人幫」在上海的黑窩，肅清它們的惡毒影響，使上海在革命和生產二方面對全國作出更大的貢獻。

（另一篇手稿）

　　今天，市委、市革委領導同志和我們親切會見，這是華主席爲首的黨中央對我們的關懷，我能夠來參加這個會，感到很高興。在「四人幫」的控制下，這是不可能想像的。現在，在華主席的英明領導下，粉碎了「四人幫」以後，中國革命取得偉大勝利的三大法寶之一的革命統一戰線，又煥發出青春活力。

　　四十多年前，爲了抗日救國，我就開始接近中國共產黨。在以後漫長的歲月裏，黨的許多負責同志，特別是我們大家由衷愛戴的周總理，遵循毛主席建立廣泛統一戰線的教導，給我許多幫助和教育，使我逐步提高了認識。在抗日戰爭期間，是誰爲了中華民族的生死存亡，堅決抗擊日本侵略者？在抗戰勝利後的年代裏，又是誰體現了人民要革命，民族要解放，國家要獨立的強烈願望？歷史給了最有力的回答：只有中國共產黨，只有社會主義才能救中國。

　　回顧過去一百多年的歷史，苦難深重的中國人民，內受反動派的剝削壓榨，外受帝國主義列強的欺凌宰制，祖國的大好山河支離破碎，滿目瘡痍。凡是稍有愛國心的中國人，無不憂國憂民，滿腔悲憤。1949 年中國解放了。當我站在天安門城樓上，聽到偉大領袖毛主席宣告中國人民站起來了，看着第一面五星紅旗慢慢上升起，禁不住心裏澎湃，激動萬分。在解放後的二十多年中，我看到了翻天覆地的變化；八億中國人民站起來了。他們迸發出巨大的威力，恢復了自己的尊嚴和自信。無數的事實證明了這一條眞理：「沒有共產黨，就沒有新中國。」

　　這一切巨大的變化是黨內外的階級鬥爭和戰線鬥爭分不開的。我曾看到蔣介石 1927 年對革命人民的大屠殺。共產黨人擦乾了身上的血跡，埋葬了同志的屍體，又繼續戰鬥。大圍剿後的紅軍，在毛主席的帶領下，走上了舉世矚目的長征，到達廷安，挽救了革命，挽救了黨。就是這樣，中國共產黨經歷了無數的艱難曲折，犧牲奮鬥，由小到大，成爲今日成熟的馬列主義政黨。在特務橫行的白色恐怖下，在敵人的造謠污衊中，

像我這樣的人，**就是在黨的統一戰線政策的教育下**，相信毛主席，相信共產黨，**經歷了抗日戰爭，民主革命各階段**，就這樣跟着黨走過來了。無數的事實證明，「聽主席的話，跟共產黨走」就是我們的前途。只有這樣，我們才能爲祖國，爲人民做些有益的事。

現在，我們偉大國家的締造者毛主席與我們永別了。但是久經考驗的中國共產黨和八億革命的人民，又有了自己英明的領袖。毛主席親自選定的接班人華國鋒同志擔負起重任以後，在短短的半年中，作出了許多重要的決定，採取了許多果斷的措施。最重要的就是一舉粉碎了「四人幫」，避免了歷史的倒退，挽救了革命，挽救了黨，受到舉國上下一致的擁護和讚揚。「四人幫」倒行逆施，早就人心喪盡，一旦受到揭露，立即土崩瓦解。他們所散佈的流毒，正在遭到肅清和批判。

華主席爲首的黨中央不久前又發表了毛主席的光輝著作〈論十大關係〉。這個文獻是各項工作的指導原則，調動一切積極因素，爲把我國建設成爲一個強大的社會主義國家而奮鬥。這篇文章深刻全面，雖然寫在二十年前，但今日仍有它重大的現實意義。**文章的發表，表明了**華主席決心繼承毛主席的遺志，決**心**將社會主義革命進行到底。

不久前，我去北京開人大常委會，見到許多老朋友。大家都異口同聲地說：「揪出『四人幫』後，我們都變得年青了」。現在〈論十大關係〉**和華主席在第二次農業學大寨會議上講話**的發表，更使全國各族人民滿懷信心，團結一致，爲建設強大的社會主義國家而共同努力。我們的國家大有前途，周總理在四屆人大會上提出的宏偉藍圖必將實現。

**最後，我**相信上海一千萬人民在新市委的領導下，一定能徹底推垮「四人幫」在上海的黑窩，肅清它們的惡毒影響，使上海在革命和生產二方面對全國作出更大的貢獻。

吳耀宗

1977 年 2 月 9 日

关于领导集问题

由体大钱种玉主席现自上层委和造定的华国锋同志任党中央主席、军委会主席，这是一个非常英明的决定。为华主席代理接班人，毛主席放心，全国人民也放心。

华主席所作的第一件事是揪出"四人帮"反动全国人民对他们进行彻底的揭发、彻底的批判。这是一件关系到国家生死存亡的大事，一件大快人心的大事。

华主席所作的第二件事是请人大常委会追认邓颖超同志为人大付委员长，黄华为外交部长，撤销跟四人帮有关的吴冠华。先后华主席所作的第四件事是召开雕世界大寨工业大庆的会议。这两个运动关系到我们自己从一穷二白世纪的建成一个完全统帅的合自己，人民享受更优秀的生活的关键性的运动。

我相信华主席迟早把其他各种践义的问题选择上议事日程。我认为宗教政策也是其中的一个。由于我自己是非信仰者暂担积，我想对这个问题发表一点意见。

我国的宪法规定：人民有信仰宗教的自由，和不信仰的，宣传无神论的自由，这是彻底者、最全面的。但宗教问题是一个很复杂的问题，宗教政策也要在不同的时代，不同的阶段，作出适者的规定。

在各种宗教中，基督教，特别是在西方影响最大。基督教分为三大派别，就现象论它们的名称为天主教和天主教改革。它有又分基督教和欧洲一些小国家的影响。在这三个派别中基督教的影响最大。

〈關於宗教政策問題〉手稿

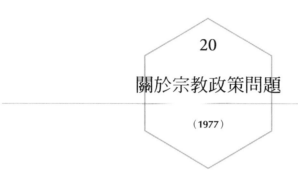

# 20
# 關於宗教政策問題

(1977)

1977 年 12 月 31 日。手稿，文末 1967 年應為 1977 年。吳耀宗後來曾作出若干增刪。
刪去部分以標楷體標出，原文以紅筆增加部分，以**宋體**標出。

由偉大領袖毛主席親自培養和選定的華國鋒同志任黨中央主席，軍委會主席，這是一個非常英明的決定。以華主席做接班人，毛主席放心，全國人民也放心。

華主席所做的第一件事，是揪出「四人幫」，發動全國人民對他們進行徹底的揭發；徹底的批判。這是一件關係到國家生死存亡的大事，是一件大快人心的大事。

華主席所做的第二件事是籌建毛主席紀念堂，出版《毛澤東選集》第五卷和以後各卷。

華主席所做的第三件事是請人大常委會通過鄧穎超同志為人大常委員長，黃華為外交部長，撤換跟「四人幫」走的喬冠華。

華主席所做的第四件事是先後召開農村學大寨，工業學大慶的會議。這兩個運動是關係到我國是否能在二十世紀內建成一個完全能夠自給自足，人民享着更優裕的生活的關鍵性的運動。

**華主席主持工作以來，僅僅幾個月，雷厲風行，大刀闊斧，所幹的幾件大事都是深得人心，大得人心。**

我相信華主席還將把其他各條戰線的問題逐步擺上議事日程。我認爲宗教政策是其中的一個。由於我自己是長期信仰基督教，我想對這個問題發表一點意見。

我國的憲法規定：「人民有信仰宗教的自由，和不信仰宗教，宣傳無神論的自由。」這是很恰當，很全面的。但宗教問題是一個很複雜的問題，宗教政策也要在不同的時代，不同的階段，作出適當的規定。

在各個宗教中，基督教特別在西方影響最大。基督教有三大派別，就是現在流傳的基督教、天主教和東正教。東正教主要是蘇聯和歐洲東部國家的宗教。在這三個派別中，基督教的影響最大。

基督教最早就傳到中國。在唐朝的時候，一些東方的國家（大秦）將景教（當時基督教的名稱）帶到中國來。現在在西安的「碑林」中，還有一塊「大秦景教流行中國碑」的碑石。但景教很快就消失了。爲什麼呢？就是因爲它不適合中國文化，不適合中國人民的風俗習慣。

後來，1840 年西方就通過砲艦政策，把基督教強加給中國人民了。[1] 他們找了一個中國人名梁發的，將聖經譯成中文。在全盛的時期，中國有幾千名傳教士。以後，基督教就鞏固在中國。

傳教士最初是叫一些貧窮的勞動人民信教。這些人過着痛苦的生活，信了教，他們就得到安慰，精神上的寄托。後來，帝國主義變成「醜陋」了。他們知道下層人民信教，對中國的影響不大，必須爭取中上層的人信教。在 1917 年以後，他們就派一些「開放」的傳教士到中國來。他們將信教同「愛國」結合起來，說中國的政治是怎樣地腐敗，中國人要「救國」，就必須先「正其心」，有「高尚的人格」，而信教就是「做好人」，能夠救國的先決條件。美國有兩個傳教士的巨頭，穆德和艾迪到中國來，對知識分子提倡「基督教救國」論。我自己就是由於他們的影響，在 1918 年信了基督教的。

中國經過三次大的反基督教運動。第一次是義和團運動。媚外的滿

---

1　「強加給」原作「傳到」。

清政府和帝國主義稱它爲「拳匪」。義和團運動既反對帝國主義，也反對基督教。由於兩種反動力量的鎮壓，這個運動很快就被鎮壓下去了。

在義和團運動以前是 1840 年的鴉片戰爭。[2] 英帝國主義將印度的鴉片賣給中國人民，毒害他們。這件事遭到人民的反對。那時的兩廣總督林則徐下令禁烟，並把大量的烟燒毀。這就激起帝國主義的憤怒。八國聯軍佔領北京、天津，焚毀圓明園，迫使滿清政府簽訂第一個不平等條約，付出大量賠款。**鴉片戰爭後，腐敗無能的滿清政府在列強的壓力下簽訂了第一個賣國條約**。在這個條約中，帝國主義放進一個條文：他們在中國有傳教的自由。從此基督教就泛濫於中國。

第二次反基督教運動是在 1922 年。那時候，中國共產黨成立不久。由於受俄國革命的影響，知識分子發起了「五四運動」，提倡新文化。在「五四」運動中就發生反基督教運動，成立反基督教大同盟。

以美國爲首的帝國主義針對這種局勢，就在 1922 年在北京清華大學召開一個世界基督教學生同盟大會。主持大會的主要人物是美國的穆德和基督教青年會總幹事余日章。這次大會的主要目的是給中國青年「消毒」。

在大會後不久，傳教士就在上海的市政廳召開一個全國基督教會議。會議前的一年，他們指定一大批傳教士對中國各地人民的風俗習慣，生活情況，交通運輸，物質資源等作了詳細的調查，出了一本厚厚的書，英文名字叫做《基督教佔領中國》（實際上是帝國主義佔領中國）。這本書的中文版本，不想這樣露骨，改名爲《中華歸主》。這是帝國主義要將中國淪爲次殖民地的野心勃勃的企圖。

第三次反基督教運動是在 1966 年文化大革命時期。文化大革命是毛主席親自發動和主持的，是完全必要，如常反對的。沒有文化大革命，劉少奇等一大批資產階級分子就要篡奪政權，將國家改變顏色。

兩千年來，基督教的影響是很大的。現在全世界運用的「公曆」就

---

2　原文誤作「1940」。

是從耶穌誕生那一年算起的（雖然耶穌是那一年誕生的，甚至歷史上究竟有沒有耶穌這個人，西方的一些學者都有疑問。）

我國是中國共產黨領導的國家。我國的指導思想是馬克思、恩格斯，列寧，斯大林的理論和著作。他們對宗教的看法是什麼呢？

馬克思所說的「宗教是人民的鴉片」這句話是大家所熟悉的。馬克思又說：「宗教是將人顛倒現實的理論，所以被人顛倒的現實解體以後，宗教就自歸於消滅」。

恩格斯說：「基督教與工人社會主義二者，都宣傳未來的解放，脫離奴役和貧困，但基督教實現其解放要在世外，在死後，在天上；社會主義則要實現其解放在人世，在社會變革。」

列寧說：「馬克思主義就是唯物主義，因此，它要無情地反對宗教。國家不該干涉宗教，各人都應當自由地信奉他所喜歡的宗教，或不信任何宗教。國民的權利也不應該以宗教的緣故而有所區別。即使在公民中，關於國民的一切信仰的條款也應當完全取消。宗教團體不該從國庫中獲得任何補助，他們應當脫離國家的獨立，變成信徒自願結合的社團。

斯大林說：「對於宗教，黨不能採取中立態度，並且要進行反宗教的宣傳，以反對一切宗教成見。

毛主席說：「菩薩是農民立起來的，到了一定時期，他們自己的雙手會拆這些菩薩，無須親人過早地代丟菩薩。」

但是毛主席又說：「中國無產階級的科學思想能够與中國還有世界性的資產階級的唯物論與自然科學思想建立反帝，反封建，反迷信的統一戰線。但決不能與反動的唯心論建立統一戰線。共產黨員可以與基督唯心論者，甚至宗教信徒建立政治行動上的反帝統一戰線。但決不能贊同他們的唯心論或宗教教義。」（引自〈新民主主義與新民主主義的文化〉1940）

我國是一個以唯物主義爲指導思想的國家，但在我國又同時存在着唯心主義的宗教，這二者是有矛盾的。面對着這些矛盾，我們對**但是在**

不同的革命階段，持取現實的態度，仍然准許宗教信仰，因此，憲法規定的「信仰宗教的自由」這個條文應當作出解釋。

中國和蘇聯的情況有所不同。在十月革命時的蘇聯，東正教的全國組織（cyoop）是由一些舊社會反動份子所領導。他們對新生的蘇維埃政權是極盡全力反對的，甚至組織過武裝的教士團。但是在我國，由於實行毛主席的統一戰線，團結各界各族，各階層人民共同對敵，因此有可能在黨的領導下，開展的三自愛國運動和帝國主義割斷關係，使宗教界人士逐步轉變，建設社會主義，清除了□□的反動分子。

在文化大革命期中，紅衛兵砸燒教會，停止宗教組織的活動，拿光他們的聖經和其他宗教書籍。文化大革命後，許多信徒寫信給我提出一系列有關信仰自由的問題，我覺得無法答覆，就將這些信都已轉給上海和中央的有關部門，但從來沒有得到處理。

文化大革命是我們完全擁護的。它挽救了許多人，包括宗教信仰者在內。文化大革命的主要對象和主要矛盾是劉少奇一夥的走資本主義道路當權派。文化大革命對宗教的矛盾是次要的矛盾。次要矛盾應當服從主要矛盾。

在宗教團體由也是反動分子，他們是敵我矛盾，應當取締和鎮壓。

宗教是有其階級根源和認識根源，在仍然有階級，階級矛盾，仍然對自然尚未有多認識的今天，仍在宗教發生和存在的土壤。宗教和唯心主義是同胞兄弟，而唯心主義是長期存在的。這不是用行政命令的手段，強迫人們放棄信仰。同時歷史證明蘇聯曾大規模有組織的宣傳無神論全國理論，但是其結果是反宗教的興趣，信宗教的興趣同樣流傳。[3] 在今日的蘇聯和東歐國家，國家宗教仍然很流行。這是傳統的頑強勢力，社會內和執行政策都有關係。

在這樣複雜的情況下，我們對宗教問題應當怎樣處理呢？

---

3　「反宗教的興趣，信宗教的興趣」原文是「對有神論和無神論的討論」。

　　現在大家都希望有比較具體的統戰政策，有比較具體的宗教政策。這二者是有密切關係的。中央的統戰部沒有取消，宗教事務局也沒有取消。是否可以恢復中央和中城市的政治協商會議。它的成員包括各界人士，其中就有宗教界人士。

　　關於宗教事務應包括什麼，這是一個比較複雜的問題。公開宣佈恢復宗教組織和宗教活動是不適宜的，因爲這就□歷各式各樣的人，包括反動分子，借此來搞反動活動。由於宗教與社會主義是有抵觸的，也未必有多少人肯出來擔任宗教工作。

　　但是如果不宣佈恢復，許多人對宗教信仰自由問題，將還存在着疑問。

　　對這個問題，我提不出什麼意見，但我相信以華國鋒主席爲首的黨中央，在粉碎「四人幫」以後，對宗教問題也一定是胸有成竹的。中央領導部門一定能夠按目前的具體情況，做出適當的安排。

1967.12.31[4]

---

4　應是 1977。

吴耀宗书面发言　　1978年2月27日

　　五届人大和五届政协同时召开，这是我国政治生活中的一件大事。这样的大会十多年没有开了。我记得1949年参加第一届政协时，只有六百多名代表，以后的几届人大和政协我都参加了，但这是规模最大的一次。在会上看到许多久经考验的老干部，看到许多解放前后跟着党参加过各种斗争的爱国人士，又看到涌现出来的新一代，真使人从心底感到高兴。这是一个群英毕集，群贤毕至的盛会。这证明了我国人民空前团结，国家政权无比巩固，社会主义祖国繁荣昌盛。

　　昨天，我们听了华主席振奋人心的报告。华主席的报告总结了九年来和"四人帮"的斗争，描绘了新时期的总任务，又为实现四个现代化规定了具体的指标，这是一个雄伟的动员令。

　　报告中引了毛主席的一段话，总结了一百多年来中华民族受到帝国侵略，压迫欺凌的原因：一是由于社会制度腐败；二是由于经济技术落后。我是一个八十多岁的老人了，

巴1

〈吴耀宗書面發言〉手稿

# 21

# 吳耀宗書面發言

（1978）

本文是吳耀宗在五屆全國人民代表大會和五屆全國政治協商會議的書面發言。
撰於 1978 年 2 月 27 日。原為手稿。

　　五屆人大和五屆政協同時召開，這是我國政治生活中的一件大事。這樣的大會十多年沒有開了。我記得 1949 年參加第一屆政協時，只有六百多名代表。以後的幾屆人大和政協我都參加了。但是這是規模最大的一次。在會上看到許多久經考驗的老幹部，看到許多解放前後跟着黨參加各種鬥爭的愛國人士，又看到湧現出來的新一次，真使人從心底感到高興。這是一個羣英畢集，羣賢紛至的盛會，這證明了我國人民空前團結，國家政權無比鞏固，社會主義祖國繁榮昌盛。

　　昨天，我們聽了華主席振奮人心的報告。華主席的報告總結了幾年來和「四人幫」的鬥爭，指出了新時期的總任務，又為實現現代化規定了具體的指標，這是一個戰鬥的動員會。

　　報告中引了毛主席的一段話，總結一百多年來中華民族受到列強侵略、壓迫、欺凌的原因：一是由於社會制度腐敗；二是由於經濟技術的落後。我是一個八十多歲的老人了，親身經歷了滿清、國民黨反動統治和共產黨毛主席領導下的社會主義各個時期，深深體會到毛主席這段話是千真萬確的。回顧解放前一百年的歷史，可愛的祖國滿目瘡痍，不堪回首。現在我們有這樣優越的社會制度，有這樣聰明有覺悟的人民，

有這樣豐富的資源，有什麼困難不能克服呢？有什麼目標不能達到呢？
雖然我們敬愛的毛主席和周總理相繼離開了我們，但是我們有華主席這
樣英明的接班人，又有正確的路線指導，我們可以滿懷信心，經過二、
三十年的努力，到本世紀末，我國的經濟技術一定可以位於世界前列，
可以爲世界革命作出偉大的貢獻。

　　報告中提到了要發展以工農聯盟爲基礎的革命統一戰線。這是毛主
席革命路線的重要組成部分。在民主革命和社會主義革命時期，統一戰
線發揮了重要的作用。爲了貫徹和執行這條路線，周總理做了大量的工
作，付出了辛勤的勞動，這點我深有體會。早在 1925 年左右，還在國共
合作時期，周總理和吳玉章同志就曾到武漢我住處來看我。[1] 以後在抗日
戰爭和解放戰爭期間，周總理和董老又數次接見我，從早到晚長談，幫
助我分析形勢，幫助我看清國家和人民的前途。解放後，總理會見我的
次數就更多了。這些親切的接見，諄諄的教導，給了我極大的幫助。此
情此景，終生難忘。統一戰線的目的就是團結人民，打擊敵人，分化瓦
解敵人的陣營，把可以爭取團結的力量爭取到人民這邊來。但是「四人
幫」爲了篡黨奪權，蓄意顛倒敵我關係，瘋狂地反對，嚴重地破壞了統
戰工作，把人民陣營中的許多人推到敵人一邊去，做到國民黨反動派想
做而未做的事，眞是使親者痛，仇者快。「四人幫」是全黨全國人民不
共戴天的死敵。

　　現在「四人幫」被打倒了。全國形勢欣欣向榮。以華主席爲首的黨
中央繼承和發展了毛主席的革命路線，使革命統一戰線重新煥發出青春
活力。統一戰線，如同過去一樣，將調動一切積極因素，爲早日實現四
個現代化的宏偉目標發揮作用，讓像我這樣的老人也能爲社會主義建設，
爲解放台灣做出力所能及的徹底貢獻。

---

1　此處提及 1925 年的會面，應為 1938 年 5 月 20 日。

关于参加第五届人大会

这次人大会和政协会同时在北京召开是一件非常重要的大事，它关系到我国的前途和命运。这是在打倒刘少奇、林彪之后，党的十一次路线斗争。是毛主席、周总理、朱德等同志先后逝世后，继续长征和文化大革命，使我国转危为安，转坏为好的扭转形势的，有关生死存亡的斗争。

毛主席逝世后，举国人民都揪心肺，不知我国的前途如何。"四人帮"为患，苏修是祸患。"四人帮"阴谋篡党夺权，养老窝巢，由他们专政。他们没有想到，我们伟大领袖毛主席早就成竹在胸布置。他选定华国锋同志作党的主席。党中央又快党他做总理和军委主席，让他领导全国，根据毛主席的革命路线，将社会主义革命和建设的胜利引向前。

华主席接收后，一举粉碎了"四人帮"揭出他们"围攻他们"的罪状，发动全国对"四人帮"十年来的罪行，群起揭发起来，使他们没有藏身之地。

〈關於參加第五屆人大會〉手稿

## 22
## 關於參加第五屆人大會

(1978)

本文缺日期，從內容看，應是吳耀宗對 1978 年 2 月召開的五屆全國人民代表大會和五屆全國政治協商會議的感受。原為手稿。

這次人大會和政協同時在京召開是一件非常重要的，關係到我國的前途和革命和命運的事。它是在打倒劉少奇、林彪之後，黨的第十一次路線鬥爭，是毛主席，周總理，董必武等同志先後逝世後，僅次於長征和文化大革命，使我國轉危為安，轉黑暗為光明，扭轉形勢的，關乎生死存亡的鬥爭。

毛主席逝世後，舉國人民都憂心忡忡，不知我國的前途如何。「四人幫」之興，蘇修也再興。「四人幫」等想借此機會，篡黨奪權，由他們來執政。他們沒有想到，我們偉大領袖毛主席成竹在胸。他選定華國鋒同志作黨的主席。黨中央又決定他做總理和軍委會主席，讓他領導全國，根據毛主席的革命路線；將社會主義革命和建設的事業實行到底。

華主席執政後，一舉粉碎「四人幫」，提出「抓綱治國」的口號，發動全國對「四人幫」十年來的缺失實行果斷狠批，讓他們沒有死灰復燃的餘地。

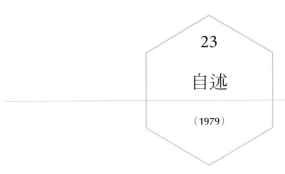

23

## 自述

（1979）

手稿。附於「日記摘錄」（1979 年 9 月 8 日記於上海華東醫院）前。

## 家庭出身狀況摘要

我是廣州順德縣登洲鄉人，出生在廣州對河的河南。父親名逢敬字博樵，經營木店，我十歲左右，木店破產，經過一次大火，木店被燒，家境困難，父親靠一種戒煙藥水維持生活。父親 74 歲去世。我是庶母生的，哥哥二人，妹妹二人。二哥名幹伯，是英文教員，29 歲病死，四哥名仲明，也在 29 歲病死，六妹名紹文，於 1946 年病死。現在活着的只有三姊和七妹，夫婦住在香港。七妹名柏莊，在廣州執信學校任教，後亦到香港。

我的妻名楊素蘭，是個醫生，我們於 1921 年 8 月在廣州結婚。我的妻同妹妹紉蘭在廣州同開診所。紉蘭同一個美籍華僑沈來有結婚。紉蘭於 1956 年在美國逝世。

我們有兩個兒子，大的名宗素，小的名宗蘭。

我七歲進私塾（育才學校）。1908 年北京稅務學校招生，我被錄取，時只有 16 歲。1924 年秋到美國留學。1913 年 1 月，在稅務學校畢業，被分配到廣州海關工作，4 月 2 日就職。1915 年被調到牛莊。1917 年 8 月，被調到北京稅務司署。

一九二〇年我辭了海關職位到北京青年會工作。

一九一一年還在稅務學校讀書時參加了青年會舉辦的夏令會，接觸了基督教。

一九一三年聽穆德（美國人）演講又聽艾迪演講，決志加入教會，一九一八年六月二日在北京公理會受洗。一九二四年8月到美國留學三年多。一九二二年四月四日世界基督教學生同盟在北京開會，引起反宗教運動。一九二三年辦《生命月刊》和《真理月刊》，出了幾年就停了。

## 在美國留學時期

一九二四年八月我到了美國在紐約協和神學院哥倫比亞大學和麻狄遜的德魯神學院讀了三年神學和哲學。一九二五年我的妻楊素蘭也到了美國在者西醫院當實習醫生。一九二七年八月與我一同回國。她在美國完全是自費的。在三年留美期間，我對於基督教歷史、聖經、神學、哲學等得到一些基本知識。於一九二七年得了哥倫比亞的碩士學位。

在哥倫比亞大學我上過實驗主義「權威」杜威的課。常常被請到各處教會和其他團體演講。

一九二五年七月在加拿大參加一次三十六天的＾〔沒有活動名稱〕主持人是 H. B. Sharman。他有兩個門徒 Dryden Phelps, Earl Wilmott（加拿大人，在中國傳教）大力提倡耶穌研究。

## 在上海基督教青年會全國協會工作時期

在我回國前差不多一年就接到全國協會顧子仁的信要我擔任校會組工作，我答應了。

一九二七年九月十日從美國回到上海就知道我父親已於七月十四去世，等我回去下葬，我就回廣州料理喪事。

青年協會總幹事是余日章。青年協會是三十多個城市青年會和兩百多個學校青年會的總機構。余日章提倡「人格救國」並大力羅致「人材」。

余日章要用青年會工作來抵抗「五四」後的新潮流。我在青年協會工作是完全跟着余日章走的，勸學生不要受共產主義思想影響。我同一些人搞中國基督教學生運動，於一九二七年在南京成立了一個中國基督教學生運動籌備委員會。學運的目標是「本耶穌的精神，創造青年團契，建立健全人格，謀民眾生活的解放與發展」。

一九三三年我辭了校會組主任，轉爲青年協會書局主任。

青年協會的一切完全是美國化的，全盛時期將近一百個外國幹事在全國青年會工作。九一八事變後，余日章逝世，梁小初繼任。

## 抗戰時期在成都？

九一八事變後，我開始接觸唯物主義思想。一九三五年冬，我參加了以沈鈞儒爲首的救國會和陶行知所領導的國難教育社。

一九三五年十一月廿三日，「七君子」被捕，我就離開上海到美國去。我先在舊金山一個大學作了六次系統演講，然後到全國多地去，四個半月中，到了四十四個大學，演講 123 次，聽眾 25690 人。

一九三七年七月三日我從紐約到英國參加世界基督教會議，在太平洋航行中聽到七七抗戰的消息，非常興奮。一九三七年八月七日，我離開倫敦，八月十五日回到紐約，又在協和神學院讀了半年神學，受了反共的尼勃爾的影響。在美國一年多。

一九三八年二月四日，我離開紐約經歐洲於三月三日到上海，繼續參加救亡運動。

一九三八年五月二十日第一次看見周恩來同志和吳玉章同志。

一九三八年十月二十八日到印度參加國際宣教協會大會。會見了甘地、太〔泰〕戈爾、尼赫魯，次年一月 29 日回到上海。

一九三九年十月二十六日我到重慶，參加青年會全國總幹事會議。十二月十七日到昆明住了半個多月，英帝分子何明華叫趙紫宸主持一個

小禮拜堂，對付當時的學生運動。

一九四一年七月三十日，我同江文漢乘船到香港，又乘飛機到重慶，上峨眉山參加一個「爲人師的耶穌」研究會，由費爾樸（美國人）、雲從龍主持，開了一個月。因太平洋事變於一九四二年一月十日回到成都。

一九四一年十二月十五日在重慶時會見周恩來同志。

一九四二年一月十日到成都後，住了四年多。受費爾樸委托，重譯《爲人師的耶穌》。

在成都幾年主要是與張仕章從事出版工作。

一九四二年九月，發起基督教聯合出版社。創辦《天風》周刊和《基督教叢刊》。在成都時畢範宇對我說，蔣委員長想搞一個文字出版計劃，要我擔任，我一口拒絕了。

在成都時，我寫成《沒有人看見過上帝》。

一九四二年九月七日，馮玉祥到成都發起一個基督教節約獻金運動。

一九四三年五月二十五日我再到重慶曾家岩第三次會見周總理，董老給我開了一張學習馬列主義的書單。

一九四三年五月十六日，我到重慶參加基督教協進會的擴大會議，並爲大會起草了一個宣言。協進會總幹事是陳文淵，蔣匪請代表茶會招待。

【一九四三年五月二十五日我再到曾家岩，第三次會見周恩來同志，還有董必武等同志，我請董老給我開了一張學習馬列主義的書單。】

一九四四年四月廿三日，我又到昆明，李儲文請我演講，我去看了李公樸，羅隆基請我吃飯，要我參加民盟，我沒有答應。

一九四四年六月，我在重慶參加世界青年會百周年紀念大會，在孔祥熙家裏舉行，梁小初是總幹事。

一九四四年六月八日，我回到成都。

一九四五年二月八日，遷入文幼章家裏居住。

一九四五年四月廿八日，成都學生舉行追悼羅斯福大會，我和文幼章被邀演講。

一九四五年十二月九日昆明學生反內戰發生慘案消息傳到成都，他們組織二千人遊行，我參加了，文幼章演說後散會。

一九四六年二月，我爲華西大學一個基督教學生團體作了一次演講，題目是《我的宗教信仰》，有一段說：基督教與共產主義沒有衝突，引起反動學生的不滿。

一九四六年三月二十八日，燕京大學四個基督教學生團契爲我舉行話別會，送我紀念冊。

一九四六年四月十四日，成都學聯二十二個學術團結〔體〕舉行歡送，也送我紀念冊，李濟琛在成都也被邀參加。

我在成都四年多中，主要是搞基督教工作，但同時也參加民主運動。

一九四六年五月十日，我乘飛機離開成都，當天晚上回到上海。


## 解放前後

我從成都回到上海，正是蔣介石在美帝支持下準備發動內戰的時候。我們眞〔每〕周有一個聚餐會，參加者有沈鈞儒、郭沫若、馬敍倫、馬寅初、王紹鏊、沈體蘭、史良、章伯鈞、張絅伯、包達三、章乃器、譚平山等。陳叔通、李濟琛、張瀾也分別參加過一兩次。

一九四六年六月廿三日發生下關血案。上海幾十個人民團體推舉一個由十一人組成的代表團，組長是馬敍倫。我爲代表團擬定一個專門給馬歇爾的備忘錄，勸他說服美國政府不要幫國民黨打共產黨。在南京下關車站十萬羣衆示威遊行，有幾個人被打，我幸逃脫。鄧穎超同志帶了食物來慰問我們，還請我們吃飯。馬歇爾否認他們幫國民黨打共產黨。下關事件後，鄧穎超同志，由劉少文同志陪同代表周恩來同志來看我。

一九四七年五月四日，交通大學舉行晚會，反對國民黨發動內戰，

準備遊行示威，僞市長吳國楨將交大大門包圍。交大學生要我到校協助，我同陸干臣同志，達成一個妥協辦法。

一九四七年五月廿七日，于子三慘案發生前夕，我到杭州浙江大學演講，譴責反動統治罪惡，受到學生熱烈歡迎。第二天在學生要求下，又演講一次。

一九四六年十月底鄭振鐸所編的《民主周刊》，在他的要求〔下〕我寫了一篇文章《黑暗與光明》，後來即以此爲書名，編了一本論文集。

一九四七年七月四日，我同其他二十二人乘飛機到挪威奧斯陸參加世界基督教青年大會，會議的目的是叫青年不要受共產主義影響。

一九四七年七月底，我到愛丁堡參加青年會代表大會，作了一次發言，宣揚基督教的優越性，受到當時反動頭子穆德的欣賞。

在愛丁堡會議後，由於李儲文在史特朗同意下（史是同盟總幹事）休息了十天，於九月十五日飛回上海，爲《世界知識》寫了一篇《歐遊觀感》。

一九四八年七月廿三日，我到牯嶺參加作者團契會議。

順便提一下，陸定一同志送我一本《白毛女》，吳玉章同志送一本關於歷史的書，封面還寫着「吳叔海先生」，叔海是我的號，不知他怎麼曉得的。

一九四八年四月十日，我在《天風》發表了一篇文章，題爲《基督教的時代悲劇》，引起傳教士的不滿。

一九四八年十一月，我參加基督教一系列會議，協進會的會是爲了應變，我和艾迪多作了一次演講。青年協會也開了一次討論新形勢的會議。

一九四八年十二月十二日，我參加在錫蘭舉行的亞洲領袖會議。

一九四九年一月十二日我回香港。

一九四九年一月二十五日涂羽卿要我到上海參加一個緊急會議。

二十九日飛回香港。

　　一九四九年二月十六日我同一些民主人士由喬冠華同志安排於二月二十五日到了平壤。三月九日到了北京。

　　一九四九年三月二十五日我第一次光榮地看見偉大領袖毛主席。

　　一九四九年三月二十九日我同中國代表團乘火車經莫斯科到布拉格參加世界和平大會第一次會議。會議期中聽到解放軍渡江南京解放的消息，會場歡呼。在莫斯科參觀了五一節遊行。五月廿五日回到北平。

　　一九四九年六月八日至十日，我參加在勤政殿舉行的新政協籌備會，毛主席、朱總司令均出席。

　　一九四九年六月二十五日，我從北京回到上海。基督教上層人物和傳教士紛紛舉行應變會議。

　　一九四九年八月廿八日，我到北京參加新政協籌備工作。九月廿一日政協會議正式開幕。毛主席致開幕詞，其中一句話說：「佔人類總數四分之一的中國人從此站立起來了，讓那些國內外反動派在我們面前發抖吧。」這句話使我和許多代表熱淚成〔盈〕眶。後來五星紅旗在主席台展開，更使我感到光榮和驕傲。十月一日我參加了在天安門城樓上舉行的中華人民共和國成立典禮。

　　政協宗教界代表八人，其中五人是基督教的：劉良模、鄧裕志、吳耀宗、趙紫宸、張雪岩（已故），我作了五分鐘的發言。

　　一九四九年十月二十五日我離開北京到上海。十一月三日，上海八十多個基督教團體三百多人開歡迎會，請我同劉良模作報告，為他們提供情報。

　　基督教協進會同在上海的兩位政協代表（我和劉良模）經過短期醞釀，決定組織訪問團傳達政協經過。代表團員六人。除我和劉良模外，有吳高梓、艾年三、涂羽卿、崔憲祥〔詳〕。從十一月二十二日到十二月十日，訪問了南昌、長沙、武漢、開封四個城市。帝國主義分子利用這機會來挑起教會內落後分子對人民政府的對抗情緒。

一九五〇年一月十二日基督教協進會等團體召集了一個三百多人的會，請訪問團報告訪問經過。我們作了報告。

一九五〇年一月廿七日，華東軍政委員會成立，我是委員之一，作了一次發言，希望貫徹宗教信仰自由政策。

一九五〇年初，我的書《黑暗與光明》出版，它同另一本書《沒有人看見過上帝》是我的代表作。

一九五〇年四月十三日，我同涂羽卿、劉良模、吳高梓、崔憲祥〔詳〕離開上海到濟南去，因事前沒有聯繫，沒有得到有關部門的協助。四月十九日我們到了北京。

## 1979-9-8　記於上海華東醫院

我世居廣東順德登洲鄉，祖父生了六個兒子。長大後，祖父每人給他們一些資本到廣州河南，每人開一間木店。開了十幾年，不幸發生火災，我父親生活困難，就自己做戒煙藥水，出售維持生活，並替人做零碎碼頭包工。我們家一共有八兄弟姊妹，多數去世，只剩我、七妹。

我自己從小住在外婆家，因家中人多，無法照顧。到了十三歲才回自己家。先在私塾讀書，後來入了英籍猶太人辦的育才學校，所有課程除了中文課之外，全部都用英文。在校成績優異，全校考試得第一，得到四十元獎金，當時母親已去世，我將此款全部交給父親。學校共有百餘人，小學。校長待我很好，他爲了〔我〕寫了封介紹信，讓我去考北京稅務學堂。

稅務學堂競爭激烈，廣州八百餘人去考，只錄取二十三人。當時我十六歲。稅務學堂在北京西堂子胡同，是專科學校，程度略高於中學。可以免費讀書，畢業後去海關，金飯碗。教員中有幾個給我印象比較深。一個叫做 Finlayson，他是講解國際時事。還有一個叫 Edderlay（是個算學教師），爲人忠厚，待學生很好，耐心指導，大家都喜歡上他的課。這門課是 Quicken Addition，因爲海關需要速算。

　　未畢業就發生辛亥革命，很多學生紛紛回家，學校停課。父親叫我投考海關，我不肯去，因爲未曾畢業，不太合適，怕將來畢業後妨礙我投考海關。革命時我十八九歲，大家去日本理髮店剪了辮子，差不多全校都去了。清政府賣國投降，學生有不同程度的愛國心。當時知識不夠，反應並不是很強烈。

　　稅務學堂主要學英文，世界歷史地理。校長一個華人陳巒，一個英國人。來往比較親密的同學有霍啓謙、繆秋杰、陳其琨、丁貴堂（比我低）、楊明新、徐寶謙（以後也參加教會）。

　　另有一九六六年十一月四日寫的經歷

# 日记摘录
## 1910年1月8日 玉 1976年12月27日

### 家庭出身状况摘要

我是广州顺德县登州乡人，出生在广州对门的日帝。父亲名重数字惜雄，经营木店。我十岁左右，木店破产，经过一次大火，木店被烧，家境困难，父亲靠一神戒烟药水维持生活。父亲74岁去世。我是庶母生的，哥二人，姊二人。二哥名幹伯，是英文老医，29岁病死，四哥名倬明，也卒29岁病死，大姊名绍文，于1946年病死。现在住着的只有三姊和七姊，去妇但在香港。七姊名韶庄，在广州执信学校任教，后去到香港。

我的妻名报素兰，是于庆生，我们于192年8月在广州结婚。我的妻同姊与纳兰在广州同开诊所。纳兰日一去莫筹草诗忧来有结婚。纳兰于1956年左美门逝世。

我们有两个儿子，大的宝素家素，小的宝家兰。

我七岁进私塾（育才学校）。1908年北京税务学校报生，我被录取，时马有16岁。1924年秋到美门尚学。1913年1月，左税务学校毕业，被分配到广州信关工作，4月2日就职。1915年被调到牛庄。1917年8月，被调到

## 24

## 日記摘錄

（1950–1976）

一九五〇年

| 一月九日 | 今日起鄭建業負編輯《天風》之責 |
| --- | --- |
| 十九 | 出席華東軍政委員會第一次會議 |
| 二月六日 | 敵機又來轟炸楊樹浦電力廠 附近居民死者甚多 |
| 十二 | 與涂羽卿、劉良模赴杭處理杭州青年會王功炳問題 |
| 十五 | 返上海 |
| 四月三日 | 爲昆明聖公會黃奎元被捕事與朱友漁聯名致電最高人民法院院長沈鈞儒。 |
| 四月十三 | 與吳高梓、崔憲祥〔詳〕，赴濟南見楊副秘書長談訪問團事，不得要領。 |
| | 今日齊大教職員多人來訪並請吃飯。 |
| 十八 | 乘火車赴京 |
| 十九 | 下午與潁訪宋慶齡副主席 |

| 卅 | 在孫夫人處晚餐。又與中共統戰部副部長徐冰談宗教問題，同往者有劉良模、鄧裕志、涂羽卿、崔憲祥〔詳〕、王梓仲、趙復三、趙紫宸。又與復三、趙紫宸見馮文彬談男女青年會事，馮提出三點：注意反帝、勿過左、民主化 |
| 五月一日 | 救濟總會熊瑾玎等請余為救濟總會副主席之一 |
| 二日 | 與劉良模、鄧裕志、崔憲祥〔詳〕、江長川、涂羽卿，至政務院見周總理。總理指示（一）應清算帝國主義力量，統一戰線，政府不強調反宗教。周總理並約再談。 |
| 五月四日 | 起草「關於處理基督教問題的初步意見」 |
| 六日 | 三時與基督教同道共六人再見周總理，除〔上〕一次七人外，艾年三、楊肖彭、凌賢揚、趙復三等。尚有陳其瑗副部長共十四人。談三小時餘。主要談余等書面意見未得結論，須再作研究。 |
| 五月十三 | 與周總理第三次談話。參加者十八人，有劉良模、鄧裕志、趙紫宸、陸志韋、崔憲祥〔詳〕、趙復三、俞秀藹、陳文淵等共十八人。余等提出新意見書「基督教會今後努力之途徑」，主要為人材以不用外國的為原則，地方問題隨時報政府處理。周總理態度非常公允，雙方兼顧，令人佩服。至三時半完。 |
| 十四 | 在中山公園舉行擁護世界和平簽名運動大會。到數千人。余亦被邀作數分鐘演講。 |
| 十五 | 與涂羽卿、劉良模、艾年三赴西安。 |
| 五月十七 | 西北五省出席會議的三百五十餘人。 |
| 十八 | 訪問西北軍政委員會，習仲勳（主席彭德懷不在） |
| 十九 | 余講「基督教革新問題」。西安市委等宴訪問團。晚由各省代表報告 |

| 二十 | 劉良模因母病返滬。習仲勳副主席請午餐。晚涂羽卿答覆各代表所提問題。 |
| 廿二 | 與涂羽卿、田景福等十餘人乘汽車至臨潼華清池，驪山下有華清池，余等登山看蔣介石避難處。返城後看碑林，石碑以千數，內有大秦（景教）流行中國碑 |
| 廿三 | 赴華陰遊華山，同行者爲涂羽卿、田景福等共四人。 |
| 廿四 | 登山看名勝古跡。廿六日下山。 |
| 廿七 | 乘車赴徐州 直達上海 |
| 廿九 | 上午到上海回家。下午至辦公室。 |
| 六月三日 | 至八仙橋青年會出席歡迎基督教訪問團大會，出席六百餘人，由七個基督教團體主持。崔憲祥〔詳〕主席，余與劉良模報告與周總理談話經過。 |
| 五月四日 | 討論「基督教今後努力途徑」文件。 |
| 五日 | 四川路青年會座談「基督教今後努力途徑」文，到四十餘人。 |
| 六日 | 協進會召集南京滬杭基督教領袖二十餘人討論該文。 |
| 七日 | 赴京出席政協全國委員會第二屆全體會議，同行者二十餘人，內有梅蘭芳、周信芳、巴金、王芸生、金仲華、趙樸初陳已生、包達三等。途中修改劉良模記錄周總理關於基督教談話一文。 |
| 六月九日 | 到京住遠東飯店。下午至北京飯店報到。 |
| 十日 | 約同道十餘人討論宣言第八次修正稿。晚在懷仁堂晚會，毛主席、周總理均到。 |
| 十八日 | 至國務院見周總理談宣言之最後草案。 |
| 廿一 | 下午政協委員會開大會 休息時遇毛主席說「聞我將發表宣言，此文甚有力量，應多徵求簽名，惟必有人反對。」 |

| 六月廿三 | 毛主席致閉幕詞。 |
|---|---|
| 廿四 | 乘車返滬。廿六日到滬。 |
| 廿九 | 杜魯門聲明命令第七艦隊阻止對台灣任何攻擊。 |
| 七月廿三 | 華東軍政委員會饒主席約各省出席政協委會二十餘人討論基督教問題。 |
| 七月廿八 | 〈中國基督教在新中國建設中努力的途徑〉一文已印出。今日預備發出給全國教會六七百人。 |
| 卅一 | 統戰部在市府召集基督教座談會談宣言發動簽名問題。 |
| 八月一日 | 華東軍政委員會參加建軍節及反美侵略示威運動大會，參加者十萬人。 |
| 十九 | 請成都舊同學來歡聚，到者方信瑜、宋蜀碧夫婦、陳先華夫婦、計瑞蘭夫婦、彩瑞等，連潁、宗素、宗蘭共十六人。 |
| 八月廿三 | 今日起作文〈展開基督教革新的旗幟〉。 |
| 廿三 | 華東軍政委員會成立會講話。 |
| 八月廿八 | 張雪岩逝世。 |
| 二月十二 | 與涂羽卿、劉良模赴杭州處理王功炳事件　倪德昭辭職決定委派新幹事 |
| 十五 | 返上海 |
| 十八 | 宗蘭代筆寫華中訪問記 |
| 三月三日 | 為昆明聖公會黃奎元被捕事與朱友漁致電最高法院沈鈞儒院長 |
| 廿一 | 《黑暗與光明》一月內再版 |
| 廿二 | 寫《辯證唯物論學習手冊》 |
| 卅一 | 潁得孫夫人電話請其同往北京出席全國救濟會議 |

| | |
|---|---|
| 四月十三 | 赴濟南訪楊副秘書長談訪問團工作事 不得要領 |
| 十八 | 乘京滬車赴京 |
| 十九 | 抵京 |
| 廿四 | 周總理晚上又請代表二十餘人談救濟事業方針 |
| 三十 | 中央統戰部長徐冰請我及劉良模、鄧裕志、涂羽卿、崔憲詳、王梓仲、趙復三、趙紫宸談宗教問題 |
| 五月一日 | 九時至青年會與基督教同道 余、侯、趙復三、劉良模及佛教趙樸初、周叔迦、巨贊，回教馬堅等談和平運動簽名事 下午二時，與楊顯東、鄧裕志至天安門參加五一典禮 余等在門樓上 有政府首長及民主人士一百餘人。主席亦來，隊伍有二十餘萬人，至八時半畢。 |
| 五月二日 | 下午一時，劉、鄧、崔、王梓仲、江長川、涂至國務院見周總理談基督教問題。周總理指示：（一）應清算帝國主義力量（二）統一戰線（三）政府不強調反宗教。至五時半別。 |
| 四日 | 起草「關於處理基督教問題的初步意見」 下午與楊顯東至天安門參加檢閱五一節遊行隊伍。 |
| 五月五日 | 與穎參加救濟總會執委會 選出宋慶齡為主席，董必武、謝覺哉、李德全及余為副主席。穎亦被選為監檢委員會副主席。 |
| 六日 | 下午三時與基督教同道見周總理除上次七人外，有陳其瑗副部長等，談三小時餘。討論余等書面意見，須要作研究。 |
| 十日 | 送穎等至車站與孫夫人返滬。余亦遷至青年會居住。 |
| 十三 | 晚十一時與周總理第三次談話 參加者有劉、鄧、趙紫宸、陸志韋、崔（見前） |

五月十五　　乘車赴西安　同行者涂、劉、艾、西北五省出席會議者五十餘人。

　　十八　　訪問西北軍政委員會習仲勳

　　十九　　大會由各省代表報告

　　二十　　劉良模因母病返滬

　　　　　　今日發出寄周總理信　將〈中國教會今日應努力途徑〉一文寄去

五月廿二　　與涂、田景福等十餘人乘汽車至臨潼華清池　在驪山下有華清池　山下有溫泉。余等先登山看蔣介石避難處　繼在湖心亭進午餐，返城後至碑林，豎碑以千數，余等最注意者爲大秦景教流行中國碑。

　　廿三　　趁〔乘〕車赴華陰遊華山。同行者有涂、田景福等共四人。玉泉院內有陳搏臥像，東峰下有棋亭，傳爲彼與趙匡胤下棋處

　　廿四　　乘滑竿登山見群峰競秀　萬壑爭研〔妍〕　如在圖畫中

　　廿六　　下山　次日乘車赴徐州購聯運票直達上海

　　廿九　　晨五時到上海乘三輪車回家　下午至辦公室

六月三日　　至八仙橋青年會出席歡迎訪問團大會　穎同往　出席者六百餘人，由男、女青年會、傳道人聯誼會、協進會等七團體主持。崔憲詳任主席。余與劉良模報告與周總理談話經過。

六月七日　　赴京出席全國政協委員會第二屆全體會議，同行者二十餘人，有梅蘭芳、周信芳、巴金、王芸生、金仲華、趙樸初、陳已生、包達三等。

　　九日　　到京住遠東飯店

　　十日　　同道十餘人討論宣言第八次修正案

| | |
|---|---|
| 十八日 | 下午五時至國務院見周總理談宣言最後草案 |
| 廿一 | 開會休息時毛主席謂余曰「聞你們將發表宣言，此文甚有力量，應多徵求簽名，惟必有人反對」 |
| 廿九 | 杜魯門發表聲明：「我已命令第七艦隊阻止對台灣之任何攻擊，台灣未來地位之決定，必須等待太平洋整全的恢復，對日條約締結或聯合國的考慮」 |
| 九月六日 | 今日簽名整理完畢，共約一五二七人，請統戰部轉周總理 |
| 九月廿三 | 〈展開革新運動的旗幟〉一文寫完，計一萬一千字。 |
| | 《人民日報》將宣言及全部名單連同簽名者之身份與類別及地點統計表用巨大篇幅登出　佔二整頁　並以社論贊助 |
| 廿七 | 華東軍政委員會主席饒漱石約到軍政委員會談協進會年會事，在座有潘漢年、舒同、周而復、吳光堅等。饒主席謂恐怕有人反對宣言，是否可在北京開　余極力主張在上海開會，結果決定再向中央請示 |
| 十月九日 | 華東軍政委員會為協進會年會有開會　基督教方面到者繆秋笙、江長川、吳高梓、涂羽卿、江文漢、艾年三、劉良模、陳見眞、邵鏡三、鄭建業、沈體蘭、陳已生，政府方面有舒同、潘漢年、周而復、梅達君、周力行。結論：（一）勸外國人物勿出席（二）年會應貫徹「基督教宣言」宗旨 |
| 十月十八 | 協進會年會在八仙橋青年會開幕。到百六十餘人，鮑哲慶主席、江長川演講，余為主席團之一 |
| 十月十九 | 作演講一小時餘，有中國耶穌教會、耶穌家庭、基督徒聚會處作報告　指出以身體力行耶穌教訓為自立自養中之最可靠方法 |
| 二十 | 潘漢年市長來會演講 |

廿一　　年會小組討論革新問題最後一次　主席團討論人選問題。
　　　　十二時全體主席到華東軍政委員會　舒同表示應以宣言爲
　　　　中心

廿五　　主席爲吳高梓。余被選爲副主席之一。此次大會通過擁
　　　　護宣言，解決總幹事問題　均爲重要勝利。

　　　　劉良模今日赴京出席第二屆和大。余亦被邀，以事忙辭卻

廿六　　協進會新執委會　請邵鏡三爲總幹事，並設三自促進委員會

廿八　　《天風》委員會通過鄭建業辭職，請沈德溶繼任

十二月十四　基督徒聚會處倪柝聲、唐守臨、張愚之約至又一邨晚
　　　　飯，謂其會友三萬餘人已簽名於革新宣言

十二月廿六　爲《光明日報》〈基督教爲甚麼需要革新〉　共七千言

廿九　　基督徒聚會處送來簽名三萬餘


# 一九五一

一月廿九　接周總理電請參加世界和大理事會

二月一日　到北京宿青年會

五日　　接中央文教委員會辦公室主任何成湘電話。參加談話者
　　　　爲秘書長邵荃麟、中共宣傳部長陸定一，談話內容：（一）
　　　　如何幫助教會渡過經濟難關（二）男女青年會在美資金
　　　　被凍結事（三）召開基督教會議商三自進行事

十日　　至國務院見周總理　告以青年協會有美金廿五萬，女協會
　　　　有廿四萬被美國凍結。此係自己名義所有之款，現有可
　　　　能從瑞士轉回。周總理允許照辦

二月十三　到西苑乘飛機　同行者約二十人。郭沫若爲團長。除余外，
　　　　尚有彭澤民、李一氓、梅汝璈、蔡廷鍇、肖三及工作人員。

廿七　　和大理事會開會，到一百八十餘人，大會主席居里，因西德不予簽證，未能出席

？廿三　　愛倫堡及郭沫若發言，文幼章爲將發言稿英譯

廿六　　余亦作發言，聽眾只有二十餘人

三月一日　　到達莫斯科　參觀畫苑

十日　　抵北京　至青年會住宿

十三　　預備和大報告至十一時　長七頁，頗滿意。

十五　　擬定全國基督教會議名單共一百〇二人

十六　　出席基督教出版會議，有張伯懷、胡祖蔭、金炎青、李素良等出席

四月五日　　到京參加「處理接受美國津貼基督教團體」會議

十六　　會議在教育部大禮堂開幕，余任主席團之一。邵副秘書長報告「處理接受美國津貼基督教團體辦法」

四月十七　　晚周總理約餐　客人有劉良模　鄧裕志　趙紫宸及各部門負責人

十八　　全日小組控訴　對象爲畢範宇、陳文淵、梁小初、司徒雷登

十九　　崔憲詳控訴畢範宇、江長川控訴陳文淵、江文漢控訴梁小初、胡祖蔭控訴廣學會外國人。

廿　　控訴顧仁恩、朱友漁。

晚統戰部、文委會、青年團中央在中山公園宴請全體代表

廿一　　向毛主席獻旗。此次會議爲極大成功：（一）提高政治認識（二）通過處理辦法解決困難（三）控訴爲極好之教育（四）成立全國抗美援朝三自運動新機構

廿五　　基督教抗美援朝三自革新運動委員會籌備會舉行第一次會議，到者十三人。

| 廿七日 | 到中央人民廣播電台錄音，題爲「割斷帝國主義關係建立中國基督教三自革新委員會」 |
| 廿八 | 抵滬返家 |
| 卅 | 在協會舉行第一次基督教抗美會會議 |
| 五月一日 | 在跑馬廳檢閱台看五一節遊行　參加者五十萬人 |
| 二日 | 孫恩三畏罪自殺。 |
| | 凌憲揚、范定九被捕。 |
| 四日 | 爲人民日報作文〈進一步展開基督教界抗美援朝的愛國運動〉計六千字 |
| 八日 | 到華東軍政委員會報告「處理接受美國津貼的基督教團體會議」 |
| 九日 | 寫〈中國基督教的新生〉一文 |
| 五月卅日 | 至逸園出席市區各界人民代表控訴大會，控訴漢奸特務惡霸 |
| 六月三日 | 在靈糧堂控訴趙世光、顧仁恩 |
| 六月十日 | 上海基督教教會及團體舉行「揭露美帝利用基督教侵略中國罪行大會」　到一萬一千人　余致總控訴詞，江長川控訴衛理公會西教士，鄧裕志控訴美帝利用女青年會，胡祖蔭控訴美帝利用廣學會，徐華控訴美帝利用安息日會，崔憲詳控訴畢範宇 |
| 十七 | 在聚會處參加宗教界歡迎赴朝慰問團大會。到約一千人，余與回、佛、天主教數人任主席團，劉良模任執行主席，田常青、肖靜、陳已生報告慰問經過。 |
| 十九 | 爲光明日報寫〈共產黨教育了我〉 |
| 七月一日 | 中國共產黨成立三十周年，與穎出席震旦大學內宗教界慶祝會。余與回、佛、天主教代表分別發言 |

| 八月廿五 | 結婚三十周年　與潁乘船至方橋 |
|---|---|
| 九月十七 | 華東軍政委員會招待至海寧觀潮　潁同行。十九日返滬。 |
| 九月廿五 | 赴京住青年會 |
| 十月一日 | 在天安門主席台上參觀國慶閱兵及群眾慶祝遊行。晚看燄火，毛主席亦臨觀，與余握手說「你的工作（指革新運動）做得好」 |
| 十月廿六 | 出席維也納世界和平大會，同行者有郭沫若、馬寅初、章伯鈞等。農民代表劉青山及工作人員 |
| 廿八 | 到莫斯科　住莫斯科大旅店 |
| 廿九 | 張聞天大使來訪　夜看歌舞劇 |
| 卅 | 到維也納 |
| 十一月一日 | 世界和平理事會第二次全體會議開幕。到會約二百人。居里致開幕詞，中國出席者有郭沫若、茅盾、章伯鈞、蔡廷鍇、吳耀宗、梅汝璈、肖三、劉青山、秘書長劉貫一 |
| 二日 | 開大會　發言者十餘人　愛倫堡發言引起注意 |
| 三日 | 郭沫若團長發言，發言稿英譯後由余修改。下午奧國和大布置群眾大會。全體代表出席，其他參加者亦約萬人 |
| 四日 | 今日為余五十八歲生日 |
| 十一月八日 | 我國代表設中國餐慶祝郭沫若六十大慶 |
| 九日 | 赴莫斯科 |
| 十六日 | 中國代表開檢討會　推余及茅盾君起草意見，回國後呈周總理 |
| 十九 | 觀列寧故居。列寧於 1918 年遇刺，1923 年逝世。 |
| 廿一 | 乘火車經西伯利亞返國 |
| 十二月一日 | 抵京。有陳叔通、沈鈞儒、蔡廷鍇等來接，共百餘人。 |

| 四日 | 郭沫若團長偕劉貫一秘書長到青年會作交際性的訪問 |
| 十二日 | 抵上海 乘汽車返家 |
| 十四 | 在市府報告和平理事會達四十分鐘 聽眾似頗欣賞 |
| 十二月十五 | 陳市長作開幕詞 |

# 一九五二

| 二月十五 | 全國三反五反及思想改造運動熱烈展開 |
| 三月 | 穎姪女楊淑英跳樓自殺，她在華東軍政委員會印刷工廠工作，據說有貪污行為 |
| 五月廿七 | 接和大主席郭沫若電要我參加亞洲和平大會籌備會。晚乘車赴宴 |
| 廿九日 | 抵京，住青年會。抗美援朝總會宴約翰遜夫婦，余亦參加。 |
| 六月三日 | 亞洲和平大會籌備會開幕，世界和大代表五十人，中國代表還有陳叔通、劉寧一、李德全、南漢宸。 |
| 四日 | 大會發言者十一國，決定大會於本年九月底在中國舉行。晚乘車返滬。 |
| 六月廿七 | 乘飛機抵莫斯科。同行有理事七人，特邀代表六人，秘書長等三人，外國代表七人，共三十二人 |
| 七月一日 | 理事會下午開會，到會二百餘人，居里主席致開會詞 |
| 三日 | 郭沫若發言，會眾一致起立致敬並熱烈鼓掌，朝鮮代表報告揭發美國細菌戰 |
| 四日 | 愛倫堡發言 最精彩 |
| 六日 | 南尼副主席致閉幕詞 閉會 |
| 十五 | 返京 |

| | |
|---|---|
| 二十 | 抵滬，繼續參加三反五反運動 |
| 九月廿一 | 抵京 |
| 廿三 | 參加文化小組關於宗教界思想改造問題討論 |
| 卅 | 至懷仁堂參加毛主席招待會，參加者二十餘人 |
| 十月一日 | 國慶遊行在天安門樓上觀看　朱總司令致詞　指揮受檢閱部隊 |
| 十月一日 | 晚看焰火。毛主席亦來見余與趙樸初並立，戲謂余等曰「你們沒有打架吧」我答曰「沒有，沒有，我們團結得很好」。 |
| 十月二日 | 亞太和會在懷仁堂開會，三十七國代表三四四人，列席三十四人，劉寧一秘書長宣布開會，宋慶齡致開會詞，彭眞市長致歡迎詞，宣讀毛主席、居里等賀電。 |
| 三日 | 郭沫若報告　會眾鼓掌達數分鐘之久 |
| 十二日 | 亞太和會開幕 |
| 廿三 | 早抵滬 |
| 廿九 | 赴南京主持協和神學院成立典禮 |
| 十一月十日 | 赴廣州傳達亞太和會　各界代表六百餘人來歡迎　群眾夾道歡呼 |

# 一九五二

| | |
|---|---|
| 十一月十二 | 到廣州　英雲來同乘汽車至河南見穎祖母，旋訪永興街故居，已不復在。返省，遊粵〔越〕秀山五層樓 |
| 十四 | 為工商界居民傳達 |
| 十五 | 為民主黨派文教等團體傳達 |

十六　　　與崇儀夫婦亞添掃墓

晚英雲、阮均請吃蛇

十七　　　乘車返上海，十九日到上海

十九　　　赴北京出席維也納世界和平人民大會

廿一　　　抵京住和平賓館

廿七　　　看常香玉演「花木蘭」

十二月一日　乘飛機離京。

三日　　　到莫斯科，住蘇維埃旅館

八日　　　到布達佩斯，在皇后島上旅館住一夜

十三　　　今日有宋團長、愛倫堡等講話

十九　　　大會舉行閉幕式

廿三　　　赴莫斯科，轉車到布達佩斯

廿六　　　到莫斯科，住莫斯科旅館。張聞天大使、宋慶齡主席到
站歡迎

卅一　　　晚大使館請客，到劉少奇、宋慶齡、饒漱石、郭沫若、
馬寅初等十餘人。余亦參加

# 一九五三

一月一日　赴列寧格勒。同行者中國代表六十餘人

八日　　　到達北京

十一　　　在青年會對聽眾四百餘作報告

十三　　　乘車返滬。十四日抵滬。

廿四　　　與穎整裝預備明日赴京出席政協全國委員會

| 廿五 | 乘車赴京。同行者陳巳生、江庸、賈延芳、胡文耀、盛丕華、胡厥文等十餘人 |
| 廿六 | 抵京，住和平賓館 |
| 廿七 | 趙樸初來談宗教信仰 |
| 卅 | 遇老友高士琦　他多年前因研究細菌中毒，動作不靈，今在政府照顧下勉強寫作 |
| 二月一日 | 得計瑞蘭信云舜鍾開刀後於廿七日下午死去。彩瑞結婚僅三年，剛產一子。 |
| 四日 | 政協全國委員會第四次會議開幕，由毛主席主持，周總理作政治報告，陳叔通副主席作會務報告，郭沫若報告世界人民和平大會 |
| 七日 | 增加常務委員二十三人，余爲其中之一。休息時遇毛主席與余握手說：「講得好（指昨日發言），有分析。」<br>餐前遇周總理說有人報告宗素在福州工作，領導原擬請其兼任三自革新工作，因地方上聯繫缺乏未能實行。 |
| 十三 | 返滬　次日下午返滬 |
| 廿三 | 參加上海第三屆第一次代表會　余被推爲主席團主席之一 |
| 三月二日 | 閉會。陳市長作總結報告並通過議案 |
| 五日 | 斯大林逝世。晚到蘇聯領事館致沉痛的弔唁。 |
| 九日 | 在文化廣場舉行盛大追悼會　參加的十四萬人。陳毅市長作報告　蘇聯領事致詞 |
| 三月十七 | 宗素自福州來信　述其以秘密方式進行三自工作情形 |
| 廿八 | 接郭沫若電要我參加匈京和大理事會 |
| 四月一日 | 抵京後悉和大理事會延期開會決定即返上海。二日下午到滬。 |

廿　　赴杭州訪問閩浙兩省基督教　同行者有崔憲詳、謝永欽、羅冠宗、韓文藻等十餘人，及華東羅竹風處長等來接　同行訪問者尚有姚飄挺。下午遊西湖。

廿四　乘專車至寧波。同行者尚有鈕光芳、鮑哲慶、蔡文浩及省宗教事務處同志共十二人。下午到余姚。

廿七　訪問團全體乘專車到漢（溪口）口

廿九　到金華

五月四日　赴南平

五日　赴福州。基督教代表張光旭等來接。政府各部門負責人亦來接，住省府招待處。晚宗素自宿舍來訪，負責人亦來訪。

六日　與基督教人士談話，至八日。

八日　三自革新會設宴招待訪問團，賓主二十餘人。

九日　至鼓山遊覽　在中洲聚會處舉行教徒大會，到者在千人以上，余作證道講話。

十日　到廈門，住市府招待所　晚政府負責人歡宴。

十二　在青年會舉行工作人員座談，晚三自歡宴。

十四　遊廈門大學，由王亞南校長親自招待參觀。晚在竹樹堂舉行群眾大會，參加者七百多人，余證道　題爲「因眞理得自由」

十七　在衛理公會舉行聯合禮拜，到會近千人，謝永欽講道。午基督教團體設宴招待。下午仍在衛理公會舉行群眾大會，崔憲詳講話。

十八　晚到劉公紀念堂　爲信徒群眾講三自革新及個人宗教經驗，仍滿座

廿二　乘車返滬。

六月一日　　赴京宿青年會宿舍

　　九日　　乘飛機赴莫斯科出席布達佩斯世界和平理事會。理事有郭沫若、蔡廷鍇、茅盾、劉寧一、郭芳連余共六人，特邀代表許寶駒、劉貫一和工作人員。

　　十日　　抵莫斯科，住國民飯店

　十二日　　到布達佩斯

　十四日　　遇文幼章　其夫人新著 Five Star Over China

　　十五　　理事會開幕。第一個報告爲郭沫若團長

　　十六　　全體大會演講者有文幼章、愛倫堡等約二十人

　　十七　　全日大會，演講者三十餘人

　　十九　　舉行群眾大會　參加者十五萬人

　　廿日　　閉會

　　廿五　　抵莫斯科

　　廿八　　遊伏爾加河頓河運河

七月三日　　返莫斯科

　　七日　　抵北京，仍住青年會

　　九日　　參加和大宴會

　　十二　　在青年會傳達布達佩斯會議

　　十三　　乘火車返滬

　　廿一　　與羅竹風處長參觀「帝國主義利用基督教進行陰謀破壞活動罪證展覽會」

　　廿三　　金陵神學院第二次會議　請陳崇桂自大連南返任特約教授

　　廿七　　朝鮮停戰協定　今日上午十時在板門店簽字。

八月四日　　陳已生因患腸癌逝世

六日　　　　在萬國殯儀館參加公祭

九月七日　　今日起每早爲三自革新學習班領靈修

十二　　　　最後一次領靈修

十三　　　　與穎及柏莊參加旅行團遊覽無錫　參加者八九十人

十月一日　　到人民廣場參觀中華人民共和國第四個國慶節遊行檢閱，晚放焰火

廿四　　　　與穎及柏莊參加旅行團赴杭州

廿九　　　　至莫干山療養院住宿　看劍池爲干將莫邪夫婦爲吳王鑄劍之處

卅一　　　　返杭州　下午返滬

十一月一日　赴京

十一　　　　晚到京　住青年會

廿一　　　　參加維也納和平大會

廿四　　　　大會發言，我代表團團長茅盾及愛倫堡等發言。愛倫堡之發言最受人注意　尚有其他代表發言

十二月五日　到莫斯科　晚看馬戲

七　　　　　參觀地下鐵道

八　　　　　參觀莫斯科大學並瞻仰列寧、斯大林遺容

十一　　　　到達北京，住青年會

十六　　　　在青年會報告理事會議　聽眾五百人　講二小時，看畫家徐悲鴻遺作

十二月十七　與金仲華乘早車返滬，各同工來接，穎及柏莊及鄰舍均在門口歡迎

二十　　　　晚與穎及柏莊至慕爾堂聽彌賽亞神曲大合唱

# 一九五四年

一月八日　羅竹風處長傳達中央首長對今後基督教三自運動方針任務之意見

十四　與羅處長談涂羽卿辭[1]問題　其中涉及余是否繼任總幹事問題

三月廿六　爲疝病動手術

四月十四　返家共住院二十一天

五月十七　三自籌委會第二次全體會開會，羅處長報告，余任主席，李儲文作自傳報告，陳見眞自治報告，崔憲詳自養報告

六月十五　中華人民共和國憲法草案公布

廿五　出席市委統戰部會　協商市人民代表名單，提名者除余外，有陳見眞、謝永欽、江長川、竺規身、施如璋、羅冠宗

七月二日　中央建議將三自革新改爲三自愛國，因有些人誤認爲革新是改革宗教信仰

六日　宗蘭外國語學院畢業　明晚返滬

廿二　基督教全國會議在燈市口公理會開幕，全體代表三百四十三人，由陳見眞、江長川等主領開幕　主席團名單通過後舉行主席團會議　最後通過日程、報告、賀電，六時閉會

廿四　王明道等五人拒絕出席會議

廿六　章伯鈞部長爲大會講憲法草案

廿八　爲全體會作〈中國基督教三自革新運動四年來的工作〉報告　共達三小時，中間休息

---

1　意思是「辭〔職〕」。

八月六日　　　作總結講話

　　　七日　　　通過常務委員四十二人名單，通過余爲主席，陳見眞、
　　　　　　　　陳崇桂、吳貽芳、丁玉璋、江長川爲副主席

　　　八日　　　赴北戴河

　　　十二　　　返京

　　　廿三　　　返滬

九月九日　　　到京出席全國人民代表會

　　　十一　　　遊雍和宮

　　　十五　　　出席中華人民共和國第一次全國會議，在懷仁堂舉行，
　　　　　　　　代表總數一二二六人，毛主席致開幕詞，余爲主席團
　　　　　　　　九十七人之一，憲法起草委員會報告「關於中華人民共
　　　　　　　　和國憲法草案」

　　　十七　　　大會發言　余爲發言者之一

　　　二十　　　通過中華人民共和國憲法

　　　廿一　　　群衆三萬人在天安門慶祝

　　　廿二　　　代表數十人乘車至十三陵

　　　廿四　　　通過各項人選名單　主席毛澤東，副主席朱德　委員
　　　　　　　　六十五人　余亦被提名

　　　廿七　　　主席提名周恩來爲總理

十一月四日　　赴京。五日早九時到京　住青年會

　　　十一　　　從北京起飛，同行者有劉寧一、劉貫一、李一氓、肖三、
　　　　　　　　蔡廷鍇及工作人員

　　　十三　　　到達莫斯科

　　　十五　　　到達斯德哥爾摩

　　　十八　　　世界和平理事會議開幕　到會者二百餘人

| 十九 | 大會發言　我代表劉寧一、蔡廷鍇發言 |
| --- | --- |
| 廿六 | 到達莫斯科 |
| 十二月二日 | 返北京寓青年會 |
| 十三 | 爲教牧人員百餘人傳達和平會議 |
| 十五 | 到紫光閣出席第一屆全委常務會議 |
| 十六 | 遷至北京飯店　第二屆全委開會 |
|  | 陳叔通說明籌備情況 |
| 十七 | 余代表中國代表團報告斯德哥爾摩會議，到會一千二百人 |
| 廿一 | 政協二屆全國委員會在懷仁堂開幕，由毛主席主持，余爲主席團五十七人之一 |
| 廿三 | 討論周總理報告 |
| 廿五 | 選毛澤東主席爲名譽主席，周恩來當選主席，宋慶齡等十二（十六）〔人〕當選副主席，余亦被選爲六十七個常務委員之一 |
| 卅一 | 乘車返滬。穎與宗素候於門外　家中有聖誕樹 |

## 一九五五年

| 二月五日 | 至市府大禮堂出席上海市第一屆人代會議，出席七百餘人，余任主席團之一 |
| --- | --- |
| 十二 | 陳毅市長、潘漢年等十二人當選副市長 |
| 六月二日 | 乘飛機赴京 |
| 廿二 | 世界和平大會第四次大會今日在赫爾辛基開會，中國代表團連工作人員共六十八人　出席列席一千餘人　居里博士作主題報告 |

| | |
|---|---|
| 七月二日 | 代表團議總結此次大會經驗 |
| | 下午與郭沫若等十餘人乘飛機赴莫斯科 |
| 五日 | 抵北京　住北京飯店 |
| 八月五日 | 抵滬 |
| 九月廿三 | 接何守恬信揭露趙紫宸反動思想，又謂解放前兩次看我的《沒有人看見過上帝》不懂，今第三次乃懂，不但很欣賞而且認爲可起橋樑作用 |
| 十月二十一 | 在三自辦公室接見公誼會代表團　談話內容：（一）交換書刊（二）交換詢問（三）參加國際基督教會議 |
| 十一月廿一 | 乘火車赴濟南，陳見眞鄧裕志蔣思貞同行 |
| 廿四 | 省負責人來接 |
| 廿八 | 到青島 |
| 十二月一日 | 到高密 |
| 三日 | 赴即墨　五日赴嶗山西部 |
| 八日 | 赴濰坊　十四赴鄒城 |
| 十五 | 赴館陶 |
| 十二月十九 | 得宗蘭來信云從一九五六年一月起我的薪水由人代常委會直接發給　按五級標準基本工資爲三四〇元，津貼七一元共四一一元　等於協會薪水兩倍　又補寄本年工資差額二二六〇元 |
| 廿二日 | 向市負責人談一個月視察的印象和意見　達二小時半 |
| 廿三 | 到上海 |

## 一九五六年

一月十日　陳市長約參加座談會　到中蘇大廈始知是毛主席視察申新九廠　約了各界人士十五人左右會見閒談　毛主席身體健康　談笑風生

廿三　　　到北京出席政協常務委員會，住北京飯店

廿五　　　參加預備會，余被推爲宗教組組長，趙樸初及天主教伊斯蘭教負責人爲副組長

　　　　　下午在中南海勤政殿參加最高國務會議，由毛主席主持，出席約三百人，談發展農業等問題

三月十四　至西苑機場接瑞典聶思仁牧師印度信義會監督孟立根住新僑飯店

十五　　　三自委員會全體委員會第二次會議開會，到一三七人，列席 109 人

十六　　　接捷克 Hromadka 及匈牙利彼得主教來華訪問

十七　　　請孟立根、聶思仁談我國教會國際關係

廿二　　　周總理接見孟立根、聶思仁。

　　　　　晚聶辭行。

廿四　　　常務委員會閉會

三月廿九　乘飛機出席斯德哥爾摩世界和平理事會

四月一日　匈牙利彼得主教來訪談中國教會與普世運動

二十　　　到達北京

四月廿三　接瑞蘭來函其中有云：「您有闊宏的心懷，遠大的眼光，詩人的氣質，因此您的生活有時像嫻靜的湖水，有時像奔騰的激流，有時像浩瀚的海洋。」她只看到我的一方面，沒有看到我的缺點。

廿六　　　到滬。

五月十二　日本武田清子來家晚飯。

　十四　　舉行座談會（與武田清子）

　廿三　　與澳洲訪華代表團在三自辦公室談話

　廿八　　三自常委會第八次會議今日在辦公室開始，出席列席共四十五人　中央宗教事務局李連克處長、上海盛志明局長參加，余致開幕詞

　廿九　　討論如何貫徹三大見證（自治自養自傳、社會主義、和平）執行十項任務

六月二　　與市政協參觀團約百人赴南京轉赴蚌埠。六日赴合肥。

　七　　　參觀佛子嶺水庫

　十　　　與安徽省全國人民代表九人乘專車赴京

　十一　　晚到京　住北京飯店

　十六　　與何明華夫婦會餐並談話

八月廿　　與穎、羅竹風、陳見眞、朱光遠赴杭州轉黃山

　廿一　　寓黃山賓館，據云有三十六大峰，三十六小峰

　廿四　　穎乘山轎上山，余與陳見眞同乘一轎，羅竹風、朱光遠步行，山上多奇松怪石，風景奇絕，羅竹風說「見此後死亦瞑目」

　廿九　　從散花精舍下山　在山中居住共十日

九月一日　返滬

　廿八　　接印度自立教會 William 牧師來華訪問

十一月十七　至蚌埠

| 十八 | 赴懷遠 |
|---|---|
| 十一月十九 | 赴阜陽 |
| 廿二 | 赴臨泉 |
| 十二月六日 | 安徽省宗教事務處召集安徽省教牧人員座談會，余作報告「中國基督教過去現在與將來」，報告用了二小時半 |
| 七日 | 赴蚌埠 |
| 八日 | 聽瑞蘭之父操七弦琴奏「昭君怨」一曲 |
| | 晚返抵上海 |

## 一九五七年

| 二月廿一 | 與穎乘火車赴京。穎看皮膚病專家趙炳南。余出席中國人民協商會議全委會第三次全體會議。徐愛花同行 |
|---|---|
| 廿三 | 抵京　住前門飯店 |
| 廿五 | 許廣平來訪　請余、穎及宗素至豐澤園午餐。見舊同事周冠卿　年八十一，髮漸變黑，再長一齒 |
| 廿七 | 至懷仁堂參加最高國務會議 |
| 卅 | 在京住三十日　晚返上海 |
| 四月十四 | 與青年會家屬同工參加上海青年會旅行團遊太湖　穎同行。十五日返滬。 |
| 廿二 | 至機場歡迎蘇聯最高蘇維埃主席伏羅希洛夫來滬　全市歡迎者數萬人 |
| 五月十一 | 歡迎日本基督徒問安使節團 |
| 卅一 | 出席世界和平理事會　在錫蘭開會 |
| 六月三日 | 至機場　同行者有郭沫若等十五人 |

| 十 | 理事會開幕 出席四百餘人七十二國代表 |
| 七月十三 | 抵京 三星期返滬 |
| 十九 | 抵滬 |
| 八月十四 | 寫總結文（？）完共一萬六千餘字 |
| 卅 | 宗素乘火車赴南平轉福州福建師範學院任教職 宗素赴京二年進修已畢。 |
| | 基督教進行反右派運動。 |
| 九月十七 | 乘車赴京 與何局長等商基督教反右派問題 |
| 廿五 | 接匈牙利宗教事務局長及基督教代表五人應三自會邀請來我國訪問 |
| 廿六 | 在北京飯店接待代表團 |
| 卅 | 參加周總理國慶招待會 中外人士千餘人 |
| 十月三日 | 晚到滬。 |
| 六日 | 在上海大廈歡宴匈牙利代表團 |
| | 七、八、九三日舉行座談 |
| 十二 | 接見雲南少數民族代表團 |
| 十四 | 基督教機關集中批判張仕章的反動言論，同工二百餘人對張進行說理鬥爭，穎亦參加 |
| 廿一日 | 赴京出席全國三自常委會第十次擴大會議 穎亦隨行 並旁聽 |
| 廿二 | 抵京住新僑飯店 |
| 十一月二日 | 至南苑機場參加以毛主席為首的參加蘇聯十月革命四十周年紀念會的中國代表團 |
| 三日 | 穎為我預祝生日 在香山桐林村午餐 |

| | |
|---|---|
| 廿三 | 決定派丁光訓　黃培永　陳建勛　沈德溶到匈牙利訪問 |
| 十二月四日 | 三自常委會閉幕，吳貽芳主席，余作總結。下午朱德副主席在懷仁堂接見全體同工及工作人員並拍照 |
| 九 | 乘火車赴武漢。十日到漢口住德明飯店，下午參觀長江大橋 |
| 十一 | 遊東湖公園 |
| 十三 | 乘輪赴滬。十五日到滬。 |

## 一九五八年

| | |
|---|---|
| 二月一日 | 全國第一屆人民代表大會第五次會議在懷仁堂開幕。余被選為主席團八十九人之一。通過關於罷免右派分子章乃器、章伯鈞、羅隆基部長及人代委員會職務 |
| 十四日 | 返滬 |
| 三月廿四 | 至龍華機場接萊士德女士 |
| 廿五 | 在廣學會請萊士德演講，晚上在家聚餐 |
| 八月二日 | 第一日到虹口公園學太極拳 |
| 九月七日 | 在人民廣場參加有二十五萬人擁護周總理聲明抗議美帝國主義大會　余任主席團之一。 |
| | 今日為上海二百〇八處教堂併成二十三處教堂的第一次聯合禮拜 |
| 十月廿 | 鄭振鐸老友乘飛機赴蘇聯途中遇難　尚有四十九人全部遇難 |

## 一九五九年

| | |
|---|---|
| 五月一日 | 在天安門樓上主席台參加五一觀禮　毛主席及其他領導人 |

及外賓均參加

二日　乘飛機至斯德哥爾摩參加和平大會

十八　返北京　住北京飯店

廿五　返上海

六月十一　接匈牙利代表團

十二　在上海大廈宴請代表

十三　在三自辦公室與代表團座談

廿　陪同代表團在水上遊覽

廿二　在車站送匈牙利代表團離滬

八月廿五　今日與潁結婚三十八周年

九月廿九　至文化廣場參加上海市慶祝建國十周年　參加者九千人
柯市長報告　余為主席團之一

十月六日　送捷克代表團離滬

七　接保加利亞代表團來滬

廿二　與蔣燕同志陪同文幼章參觀馬橋公社

十月廿三　金仲華副市長在和平飯店宴文幼章夫婦，余與潁亦參加

十一月　一位名裴默農的重新譯我二十餘年前翻譯的《甘地自傳》
由商務印書館出版　稿費千字三元

# 一九六〇年

三月十二　至中央統戰部見李維漢部長及張執一副部長，李部長表
示：（一）宗教影響日小（二）宗教起源於對自然無知
及社會壓迫　此二者不存在，宗教亦消滅（三）對宗教不
用行政手段消滅，亦不提倡使之發展（四）宗教工作要

適應目前環境及情〔況〕。余表示宗教信仰者可接受馬列主義到百分之九（十）點九，其餘一點（有神無神）對我亦無矛盾，又表示有形式的宗教可能消滅，但宗教本身是永恆的。

卅 出席全國人民代表大會二屆二次會議 穎亦同行

四月十一 與穎及其他代表三十餘人參觀密雲水庫

十三 送周總理 陳毅外長出國 與尼赫魯談中印邊界問題

十四 赴瀋陽參加宗教事務局所組織的宗教界參觀團，參加者有何成湘、穎及我。丁光訓、鄧裕志及天主教 道教 佛教 趙樸初等

十五 抵瀋陽，住遼寧大廈 省宗教事務處來介紹遼寧省各宗教情況

十八 到撫順 生產主要為煤、油、電、□，負責人介紹情況

十九 赴鞍山。

二十日 遊覽千山。

廿一 赴長春。

廿三 到哈爾濱

廿五 參觀東北烈士紀念館

卅 到達北京 宗蘭帶小蘭青來

五月一日 到天安門樓上看焰火

九 赴西安 參加者有何成湘，余與穎、鄧裕志、趙復三、饒漱石、喜饒嘉措、陳櫻寧等宗教界人士共十六人

十 到西安

十一 赴華清池並看蔣介石逃難處

十六 到成都參觀杜甫草堂祠

昨日從寶雞乘寶成鐵路來　工程極爲艱巨　有隧道三百〇四個

十九　遊青城山

廿四　在成都看望江樓　薛濤井

廿五　到重慶

廿七　至北培　何守恬來訪　她陪同參觀西南師範學院

廿九　何局長對余此次在各城市的講話牽涉到馬列主義極不贊成

卅一　赴漢口　晚到萬縣

六月一日　經白帝城看三峽風景非常雄壯秀麗

二日　到漢口住武昌飯店。三日參觀長江大橋，余與穎曾來過一次

三日　乘飛機返滬，小蘭青已睡，略醒時呼爺爺奶奶，又睡去

十四　宗教界二百〇八人舉行「神仙會」

十六　作總結發言達二小時

九月十九　開了三個月〇九天的會　精神始終飽滿

廿三　中國基督教三自愛國運動十周年

十一月十日　中國基督教全國會議在上海開幕　地址在國際飯店，何局長、盛局長主持談開會主張：（一）敞開思考（二）解除顧慮（三）由三自自己負責　何局長不作報告，穎亦爲代表之一。

柯慶施書記約我同吳貽芳談話，他說有些問題比較容易解決，有些關於世界觀及宗教信仰問題很難解決，只要還有人相信（□）宗教便有前途

十一月十二　在長江戲院舉行開幕式，陳見眞主持大會，余致開幕詞，

希見大家敵開思想暢所欲言

十二月二日　何局長提出意見（一）突出問題要重視（二）抓重點（三）貫徹和風細雨擺事實講道理（四）大家動腦筋

　　四日　張執一部長作關於宗教政策問題報告

## 一九六一年

一月九日　中國基督教第二屆全國會議正式開幕　余任主席，吳貽芳作常委會工作報告，陳見眞作修改章程報告

　十四日　中國基督教全國會議今日閉幕，余作總結　約二小時，通過工作報告、決議及章程。五時余宣告會議順利閉幕，余仍任主席，吳貽芳等任副主席

　　十八　與穎同返青莊

五月一日　市委來電話云　七時在錦江舉行座談會，至錦江飯店始悉是與毛主席會見，被邀者四十餘人，毛主席與到會各人一一握手，毛主席身體健康紅光滿面，與各人隨便交談約半小時　到小禮堂看戲

六月廿五　在香山遇見朱德委員長互相握手

## 一九六二年

三月十九　赴京出席全國人代二屆三次會議及政協三屆三次會議

　　廿三　政協會開幕，由主席周恩來主持

　　廿九　第二屆全國人大第二次會議開幕　會前毛主席接見主席團，周總理作政府工作報告

四月二十　返抵上海

| 五月七日 | 燕京協和神學院與金陵協和神學院合併後第一次董事會議開幕，由丁光訓主持，我作形勢及神學院任務報告，穎亦參加 |
| 十九日 | 與穎乘車返滬 |
| 七月二日 | 赴九江上廬山，穎、小弟、青青同行 |
| 四 | 到九江，當地負責人及江西省宗教事務處長王惠文來接 |
| 五 | 乘車至山下遊玩，車子越出路面駛向湖內　湖側水深三丈，此時大家驚愕　余則為江新船長金麒同志背負至乾地也背負青青。夜九時平安返寓。 |
| 十日 | 遊含鄱口，晚八時宗素亦從福州來 |
| 十四 | 遊黃龍寺　仙人洞 |
| 十七 | 遊覽小天池革命烈士紀念塔，宗素去看蓮居青年會舊址 |
| 廿一 | 廬山黨委江書記設宴招待，其中有狗肉 |
| 廿二 | 遊鐵船峰 |
| 卅 | 宗素下山返福州 |
| 八月五日 | 到仙人洞飲茶。 |
| 六 | 遊白鹿洞，宋時朱熹在此講學。 |
| 十 | 乘車下山。十一日到南京。十二日抵滬。 |
| 十五 | 寫信與蕭賢法局長　感謝他和張執一部長安排我們在廬山得到很好的休息。 |
| 廿一 | 送青青至中國福利會幼兒園。 |
| 十二月十一 | 在萬國殯儀館參加黃培永同工大殮儀式 |
| 十二 | 與穎、壽葆、裕志赴廣州 |
| 十四 | 到廣州，市負責人在招待所便宴 |

| | |
|---|---|
| 十七 | 到佛山參觀民間藝術館 |
| 十八 | 與男女青年會同工談話　對廣州工作提出一些意見 |
| 十九 | 到七星岩及鼎湖山參觀 |
| 廿一 | 返抵廣州招待所 |
| 廿三 | 赴順德家鄉參觀，崇儀侄亦同行，十一時到大良。統戰部長來迎接。大良又名鳳城，「鳳城食譜」是有名的 |
| 廿五 | 赴登洲鄉祖居，自十六歲到北京至今已五十餘年。登洲大隊辦事處已陳列了很多點心，吳姓鄉親陸續來此聚集。鄉中有許多新設備，如電燈、幼兒園。父親在祠堂所寫的「吳氏大宗祠」匾額已拆下。祖居甚完整。親屬見了我們都非常親熱。最後至潭川公社午飯菜甚精美 |
| 廿六 | 至從化溫泉休息 |
| 廿九 | 返廣州 |
| 卅 | 與崇儀訪大姊及姊夫　他們均已年過八十。從大姐處即去小北掃墓，在北苑吃飯 |
| 卅一 | 市負責人來訪並招待宴會 |

## 一九六三年

| | |
|---|---|
| 一月一日 | 在三自辦公室為省市三自常委講話 |
| | 到河南看了海幢寺，又看了我出生的永興街舊居　不可復辨 |
| 二 | 到湛江（乘飛機去）　負責人到機場來接　住招待所 |
| 三 | 至國營華僑農場參觀 |
| 四 | 至「鹿回頭」　在椰莊休息，行至「天涯海角」風景區。五日　返海口。 |

| | |
|---|---|
| 十 | 乘旅行車從湛江赴廣西，負責人來接，住明園飯店。下午副主席李任仁先生來訪　抗戰期中他幫助了許多民主人士。晚負責人設宴招待 |
| 十二日 | 桂林南寧同工來匯報三自工作 |
| 十五 | 赴桂林，負責人及教會同工來接，住榕湖飯店 |
| 十六 | 遊陽朔　住陽朔飯店 |
| 十八 | 遊七星岩。下午乘火車到衡陽。 |
| 廿二 | 乘火車返上海。廿三日下午到滬 |
| 三月十日 | 陳崇桂病逝 |
| 六月十二 | 報載沈鈞儒先生於昨日患急性支氣管炎逝世，享年九十歲 |
| 九月二日 | 赴溫州，穎及沈德溶同行，遊雁蕩山。今日青青到幼兒園 |
| 三日 | 到達溫州。 |
| 四 | 到靈峰寺　產方竹 |
| 七 | 遊大龍湫　瀑高二百餘公尺 |
| 十六 | 到達溫州。穎因有事昨乘船先返上海，因颱風在溫州停留了七天，此次遊雁蕩印象不甚好，招待所地勢不高非常炎熱，伙食每日二元（每人）但質量極差，電燈不亮，無現代設備，風景多在山下 |
| 廿 | 登民主十八號輪返滬。廿一早到上海，在溫州前後五日，在雁蕩十二日 |
| 十一月四日 | 七十歲生日　與穎及三自同工儲文德溶到國際飯店統戰部為我準備的餐會，主人為陳同生部長等，如璋亦參加，荼甚精美，主人非常客氣 |
| 八日 | 請儲文夫婦等同工聚餐　他們曾為我生日送了一些禮物 |
| 十三 | 乘專車赴京參加二次四屆人代會及三屆四次政協會，同 |

行代表委員百餘人　住前門飯店

十五　在人大會堂參加最高國務會議　由劉主席朱委員長主持，周總理作了國內外形勢講話

十二月六日　抵滬

## 一九六四年

四月十七　赴杭州　同行者有穎及尹襄　杭交際〔處〕來接　住杭州飯店　黃祖貽乘另一班車到達。遊覽西湖。

廿一　參觀新安江發電站　共住十二天

卅　返滬

五月四日　玻璃廠響聲甚大

廿六　招待日本外賓平山照次、高木幹太、高戶要

六月九日　全國三自在和平飯店設宴招待　先由張承[2]副市長會見，余作主人主持

七月廿一　赴九江上廬山休養　同行者穎　青青及阿德的女兒和黃祖貽，市人委王毓玲、尹襄來送，丁光訓夫婦同來

廿三　到九江　廬山的洪會計及九江一位同志來接　即以汽車上山　住河南路六六七號

廿四　負責人來看望

廿五日　宗素從福州調來　今晚到上海

李世章　潘振兩位副省長及李明揚來訪

廿八　至花徑及仙人洞遊覽

---

2　「張承」應為「張承宗」。

八月四　　黃祖貽下山接蘭青海青 丁光訓夫婦來訪

　　六　　遊含鄱口

　十四　　與光訓談他與日本外賓談神學的發言的意見

　十六　　何守恬來小住 十七日遊黃龍寺

　十九　　何守恬 海青 宗蘭下山

　廿六　　下山到九江第一招待所休息

　　　　　在廬山住三十四天

　廿八　　到達上海

十一月十六　參加蔡葵追悼會

　廿二　　政協組織廿餘人至奉賢院（縣）肖塘公社參觀四清 住閔
　　　　　行飯店兩星期

十二月十六　乘飛機赴京 潁則隨同人大政協代表乘火車赴京

　十八　　參加最高國務會議 周總理談了他的政治報告的主要內容

十二月廿　三屆人大第一次會議在人大會堂舉行，朱委員長主持，
　　　　　十一時至政協禮堂參加政協全國委員會第一次會議，由
　　　　　周恩來主席主持

　廿一　　人大會開幕，代表及政協委員四千餘人 由劉少奇主席主
　　　　　持，毛主席亦出席，周總理作政府工作報告

　廿七　　攝影後毛主席周總理與前排委員握手，毛主席同我握手
　　　　　時問我身體好否，又說「你的那個上帝現在不太靈了。」

　　卅　　參加最高國務會議 劉主席主持 談自我改造問題，協商
　　　　　領導人名單 宋副主席 董副主席 朱委員長任原職 余被
　　　　　提名為常務委員之一

# 一九六五

| | |
|---|---|
| 一月六日 | 與上海代表乘車返上海 |
| 七日 | 下午到滬 |
| 三月十三 | 至閔行參觀四清 |
| 廿 | 返上海 |
| 四月十日 | 柯慶施昨日在成都病逝 |
| 八月卅 | 夢蘭大姊去世，年八十七，夫恆八十六歲尚健在 |
| 九月廿三 | 三自愛國運動十五周年 |
| 十一月九 | 曹荻秋繼任上海市長 |
| 十五 | 關於基督教前途我提出「快馬加鞭」口號 |
| 十二月八日 | 陳丕顯書記告訴我，毛主席在滬時告訴他要在大學內開宗教課，陳說已在復旦大學開了基督教及佛教兩課，要我去看一看並提意見 |

# 一九六六年

| | |
|---|---|
| 一月十日 | 我在市委春節座談會中提出基督教人士參加四清的願望，陳書記表示同意，今早召集了全市同工座談此事 |
| 二月十八 | 陳叔通先生昨日逝世享年九十 |
| 三月六 | 耿麗淑七十歲生日 中國福利會為她慶祝，我與穎、施如璋、鄧裕志等二十餘人參加 |
| 十日 | 陸道炎醫師為我左眼開刀 住院十日 |
| 四月一日 | 全市同工一百四十五人報名參加四清 |
| 廿四 | 整理日記 依次編號從一九一一年至六五年底共二十九冊 |

五月三日　　陸醫生爲我右眼開刀，穎亦去先開右眼

七月廿二　　參加統戰部召集的會　談基督教和佛教參加文化大革命運
　　　　　　動問題，青年會已貼出三百多張大字報

　　　廿三　　葉局長在青年會作動員報告　參加者一百七十三人

八月廿三　　紅衛兵在馬路上遊行　改路名店　　　我的日記說這是「暴
　　　　　　風急雨的一天」

　　　　　　紅衛兵進入國際禮拜堂　撕毀與宗教有關的用具，男女青
　　　　　　年會同工自動在大門口焚燒聖經

　　　廿五　　夜九時在青年會開群眾大會　揪出七人牛鬼蛇神。要我向
　　　　　　群眾低頭認罪

八月廿八　　撿出四百七十本中英文書籍送青年會

十月一日　　到文化廣場參加慶祝中華人民共和〔國〕成立十七周年，
　　　　　　並登主席台

　　　廿四　　在錦江飯店接待　其中一人爲文幼章　Norman 係律師　自
　　　　　　命進步

十二月一日　成立文革小組　選出盧文達、魏阿祥、徐養松、倪榮卿、
　　　　　　陸克明五人

　　　十四　　在青年會鬥爭以王致中爲首的統戰部領導


# 一九六七年

二月二十日以後多日在家寫交代

　　六月十日　　因上下午寫檢查文　久坐木橙〔櫈〕又要腦　甚感疲勞

# 一九六八

二月三日　　已經成立革命委員會的有十八個省市自治區

四月十七　　毛主席發表美國黑人抗暴鬥爭的聲明

八月五日　　除台灣外革命委員會全部成立

# 一九六九

一月十三　　為了照顧我的年齡　不要我上班　但這不意味著我的問題
　　　　　　已經解決了

四月一日　　中國共產黨第九次全國代表大會今日開幕　毛主席主持
　　　　　　出席者一千五百二十人

# 一九七一

一月卅日　　小分隊王同志叫我不要上班，有事通知我

八月廿五　　我與穎結婚三十〔五十〕周年

十月廿七　　聯合國通過中國在聯合國組織中的合法權利　驅逐蔣介石
　　　　　　的代表

# 一九七二

十一月十八　在錦江飯店招待陸慕德　晚餐耿麗淑亦參加

　　　廿一　在和平飯店宴請鮑威爾　他在上海辦密勒氏評論報　登載
　　　　　　美帝使用細菌戰消息　回國受迫害

十二月卅一　在上海大廈參加美中關係全國委員會學者代表團宴會共十三人 有鮑乃德[3] 主人爲張敬標

## 一九七三

二月五日　到衡山飯店見文幼章夫婦 談了五小時 內容爲文化大革命及基督教問題

五月十二　柏莊今天到上海

廿三　到衡山飯店見胡念之等 談了一些生活健康情況 即同北京各代表委員同去參觀浦江越江隧道

八月十一日　終日無小便 時已八時 即打電話與統戰組聯繫 吳培榮同志派車來陪同到院 宗素亦去 醫生當即將導尿管插入尿道 尿道痛甚 不能睡

十二　發現小便有血

十四　朱醫生陪同華東醫院泌尿科主任熊醫生來會診 劉醫生亦參加診病

廿七　我堅決要求開刀 醫生爲我插管

九月十四　終日不能小便 用西藥 Primostal

十月七日　江魯醫生來會診

十七　儲文良模同來告訴我已當選爲全國人民代表

## 一九七四年

四月廿六日　開刀

---

3　應爲鮑乃德之子鮑大可（Arthur Doak Barnett）。

七月十七　劉良模來告知人大代表九十四人　我是中央交由上海協商
　　　　　選舉的愛國人士代表十五人之一　全國代表人數二千七百人

## 一九七六年

一月九日　周恩來總理逝世　打電報給鄧穎超同志表示深切哀悼

四月十四　發生天安門事件

六月十九　開始作日記摘要的摘要

　　廿四　沈體蘭老友逝世　參加追悼會（卅日）　他享年七十七歲

七月六日　舊日記基本整理完畢

　　八日　朱德同志逝世　致電哀悼

七月二十　如無重要事件不每天寫日記

九月九日　偉大領袖毛主席逝世　致電黨中央表示哀悼

　　十六　出醫院一周年

十月廿一　腹痛吃的東西都吐出來　一夜未睡

　　廿二　到華東醫院看病　因要將胃內髒東西抽出來　鼻子要插管
　　　　　並吊葡萄糖　甚痛苦　照腸鏡二次未成功

　　　　　住院二十四日

十一月廿九　與宗素乘飛機赴京出席人大常委會

十二月四日　乘飛機返上海

　　八日　寫周總理回憶　新華社記者來訪

十二月十七　新華社記者為周總理逝世一周年來訪　記者名陳宗格

　　廿一　英武出差來住

　　廿六　星期日毛主席誕辰

　　廿七　學習毛主席一九五六年所寫「十大關係」

# 25

## 日記存稿

(1950–1974)

1950.1.9 鄭建業負編輯《天風》之責

1.19 華東軍政委員會第一次會議

4.30 爲昆明聖公會黃奎元被捕事與朱友漁聯名致電最高人民法院院長沈鈞儒

4.18 與潁赴京訪宋副主席

4.30 在孫夫人處晚餐 與統戰部副部長談宗教問題

5.1 救濟總會請余爲副主席之一（同工五人）

1950.5.2 見周總理 總理指示應清算美帝國主義力量，統一戰線，政府不強調反宗教

5.4 起草〈關於處理基督教問題的初步意見〉

5.6 與同道六人再見周總理

5.13 與周總理第三次談話 參加者 18 人 余提出新意見書 〈基督教會今後努力之途徑〉

5.15 與劉良模、涂羽卿、艾年三赴西安

| 5.17 | 西北五省會議出席五百餘人 |
| 18 | 訪問西北軍政委員會習仲勳 |
| 20 | 劉因母病先返滬　習請午餐 |
| 22 | 與涂、田景福等十餘人至華清池　並看蔣介石避難處　城內有碑林，其中有大秦景教流行中國碑 |
| 23 | 遊華山 |
| 26 | 下山 |
| 29 | 到上海 |
| 6.3 | 到八仙橋青年會　出席歡迎基督教訪問團大會　出席者六百餘人 |
| 6.7 | 赴京出席政協全國委員會第二屆全體會議　同行 20+ 人內有梅蘭芳、周信芳、巴金等 |
| 1950.6.9 | 到京住遠東飯店　下午至北京飯店報到 |
| 6.10 | 在懷仁堂晚會　毛主席周總理均到 |
| 6.18 | 至國務院見周總理談宣言最後草案 |
| 6.21 | 下午政協委員會開大會　休息時遇毛主席說：聞你們將發表宣言　此文甚有力量　應多徵求簽名　惟必有人反對 |
| 23 | 毛主席致閉幕詞 |
| 26 | 到滬 |
| 7.8 | 〈中國基督教在新中國建設中努力的途徑〉一文已印出預備發出全國教會六七百人 |
| 8.1 | 華東軍政委員會參加建軍節及反美示威運動大會　參加者十萬人 |
| 8.9 | 請成都同學來歡聚　到者方信瑜宋蜀碧夫婦高國秀夫婦計瑞蘭夫婦連穎宗素宗蘭共十六人 |

力量，應多徵求簽名，惟必有人反對

9.6　今日簽名整理完畢　共約 1527 人　請統戰部轉周總理

9.23　〈展開革新運動旗幟〉一文寫完　一萬一千字

10.18　協進會年會在八仙橋青年會開幕　到百六十餘人　通過擁護〔宣〕言　主席為吳高梓　余為副主席之一

10.28　鄭建業辭《天風》職，沈德溶繼

12.14　聚會處倪柝聲唐守臨張愚之約晚飯　謂其會友三萬餘人已簽名於革新宣言　於 12.29 送來

1951.1.29　參加和大理事會

2.10　見周總理　謂青年協會有美金 25 萬　女青協會有 24 萬　被美凍結此係自己的款　可由瑞士轉回　周總理同意

1951.2.27　和大理事會開會　到 180 多人　主席居里因西德不予簽證未能出席

3.10　返抵北京青年會

3.13　預備和大報告　長七頁

3.16　出席基督教出版會議

1951.4.5　到京參加「處理接受美國津貼基督教團體會議」　並進行控訴畢範宇、陳文淵、梁小初等

4.21　向毛主席獻旗　成立三自運動新機構

5.2　孫恩三畏罪自殺，凌憲揚沈〔范〕定九被捕

5.4　為《人民日報》寫〈進一步展開基督教的抗美援朝運動的愛國運動〉　計六千字

5.8　到華東軍政委員會報告接受美國津貼的基督教團體會議

5.9　寫〈中國基督教的新生〉一文

5.30　至逸園出席市區各界人民代表控訴大會控訴漢奸特務惡霸

| | |
|---|---|
| 6.10 | 上海基督教教會及團體舉行揭露美帝利用基督教侵略中國大會 到一萬一千餘人 余作總控訴 還有鄧裕志等控訴 |
| 1951.8.25 | 結婚三十周年 與穎至高橋 |
| 9.17 | 華東軍政委員會招待至海甯觀潮 |
| 9.25 | 赴京住青年會 |
| 10.1 | 在天安門主席台上參觀閱兵及群眾慶祝遊行 晚看燄火 毛主席亦臨觀 與余握手說：你的工作（指革新運動）做得好 |
| 1951.11.1 | 世界和平理事會第二次全體會議開幕 到會約二百人 居里致開幕詞 中國出席者有郭沫若等 |
| 11.4 | 今日爲余五十八歲生日 |
| 11.9 | 參觀列寧故居 |
| 12.1 | 抵京 |
| 12.4 | 郭沫若劉寧一到青年會 作禮節性訪問 |
| 12.14 | 在市政府報告和平理事會達四十分鐘 |
| 1952.2.15 | 全國三反五反及思想改造運動熱烈展開 |
| 3 月 | 穎姪女楊淑英跳樓自殺 她在華東軍政委員會印刷廠工作，據說有貪污行爲 |
| 1952.6.3 | 亞洲和平大會籌備會開幕 代表五十人 郭沫若致歡迎詞 |
| 9.30 | 至懷仁堂參加參加毛主席招待會 參加者共二千餘人 |
| 1952.10.1 | 國慶遊行 晚看燄火 毛主席見余與趙樸初並立 戲謂余等曰「你們沒有打架吧。」我答曰「沒有沒有我們團結得很好。」 |
| 10.2 | 亞太和會在懷仁堂開幕 37 周 代表 344 人 宋慶齡致開幕詞 |
| 10.12 | 亞太和會閉幕 |

10.23　抵滬

10.29　赴南京主持協和神學院成立典禮

11.10　赴廣州傳達亞太和會　各界代表六百餘人來歡迎　群眾夾
　　　　道歡呼

11.12　訪永興街故居　已不多存在

11.19　赴北京出席維也納世界和平人民大會

12.19　大會閉幕

12.31　大使館請客　到宋慶齡饒漱石　郭沫若等十餘人　余亦
　　　　參加

1953.1.8　到達北京

1.11　在青年會作報告　聽眾四百餘

1.24　與潁赴京出席政協全國全國委員會

1.26　抵京寓和平賓館

1.20　遇老友高士其　他多年前因研究細菌中毒　動作不靈　今在
　　　　政府照顧下勉強寫作

1953.2.4　政協全國委員會第四次會議開幕　由毛主席主持　周總理
　　　　作報告　郭沫若報告世界人民和平大會

2.7　遇毛主席與余握手，說：「講得好，有分析。」（指昨
　　　　日的發言）

2.12　返抵滬

3.5　斯大林逝世

3.9　在文化廣場舉行追悼會　參加者十四萬人

3.17　宗素自福州來信　述其以秘密方式進行三自工作的情形

4.20　赴杭州訪問閩浙兩省基督教　同行者有崔憲祥〔詳〕謝永
　　　　欽羅冠宗等十餘人

5.5　　赴福州 張光旭及政府負責人來接 住省府招待處 晚宗素
　　　　自宿舍來訪

5.8　　三自革新會設宴招待

5.9　　遊鼓山 晚在聚會處舉行大會 到者千人以上 余作證道講話

5.10　　到廈門 晚政府負責人歡宴

12　　舉行工作人員座談 晚三自歡宴

14　　舉行群眾大會 參加七百多人 余證道

17　　在衛理公會舉行聯合禮拜 謝永欽講道 到者近千人

22　　乘車返滬

1953.6.9　　乘飛機赴莫斯科出席布達佩斯世界和平理事會

7.7　　抵北京仍住青年會

7.12　　在青年會傳達布達佩斯會議

1953.7.13　　乘車返滬

7.27　　朝鮮停戰協定 在板門店簽字

8.4　　陳已生去世

9.13　　與穎及柏莊參加旅行團遊覽無錫

10.24　　與穎及柏莊參加旅行團赴杭州

10.29　　至莫干山療養院 並看干將莫邪夫婦爲吳王鑄劍之處

31　　返滬

11.20　　參加維也納和平大會

12.11　　返北京住青年會

1954.3.26　　爲疝病動手術

4.14　　返家住院 21 天

5.17　　三自籌委會第二次全體會 羅處長報告 余任主席 李儲文

作自傳報告　陳見眞自治報告　崔憲祥〔詳〕自養報告

| | |
|---|---|
| 6.15 | 中華人民共和國憲法草案公佈 |
| 7.2 | 中央建議將三自革新改爲三自愛國 |
| 7.6 | 宗蘭在中國外國語學院畢業　明晚返滬 |
| 1954.7.22 | 基督教全國會議在燈市口公理會開幕　全體代表 343 人，王明道等五人拒絕出會 |
| 7.26 | 章伯鈞部長爲大會講憲法草案 |
| 7.28 | 爲全體會作〈中國基督教三自革新運動四年來的工作報告〉　長達二小時 |
| 8.6 | 作總結講話 |
| 8.7 | 通過余爲主席　陳見眞等六人爲副主席 |
| 8.8 | 赴北戴河 |
| 12 日 | 返滬 |
| 9.9 | 到京出席全國人代會 |
| 9.15 | 出席中華人民共和國第一次全國會議　在懷仁堂　代表 1,226 人　余爲主席團 97 人之一，憲法起草委員會在懷仁堂舉行 |
| 9.20 | 通過中華人民共和國憲法 |
| 9.22 | 到十三陵 |
| 9.24 | 通過各項人選名單　主席毛澤東　副主席朱德　委員 65 人余亦被提名 |
| 9.27 | 主席提名周恩來爲總理 |
| 1954.11.18 | 參加斯德哥爾摩世界和平理事會 |
| 12.2 | 返抵北京寓青年會 |

| 12.17 | 代表中國代表團報告斯德哥爾摩會議 |
|---|---|
| 12.21 | 政協二屆全國委員會在懷仁堂開幕　毛主席主持　余爲主席團五十七人之一 |
| 12.25 | 選毛澤東主席爲名譽主席，周恩來當選主席　宋慶齡等十六人當選副主席　余亦被選爲六十七個常委之一 |
| 12.30 | 乘車返滬 |
| 1955.6.22 | 出席在赫爾辛基舉行的世界和大第四次大會 |
| 7.5 | 抵京住北京飯店 |
| 8 月 5 日 | 抵滬 |
| 9.3 | 接何守恬信謂解放前兩次看我的《沒有人看見過上帝》，不懂，今第三次乃懂，不但很欣賞，且認爲可起橋樑作用 |
| 10.21 | 接見公誼會代表團 |
| 1955.11.21 | 與陳見眞蔣思貞鄧裕志赴濟南 |
| 11.28 | 到青島 |
| 12.1 | 日到高密 |
| 3 | 赴即墨 |
| 5 | 赴嶗山西部 |
| 8 | 赴濰坊 |
| 14 | 赴鄒城 |
| 15 | 赴館陶 |
| 1955.12.19 | 得宗蘭來信云從 1956 年 1 月起我的薪水由人大常委會直接發給　按五級標準基本工資 340 元　津貼 71 元共 421 元等於協會薪水兩倍　又補寄本年工資差額 2260 元 |
| 1956.1.10 | 陳市長約參加座談會　到中蘇大廈始知道毛主席視察申新九廠　約各界人士十五人會見閒談 |

| | |
|---|---|
| 1.23 | 到北京出席政協常委會 住北京飯店 |
| 1.25 | 參加最高國務會議 毛主席主持 談發展農業等問題 |
| 3.14 | 至機場接瑞典聶思仁牧師印度孟尼根主教 住新僑飯店 |
| 3.15 | 三自常委會第二次會議開會 |
| 3.16 | 接捷克 Hromadka 及匈牙利彼得主教來華訪問 |
| 3.29 | 出席斯德哥爾摩世界和平理事會 |
| 4.23 | 接瑞蘭函其中有云：您有寬宏的心懷，遠大的眼光，詩人的氣質，因此，您的生活有時像嫻靜的湖水，有時像奔騰的激流，有時像浩瀚的海洋。她只看到我的一面，沒有看到我的缺點。 |
| 1956.5.28 | 三自常委會第八次會議在辦公室開始 出席列席共45人 中央李連克處長上海成局長參加 余致開幕詞 討論如何貫徹三大見證（自治、社會主義、和平）執行十項任務 |
| 6月2日 | 赴合肥 |
| 7日 | 參觀佛子嶺水庫 |
| 6月10日 | 與安徽省全國人大代表九人乘車赴京 |
| 6月11日 | 到京住北京飯店 |
| 16 | 與何明華夫婦會見並談話 |
| 1956.8.20 | 與穎、羅竹風、陳見真、朱光遠赴杭州轉黃山寓黃山賓館 據云山有三十六大峰 三十六小峰 穎乘山橋〔轎〕上山，余與陳見真同乘一橋〔轎〕 羅竹風朱光遠步行 山上多奇松怪石，風景奇絕，羅竹風說：見此死亦瞑目 |
| 8.29 | 從散花精舍下山 在山中居住共十日 |
| 9月一日 | 返滬 |
| 9.28 | 接印度自立會威廉士牧師來華訪問 |

| 1956.11.17 | 至蚌埠 |
|---|---|
| 18 | 赴懷遠 |
| 19 | 赴阜陽 |
| 22 | 赴臨泉 |
| 12.6 | 安徽省宗教事務處召集省教牧人員座談會作報告「中國基督教過去現在與將來」用了二小時半 |
| 7日 | 赴蚌埠 |
| 12.8 | 晚返上海 |
| 1957.2.21 | 與潁赴京。潁看皮膚病，愛花同行　余出席政協全委會第二次會議 |
| 2.23 | 抵京住前門飯店 |
| 2.25 | 許廣平女士來訪　請余潁及宗素至豐澤園晚餐。見舊同事周冠卿　年八十一　髮漸變黑，再長一齒 |
| 2.27 | 至懷仁堂參加最高國務會議 |
| 2.30 | 在京住三十日　晚返上海 |
| 4.14 | 與潁遊太湖 |
| 4.22 | 至機場歡迎蘇聯最高蘇維埃主席伏羅希洛夫來滬　歡迎者數萬人 |
| 5.11 | 歡迎日本基督徒問安使節團 |
| 5.31 | 出席在錫蘭舉行的世界和平理事會 |
| 7.19 | 抵滬 |
| 8.30 | 宗素赴福州福建師範學院　他赴京進修二年已畢　基督教進行反右派運動 |
| 9.25 | 接匈牙利宗教事務局長來我國訪問 |

| | |
|---|---|
| 10.12 | 接見雲南少數民族代表團 |
| 1957.10.14 | 對張仕章進行說理鬥爭　穎亦參加 |
| 10.21 | 赴京出席全國三自常委會擴大會議　穎亦隨行並旁聽 |
| 22 日 | 抵京住新僑飯店 |
| 11.2 | 至南苑機場參加以毛主席為首的參加蘇聯十月革命四十周年紀念會的中國代表團 |
| 11.23 | 決定派丁光訓黃培永陳見勛沈德溶到匈牙利訪問 |
| 12.4 | 三自常委會開會　吳貽芳主席　余作總結　下午朱德副主席接見全體同工並拍照 |
| 12.9 | 乘車赴武漢參觀長江大橋　遊東湖公園 |
| 12.5 | 乘船到滬 |
| 1958.2.1 | 全國第一屆人民代表大會第五次會議在懷仁堂開幕　余被選為主席團八十九人之一，通過關於罷免右派份子章乃器章伯鈞羅隆基部長及人代會職務 |
| 3.24 | 接萊士德 |
| 25 | 在廣學會演講　在家聚餐 |
| 8.2 | 第一日到虹口公園打太極拳 |
| 1958.9 月 7 日 | 今日為上海二百〇八處教堂併成二十三處的第一次聯合禮拜 |
| 10 月 20 日 | 老友鄭振鐸乘飛機赴蘇聯遇難尚有四十九人全部遇難 |
| 1959.5.1 | 在天安門樓上參加 5.1 觀禮　毛主席亦參加 |
| 5.2 | 乘飛機至斯德哥爾摩參加和平大會 |
| 5.25 | 返上海 |
| 6.11 | 接匈牙利代表團 |

12 日　　在上海大廈宴請代表

13 日　　座談

20 日　　水上遊覽

6.22　　送代表團離滬

1959.8.25　　與潁結婚 38 周年

10.7　　接保加利亞代表團來滬

10.22　　與蔣燕同志陪同文幼章參觀馬橋公社　金仲華副市長在和平飯店宴請文夫婦　余與潁參加

11.10　　一位名裴默農的重譯我二十餘年前翻譯的《甘地自傳》由商務印書館出版　稿費千字三元

1960.3.12　　至中央統戰部見李維漢部長及張執一副部長　李部長表示 (1) 宗教影響日小 (2) 宗教起源於對自然無知及社會壓迫此二者不存在　宗教亦消滅 (3) 對宗教不用行政手段消滅亦不提倡其發展 (4) 宗教要適應目前環境。余表示宗教信仰可接受馬列主義到百分之 99.9，其餘一點亦無矛盾　又表示有形的宗教可能消滅，但宗教本身是永恆的。

3.30　　出席人代會二屆二次會議　潁亦隨行

4.11　　與潁及其他代表參觀密雲水庫

4.13　　送周總理陳毅外長出國與尼赫魯談中印邊界問題

4.14　　赴瀋陽參加宗教事務局所組織的宗教界參觀團　參加者有何成湘潁及我　丁光訓 鄧裕志 天主教 佛教 趙樸初 道教等

15　　抵瀋陽

18　　到撫順

19　　赴鞍山

20　　赴千山

| 21 | 赴長春 |
|---|---|
| 23 | 到哈爾濱 |
| 25 | 參觀東北烈士紀念館 |
| 30 | 到達北京 |

5 月九日　赴西安 參加者共十六人

5 月 10　到西安

1960.5 月 11　遊華清池並看蔣介石逃難處

5 月 16　到成都參觀杜甫草堂祠 / 從寶雞乘寶成鐵路 有隧道 304 個

5 月 19　遊青城山

24　在成都看望江樓 薛濤井

25　到重慶

27　到北培師範學院 何守恬陪同參觀

29　何局長對於在各城市講話 涉及馬列主義極不贊成

6 月 1 日　經白帝城看三峽 風景非常雄壯秀麗 2 日到漢口參觀長江大橋

6 月 3 日　乘飛機返滬

6 月 14 日　宗教界 208 人舉行「神仙會」

9 月 19 日　開了三個月○九天 精神始終飽滿 16 日作總結發言

9 月 20 日　三自愛國運動十周年

11 月 10 日　中國基督教全國會議在上海開幕 地址在國際飯店 何局長盛局長主持 敞開思考，解除顧慮，由三自負責 何局長不作報告，穎為代表之一。柯慶施書記約我同吳貽芳談話 說有些問題比較容易解決 有些關於宗教信仰及世界觀很難解決，只要還有人相信，宗教便有前途。

1960・11 月 12　在長江戲院舉行開幕式，陳見真主持大會，余致開幕詞

12 月 4 日　　張執一部長作關於宗教問題政策報告

1961・1 月九日　三自第二屆全國會議開幕

1 月 14 日　　閉幕 余作總結 余仍任主席 吳貽芳等任副主席

5 月 1 日　　市委來電話云七時在錦江舉行座談 至錦江飯店 始悉是毛主席會見 被邀者四十餘人 毛主席與到會各人一一握手 毛主席身體健康 紅光滿面 與各人隨便談談

6 月 25 日　　在香山遇朱德委員長互相握手

1962.3.19　赴京出席全國人代二屆三次會議及政協二屆二次會議

3.23　　政協會開幕由周恩來主持

3.29　　二屆二次人代會開幕會前毛主席接見主席團，周總理作政府工作報告

4.20　　返抵上海

1962・5 月七日　燕京協和神學院與金陵協和神學院合併後第一次董事會議開幕 由丁光訓主持 我作形勢及神學院任務報告

5 月 19 日　　與穎乘車返滬

7 月二日　　赴九江上廬山 穎 小弟 青青同行

四日　　到九江 當地負責人及江西省宗教事務處王惠文來接 住河南路 684 號

7 月 7 日　　與青青小弟至山下遊玩 車子越出改而駛向湖內 此時大家驚愕 幸有江新船長金麒同志背負我和青青至乾地 夜九時平安返家

7 月 10 日　　遊含鄱口 晚八時宗素從福州來

14　　遊黃龍寺仙人洞

17　　遊小天池 宗素去看蓮居青年會舊址

| 21 | 廬山黨委書記設宴招待　內有狗肉 |

21　廬山黨委書記設宴招待　內有狗肉

22　遊鐵船峰

30　宗素下山返福州

8 月 5 日　到仙人洞

6 日　遊白鹿洞

8 月 12 日　返抵上海

15　寫信與蕭賢法張執一　感謝他們爲我們安排到廬山休息

8.21　送青青至中國福利會幼兒園

12.1　參加黃培永大殮儀式

1962.12.12　與穎、壽葆、裕志赴廣州　十四到廣州　市負責人及同工來接　住公社招待所　晚市負責人在招待〔所〕飲宴招待

12.17　至佛山參觀民間藝術館

12.18　到七星岩鼎湖山

21　抵廣州

12.23　赴順德參觀　崇儀侄同行　十一時到大良

25　赴登洲鄉祖居　自十六歲赴北京至今已五十餘年　登洲大隊辦事處已陳列了很多點心　吳姓鄉親陸續來此聚集　鄉中有許多新建設　父親在祠堂所寫「吳氏大宗祠」扁〔匾〕額已拆下　祖居仍甚完整　最後至潭川公社午飯　菜甚精美

26　至溫泉休息

29　返廣州

30　與崇儀訪大姊及姊夫　他們均已年過八十

31　市負責人來訪並招待宴會

1963.1.1　到河南看了海幢寺　又看了我出生的永興街舊居不可分辨

| 1.2 | 乘飛機到湛江赴〔負〕責人來接 住招待所 |
|---|---|
| 1.3 | 參觀國營華僑農場 |
| 1.4 | 至「鹿回頭」，「天涯海角」 |
| 1.5 | 返海口 |
| 1963.1.10 | 乘旅行車從湛江赴廣西 負責人來接 住明園飯店 下午李任仁先生來訪 |
| 1.15 | 赴桂林 |
| 1.16 | 遊陽朔 |
| 1.18 | 遊七星岩 下午乘車到衡陽 |
| 1.23 | 返上海 |
| 3.10 | 陳崇桂病逝 |
| 6.12 | 沈鈞儒先生病逝年九十 |
| 9.2 | 赴溫州 潁及沈德溶同行 今日青青到幼兒園 |
| 9.4 | 到靈峰寺 產方竹 |
| 9.7 | 遊大龍湫 瀑高三百餘公尺 |
| 9.16 | 潁因有事 昨日承〔乘〕船先返上海 此次遊雁岩〔蕩〕印象不好 招待所地勢不高 常炎熱 伙食每人每日二元 但質量很差 無現代設備 風景多在山下 |
| 9.20 | 在溫州前後五日 在雁岩〔蕩〕12 日 |
| 21 | 早到上海 |
| 11.4 | 七十歲生日 與潁及三自同工儲文如璋德溶到國際飯店統戰部爲我準備的餐會 主人爲陳同生 菜甚精美 主人非常客氣 |
| 1963.11 月八日 | 請儲〔文〕夫婦等同工聚餐 他們爲我生日送了一些禮物 |

11 月 13 日　　赴京出席二次四屆人代會及三屆四次政協會　住前門飯店

11 月 15 日　　在人大會堂參加最高國務會議　劉主席主持　周總理作了
　　　　　　　國內外形勢報告

12 月 6 日　　抵滬

1964 年 4 月十七　赴杭州　同行者有穎及尹襄　杭交際處來接　住杭州飯店
　　　　　　　黃祖貽乘另一班車到杭州　是日遊覽西湖

　　4 月 21　　參觀新安江發電站　共住 12 天

　　　　30　　返滬

5 月 4 日　　玻璃廠響聲甚大

5 月 26 日　　招待日本外賓平山照次、高木幹太、高戶要

　　　7.21　　赴廬山休養　同行者　同行者有穎、青青　黃祖貽及阿德的
　　　　　　　女兒　丁光訓夫婦同來

　　　7.23　　到九江以汽車上山　洪會計來接　住河南路 667 號

　　　7.25　　宗素從福州調來　今晚到上海

　1964.7.28　　至花徑、仙人洞　8.6 遊含鄱口

　　　8.16　　何守恬來小住

　　　　17　　遊黃龍寺

　　　8.19　　何守恬、海青、宗蘭下山

　　　8.26　　在廬山住了 34 天

　　　　28　　返抵上海

　　　11.22　　與政協組織的廿餘人至奉賢肖塘公社參觀四清　住閔行飯
　　　　　　　店兩星期

　　　12.16　　與穎赴京

　　　　18　　參加最高國務會議

12.20　第三屆人大第一次會議舉行　朱委員長主持　十一時參加政協全國委員會第一次會議　周恩來主席主持

12.21　人大會開幕　代表及政協委員四千餘人　劉少奇主席毛主席亦出席　周總理作報告

12.27　攝影毛主席周總理與前排委員握手　毛主席同我握手時問我身體好否，又說「你的那個上帝，現在不太靈了」

12.30　參加最高國務會議　劉主席主持　宋副主席董副主席任原職　余被提名為常務委員之一

1965.1.7　返抵上海

1965.3.13　至閔行參觀四清　20 返上海

4.10　柯慶施同志在成都病逝

1965.11.15　關於基督教前途，我提出「快馬加鞭」口號

12.18　陳丕顯書記告訴我，毛主席在滬時告訴他要在大學開宗教課，陳說已在復旦開基督教及佛教兩課　要我去看一看並提意見

1966.1.10　陳丕顯同意基督教人士參加四清

2.18　陳叔通逝世年九十

3.10　陸道炎醫生為我左眼開刀　住院十日

4.1　全市同工 145 人報名參加四清

4.24　整理日記　依次編號從 1911 年至 65 年底共 29 冊

5.3　陸醫生為我右眼開刀　穎亦去先開右眼

7.22　參加文化大革命運動　青年會已貼出三百多張大字報

7.23　葉局長作動員報告　參加者 173 人

8.3　紅衛兵在馬路上遊行　改路名店名　這是暴風疾雨的一天

8.23　紅衛兵進入國際禮拜堂搗毀與宗教有關的用具　男女青年

會同工自動在大門口毀聖經　夜九時在青年會開群眾大會揪出牛鬼蛇神七人　要我向群眾低頭認罪

1966.8.28　撿出七百四十本中英文書籍送青年會 /

10.1　到文化廣場慶祝中華人民共和國建國十七周年並登上主席台

10.24　在錦江飯店接待文幼章等人

12.1　成立文革小組　選出盧文達、魏阿祥、徐養松、倪榮卿、陸克明五人

12.14　鬥爭統戰部王致中等

1968.4.17　毛主席發表關於美國黑人抗暴鬥爭的聲明

1969.1.13　為了照顧我的年齡　不要我上班

1.30　小分隊王同志叫我不要上班　有事通知我

1971.8.25　結婚三十〔五十〕周年

8.10　聯合國通過中國在聯合國組織中的合法權利　驅逐蔣介石代表

1972.11.18　在錦江飯店招待陸慕德　耿麗淑亦參加

11.21　在和平飯店宴請鮑威爾

12.31　在上海大廈參加招待美中關係全國委員會　學者 13 人　其中有鮑乃德 [1] 主人為張敬標

1972.2.5　至衡山飯店見文幼章夫婦　談了五小時　內容為文化大革命及基督教問題

5.13　柏莊今天到上海

5.23　到衡山飯店見胡念之等　並參觀浦江越江水道

---

1　應為鮑乃德之子鮑大可（Arthur Doak Barnett）。

1973.8.11　　終日無小便　時已夜八時　即打電話與統戰組聯繫吳培榮同志派車來陪同到院　宗素亦去　醫生當即將導尿管插入尿道　痛甚不能睡

　　　　12　　小便有血

　　8.14　　華東醫院泌尿科主任熊醫生來會診

　　8.27　　我堅決要求開刀

　　10.7　　江魯醫生來會診

　　10.17　　儲文良模來告訴我已當選爲全國人民代表

1974.4.26　　開刀

　　7.17　　良模來告知人大代表上海代表94人　我是中央交由上海協商選舉的愛國人士代表十五人之一　全國代表人數二千七百人

第六部分

補遺

# 1 / 學生的工作

中華全國基督教協進會編：《基督教全國大會報告書》（上海：協和書局，1923），頁260–262。本文另有英文版，參 "The Student Field in China and Its Challenge to the Church."

## 中國學生界及教會事業的新局面

一　二十年內的中國，是為深入現今學生的生活中的思想和觀念所定規的。

二　已過去的十年中，中國的學生界，對於範圍上勢力上和權能上，均都一日千里，一躍千丈。國家的地位一穩妥後，學生界就立刻要發展的。

三　既經過了三十五年遲緩和堅忍的工作，現在的學生界，可以說漸能融洽基督教的勢力了。人才，交際，與方法，都是最重要的動力。倘然這些都得其宜，學生界一定歡迎的。

四　現在的學生界在知識上，已大有進步了。像新文化運動，與近來的非宗教運動等，都是這知識進步的證據。今日正是千載良辰，我們應該乘此機會，用基督教的尚志灌入學生的覺悟中。

乙　以下幾條原理，多從許多年的經驗中得來的；有志做學生界中功夫的，必須銘記在心。

一　做學生事業之目的，就是善誘學子發生出於自動的宗教生活。

二　每個學校，是學生事業的單位。我們的目的，就是要使每一個學校中的基督徒，創設一種自動的和自立的團體來，運動全校的生活，使他變成基督化。

三　學生界自然的一致：（甲）在各城中，和（乙）大如一國中也都有學生界的一致，教會一面更須保守我們對他一致的進行，若有同一教派中，或教派與教派互爭消長，是最不幸的事。在同一事業中，門戶不必分得太清楚。

四　每城中的諸教會，應該有一機關，用這個機關來聯絡全城做學生事業中的種種程序。旣可以使他們一致，又可以使各教分任其勞，以期各種事業的進行。

五　若城中有靑年會的，最好用靑年會來做聯絡的機關；因爲靑年會在學生界有他固定的地位，並與各教會有關係的，並且他是全國的範圍。

六　所以我們特別請各教會注意，於第二股報告書的一段：「我們若要同官立的或教會的學校中諸學生交接起來，各教會必須負責，對於這樁事業，各教會應該舉出一輩足數的中西人員來，這輩人員必須合配和靑年會協力同工，爲學生建立一樁轟轟烈烈的事業，而各城必須自己定出同工的方法來。」

# SECTIONAL MEETINGS

## STRENGTHENING THE CHURCH IN THE LARGER CITIES

### The Student Field in China and Its Challenge to the Church.

#### Mr. Y. T. Wu

1. The China of twenty years hence is being determined by the kind of thought and ideals knit into the lives of the students today.

2. The student field in China has grown tremendously in size, influence and potentiality during the last decade. It is destined to grow remarkably as soon as the country settles down.

3. After thirty-five years of slow and patient work, this field is now fairly accessible to Christian influence. The personnel, approach and method are the important factors. If these are right, the field is open.

4. The students today are intellectually wide awake. The Renaissance movement and the recent anti-religious movement are sufficient evidences of this fact. This is the time of times for us to wield Christian ideals into the consciousness of the students. In accepting this challenge the following principles, evolved from many years' experience, should be borne in mind :

1. The aim of student work is to stimulate the voluntary religious life of students.

2. The individual school is the unit in student work. Our purpose should be to seek to establish self-perpetuating and autonomous groups of Christian students in every school, to Christianize school life.

3. The unity of the student field (a) in any given city and (b) in a nation-wide way should be recognized and our united approach to it preserved. Competition between denominations or between interdenominational agencies in this field would be disastrous. This fact can not be too strongly emphasized.

4. The churches in each city should have an agency through which to correlate and unify the city-wide program of student work and each church should seek to do its share in carrying out this program.

5. In those cities in which there is a Young Men's Christian Association, it would seem wise for the churches to use it as a unifying agency because of its established position among students, its relation to all churches, and its nation-wide organization.

"The Student Field in China and Its Challenge to the Church" 書影

# 2 / The Student Field in China and Its Challenge to the Church

F. Rawlinson, ed., *The Chinese Church as Revealed in the National Christian Conference Held in Shanghai, Tuesday, May 2, to Thursday, May 11, 1922* (Shanghai: Oriental Press, 1923), 355–357. 本文另有中文版，參〈學生的工作〉。

1. The China of twenty years hence is being determined by the kind of thought and ideals knit into the lives of the students today.

2. The student field in China has grown tremendously in size, influence and potentiality during the last decade. It is destined to grow remarkably as soon as the country settles down.

3. After thirty-five years of slow and patient work, this field is now fairly accessible to Christian influence. The personnel, approach and method are the important factors. If these are right, the field is open.

4. The students today are intellectually wide awake. The Renaissance movement and the recent anti-religious movement are sufficient evidences of this fact. This is the time of times for us to wield Christian ideals into the consciousness of the students. In accepting this challenge the following principles, evolved from many years' experience, should be borne in mind:

    1. The aim of student work is to stimulate the voluntary religious life of students.
    2. The individual school is the unit in student work. Our purpose should be to seek to establish self-perpetuating and autonomous groups of Christian students in every school, to Christianize school life.
    3. The unity of the student field (a) in any given city and (b) in a nation-wide way should be recognized and our united approach

to it preserved. Competition between denominations or between interdenominational agencies in this field would be disastrous. This fact cannot be too strongly emphasized.

4. The churches in each city should have an agency through which to correlate and unify the city-wide program of student work and each church should seek to do its share in carrying out this program.

5. In those cities in which there is a Young Men's Christian Association, it would seem wise for the churches to use it as a unifying agency because of its established position among students, its relation to all churches, and its nation-wide organization.

···

Jesus showed both dependence and filial piety, in his early years, and we can see that He always depended a great deal upon Mary, his mother. Women supply the needs of the world by supplying the needs of their children. The world has its foundation in the nation, the nation in the family, the family in persons, and persons in womanhood. Mrs. Mei quoted an old proverb: If you have hired a bad servant you will be unlucky for a year, but if you have a bad wife you will be unlucky throughout life.

The prosperity of the Chinese Church rests upon reform in the family. The family comes to be an ideal for human life. As soon as you enter a family you know whether its members are good people, or not. Spiritual life must begin to grow in the family.

# 3 / 學生事業

原刊於中華基督教青年會全國幹事聯合會編：
《中華基督教青年會第五屆全國幹事大會報告》（1928 年 6 月），頁 54–56。

## 特種工作

學生事業之方針，應隨學生之心理態度與要求爲轉移。簡要言之，吾人對學生所有工作，應致力於其全人生，而不限於宗教之一隅。今日學生之人生觀，與疇昔不同，吾人不可不求適應，其對社會問題之觀念，亦與常人有異，吾人宜因勢利導，至如性的問題與職業問題，尤與學生有切膚關係，爲吾人所當特別注意。學生處中國現社會中，其觀感甚形惑亂，急欲求於得相當之出路。出路爲何，物質歟，武力歟，道德歟，彼甚願一窮其究竟也。今之學生未嘗岐視宗教，宗教應應合于人生，不應離却人生而獨立，此其所斤斤堅持者。非教運動非反對宗教本身，反對宗教不健全之現象與末流耳。假如吾人對學生之宗教事業乾枯板滯，羌無生氣，徒注意外表皮毛，或養其肩背而失其全體，斷乎不能得學生之同情。進言之，整理並增厚宗教信仰，實今日學生普徧〔遍〕之願望。此種現象與非教運動有直接關係，而爲其必然之結果。學生所要求者創新耳，試驗耳，而小團契之組織，實爲輔進學生之良好新工具。

基督教學生運動，爲學生事業最近之一種企圖，所以團結一般基督徒學生，推行切實之服務工作，其在今日所積極提倡者，爲實行到民間

去之精神，凡所規畫，特別注意於學生之自動。此種運動與新文化運動互有影響，而其旨趣則在淳化與提高新文化運動，使對社會益有較大之貢獻。他如新教會運動，基督教學生運動中亦預伏種子，頗有發榮滋長之希望。

　　青年會學生事業所循政策，其最有效力者爲與個人接觸，組織小團體，發現領袖人才，團結義務人員，及徧〔編〕印適當之書藉〔籍〕與期刊。此種工作非常重要，不特爲學生所急需，亦爲一般社會所要求者。吾輩身爲學生幹事者，在知識與靈性二方，不可不日謀進步，否則無以應此重任也。就城市青年會立場言之，尤當對學生事業表示熱烈同情，相與有成，庶其可乎。

# 4 / 創造的愛

吳耀宗講述．梁宗一筆記。原刊於《廣州青年》16 卷 34 號（1929 年 10 月），頁 141–142。

　　日前中國青年會全國協會校會組主任幹事吳耀宗先生來粵巡視各校會狀況。本會以吳先生德學兼優。對於研究青年問題。很有心得。特於本月八號舉行青年戀愛問題演講會。請吳先生主講「創造的愛」。赴會青年男女四百餘人。歷時二句鐘。因爲問題興趣。講者不倦而聽者不厭。

　　吳先生是主張「唯愛主義」的。「唯愛」可以解決人類一切糾紛。此次演講。由兩性的戀愛的講到人類博愛。最後則發揮唯愛主義的效能。他很誠懇地希望大家能履行這個主義。也很深信這個高超的理想遲早會實現於世界。演講內容。讀梁宗一君這篇筆記。可知大概。

——編者

　　今晚所討論的題目，是由兩性的戀愛，說到人類的博愛。所以分作兩部份來講述。第一，就是兩性的戀愛；第二，就是人類的博愛。

## 兩性的戀愛

　　兩性的戀愛，很可以吸引人們的注意。前時，某外國人，調查上海一隅，銷流最廣的書籍，作一統計，就是談論兩性戀愛的一類書籍爲最多。某次，我往北京演講，有某校長嘗對我說：他從前會對學生舉行演

講會：第一晚，是討論兩性戀愛的問題，聽者非常擠擁；第二晚，討論學校生活的問題，而聽者寥寥可數。他或未免說得過失，然同是這一班人，同在一處地方，兩相比較，就可以見得兩性戀愛的問題，是很多人所注意的，尤其是青年的學生了。兩性戀愛，在最美滿的時候，很像一朵的美麗鮮花，芬芳悅目；在最惡劣的時候，很像一堆地上的烈火，炎燄殘酷。現在社會的罪惡：如娼妓，妾制，姦淫等，就是她的惡劣痕跡的表徵，因經濟禮教而失了兩性戀愛的結果，在就各個人的地位而謀解決，分述如下：

（甲）已結婚而已嘗戀愛的滋味者。家庭的不睦，髣若活有的地獄，或空有其名的家庭，各尋其所戀的愛人，離婚這兩個字，在已婚的男女口中，成爲頭禪。我并非絕對的不贊成離婚，但在不得已時，可方行之。其補救的方法，就是創造的戀愛。創造的戀愛，可用聊齋小說裏，恒娘的一段來解說：其內容是說及一對夫妻，初時，非常恩愛，後來她的丈夫納妾，前時的恩愛，就完全消滅了，她用很多的法子，想恢復以往的愛情，但終歸失敗。她的隣人恒娘，就教她一個方法；這個方法：就是不與她丈夫招呼，談話，過後一兩星期，就特別修飾得格外艷麗，誘引她的丈夫，更不與他相招呼，那麼，她的丈夫，便忘記了她是前時的妻子，髣若新人，前時的恩愛，就從此回復了。她的手段，未免過于卑劣罷。兩性的戀愛，非若磁石之與鐵，在相當的條件下，便相吻合的。兩性戀愛的當初，是彼此追逐尋求，瞞隱其短處，光揚其長處；及在結婚後，以爲對方已屬于我，不必再事追尋遷就，但西人的老年夫妻，雖生日小事，也不遠千里，馳書恭賀，餽贈禮物，以表愛情。且終日廝守，對方的短處，日漸暴露；而其長處，反漸朦閉。更加以天公偏不造美，男女的撮合，十之八九，各個性情，是相違反的，——兩性的戀愛，須要互相背馳，然後緊張的。所以家庭之中，每因小故，常發生爭執了。但人性有改善的可能，創造的愛，就根據這個原理，互相退讓遷就。倘若你的嬌妻的性情很急的，你就將自己的性情較急些，你

遷就她一分，她順服你三分。那麼，愛情就日增了。西諺說得好：「愛是藝術的。愛是創造的。」

（乙）未經戀愛而欲促進戀愛的發生者。舊式的婚姻，是結婚後而戀愛。新式的婚姻是戀愛後而結婚。兩者的分別，很是清楚。舊式婚姻中，也有很好的結果，以其有創造的愛的條件在其中。就我個人所知，胡適之兩夫婦，是舊式婚姻的，很相愛好。其他很多朋友，他們的妻子，竟有結婚後，而放是讀書識字的，也是很相愛好。那就是有創造的愛緣故。

創造的愛，所根據的原理如下：

（一）兩性的戀愛，男女的結合，不只是肉體的，而且是精神的，屬于精神的，然後有永久的可能。

（二）根據人類幾千年過去的經驗，兩性戀愛的最高尚，是一夫一妻制。主張自由戀愛及實行者的羅素先生，前在上海時，我也曾與他與討論自由戀愛的問題。羅素先生所主張的自由戀愛的意義，是脫離社會的羈困，禮教的限制，以最高的人格相標榜而結合。若以最高的人格相標榜而結合，是最高尚的，永久的，其結果也開以一夫一妻爲原則呢。

（三）兩性的戀愛，男女的結合，是寄託于最高尚的理想，共同的目的，從事于最高尚的同一事業。

俄國大文豪和社會主義者，托爾斯泰氏，他的妻子，與他非常愛好，但他歡喜于簡單的生活，他的妻子，注意于物質的發展，志趣不相一致。托爾斯泰氏，于未死前十三年，寫了一封致他愛妻的信。大意謂：我倆很相愛好，懇愛我，我也很愛你。因謂尋求我的理想生活，不得不與你分離了，但我是永遠的戀愛着你的。

他在十三年裏，沒有勇氣，將這封信交出，直至晚年的時候，覺毅然地把這封痛切的信留交愛妻遠離家庭去實現他的理想。龍鍾的老人，那湛途的風雪，離家門後，可憐撒手死了。這件事實，可爲第三原理的例證了。

（丙）未結婚而又未嘗戀愛的滋味者。在青春的時候，無論男女，通通都是很渴望異性的慰藉，得嘗兩性戀愛的滋味。在尋求異性戀愛當中，當注意于對方人格的吸引力，切勿只着眼于對方的外表，容顏，裝飾呀。

## 人類的博愛

人類生存的過程中，有三個階級：（一）弱肉强食，（二）公道。法律和監獄，也是根據這個原理而發生，所謂殺人者償命的律法時代。（三）博愛。在這個階級，全無殺奪和競爭。旣所謂大同世界，烏托邦氏。是一向主張公理，廢除强權。除拿破崙，俾斯麥等，主張鐵血主義者外，人人都十二分贊同的。學者方面，對于愛的主張，可分爲兩派：一派是緩進的，一派是急進的。代表急進一派的。如默迪，耶穌，甘地，托爾斯泰等；主張立刻實現愛的世界，提倡唯愛主義的，根據人格絕對的信仰，積極以愛來改革這個社會。茲舉三個則例，說明如下：

（一）**朋友**　你的朋友，倘若無理的怒罵你時，你先調查他怒罵你的原委，是出于誤會嗎？抑或他的皮〔脾〕氣惡劣呢？你若篤信唯愛主義，人格絕對的信仰，就不會反唇相稽，以你的愛感化他，他自然會覺悟而悔恨認錯，朋情更加深切了。

（二）**强盜**　這個比喻，較前署爲惡劣了。譬喻云深夜中，有强盜截劫婦孺。倘你是伺仗義豪俠之士，主持公道者，當切拔劍殺賊，拯婦孺于危厄中。但汝若深信唯愛主義，篤信偉大的人格，先事調查他爲盜的原委，是由于次乏教育嗎？抑因生活所壓迫呢？以你的愛感化

他，自然也錯覺悟，放下屠刀，立地成佛的。人格的力量，和偉大的愛，足以抵抗強盜的兇殘。這似乎屬于虛渺的理想。但實際上，的確是可能的。

（三）**國家**　這個比喻，更爲惡劣了。譬如日人，侵我東三省。憂國之士，當切荷槍實彈，效力疆場，獻身衛國。若退一步想。日人在東三省，是安居樂業的，不相侵擾的，以我國地大物博，物阜人豐，那算得之什麼一囘事呢。暫且勿論，若日人是奸詐詭譎的，對待我們的同胞，甚于高麗的，倘若我們篤信唯愛主義，絕對信仰人格的力量，也可以同化他們，感動他們呵。


今晚所述，各位聽了，未免心中難過，狐疑莫釋，以爲不過紙上空談的哲理，信口雌黃的理想罷。各位信仰與否，我不計及。但希望各位，將我今晚所講的，銘刻于腦海裏。你若深信以武力衛國，就當荷槍實彈，效力疆場，不失英雄的本色。你若篤信唯愛主義，而至若羅素先生，因爭持和平而下獄，忠于眞理，也不失是個有人格的青年。那麼，也不辜負我今晚幾小時的演講了。

## 5 / Our Book Table: *Fellowship and Class Struggle*

Originally published in *The Chinese Recorder (1912–1938)* June 1, 1930: ProQuest Historical Newspapers: Chinese Newspapers Collection (1832–1953): 388.

"FELLOWSHIP AND CLASS STRUGGLE." *By* A. J. MUSTE. Being an address, in pamphlet form, given at Annual Conference of the Fellowship of Reconciliation, September, 1929. *Published by The Fellowship of Reconciliation, 383 Bible House, New York City.*

Speaking from the standpoint of the labor class, Mr. Muste has given us a statement which is sane and through-going, concerning an ideal social order based on love and fellowship and the practical task that falls on every individual in bringing it about. It will profit those to read it who are dissatisfied with the present order, and perplexed as to what they can do about it.

# A UNITED FRONT IN CHINA?

## By Y. T. WU

It is now more than five years since the Manchurian provinces were taken from Chinese hands almost overnight on September 18, 1931. From then on, Japanese aggression went forward by leaps and bounds until the territory actually and virtually under Japanese control now comprises more than one fifth the total territory of the country.

To imagine, however, that the Chinese people are depressed, pessimistic and confused is to be guilty of superficial observation. An entirely new mentality has grown upon the Chinese. The one idea that has dominated the vast majority of people during the past few years is resistance. As the crisis deepens, the idea that China must resist at all costs finds expression in conversations in tramcars, at street corners, in barber shops, in bath houses.

Such an awakening of national consciousness was unknown in the past. The Sino-Japanese War in 1895, the invasion of foreign expeditions at the time of the Boxer trouble in 1900, and even the "May 4" demonstration against Japanese influence in Shantung in 1919—these and other events of national significance —had been the concern only of the comparatively few. The present Japanese move must therefore be given credit for this change. But the crisis has done something even more significant for the Chinese. They are now socially more intelligent and they have learned to organize themselves.

The story of the Chinese student movement since December 9, 1935, will make a moving chapter in Chinese history. In addition to vigor and enthusiasm, the student movement has also shown power of organization. Learning from the experiences of their predecessors, these youngsters drilled themselves into discipline, subdued their individualistic tendencies and organized themselves almost as if they were an army. I know of a boy of sixteen who went on one of the "preaching" tours into the rural districts to tell the people what was happening. He was a quiet reticent boy, living in a world of his own and indifferent to what was going on around him. When his sister received a letter from him telling of his experiences, her face glowed with joy as she handed me the letter to read, exclaiming: "What a change! I never suspected there was so much understanding and hardihood in him."

The same thing has been true of the girls. I met one of those young women who were active in the student movement when it was at its climax. "I have left my school where I was to graduate in half a year to do something more worth while," she said to me. I thought it was a pity and expressed concern about her future. "But what does it matter?" she replied.

"Our country is in danger and what is the use of too much learning? Besides, a diploma does not mean much to me, nor should it to society."

In a crisis like this, we should expect the Chinese people to prove very nationalistic. And so they are. But they are not nationalistic in the narrow sense. Even among those who are strongest for national defense, I have never heard a single reference to the Japanese nation as a whole as our enemy. The cry has not been "Down with Japan," but "Down with Japanese imperialism." It has been pointed out time and again that the common people of Japan are as much victims of the capitalist-imperialistic system as we are and that that system, rather than any nation, is our common enemy.

An event of unusual significance happened in Shanghai on October 19, 1936, with the death of Lu Hsun—often called the Maxim Gorky of China. More than ten thousand people, mostly of the younger generation, went to pay their last respects to him while his body lay in state and then walked three hours on foot in the funeral procession to the place of burial. Nothing like this had ever happened before. During the past fifteen years his books have been widely read and he became the leader of a new school of thought which stands for national liberation and social reconstruction. It is true that Communist influence has a great deal to do with this new trend of thinking, but it would be unfair to give Communism the sole credit. Dr. Sun Yat-sen himself, father of the Republic, was the first and strongest proponent of this set of ideas, and world events during recent years have made it easy for people in a country like China to accept them almost without reservation. The real issues have been not so much where we should go as how we can best get to our destination and who can give the ablest leadership.

It is well known that more than eighty per cent of the Chinese people are illiterate. During the past two years, however, a latinized system, making use of the alphabet and doing away with the old Chinese characters, has been introduced, and it marks a new day for the education of the mass. With this new system, the average peasant can learn to read and write in an elementary way in less than a month. The foundation reader costs only one cent and, with the addition of a pencil and an exercise book, the student can complete the first course at a cost of three cents. Even a rickshaw puller can afford such schooling.

Within a comparatively short time, this new education movement has made wonderful strides. Among the many new ideas it has introduced is the idea that every one should be both a student and a teacher. A

"A United Front in China?" 書影

# 6 / A United Front in China?

Originally published in *Asia Magazine* (February 1937).

It is now more than five years since the Manchurian provinces were taken from Chinese hands almost overnight on September 18, 1931. From then on, Japanese aggression went forward by leaps and bounds until the territory actually and virtually under Japanese control now comprises more than one fifth the total territory of the country.

To imagine, however, that the Chinese people are depressed, pessimistic and confused is to be guilty of superficial observation. An entirely new mentality has grown upon the Chinese. The one idea that has dominated the vast majority of people during the past few years is resistance. As the crisis deepens, the idea that China must resist at all costs finds expression in conversations in tramcars, at street corners, in barber shops, in bath houses.

Such an awakening of national consciousness was unknown in the past. The Sino-Japanese War in 1895, the invasion of foreign expeditions at the time of the Boxer trouble in 1900, and even the "May 4" demonstration against Japanese influence in Shantung in 1919—these and other events of national significance—had been the concern only of the comparatively few. The present Japanese move must therefore be given credit for this change. But the crisis has done something even more significant for the Chinese. They are now socially more intelligent and they have learned to organize themselves.

The story of the Chinese student movement since December 9, 1935, will make a moving chapter in Chinese history. In addition to vigor and enthusiasm, the student movement has also shown power of organization. Learning from the experiences of their predecessors, these youngsters drilled themselves into discipline, subdued their individualistic tendencies and organized themselves almost as if they were an army. I know of a boy of sixteen who went on one of the "preaching" tours into the rural districts to tell the people what was happening. He was a quiet reticent boy, living in a world of his own and indifferent to what was going on around him. When his sister received a letter from him telling of his experiences, her face glowed with joy as she handed me the letter to read, exclaiming: "What a change! I never suspected there was so much understanding and hardihood in him."

The same thing has been true of the girls. I met one of those young women who were active in the student movement when it was at its climax. "I have left my school where I was to graduate in half a year to do something more worth while," she said to me. I thought it was a pity and expressed concern about her future. "But what does it matter?" she replied. "Our country is in danger and what is the use of too much learning? Besides, a diploma does not mean much to me, nor should it to society."

In a crisis like this, we should expect the Chinese people to prove very nationalistic. And so they are. But they are not nationalistic in the narrow sense. Even among those who are strongest for national defense, I have never heard a single reference to the Japanese nation as a whole as our enemy. The cry has not been "Down with Japan," but "Down with Japanese imperialism." It has been pointed out time and again that the common people of Japan are as much victims of the capitalist-imperialistic system as we are and that that system, rather than any nation, is our common enemy.

An event of unusual significance happened in Shanghai on October 19, 1936, with the death of Lu Hsun—often called the Maxim Gorky of China. More than ten thousand people, mostly of the younger generation, went to pay their last respects to him while his body lay in state and then walked three hours on foot in the funeral procession to the place of burial. Nothing like this had ever happened before. During the past fifteen years his books have been widely read and he became the leader of a new school of thought which stands for national liberation and social reconstruction. It is true that Communist influence has a great deal to do with this new trend of thinking, but it would be unfair to give Communism the sole credit. Dr. Sun Yat-sen himself, father of the Republic, was the first and strongest proponent of this set of ideas, and world events during recent years have made it easy for people in a country like China to accept them almost without reservation. The real issues have been not so much where we should go as how we can best get to our destination and who can give the ablest leadership.

It is well known that more than eighty per cent of the Chinese people are illiterate. During the past two years, however, a latinized system, making use of the alphabet and doing away with the old Chinese characters, has been introduced, and it marks a new day for the education of the mass. With this new system, the average peasant can learn to read and write in an elementary way in less than a month. The foundation reader costs only one cent and, with the addition of a pencil and an exercise book, the student can complete the first course at a cost of three cents. Even a rickshaw puller can afford such schooling.

Within a comparatively short time, this new education movement has made wonderful strides. Among the many new ideas it has introduced is the idea that every one should be both a student and a teacher. A group of ten small boys from a primary school some time ago made a trip from Hangchow, where their home was, to Shanghai—a trip of some five hours by train. It was their first trip and they raised their traveling expenses by selling their own diaries and doing some public speaking! Unaccompanied by their elders, they started for the cosmopolitan city to gain experiences which they could not get in their school. "We do not want to be shut up in that cage of a school, separated from the rest of the world, to pore over lifeless books," they said. "We want to go into the living school where education is as broad as life itself and where the mass of people are our teachers."

From the time of the Manchurian incident, the policy of the Chinese government has been a policy of preparation and waiting. It had wanted to wait so that it could deal with the invader at the most opportune time. It wanted to prepare not only because the country was weak in the military sense, but also because it was in the midst of a national reconstruction of the first magnitude.

Even more difficult than economic reconstruction has been the struggle for political unification and stability. The Communist trouble since 1928, the Fukien rebellion in 1934, the Southwestern uprising in 1936—these and many other incidents of civil strife taxed the strength of the government to the utmost.

Because of this, the authorities have been obliged to exercise extreme patience in dealing with the Japanese.

But there is a disturbing factor in the situation: the divergence of viewpoint between the government and a growing number of people regarding the question of resistance. The government has declared repeatedly that it will resist, but that it will resist only when the situation has reached the point where any further yielding will threaten China's very national existence. The government can hardly be blamed for great caution in the matter, for the future of 450,000,000 people is at stake. It has wanted to make all the preparations that are within its power to make, hoping that, if it moves at all, it will move with confidence and persistence.

But the situation can be interpreted in a different way. First, it is clear that Japanese aggression will not stop until all of China has been swallowed. Concessions during the past five years have merely encouraged more extensive and more daring encroachments. Second, the situation is already such that no act of resistance can be too drastic or too early. If the disintegrating process is allowed to go on, Chinese sovereignty will soon disappear entirely in North China and it will be increasingly threatened in other parts of the country. Third, preparation, even if possible, is too costly under the present circumstances. According to the present rate of Japanese advance, by the time China considered herself fully prepared, perhaps very little in the way of territory and resources would be left, making it even more difficult, if not impossible, to resist.

It has been reported that the Kwangsi leaders were willing to come under central control only because they were given assurance of the determination of the Nanking government to take an early stand against the Japanese. Similarly among the younger officers and a good part of the army, the desire for immediate resistance has steadily grown. During the past two years, the government has constantly been urged to stop waging any kind of civil war —which of course includes the fight against the Communists. In fact, the Communists themselves some time ago addressed a direct message to the Nanking government, offering to make a common front against the Japanese.

Among the arguments advanced by the advocates for immediate action are that China is a huge country with a vast hinterland which no invading force could control completely or for any length of time; that an extensive front and the tactics of guerrilla warfare would paralyze an enemy which would constantly have to be on the defensive; that a prolonged warfare, while none too easy for a not-highly-organized country like China, would be fatal to a country like Japan which is already under heavy economic strain; that heightened morale and a united front among the Chinese people will more than make up for deficiency in military strength.

There are no illusions as to the grim realities inherent in such a course of action. It is clear that the Japanese navy would be able to put up an effective blockade of the whole of the China coast in no time; it is clear that Japanese troops can occupy such strategic centers as Shanghai, Nanking, Hangchow, Amoy, Swatow—not to mention cities in the north—with no great difficulty; it is clear that Japan's airplanes would fly where they pleased, causing panic and confusion among the people. But this would be only during the initial stages of the war; it would be a different story when time dragged on and the invaders would have to face not only the enormous expenditure for the expedition but also a lost market which was once the chief dumping ground of their industrial products.

The Japanese are aware of this situation and even their younger militarists have preferred to get where getting costs nothing. Leaving out of account the small number of hot-heads, the Japanese would probably think very seriously before they launched so costly a campaign. Moreover, they realize that this is a game which involves not only China and Japan but the whole international fabric, including Soviet Russia. If an international war must come, Japan will have to save its energy for that as well.

Meanwhile, the Chinese do not seem to be over-perturbed even by the present crisis. What has happened in the past five years is nothing new to this people with a history of more than five thousand years. The Huns of the fourth century, the Mongols of the thirteenth century, the Manchus of the sixteenth century—these are some of the foreign peoples that ruled the Chinese for centuries. But in the end it was always the Chinese that came out on top. They are anxious about the present but they are confident of the future.

# SOCIOLOGICAL DATA
## —Lim P. Lee—

### CURRENT INTELLECTUAL TRENDS

(An interview with Mr. Y. T. Wu, editor-in-chief, Association Press, National Committee of the Y. M. C. A. in China.)

What do the serious-minded educated youths of China think about today? With the influx of so many systems of Western philosophies and philosophic ideas, from atheism to Marxian dialectic materialism, bombarding the uncertain minds of the country's young intellectuals during the past decade or more which of these ideas finds the most hospitable reception by their youth? Much has been said about radical thoughts among the youth in China today, but what kind of radical thoughts? Socialism? Fascism? Communism?

China's existing system of education has much to do with its intellectual trends. How is Young China being educated? And how successful is illiteracy being fought by the government?

The press, too, has something to do with the thoughts of China's youths today. What can be said of it?

It was with these questions in mind that the writer approached Mr. Wu. But first let us introduce Mr. Wu.

Last summer the Conference of the World Student's Christian federation was held at Mills college, in Oakland, California. There the American delegation approached the Chinese group asking for a representative Christian intellectual leader to come from China to speak at conferences and in the colleges and universities of America. The name of Y. T. Wu of Shanghai was recommended by the Chinese delegation. Since Mr. Wu's arrival he has lectured at the Pacific Southwest Y. M. C. A.-Y. W. C. A. student-faculty conference at Asilomar, and delivered a series of Earl Foundation lectures at the Pacific School of Religion in Berkeley, California.

Mr. Wu is editor of the literature division of the National Y. M. C. A. in China, and it is his responsibility to translate the current intellectual trends of the West to Chinese youths, as well as to edit Chinese literature so that it will reach China's youths through the printed word. He is a graduate of the Customs college (when it was in Peking) and also of Columbia university.

#### Three Tendencies

When questioned on the current intellectual trends in China today, Mr. Wu said that there are three dominant trends.

The first and, at the present, the most influential trend is the radical trend. This trend represents the thinking of the people who are influential by Marxism. This group has grown in number since 1931. Most of these people are not Communists; nevertheless, they are very sympathetic toward

#### Y. T. Wu

Communism and wholeheartedly accept the Marxian doctrines. They are very critical of the Nanking government especially, after the Manchurian incident; but within the past year or so, they have begun to advocate the so-called "united front" which means the admission of the Communists into the government, some form of cooperation with Soviet Russia, and immediate resistance to the aggression of Japan. The leaders of this group are the leftist writers under the leadership of the late Lu Shun. Current literature in China as expressed in books and periodicals is very much dominated by this radical trend.

The second trend may be called the liberal trend. This trend represents the thinking of the people who stand for national liberation but wholeheartedly follow the leadership of the present central government in the person of General Chiang Kai-shek. They would advocate social reforms but they are definitely opposed to the Communists. While the radicals get their inspiration from Soviet Russia, the liberals get theirs from democratic nations in Europe and the United States. The leading figure in this group is the well-known Dr. Hu Shih. The influence of this liberal group is on the wane, and they do not appeal to the youths of China today as they did in the days of the May 4th movement, 18 years ago.

The third trend can hardly be called an intellectual trend. It is reactionary and looks back to the golden past of China, trying to adopt the old Confucian virtues to contemporary life. This group stands for the status quo. They have no outstanding leaders of brilliance, but find expression among old scholars, some retired officials and wealthy merchants. Even the New Life movement has a touch of this trend of thinking.

#### Regimentation In Education

Closely allied with intellectual trends of the nation is the educational policy of the government. It is through education that the thinking of the youth of the nation is moulded. The writer queried Mr. Wu on the educational policy of the government. He reported his observations in the school life of China, but said they do not represent any personal opinion of his own in this matter.

The dominant educational policy of China today is regimentation. This is expressed through compulsory military drills, tightened curriculum, and "joint examinations" given by municipal authorities. (The "joint examinations" must be passed by all students before they can graduate. They are given by education officials and not by local school teachers.) The students are kept frightfully busy, and have neither time for social life, nor for extra curricular activities. More pronounced is the intellectual life of the students: they are almost told what they ought to believe. A number of the so-called leftist books are prohibited in the schools. While the students seem to have submitted to this process of regimentation, without much grumbling, even with appreciation in some cases, there are to be found many instances of inward revolt. This is especially true in regard to anti-Japanese expressions which are regarded as reactionary by certain officials of the government.

#### The Fight Against Illiteracy

The masses of China constitute the real backbone of the matter. Properly guided and educated they will be the strength of a modern nation. Mr. Wu was questioned on the problem of illiteracy and mass education in China. He answered thus:

# 7 / Current Intellectual Trends: An Interview with Mr. Y. T. Wu

Originally published in *Chinese Digest* 3, no. 4 (April 1937): 7–8.

Lim P. Lee

(An interview with Mr. Y. T. Wu, editor-in-chief, Association Press, National Committee of the Y.M.C.A. in China.)

What do the serious-minded educated youths of China think about today? With the influx of so many systems of Western philosophies and philosophic ideas, from atheism to Marxian dialectic materialism, bombarding the uncertain minds of the country's young intellectuals during the past decade or more which of these ideas finds the mist hospitable reception by these youth? Much has been said about radical thoughts among the youth in China today, but what kind of radical thoughts? Socialism? Fascism? Communism?

China's existing system of education has much to do with its intellectual trends. How is Young China being educated? And how successful is illiteracy being fought by the government?

The press, too, has something to do with the thoughts of China's youths today. What can be said of it?

It was with these questions in mind that the writer approached Mr. Wu. But first let us introduce Mr. Wu.

Last summer the Conference of the World Student's Christian federation was held at Mills college, in Oakland, California. There the American delegation approached the Chinese group asking for a representative Christian intellectual leader to come from China to speak at conferences and in the colleges and universities of America. The name of Y. T. Wu of Shanghai was recommended by the Chinese delegation. Since Mr. Wu's arrival he has lectured at the Pacific Southwest Y.M.C.A.-Y.W.C.A. student-faculty conference at Asilomar, and delivered a series of Earl Foundation lectures at the Pacific School of Religion in Berkeley, California.

Y. T. Wu is editor of the literature division of the National Y. M. C. A. in China, and it is his responsibility to translate the current intellectual trends of the West to Chinese youths, as well as to edit Chinese literature so that it will reach China's youths through the printed word. He is a graduate of the Customs college (when it was in Peking) and also of Columbia university.

## Three Tendencies

When questioned on the current intellectual trends in China today, Mr. Wu said that there are three dominant trends.

The first and, at the present, the most influential trend is the radical trend. This trend represents the thinking of the people who are influential by Marxism. This group has grown in number since 1931. Most of these people are not Communists; nevertheless, they are very sympathetic toward Communism and wholeheartedly accept the Marxian doctrines. They are very critical of the Nanking government especially, after the Manchurian incident; but within the past year or so, they have begun to advocate the so-called "united front" which means the admission of the Communists into the government, some form of cooperation with Soviet Russia, and immediate resistance to the aggression of Japan. The leaders of this group are the leftist writers under the leadership of the late Lu Shun. Current literature in China as expressed in books and periodicals is very much dominated by this radical trend.

The second trend may be called the liberal trend. This trend represents the thinking of the people who stand for national liberation but wholeheartedly follow the leadership of the present central government in the person of General Chiang Kai-shek. They would advocate social reforms but they are definitely opposed to the Communists. While the radicals get their inspiration from

Soviet Russia, the liberals get theirs from democratic nations in Europe and the United States. The leading figure in this group is the well-known Dr. Hu Shih. The influence of this liberal group is on the wane, and they do not appeal to the youths of China today as they did in the days of the May 4th movement, 18 years ago.

The third trend can hardly be called an intellectual trend. It is reactionary and looks back to the golden past of China, trying to adopt the old Confucian virtues to contemporary life. This group stands for the status quo. They have no outstanding leaders of brilliance, but find expression among old scholars, some retired officials and wealthy merchants. Even the New Life movement has a touch of this trend of thinking.

### Regimentation In Education

Closely allied with intellectual trends of the nation is the educational policy of the government. It is through education that the thinking of the youth of the nation is moulded. The writer queried Mr. Wu on the educational policy of the government. He reported his observations in the school life of China, but said they do not represent any personal opinions of his own in this matter.

The dominant educational policy of China today is regimentation. This is expressed through compulsory military drills, tightened curriculum, and "joint examinations" given by municipal authorities. (The "joint examinations" must be passed by all students before they can graduate. They are given by education officials and not by local school teachers.) The students are kept frightfully busy, and have neither time for social life, nor for extra curricular activities. More pronounced is the intellectual life of the students: they are almost told what they ought to believe. A number of the so-called leftist books are prohibited in the schools. While the students seem to have submitted to this process of regimentation, without much grumbling, even with appreciation inn some cases, there are to be found many instances of inward revolt. This is especially true in regard to anti-Japanese expressions which are regarded as reactionary by certain officials of the government.

## The Fight Against Illiteracy

The masses of China constitute the real backbone of the matter. Properly guided and educated they will be the strength of a modern nation. Mr. Wu was questioned on the problem of illiteracy and mass education in China. He answered thus;

The percentage of illiteracy in China is still very high, over 80%, in spite of efforts of many literacy movements in the last ten years. In view of the difficulty of the Chinese language, during the past year or so, a new system has been devised. The Chinese characters in blocks are done away with, and an alphabet is used in their place so that the Chinese language becomes "Latinized." This new language may be learned in a month and the equipment costs but a few cents. The students and the common people have used this language a great deal since the student movement of December 9, 1935. The government looks upon this language with suspicion since it originated in Vladivostok and was first used among the Chinese in Soviet Russia. Because of its origin, the government has prohibited its use in publications and periodicals.

But in spite of the high percentage of illiteracy, the social intelligence or the people has advanced a great deal. Due to the aggression of the Japanese, mass education has progressed through the Chinese movies, popular songs, lecture groups conduced by students, and other mass appeals. The people are beginning to awaken to what is happening to their country.

## Severe Press Censorship

Intellectual trends, education, and mass movements find their reactions and direction in the press of the nation. As an editor Mr. Wu is well qualified to comment on the press of China.

The press is anything but free in China, as the freedom of the press is understood in American. This is particularly so after the Manchurian incident. The daily editions are severely censored, day by day, and one often sees blank spaces in the daily papers which indicates censorship of the press. Because of this control, the people are kept in the dark about many things in internal politics and foreign policies. This censorship applies to Chinese papers published in Chinese territory as well as in foreign settlements where extraterritoriality still prevails. But the foreign press in China is exempt from this censorship and for this reason, the English-reading Chinese generally go to the foreign press to get the news they cannot get from the Chinese press. It is the unanimous opinion of the newspaper men and educated public that there should be freedom of the press as prescribed in the existing codes of China.

## AN EVALUATION OF THE INTERNATIONAL MISSIONARY COUNCIL CONFERENCE AT MADRAS, DEC. 12-29, 1938

### Y. T. Wu

### I. The Significance of the Conference

The Conference, which was attended by 464 delegates from 60 nations, was perhaps the most representative Christian Conference that has ever been held. It was so planned that more than half of the delegates were indigenous members of Churches in Asia, Africa and Latin America. At the Edinburgh Meeting of the Council in 1910 only a handful of the delegates were not of American or European race, out of a total of some twelve hundred. At Jerusalem in 1928, out of about two hundred and fifty delegates, over fifty were members of the "younger" Churches. At Madras, the meeting was essentially a meeting of the "younger" churches, joined by representatives of the Church life and missionary administration of the West.

Writing about the Conference at its preparatory stage, Mr. William Paton, Secretary of the International Missionary Council, said: "The central theme is to be the Church, the universal historic Christian fellowship, especially as it is found and is being built up among the Eastern and African peoples...... The object of the whole endeavor is that the Church, or such part of it as is willing to work in unison in spite of diversity of life and order, shall be aided by thorough study and by common consultation in the supreme task of learning the will of God for our time."

The Conference was held at a time when the Churches are confronted with many serious problems in different parts of the world. The war between China and Japan; the unstable political situation in Europe; the persecution of minority groups; the tension between Church and State; the rise of nationalisms; the demand for social change, - these and a host of other problems must have constantly occupied the minds of the people from different nations who went to Madras and made them hope that the Great World Conference might give them the hope, the light, and the power they so much needed.

### II. Leadership and Program

The leadership of the Conference was in very able hands. Merely to mention such names as Dr. John R. Mott, R. L. Warnshuis, William Paton and Basil Mathews on the Executive Side and E. Stanley Jones of U.S.A., C. F. Andrews and the Bishop of Winchester of Great Britain, the Bishop of Dornakal of India, T. Kagawa of Japan and T. Z. Koo of China among the speakers is sufficient to indicate that the best Christian leadership was gathered from every land.

The physical arrangements of the Conference alone deserved high praise. Delegates could not hope to be more comfortably housed and better cared for in every detail in a conference of this size. Practically no complaint was heard about the entire management of the Conference from the first day to the last.

"An Evaluation of the International Missionary Council Conference at Madras, Dec. 12–29, 1938" 書影

# 8 / An Evaluation of the International Missionary Council Conference at Madras, Dec. 12–29, 1938

Setting-up Conference, Spring 1939. Eugene Barnett papers, Collection Identifier: Y.USA.25, Kautz Family YMCA Archives, Archives and Special Collections, Elmer L. Andersen Library, South Minneapolis, MN, USA. Reproduced by permission of YMCA of the USA.

## I. The Significance of the Conference

The Conference, which was attended by 464 delegates from 60 nations, was perhaps the most representative Christian Conference that has ever been held. It was so planned that more than half of the delegates were indigenous members of Churches in Asia, Africa and Latin America. At the Edinburgh Meeting of the Council in 1910 only a handful of the delegates were not of American or European race, out of a total of some twelve hundred. At Jerusalem in 1928, out of about two hundred and fifty delegates, over fifty were members of the "younger" churches. At Madras, the meeting was essentially a meeting of the "younger" churches, joined by representatives of the Church life and missionary administration of the West.

Writing about the Conference at its preparatory stage, Mr. William Paton, Secretary of the International Missionary Council, said: "The central theme is to be the Church, the universal historic Christian fellowship, especially as it is found and is being built up among the Eastern and African peoples…The object of the whole endeavor is that the Church, or such part of it as is willing to work in unison in spite of diversity of life and order, shall be aided by thorough study and by common consultation in the supreme task of learning the will of God for our time."

The Conference was held at a time when the Churches are confronted with many serious problem in different parts of the world. The war between China and Japan; the unstable political situation in Europe; the persecution of minority groups; the tension between Church and State; the rise of nationalisms; the demand for social change, these and a host of other problems must have constantly occupied the minds of the people from different nations who went to Madras and made them hope the Great World Conference might give them the hope, the light, and the power they so much needed.

## II. Leadership and Program

The leadership of the Conference was in very able hands. Merely to mention such names as Dr. John R. Mott, R. L. Warnshius, William Paton and Basil Mathews on the Executive Side and E. Stanley Jones of U. S. A., C. F. Andrews and the Bishop of Winchester of Great Britain, the Bishop of Dornakal of India, T. Kagawa of Japan and T. Z. Koo of China among the speakers is sufficient to indicate that the best Christian leadership was gathered from every land.

The physical arrangements of the Conference alone deserved high praise. Delegates could not hope to be more comfortably housed and better cared for in every detail in a conference of this size. Practically no complaint was heard about the entire management of the Conference from the first day to the last.

In regard to program, the sixteen sections and the eight special groups dealing with the Church, its faith, its nature and function, its evangelistic task, its witness in relation to non-Christian faiths, its inner life, its relation to the State, the international order, the changing social and economic order, its literature program and its works for special racial groups and special classes of people, these covered practically all the vital topics that one would like to see dealt with in such an important Conference. These topics were divided into two groups, one group was taken up at the first half of the Conference, and the other at the second half, each delegate being assigned to two sections only, which ensured a more thorough discussion of each topic by people who are specially interested in it. The conclusions reached by these sectional groups were submitted to the whole Conference for discussion in plenary sessions before they were finally adopted and recommended to the Churches of the world.

The workshop part of the Conference was a very unique feature in its program. The first full day of the Conference, Dec. 13th, was kept as a day of prayer and meditation led by the Bishop of Donakal of India, Professor Henry Farmer of Cambridge and Bishop H. W. Holson of U.S.A. The minds and hearts of the delegates were thus prepared in quietness for the work of the coming weeks. Throughout the Conference, each morning for half an hour, the entire Conference united in a service of worship. There were special communion services on Sundays and the Christmas morning. This was perhaps the most helpful part of the Conference and was greatly appreciated by all.

Some able addresses were given from the platform. Dr. Mott's call to the Conference for humiliation and contrition, for optimism and expectation and for attentiveness to God at the opening address and his emphasis on Christian responsibility at the closing address both struck fitting notes and prepared the delegates for the right attitudes as they entered and left the Conference. W. Y. Chen's story of his experiences with young people in Hankow and Changsha in the heat of the war; T. Z. Koo's emphasis on the necessity of both suffering love and a passion for justice in international relations; and Miss P. S. Tseng's story of how the anti-Christian attitude of her great-grandfather's time had been changed to the embracing of Christianity by members of her own family and by outstanding leaders of today, like Generalissimo Chiang Kai-shek— these all made a deep impression on the audience. C. F. Andrews' reference to racial arrogance and the oppression of subject races as the two dark shadows of imperialism and his remark that "Christ entered right into the midst of these seething passions of racial and religious arrogance and oppression", elicited a favorable response. Finally, the Bishop of Winchester must have won sympathy from all when he said "In addition to arousing the conscience of the state, the Church must sometimes oppose and criticise the state when it is doing wrong, e.g. if the state deliberately embarked on a war of aggression or persecuted minorities, then it is the duty of the Church to oppose. I think that in fairness to some, I ought to say that when the Church is young and weak and is living in a powerful state, it must make its own choice between two evils. It may be right to remain silent and preserve its existence rather than speak fruitlessly and risk annihilation."

On the whole, however, the addresses from the platform gave the impression that they were tempered, cautious, and balanced sayings which had to take account of inevitably diverse feelings and reactions, rather than daring and prophetic voices which were sure and direct and uttered irrespective of consequences. As to which of these will do more good in an international conference of this kind, opinion will naturally differ. But certainly there is a place for both.

## III. Conflicts in Theology

The proceedings of the Conference were made the more difficult because of conflicts in theology. This was made evident both in the sectional meetings and in the plenary sessions.

The conflicts in theology centered mainly on two issues: (1) in regard to the attitude of Christians towards other religions; (2) in regard to the attitude of Christians towards social action.

Regarding the first issue, those representing what may be called the "continental" attitude would say that while there is truth in other religions, it is of a different quality from that which comes from the Christian Revelation. This view was strongly upheld by Dr. Hendrick Kraemer, himself a delegate to the Conference, in his book *Christian Message in a non-Christian World*:

> "No man can claim the right or power to limit God's working in Revelation. But we must not just because religion and moral achievements impress us as lofty, describe them as of the same quality as the Revelation in Christ. It phased God—it may be said with all reverence—in His plan of world redemption to exercise self-limitation by becoming flesh in the special, historic man, Jesus Christ, and so to express clearly and exclusively in Christ's life and work His judgment on and purpose for men and the world." Again: "Nor may we consider undiscerningly the religious intuitions of mankind as a preparatory stage for the full Revelation in Christ. This overlooks the character of the Revelation of Christ as absolutely unique in its own kind."

This view was opposed by many of the delegates of the young Churches, especially those from China and India. Among the many reasons given for disagreement are the following: (1) that it denies that there is any revelation outside of the Christian Religion, which makes the universality of truth a mockery, and (2) that it denies the progressive nature of the knowledge of truth, which makes education an illusion.

The report on this section was a compromise, tending towards the absolutist view, as may be seen from the following: "There are many non-Christian religious which claim the allegiance of multitudes. We see and readily recognize that in them are to be found values of deep religious experience and great moral achievements. Yet we are bold to call men out from them to the feet of Christ. We do so because we believe that in Him alone is the full salvation which man needs." "The interest in the religious heritage of nations must not however lead us to assume, as has sometimes been suggested, that the scriptures of these religions could take the place of the Old Testament as introductions to the Christian Gospel." "However, as to whether the non-Christian religions as total systems of thought and life may be regarded in some sense or to some degree manifesting God's revelation, Christians are not agreed."

The next issue has to do with our attitude toward social action. To some, man is helpless in the building of a new social order and it is only "through a creative act of God" that "His Kingdom will be consummated in the final establishment of a New Heaven and a New Earth." The Kingdom is thought of in eschatological terms and no basic change is possible until Christ Himself will appear in power and glory to transform the whole structure of this world into His Kingdom of Righteousness and Victory." It is not the business of the Church, therefore, to bring into force a social program for a renewed world-order or even a Christian State. "It cannot redeem the world from all inherent evils," although it should serve and spend itself "in promoting all good works in obedience to its God-given call."

This of course is only a minority view, but nevertheless it was a very militant and insistent view which seldom fails to make itself heard. On the whole, representatives of the Anglo-Saxon countries and of most of what may be called the weaker and oppressed peoples, are opposed to this view, altogether it is evident that many of those among this latter group would also strongly emphasize the limitations of human sinfulness in all social undertakings and achievements. It is also worth noting that those who take the eschatological view about social matters also take absolutist view of Christianity in its relation to other religions.

What is significant, however, is now the existence of these conflicting views, but the fact that, in spite of these differences, the Christian force is growing in the consciousness of their oneness in a common Lord and Savior and can meet and plan together in a world conference in a spirit of mutual tolerance and forbearance.

## IV. The Madras Conference and World Issues

One of the delegates from the United States very aptly remarked that the question uppermost in the minds of many delegates was not what the Church believed or how the Church should organize itself but what the Church, with its faith and organization, had to say about pressing world problems.

**The Far Eastern Conflict**—One of these problems that needed to be faced squarely was the Sino-Japanese War. Several of the sectional reports have emphasized the relevance of Christian principles to present tensions and conflicts between nations and races and have expressed sympathy for the victims of aggression and persecution. But these opinions had often to be stated in very mild and sometimes equivocal terms, as the following quotations from the report on the International Order show: "No nation may deliberately persue its own interests at the expense of its neighbours. Injustice drives nations to desperate courses including war. More equitable access to natural resources and markets, a fairer distribution of wealth within the nations, and economic cooperation on the international scale are essential. We condemn the effort to impose the will of one people upon another by force and especially the invasion of the recognized territory of one people by the armed forces of another… Justice requires the *progressive* (italics mine) elimination of the domination of one people by another."

This evidently did not satisfy many of the delegates, and not only those whose own countries are directly affected by the present situation. But two considerations had kept people from saying what they wanted to say. The first is that speaking the truth too plainly may cause a division in the Conference or impair the spirit of Christian fellowship among all the delegates. The German and the Japanese delegates actually objected even to the use of the words "persecution" and "aggression". The second consideration is concern for people who try to be loyal to Christ in the midst of threats and dangers. "We are unwilling that words of ours which cost us nothing should aggravate the problems and hazards of our brave fellow-Christians."

Even this very laudable self-restraint, however, finally reached the breaking point. Toward the end of the Conference, realising that there is a widespread expectation that this representative world-wide gathering should seek to "voice the overwhelming Christian opinion in the matter," a resolution was offered by one of the American delegates, not, however, to voice that opinion, but merely to explain why, "after careful and prayerful consideration", that opinion was voiced.

This still did not quite solve the problem. As a last resort, eleven delegates from six different countries, "as individuals" and "apart from the Conference and after its close" did draw up a statement on the sole issue of the conflict in the Far East, and evidently said things as frankly as they desired to. "We are convinced that the invasion of China by the military forces of Japan cannot be justified." "We cannot but deplore and condemn the ruthless methods with which the Japanese army and navy have carried out their policy of aggression." "We believe that a stable and permanent peace is impossible without full recognition of China's political sovereignty over her own territory." "We must urge the people of our countries to refuse economic aid to Japanese aggression in China both by private forms of economic non-cooperation and by exerting their influence upon their governments to do the same."

Mere statements perhaps do not mean much, but these strivings of the spirit on the part of certain delegates is certainly an eloquent testimony of the vitality of the Christian Religion.

**The Social Order**—The discussions and findings on this subject did not give the impression that the whole question was as carefully dealt with or that Christian action in this matter as clearly envisaged as it was at the Oxford Conference. The Church "must judge, condemn and fearlessly declare the implications of the Gospel when the existing order is contrary to the will of God for his children." "The Church should encourage and promote small groups within the fellowship organized for specific types of social action, even when these groups work through legislative and political machinery." This states the attitude which Christians should take in a clear way. But how are we to implement these principles in concrete action? "To a torn and distracted and sinful world, we offer God's offer—the Kingdom of God," It is our duty to see that "cooperation replaces competition and special privileges give place to justice and equal opportunity for all." Various experiments in cooperative living were especially mentioned, because "the essential principle of cooperation will alone answer the collective problems of our national and international life." To many this would sound rather vague and general, but perhaps that was as far as an international conference could go.

In regard to the question of war, as usual it was condemned as "a violation of human personality and repugnant to the Christian conscience", but when dealing with concrete situation, the conference could go no farther, as in the case of the Oxford Conference, than merely recording differences of opinion on the subject.

**Church and State**—This is perhaps the place in which Madras, as well as Oxford, was surest of where it stood. "The Church must always be on its guard lest it surrenders to Caesar the things that belong unto God". The Church is now being oppressed in country after country, and it is good to see that these international Christian conferences have persistently stood for freedom of conscience as against the totalitarian claims of states. How far this principle could be carried out in countries which need it most, however, remains to be seen.

## V. Other Important Findings

**Evangelism**—The central emphasis of the Conference was not on world issues, but on the Church itself and its "witness." Two entire volumes were given to Evangelism in the pre-conference publications: Three of the sixteen sections dealt direct with the same subject. "We appeal to all national Christian Councils to place Evangelism in the forefront of their programs in the coming years." "The Council is firmly convinced that world evangelism is the God-given task of the Church."

There was an attempt to relate Evangelism to the social task of the Church. "The Gospel of Christ carries with it the promise of social transformation and of the realisation of such ends as justice, freedom and peace. A living Church cannot dissociate itself from prophetic activities in regard to social conditions."

On the whole, however, one gets the impression that the emphasis was on what Evangelism would mean to the Church itself than what it would mean to the social, intellectual and spiritual life of today.

**Faith**—The section on "The Faith by which the Church Lives" was considered the most important section of the Conference. But it was also the most difficult section to handle because of different theological backgrounds. Taking this difficulty into account, the report on this section should be highly commonded for having succeeded to a high degree in stating the core of the Christian message to which Christians with whatever backgrounds must subscribe. However one cannot help but feeling that the whole report might have been written in quite a different way if representatives of the younger churches were able to be more articulate and impress their views on the section with greater force and ability. It seems that there is yet an insufficient appreciation of the creative forces that are now arising in the new situations in the countries of the younger churches which have vital bearings to the Christian faith. This whole matter, for example, was dealt with rather lightly in the following sentences: "For whole people faith in their nation or class serves as religion and wins absolute devotion. These faiths came as rebukes and challenges to an easy and hesitant Christianity. But, rooted in false and inadequate ideas of man and the world, they serve to aggravate the world's disorder: their issue is war, persecution and cruelty or men to one another." This fails to make a distinction between forces which we must unreservedly condemn and those which we must conditionally approve and count among the progressive and constructive trends of the world today.

**Literature**—It is greatly to the credit of the Madras Conference that an attempt should be made to put Christian literature in the place which it deserves. The most important recommendation from the section on literature dealt with a plan to unify and coordinate Christian literature agencies and efforts for their support and efficient management. It proposes among other things (1) that each National Christian Council be asked to work for an effective cooperative union or federation of Christian literature agencies within the area it serves; (2) that the International Missionary Council will call together representatives of Literature Societies in the West to lay before them the needs for a more adequate literature program and for adjustment of literature work overseas; (3) that a permanent overseas Literature Department be created in the International Missionary Council. If wisely and effectively carried out, these proposals will make a great advance in the witness of the Church through an adequate literature program.

## VI. Some Delegations from the Younger Churches

Among the delegation from the younger churches, perhaps those from China, India and South Africa attracted the most attention.

The Chinese delegation was well spoken of by everybody and evidently made a deep impression on the Conference both by what they said and what they refrained from saying. The mere fact that as many as fifty were able to attend the Conference in the midst of a devastating war and that many among the group had to have important responsibilities behind for two months for that purpose, made their presence the more significant.

The Indian delegation was the largest and perhaps the most vocal among the delegations from the younger churches. Somewhat contrary to expectation they seemed to have much more in common with the Chinese not only in religions but also in social and international matters. One of the British delegates remarked that the two delegations fell in love with one another as soon as they met at the Conference. An Indian delegate, in a reception to the Chinese and African delegates, said the same thing almost in exactly the same words. The temperaments of the Chinese and the Indians are of course different, but they are facing more or less the same problems as peoples struggling against imperialistic domination. Their sympathy for one another is therefore profound.

The delegates from South Africa deeply impressed people with their bright and smiling faces and the calm and realistic way in which they face problems. Some of them attended a world conference for the first time, but they startled us with what they had to say, of which the following is an example: "To us Africans, Christianity is a white man's religion. The white man regarded as heathen everything that he found in Africa; not knowing our language or our culture he judged it as heathen. He made us so conscious or this that by and by we felt that our skin must be heathen also."

## VII. Conclusions

How far has the Madras Conference succeeded in "learning the Will of God for our time?" This is a most difficult question to answer, but perhaps a few reflections growing out of personal observations may not be out of place.

First—Although delegates from the younger churches were in the majority, yet the controlling thoughts that found expression in the Conference were not theirs, but rather those of their abler and more mature fellow-delegates from the West who had the whole plan for the Conference so well mapped out that they willingly yielded to their leadership even in matters of vital concern to them.

Second—The sense of unity and fellowship in the Conference was excellent but one wonders whether at times that was not achieved at the expense of a more spontaneous expression, which, while honest and straightforward, could nevertheless be made in the spirit of love and reconciliation.

Third—One feels that a number of the vital problems were touched on only at the surface at Madras, and that we have not yet come to the place where we can hear God speaking to us clearly on those problems. Because of this one wonders whether the emphasis on Church and ecumenicity will not tend to become self-consciousness and with-drawing from the world on the part of the Church unless its social task receives more consideration than it does now.

Fourth—with regard to the significance of the Madras Conference for the Church in China, we have certainly a great deal to learn from Madras. Many of our Churches are not even conscious of some of the questions raised at Madras. However the present situation of China is such that we are in a position to look at these questions even more clearly and more realistically than at Madras. Herein lies the contribution of the Chinese Church towards Christianity in the years to come.

# 9 / 摘錄：〈抗戰基督徒青年需要的分析〉及 "Christian Faith in Social Crisis"

摘錄自《消息》，未有說明出處，惜原文未見。現將有關內容轉載。
參青年協會校會組、女青年協會學生部合編：〈「烈火洗禮中的基督徒」討論材料〉，
《消息》12 卷 2 期（1939 年 3 月），頁 91–92、96–97。

## 抗戰基督徒青年需要的分析（摘錄）

甲、 從中國抗戰中需要的觀點主觀地強調基督教對社會及國際的使命。
（內地）

乙、 因環境及失敗主義的影響注重個人宗教而忽略其社會使命（上海及
淪陷區一部分人）。

丙、 不了解基督教對現階段的特殊貢獻，或把基督教變成時下思想的附
庸，或把它變成遺世獨立的東西。

丁、 不了解因果及「受苦」的意義，懷疑上帝的權能，缺乏真理與正義
最後勝利的信仰。

戊、 對於基督教和平的意義無清楚的認識，徘徊於武力主義與非武力主
義之間。

己、 對於基督教與政治的關係，無清楚的認識，似乎不得不談政治，又
似乎不敢談政治。

## Christian Faith in Social Crisis （摘錄）

「我們已經到了時代的末日，我們已經到需要社會改造的境界。不管我們喜歡不喜歡，這個改變一定要來到。如果所有的人都準備着這改變來到，那麼它來的時候一定是很和平的。如果世界上的人阻止這改變來臨，這改變來的時候一定非常劇烈。」

「青年們容易熱心，但是沒有耐久的力量；他們的生活常在緊漲〔張〕之中，但是沒有涵養的力量；在事情進行得很順利的時候，他們把事情看得過份容易，在事情不順利的時候，他們便失望了，甚至於墮落了；他們極容易受感情的臨使，受人家的煽動，然而自己不能理智地尋求真理；成功的時候他們滿意極了，但是忽視了可能和成功俱來的失敗的危險。」

# 耶穌生平研究大綱

章文新等著

青年協會書局出版

《耶穌生平研究大綱》書影

序

自全面抗戰發動後，中華民族進入了一個偉大鬥爭的時代，在這偉大的鬥爭中，我們喪失了廣大的土地，犧牲了無數的生命，遭受了物質上空前的損失，然而全國的人民，還是堅持着抗戰到底的決心和最後勝利的信仰。這一種民族意志的表現，實在值得我們欣慰。

在遭烈火的洗禮中，我們同時又擔負着一個建設新中國的莊嚴的任務。現在全國人民所要求的是一個民族平等，民權自由，民生幸福的新中國，這樣的新中國，我們要在焦土上建築起來，使它不但成爲中華民族新生命的開始，也能給予全世界社會解放運動一個有力的推進。

由於我們所負的使命的艱鉅，由於全國上下在抗戰建國期中對精神力量的重視，我們發見了許多人對基督教的熱烈的追求。這在對時代具有敏銳的感覺的青年，尤爲顯著。他們所需要的是清楚的目標，堅定的信仰，持久的毅力，奮鬥的精神。大時代的戰士所必須具備的這些條件，一方面固然要在深刻的社會認識中培養起來，一方面也有賴於旁徵廣

1　　　　　　　　　　　　　　序

004894

〈耶穌生平研究大綱——序〉書影

# 10 / 耶穌生平研究大綱——序

原載於章文新（Francis P. Jones）等著，應元道譯：《耶穌生平研究大綱》
（上海：青年協會，1939），頁 1–4。

　　自全面抗戰發動後，中華民族進入了一個偉大鬥爭的時代，在這偉大的鬥爭中，我們喪失了廣大的土地，犧牲了無數的生命，遭受了物質上空前的損失，然而全國的人民，還是堅持着抗戰到底的決心和最後勝利的信仰。這一種民族意志的表現，實在值得我們欣慰。

　　在這烈火的洗禮中，我們同時又擔負着一個建設新中國的莊嚴的任務。現在全國人民所要求的是一個民族平等，民權自由，民生幸福的新中國，這樣的新中國，我們要在焦土上建築起來，使它不但成為中華民族新生命的開始，也能給予全世界社會解放運動一個有力的推進。

　　由於我們所負的使命的艱鉅，由於全國上下在抗戰建國期中對精神力量的重視，我們發見了許多人對基督教的熱烈的追求。這在對時代具有敏銳的感覺的青年，尤為顯著。他們所需要的是清楚的目標，堅定的信仰，持久的毅力，奮鬥的精神。大時代的戰士所必須具備的這些條件，一方面固然要在深刻的社會認識中培養起來，一方面也有賴於旁礡廣闊，超絕今古的宗教信仰的陶冶。因此之故，把基督教的教主——耶穌基督——介紹給現在的青年，應當是一件急需之務。

　　世界有着千千萬萬人稱他為救主的耶穌基督，他是怎樣值得我們去發掘，研究，景仰，效法。

有一位美國的新聞記者這樣的介紹他說：

「這裏有一個人，他生在一個不知名的鄉村裏，是一個農婦的兒子。他長大以後，在一個木匠店裏做工，到了三十歲，他做了一個遊行的傳道者。他從來沒有寫過一本書，沒有得過什麼職位，沒有自己的房屋，沒有家室，沒有進過大學，沒有到過離家鄉二百里的地方旅行。他所做的事，沒有一件是具備着成就一個偉大人物的原素的。他的所以成爲偉大，不是由於別人所給他的什麼證書；如果他有證書的話，那就是他自己。

「當他還是一個青年的時候，他便遭遇了流俗的反對，他的朋友們離棄了他，其中的一個還否認了他。他被送到仇敵那裏去，他經過審判的凌辱，他被釘在十字架上，在兩個强盜中間。給他行刑的人們，在他將要死的時候，還拿他在世上唯一的所有物，那就是他身上所穿的袍子，用拈鬮方法去決定歸誰享用。他死了以後，他的身體被拿下來，由於一位朋友的憐憫，才被放進一個本來屬於別人的墳墓裏去。

「悠久的十九世紀來了而又去了。但在今日，他却是進步的華表裏面最當中的那塊石頭。

「假如我說：世界所有曾經征戰過的軍隊，曾經建造好的軍艦，曾經召集過的議會，曾經統治過的帝王──把這一切都加起來，它們對世界上人類的影響，曾不若這一個孤獨者的生活所發生的影響之大，這一句話，大概是不會過於誇張的吧！」

歷史上──不，還同我們活着的──這樣一個人物；現在中國民族所進行着的偉大的鬥爭；中國青年在大時代中熱烈的願望和要求，這就是編輯這一本耶穌生平研究大綱（應該用：《一本耶穌生平研究大綱》）的動機。如果我們的技巧是太過劣拙的，如果我們對耶穌的認識和對時代的認識是太不充分的，那是由於我們能力和時間的限制，我們希望讀者隨時指正，我們也要不斷的同着大家學習。但我們終於希望：從這一本很不完善的大綱裏，用它的人可以隱約地看見一個光芒萬丈的人格的形象，因而仰慕他，追求他，服從他，讓他指示我們應走的道路，終於稱他爲救主！

這研究大綱的執筆者，是金陵神學院的章文新（Francis P. Jones）教授，他爲這大綱用了許多心血。編這書的動機是從青年與宗敎運動委員會來的，其中梁傳琴先生和尙愛物先生（E. H. Munson）兩位，不但推動了這件工作，也貢獻了許多寶貴的意見。此外同着章先生討論本大綱的結構，內容，討論題目，參攷材料的還有徐寶謙敎授，黃秀璣女士，胡籟明先生（Lyman Hoover）等。翻譯的工作是應元道先生擔任的，同時也經我校閱過。對這些幫忙的朋友們，我們都十分感謝。

吳耀宗 一九三九年四月廿五日

《十八個月在前方》書影

## 序

劉良模先生的名字是許多青年讀者所熟悉的。在最近幾年中他熱烈地參加了救亡工作，尤其是在提倡民衆歌詠方面。自抗戰開始後，他便和一班青年同志，到前線去服務，做了許多很有意思的工作。這次他短期囘到上海，我要他把十八個月的經驗寫出來，給大家一點興奮，並告訴他，假如他沒有寫出來，我決不讓他離開上海。這個『命令』，他是在百忙中遵從了，而結果就是這一本生氣勃勃的小冊。

劉君現在又跑到前方去了。我們祝他和他的同志們繼續努力，以後還要把新的經驗寫給我們，直到他們在勝利的歡樂中，完成了他們的使命。

吳耀宗

〈十八個月在前方──序〉書影

412

# 11 / 十八個月在前方——序

原載於劉良模著：《十八個月在前方》，常時叢書第一類第九種
（香港：青年協會書局，1939）。

　　劉良模先生的名字是許多青年讀者所熟悉的。在最近幾年中他熱烈地參加了救亡工作，尤其是在提倡民眾歌詠方面。自抗戰開始後，他便和一班青年同志，到前線去服務，做了許多很有意思的工作。這次他短期囘到上海，我要他把十八個月的經驗寫出來，給大家一點興奮，並告訴他，假如他沒有寫出來，我決不讓他離開上海。這個「命令」，他是在百忙中遵從了，而結果就是這一本生氣勃勃的小冊。

　　劉君現在又跑到前方去了。我們祝他和他的同志們繼續努力，以後還要把新的經驗寫給我們，直到他們在勝利的歡樂中，完成了他們的使命。

# 12 / 找到人生的意義的方法

吳耀宗先生講，劉開榮記。原刊於《金陵女子文理學院校刊》70 期（1940 年 1 月），頁 10；71 期（1940 年 3 月），頁 10–11。

　　人生的意義到底是什麼！一般人對於人生意義的探討及感想如何？這些答案可以因人而得到不同的結果，一般的人，對於人生有意義與否並不關心，他所需要的只是豐衣足食及目前的享樂，生與死均聽其自然，絲毫不加以思索，另一般人則汗流終日猶不獲一飽、一生在死亡線上掙扎，根本不懂得何謂人生意義，只感覺到灰心喪志、再一般人如軍閥貪官等，享盡人世間物質榮華，然當老年囘首一顧，只覺人生充滿了空虛，毫無留戀。又一般人蔑視一切形面下的享樂，以為人生只有生老病死，充滿了悲哀痛苦，毫無意義可言，而生出避世思想。更有一般人儘管覺得人生空虛苦惱，却用理智去勝過一切情感上的感覺，努力去幹，而終創一有意義的人生來。人生的意義到底是什麼？我以為當待各人自己前去發現。

　　找到人生意義的方法，我以為有四種。

1.　**戰勝困難**——因為人生有種種困難當前，人生才有意義，譬如登山，百折撓的到達山巔時之快樂，遠勝徘徊畏懼於山麓時的痛苦，人生的意義須在戰勝困難之後，始被發現。

2.　**忙碌**——終日無所事事，令人感覺無聊，但在終日忙碌之後，偶得一二日閒暇，那時假期的真意與快樂，才能被感覺到，也是有忙碌

終日才能發現人生的真正價值與意義。

3.　**冒險**——在極端穩重派的人生裡面，找不到人生的真正意義，惟有對於某種目標僅有五分把握而去冒險，成功之後，始能真正感覺到真正的意義——哥侖布在沒有一分把握之下發現了新大陸，那時的意義可想而知。

4.　**信仰**——欲享受有意義的人生，還有一個要素不可缺乏，就是信仰。不論對自己或者他人，必不可缺乏信心，對自己須盡所有高低不等的才力去苦幹，對他人要絕對信仰世界上有公理：有和平，這樣才能找到人生的意義，孫總理及其他偉大人物皆因秉此信念，為人類謀幸福，至死不渝。

用以上四種方法去找到人生真正意義的人很多，孫總理、馬克思、甘地等一生經過各種困難，但仍百折不回，終日忙碌，以求達到理想目標，他們無暇去思索人生有意義與否，結果，他們的人生却充滿了意義，世界因有了他們而進步，人類的生活因了他們也更增加意義了。

中國目前是有史以來最富有意義的偉大時代，因為：

1.　中國全民族對外抗戰，團結禦海，這在中國歷史上是空前的創舉。

2.　中國此次抗戰，成為了世界各弱小民族求解放的推動力。

3.　在全世界資本主義經過兩次經濟大恐慌和兩次世界大戰之後，舊制度瀕於崩潰，新制度急待產生之時，中國亦將要在抗戰中，建設一個新的國家和制度。

我們幸而適當其時，生在這三大潮流轉變之時，在此歷史上最有意義的一齣戲劇中，作了舞台上的一角；這是何等有意義的事？我們應當抱著歡喜快樂的心情，在此世界大轉變中去轉變世界，五十年後，回顧今日，將感到我們目前的一段生活是最富有意義的了。

## CHINA'S UNITED FRONT ON TRIAL

### (April 3, 1941)

On January 17, 1941 an event of unusual importance happened. By an order of the Military Affairs Council, the New Fourth Army which, with the Eighth Route Army (officially Eighteenth United Army Corps), has now achieved a world-wide fame as armies under Communist leadership, was disbanded with the charge that it violated military discipline, mutinied in defiance of orders and attacked friendly armies. In spite of the declaration of government authorities that the incident was entirely closed and that no political issue was involved, the event is causing serious repercussions both in China and abroad and may have far-reaching consequences not only for the future of the United Front in China but also for the present crisis on the Pacific in which the United States is vitally involved.

It is not necessary here to go into the details of happenings which culminated in the incident of January 17. As may be expected, there are two versions of the story. For some unspecified reason, the New Fourth Army was ordered to move that part of its forces which were in Southern Anhui to the north of the Yangtze River by the end of December 1940 and then to move the entire army corps to the north of the Yellow River by the end of January 1941. According to local military authorities, instead of moving according to this order by the prescribed routes, the New Fourth Army attacked its comrades and marched on to occupy new territory belonging to another defence sector. This mutinied army was then surrounded and dispersed by government troops and the head of the Army Corps, Yeh T'ing, captured. According to the Communist authorities, however, the New Fourth Army did obey the order to move and was already on its way on the route agreed on when it suddenly found itself surrounded by government forces and attacked on all sides. They alleged that a trap was set

# 13 / China's United Front on Trial

April 3, 1941. Eugene Barnett papers, Collection Identifier: Y.USA.25, Kautz Family YMCA Archives, Archives and Special Collections, Elmer L. Andersen Library, South Minneapolis, MN, USA. Reproduced by permission of YMCA of the USA.

On January 17, 1941 an event of unusual importance happened. By an order of the Military Affairs Council, the New Fourth Army which, with the Eighth Route Army (officially Eighteenth United Army Corps), has now achieved a world-wide fame as armies under Communist leadership, was disbanded with the charge that it violated military discipline, mutinied in defiance of orders and attacked friendly armies. In spite of the declaration of government authorities that the incident was entirely closed and that no political issue was involved, the event is causing serious repercussions both in China and aboard and may have far-reaching consequences not only for the future of the United Front in China but also for the present crisis on the Pacific in which the United States is vitally involved.

It is not necessary here to go into the details of happenings which culminated in the incident of January 17. As may be expected, there are two versions of the story. For some unspecified reason, the New Fourth Army was ordered to move that part of its forces which were in Southern Anhui to the north of the Yangtze River by the end of December 1940 and then to move the entire army corps to the north of the Yellow River by the end of January 1941. According to local military authorities, instead of moving according to this order by the prescribed routes, the New Fourth Army attacked its comrades and marched on to occupy new territory belonging to another defence sector. This mutinied army was then surrounded and dispersed by government troops and the head of the Army Corps, Yeh T'ing, captured. According to the Communist authorities, however, the New Fourth Army did obey the order to move and was already on its way on the route agreed on when it suddenly found itself surrounded by government forces and attacked on all sides. They alleged that a trap was set ready for them whichever of the possible routes they might have followed, and that the real aim of this whole affair was their extermination between government and enemy forces.

That part of the New Fourth Army liquidated by this incident was less than 10,000 men and the rest of it, 90,000 strong, was then still in central China and southern Kiangsu Province. The order for disbandment of the entire army, however, took away the legal status of this remnant and made it a 'bandit' army, liable to be attacked by central government forces. The Communists protested against this whole development and demanded the reconsideration of the case. At the same time, on January 20, they appointed Chen Yi as acting Commander of the New Fourth Army in defiance of government orders.

The matter took a new turn when the Second People's Political Council was convened to meet on March 2–9 and the seven Communist members failed to show up. The Communist authorities presented two sets of demands as conditions of their attendance of the Council meetings. These included the cancellation of the order of disbandment; the punishment of the three men whom they considered the culprits of the case, including General Ho Ying Chin, Minister of War; recognition of the legal status of the Communist and other political parties and removal of all restrictions against them; removal of the North-western blockade against the Eighth Route Army; the adoption of a democratic form of government and strict adherence to the Three People's Principles. Generalissimo Chiang Kai-shek in an address in a Council meeting reprimanded the Communists for regarding the Government as an opposing body in presenting such demands and once more reiterated the importance of enforcing discipline during the present life and death struggle of the nation. He pointed out that the Communists in September 1937 promised to abide by the Three People's Principles, to discard policies of overthrowing the government by force, to abolish the Soviet government and to give up the use of the term 'red army' and that faithful observance of these conditions would work toward the best solution of the case. And these the matter now stands.

This brief account of the incident will show us that the present dispute is merely the outburst of a deep-seated trouble between the Communists and the Kuomintang which during the past two years has expressed itself in countless minor frictions between the lower and middle ranks of the two parties. The Kuomintang people charged the Communists with the breaking of good faith in their attempt to establish autonomous governments and in their illegal levy of taxes in the Shensi-Kansu-Ninghsia Border District in the Northwest and in other Communist occupied areas; in their constant disobedience of military orders; in their numerous efforts at expansion in the military and political sphere and in their attacks on Government troops and personnel in the face of enemy advances. The Communists, on the other hand, claimed they have been discriminated against as compared with other government troops; that while their forces were engaging 17 of the 40 Japanese divisions in China, their financial support was meagre and far in arrears and the munitions allotted them were pitifully small in quantity. They complained that the present strength of their forces were inadequate and demanded an expansion of both the 18th United Army Corps and the New Fourth Army. They also charged the Kuomintang authorties with an elaborate anti-Communist plot as revealed in secret official documents. In the summer of 1940 the Government and Communist authorities made some serious attempts at settling their differences and for a time it seemed as if they were approaching a solution. Unfortunately in the fall, open armed conflict broke out in Northern Kiangsu between the New Fourth Army and Provincial troops. This went on intermittently until the climax was reached in the incident on January 17.

The reaction of the nation to the January 17 Incident was widespread and significant. Pepers and publications under official control naturally supported the government's action. The Communists were at a disadvantage in this respect because they could not publicly made their voice heard and their only organ in Chungking, the Hsin Hua Daily News, was not free to comment on this Incident. The Communists, however, did succeed in sending out leaflets and pamphlets giving their version of the story in places like Hong Kong and Shanghai. The best reflection of public opinion came probably from overseas Chinese who on the whole are non-partisan, whose patriotism is unimpeachable and whose only concern is victory for China. Within less than a month of the occurrence of the Incident, telegrams and public statements showered from

Chinese in the United States, the South Seas and the Philippine Islands. Their unanimous plea to both the Kuomintang and the Communists was that China at this time cannot afford to have civil strife, that the paramount task before the whole nation now is resistance to foreign aggression and that even irregularities and differences should be tolerated with the greatest magnanimity so as to preserve the nation's strength needed for final victory. This plea gained added strength when it came as it did from such important personages as Mr. Tan Ka Ki, well-known industrialist in Singapore who nine months in 1940 visited 15 provinces in China including Communist districts and Madame Sun Yat-sen, wife of the Founder of the Chinese Republic residing in Hong Kong. The fact that the overseas Chinese have contributed hundreds of millions to the war coffers since the outbreak of hostilities in 1937 called for respect to their opinion.

What, then, of the future of Kuomintang-Communist relation? Is a continued united front possible? Or is the situation such that the frictions will become worse and a final split inevitable? That there are fundamental differences between the outlooks of the two parties it is not necessary to deny. The Communist Party claims to represent farmers and workers and regards the Kuomintang as a party built on the foundation of the bourgeoisie and the land-owners. While the Three People's Principles of Dr. Sun Yat-sen embrace socialism as one of its goals, yet a full realisation of socialism, as Communists see it, will mean the expropriation of the land-owners and the bourgeoisie. The Communists therefore have regarded the present conflict as the expression of one phase of the class war temporarily driven underground. The Kuomintang on the other hand out only considers itself a fully revolutionary party but acts on the assumption that it should be the party through which all national aspirations should be realised. For this reason, the conceptions of the two parties of the 'united front' are quite different. For the Communists, it is a truly united front of the two once opposing parties for an immediate common purpose; for the Kuomintang people, while they recognise the existence of the Communist Party, there is no such thing as a 'united front', for, when the Communist Party made its four pledges in 1937 including the acceptance of the Three People's Principles, the deal was tantamount to a surrender of the Communists and the giving up of essential tenets which governs the Communist Party. While the Kuomintang leaders charge the Communists with the attempt to create special spheres of influence and to expand themselves at the expense of national unity under one government, the Communists pretested that the present government is still a one-party government and that its policies and doing are necessarily dominated by party interests.

This raises the interesting question of what the Communists really want to achieve through the 'united front' and whether they were sincere in making the pledges of 1937. In the first place, the Communists have made it very clear on many occasions that in joining the united front, they have not given up communist principles. It is their sworn task, now as before, to work first for the socialist and then the Communist order in China. In their view the united front is a necessity because national existence is threatened by Japanese aggression and if national liberty is lost, there will be no hope for the realisation of any kind of principle, communist or otherwise. Does this mean then that the Communists were insincere when they proclaimed that they would abide by the Three People's Principles after they had come to terms with the Kuomintang? To this their answer is a categorical 'no'. They have accepted the Three People's Principles, so they explain, not as their final goal but as the stage which must be passed through before the full socialist society is reached. The achievement of national liberty, the exercise of democratic rights and the improvement of the people's livelihood are necessary prerequisites of a socialist society. This, according to Mr. Mao Tze-tung, Chairman of the Communist Party, is the stage of the 'New Democracy'. By New Democracy is meant a form of government, which after having freed itself from feudalistic and imperialistic domination is veering toward the democracy of the socialist state. The old democracy is the democracy of the capitalist countries, in which true power lies in the hands of those who want to preserve the present social order, at least its main structure. The new democracy is the rule of a united front of all classes of people including bourgeoisie and proletariat, working toward the socialist order. It is therefore the intermediary stage between the democracy of capitalist countries and socialist democracy with which Mr. Mao identified the Soviet Union. All this the Communists hope to achieve through bloodless evolution. The United Front, in this sense, is not only for the duration of resistance against aggression but will last until China's social revolution has been fully achieved. Judging from utterances of Kuomintang leaders and the precautionary actions they have taken against the Communists along political and military lines, however, this profession on the part of the Communists was taken with suspicion and the Communists are still looked upon as a party secretly working for the spreading of its own influence and possibly for the eventual overthrow of the present government.

Another issue which the Communists have repeatedly raised is the issue of democracy. One of the demands they presented to the Government was the abolition of the one-party dictatorship and the adoption of a democratic form of government in which all political parties will have a legal status. They pointed out that patriotic youths have been arrested, bookstores have been closed, freedom of speech and assembly has been curtailed and that such measures cannot but be detrimental to the mobilization of the people for national defence. Government leaders on the other hand pointed out that, within proper limits, every citizen can enjoy his freedom and that it is the Communists who have abused their freedom in establishing a separate political body within the present national government. The question of how far China is progressing toward democracy since the war and how far democracy should be practised at a time of national struggle is a controversal one. But whether the charges of the Communists are justifiable or not, it is probably true that when there is only one political party in power in a country, whatever that party may be, the temptation is for that party to keep its power as long as possible and as much as possible to the exclusion of other parties and interests. That the Kuomintang is aware of this temptation is shown by the various efforts they have made toward the gradual realisation of democracy such as the creation of the People's Political Council and the plan to call a National Assembly to promulgate the Constitution—now postponed because of war conditions.

Will these differences between the Kuomintang and the Communists finally split the united front and bring China back to the years of 1927–37 when the two parties were engaged in a bloody and costly struggle? At the time of writing the situation has not improved and has even secmed to be heading toward a more serious devclopment. But it is highly unlikely that history will repeat itself. In the first place, the Chinese people will not tolerate civil war at this time. The feeling that the overseas Chinese have expressed on this subject is typical of the feeling of the less articulate masses in China who has supported the present national struggle with their life and blood. Whatever the parties have to say, the voice of the people will be final and sooner or later this voice will be heard. It is this voice of the people, not political power nor military strength, which has caused the downfall of the Manchu Dynasty, of Yuan Shih Kai and of the militarists after him. It is this same voice which great leaders like Dr. Sun Yat-sen in the past and Generalissimo Chiang Kai-shek at the present time had heeded in the establishment of the Chinese Republic and in marshalling the whole nation for self-defence. There is no reason at all to doubt that this same factor will work again at the present critical time. In the second place the highest leaders of the two parties will certainly do their utmost to prevent an open split. Generalissimo Chiang Kui-shek in an address to the recent People's Political Council meeting pledged that there would never again be an expedition against the Communists. Similarly Mr. Mao Tsz-tung in his well-known pamphlet entitled "A Lasting War" predicted that because the present war between China and Japan will be a protracted war, the cooperation between the Kuomintang and the Communists will also be of long duration. In the third place, the present international situation will forbid that there will be internal trouble of any dimension in China at the present time. To some extent the present world situation has helped to make possible the new tension between the two parties. Japan's desire to advance southward has compelled her to further slow down her campaign in China which for the past two years has been in a state of stalemate. This fact coupled with the greater confidence on the part on the Chinese of their ability to master the situation allows for a breathing space during which attention could be turned to internal affairs. The stiffening of British and American attitude with regard to the Pacific question and their promise of increased assistance to China have also created a sense of security making this the opportune time to deal with a problem which sooner or later must come to the surface. But these two factors also have their contrary effects. What the democracies want now is not a China which is so torn and wearied by civil strife that she cannot engage her enemy with full strength. They want a China that can hold Japan and prevent her from extricating herself sufficiently from the "China Incident" to start on her new venture with confidence. For this reason, while the Japanese have rejoiced over what has happened since the New Fourth Army Affair, the democracies have shown great concern not only over what this development will mean to China's own cause but also over what it may mean to the impending crisis on the Pacific. From the point of view of the Soviet Union, too, strained relation between the Kuomintang and the Communists, not to speak of any open split, must be regarded with disfavor and must affect her attitude concerning assistance to China. This is not necessarily because the Chinese Communists are involved—though that is a factor to be taken into account—but because, as for the democracies, any weakening of China's position now will eventually mean a greater menace from Japan to the Soviet Union in Eastern Asia. Taking all the above into account it is highly probable that a modus vivandi will soon be found to settle the present differences between the two parties, allowing China to wholeheartedly devote herself to the war of resistance.

The present problem between the Kuomintang and the Communists leads us into another problem which is even more fundamental and on which a lasting solution of China's political problems depend. This is the problem of democracy to which some reference has already been made in this article. Will China truly progress toward a democratic form of government during and after the war as the Kuomintang leaders have promised and as the Communists have demanded? If this hope will not be realised, then the great sacrifice that the nation is now undergoing will have been wasted even if China wins the war. But if we can look forward to this development with some confidence, then China will be truly on the road to progress and no political problem will be too difficult to solve. The party that is in power will have nothing to fear from an opposing party if the former knows that it has the support of the people. Likewise, the opposing party will be unable to gain influence even by the most sinister means if the people oppose it. Differences between parties will then be settled not by force but by popular arbitration reached through democratic institutions. This will hold true also in regard to the question of basic economic reconstruction which China will have to face in the future. Whether China will have to go through a bloody class struggle to achieve an economically just society or whether she will be able to accomplish this through peaceful means will also depend on the power of the popular will which could be brought to bear on elements whose interests are affected by social change. The issue of democracy will not only be of vital concern to the Chinese people but it will also be an issue to which the eyes of the world will turn during the next few decades.

Meanwhile let us preserve our proper historical perspective in viewing any problem in China such as the one analysed in this paper. During the last hundred years China has gone through a series of internal and external difficulties any one of which could have been fatal to national existence, but she has survived them all. Who would dare to predict that ten years of bloody struggle between the Kuomintang and the Communists could have issued in a united front? Who would dare to hope for a sudden turn toward new life after the Sian Incident in 1936 which threatened a new civil war on a large scale? Again, at the outbreak of the Sino-Japanese War in 1937, how many there were that had confidence in China's ability to stand a long war? But these things— miracles that they seemed to be—had all happened. China has not only been able to stand a long war but has, according to neutral observers, done so much by way of economic and political reconstruction that her hope for final victory can no longer be dismissed as a mere dream. Taking the long historical view, therefore, the present difficulty between the Kuomintang and the Communists is but one of the small bubbles that come up along the journey in China's steady advance toward modern nationhood.

# 14 / 今天是人民世紀，人民不願再流血

原刊於《燕京新聞》，1945 年 12 月 20 日。

　　燕京大學十七日紀念週，請吳耀宗博士講演，首謂：近數年來，一般人都不敢講眞話，彼此見面時，只是打打哈哈，或者談談天氣，繼謂能站在一個基督徒立場，願當前情形說一點心頭的話。吳氏的題目是「從蘇聯談到中國的內戰，再說到昆明事件」，講演內容，分爲三點：一、蘇聯在人們的心頭一直是個謎，在抗戰期間，人們重視其軍事力量，而忽略其政治力。蘇聯是否民主，各說不一。不過如能不以成見觀察，當然發見蘇聯的政府，是人民的政府。換言之，政府一切措施，目的在求人民幸福的增進。蘇聯只求自身之安全，其所爲與帝國主義爲解決國內矛盾而侵略弱小民族，完全不同。二、內戰是國共之爭，是一個有主義有人民支持的政黨和親政府的爭鬥，並非如報上說的「匪軍」和「掠殺無所不用其極」的軍閥。解決國共之爭，□承認事實，在實行民主，國共之爭是國際問題的縮影，顯然的是兩個思想的衝突。美國在此衝突下，干涉了中國的內政。三、昆明事件起因爲反對內戰。反內戰，開會，□遊行是無罪的，然而政府干涉了，並且演出了流血的慘劇。最後，他談到今日的世界，是人民的世紀在這個世紀中世，已爲一個殘破不全的制度。最後他說：「流了二次血，我們不能再爲少數人的利益而流第三次的血」。

聖

芳

濟

基督教學生活叢書

著 水 葭

青年協會書局出版

《聖芳濟》書影

序

基督教會從第五世紀到第十世紀是在一個黑暗的時期。在這時期中，教會的組織僵化了，教會的領袖們權勢日益煊赫，而世俗化的程度亦與日俱進，終於使牧人的杖，一成統治者的鞭。然而正在這黑暗的時期中，幾顆燦爛的明星，却閃耀於天際。聖芳濟（St. Francis of Assisi），聖多密尼克（St. Dominic），保爾拿（Bernard of Clairvaux），安瑟倫（Anselem），托馬斯（Thomas à Kempis）等輩，或致力於教義的闡揚，或提倡修行的生活，流風廣被，遺澤深長，寫成教會史中光榮的一頁。

在上述幾位聖者中，聖芳濟是最爲我們所熟悉的。從現代人的眼光看來，他是不合時宜的：他的簡單生活，他的禁慾主義，似乎都與今日改造社會，征服自然的潮流南轅而北轍。然而我們如果認識了聖芳濟的基本精神，我們便會曉得，他的澈頭澈尾的言行，實在就是耶穌基督愛的福音的精髓，所以在任何的環境中，他都可以作我們精神上的榜樣。今日的教會雖然沒有中世紀教會那樣的權力，她的世俗化

1

〈聖芳濟——序〉書影

# 15 / 聖芳濟——序

原刊於葭水:《聖芳濟》.宗教與生活叢書(上海:青年協會書局,1949)。

基督教會從第五世紀到第十世紀是在一個黑暗的時期。在這時期中,教會的組織殭〔僵〕化了,教會的領袖們權勢日益煊赫,而世俗化的程度亦與日俱進,終於使牧人的仗,變成統治者的鞭。然而正在這黑暗的時期中,幾顆燦爛的明星,却閃耀於天際。聖芳濟(St. Francis of Assisi),聖多密尼克(St. Dominic),保爾拿(Bernard of Clairvaux),安瑟倫(Anselem),托馬斯(Thomas à Kempis)等輩,或致力於教義的闡揚,或提倡修行的生活,流風廣被,遺澤深長,寫成教會史中光榮的一頁。

在上述幾位聖者中,聖芳濟是最爲我們所熟悉的。從現代人的眼光看來,他是不合時宜的:他的簡單生活,他的禁慾主義,似乎都與今日改造社會,征服自然的潮流南轅而北轍。然而我們如果認識了聖芳濟的基本精神,我們便會曉得,他的澈頭澈尾的言行,實在就是耶穌基督愛的福音的精髓,所以在任何的環境中,他都可以作我們精神上的榜樣。今日的教會雖然沒有中世紀教會那樣的權力,她的世俗化的程度,恐怕有過之而無不及。今日的基督教徒,雖然都奉耶穌基督爲主,然而能夠犧牲一切,卽知卽行的,又有幾人?聖芳濟所表現的十字架的犧牲的愛的精神是我們所不能缺少的。這種精神不只可以給我們創造一個新的環境,也可以給我們創造一個新的心靈。這樣看來,聖芳濟就不只是中世

紀一位特立獨行的聖者，他也給我們現代的生活帶來一個巨大的挑戰。

這就是我們所以介紹聖芳濟的生平的一點微意。

# 16 / News from the Field

Correspondence and Reports, Records of YMCA International Work in China, Kautz Family YMCA Archives, University of Minnesota.

## From Y. T. dated March 24, 1949

I already had one long conference with the central authority here about the religious situation. I cannot report in detail now, but the outcome was just as expected—the principle of religious freedom was affirmed, but details were left to be worked out, and concrete problems solved individually. I am now asking the local churches to give me a statement of matters which require attention of the authorities who are prepared to deal with them accordingly. The impression I got is everything is going on as usual and what problems there are mostly minor ones.

I have visited a number of Christian institutions in Peiping, and had a conference with the local leaders. There has been practically no interference, except the occupation of church quarters in several places. Financial difficulty is the chief problem—a present one with some, and an imminent one with others. Church attendance has fallen off somewhat, but not too badly. The Student Center at T'sin Hua may be taken back by the university for other uses. The atmosphere among Christian circles is one of watching, waiting, groping, with no great light or inspiration ahead. As a help to the situation, I have asked the local church union to give me a list of all the difficulties they have experienced, which I can forward to the authorities to be dealt with.

I forgot to mention Antung, I was there March 1-2. No one was able to tell me whether the Y still exist and where it was. Later I found out from Ku at Mukden that it is located at the address given in the National Committee list and the secretary is Tang Kuang Teh ( 湯廣德 ), who is doing nothing but merely hangs the Y Sign-board outside.

According to Xu, the Kirin Y building is also rented by the government, with only the hall left free for cinema. Chinchow Y building is in same situation. Ku talks about organizing a North-Eastern Y Union.

I understand from Alan that the National Committee is going to hold the Biennial Meeting and a consultative conference in May in East China. That seems to be a bad time for such occasions. The actual situation then may render them impossible and it is too early for considered judgment to be formed. If plans have not gone too far, I suggest that they be postponed—at least to the fall.

As I observe conditions here, there are lots of problems we have to face—problems which arise directly or indirectly out of the present situations. I think the program emphasis we agreed on are very good, but they have to be worked out in the light of a new environment, student work required special attention. I am convinced however that a great future is before us, if we take the right attitude and really mean to serve the people. I think of you all often in prayers as you try to thrash things out.

第七部分

詩詞

念奴嬌　七年中秋

碧天如水問人間可見姮娥
幽潔桂影扶疏香隱約一色
銀光似雪造化深心神工奇
跡此意誰能說憑高望遠江
山極目空濶　念君遠地迢々
樓頭清賞暗佩同心結我有柔
情千萬斛付與今宵明月
玉露沾衣秋風送藥願汝常
珍攝精神締合江郎莫怨離別

中秋夕碧空無雲月輪皎潔獨
立露台悠然意遠因念我亭々玉立
之穎齡遠居東粵南北相隔安得
凌空攬止攜手共賞與穎姚一通欵
結也執筆卒慎此闋尚能達意穎齡
讀之得毋報然而笑乎　叔海附記

〈念奴嬌〉手稿

七年中秋（1918）

〈穎齡我愛〉手稿正面

九年六月十七日夕叔海於瀜江旅次（1920）

〈潁齡我愛〉手稿背面

九年六月十七日夕叔海於滬江旅次（1920）

綠意

從何說起有情懷萬種別
離滋味欲遣相思相思難已
一日寸心千里寄將錦字平安
信寫不盡綿纏深意昨宵夢
裡重逢握手嫣然相視
回首韓江分袂問何日再作故
鄉歸計我愛安乎大好前程祝
汝主恩時被顧將恒忍常相勉
會有日枝成連理向嶺南凝眄
多時望斷盈々秋水

右呈

穎齡女史愛政　　約翰十八集

〈綠意〉手稿
十年 1 月 18 日（1921）

菩薩蠻　庚申歲除夕

阿誰當得韶光住　聲聲爆竹催年去
幾度苦思家　寒梅正著花
梅花容易得　卻是人南北
愛君惟一人　與歲味安

穎齡女史正柏

叔海
8.2.2.

〈菩薩蠻　庚申歲除夕〉手稿
1921 年 2 月 8 日

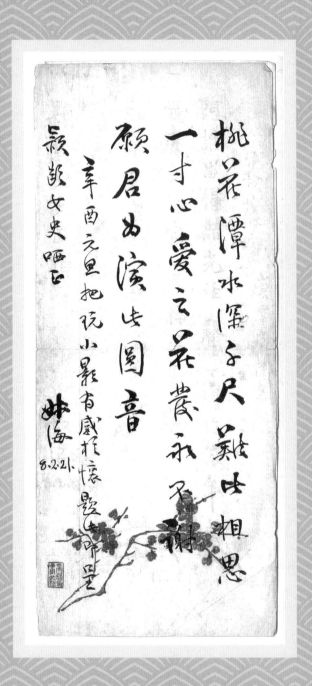

桃花潭水深千尺 難出相思
一寸心愛之花 農永不謝
願君如演出圖音

辛酉元旦把玩小影有感於懷
題此呈

穎歖女史哂正

姝海
8.2.21

〈辛酉元旦詩〉手稿
1921 年 2 月 8 日

春日旅中寄潁

①
結褵二十載　軌苦常離別
三次涉重洋　道遠勞舟楫
春來入燕薊　秋至走南越
行篋積征塵　房艙冒風雪
前歲將遠遊　南行經港粵
二豎忽來侵　歸途悵惘絕
汝訴我田家　憂我病廢折
喜我早言旋　憂我病相集
為我施針葯　火樹銀花中
西兒來問字　詩書聲繼室

②
歡樂曾幾時　整裝復西發
破浪且乘風　峩眉賞秋月
意境逈行雲　眼果寓天末
涼風倏忽至　錦江清且澈
徘徊工部祠　追念武侯烈
轉瞬歲云暮　遊子思歸切
故園梅竹荒　胡為長作客
霹靂一声來　太平洋水赤
膚膚遷英雄　魚蝦遭浩刼
水深波浪闊　效飛無羽翼
青鳥翩然臨　為我傳消息
上有平安字　家中能自給

③
下言善自珍　努力加餐食
世乱苟圖存　毋為別離惜
復附兒輩書　解我思家渴
春殘蝴蝶飛　樓头楊柳碧
好鳥庭間鳴　庭花窺桃色
明日知人意　時來窺桃席
美景值良晨　怎奈愁腸結
我雖為遠客　身心多安逸
念汝獨勤勞　廿年如一日
或為柴米憂　或為友朋憂

④
汝雖素孱健　詎宜任殘賊
得暇且釋肩　勉自求安適
時世固多艱　巨浸有時竭
湖山同浪跡　會當攜手去
雁塘候潮生　匡廬青嶂滴
錢塘候潮生　泰山觀日出
大氣貫宇宙　呼吸在明哲
蛟龍藏大澤　飛鳥空中翔
人生亦有真　外物不能奪
藉此尺素書　為汝破岑寂
夏日復將臨　慎毋冒發熱

一九四二年，五月七日，成都

〈春日旅中寄潁（四首）〉手稿
1942 年 5 月 7 日成都

懷人　　　　　　一九四三年十月十一日

一九四二年夏與十數友人在潨景附近之
青城山上圓明宮從事於翻譯基督
教古典工作時數月未回頴書思念甚切
其多於夢中相晤次晨以詩記之茲又值頴誕晨
謹書之以寄贈卿表天末懷人之感耳

夢境依稀似昔時，
溫馨不減舊丰姿。
千言萬語從何說，
欲向歸期未有期！

〈懷人〉手稿
1943 年 10 月 11 日

蝶戀花 並序

左別便傷離別苦。百轉情腸，任你遮

絲水千山遮不住。夢中自省自尋

伊處。

絲舞。

滿地落花春末去。一陣春風，一陣

情雨。鴻雁又悮音信悮。叡的榮得平

安句。

別韶數月，时榮懷想，渺走別離況味。

蕃妻天氣，風雨摻人，久久不見數書，

牽腸輾轉，百弄郵軟，因塲此閣以寫。

韻讀云沙由矣余癡耶!?

〈蝶戀花並序〉手稿
1943 年

〈明月入我室〉手稿

第八部分

悼念及
家人分享

吳耀宗傳記　　　梅糕口述

① 高中阶段，祖父日居沈，同乡去我们家，但总不放在任眼。豆斡，地不想做牧师觉。又然，方始後去，不放弃志。祖妈要辞明："侄的两个姐妹训去也，进外沙姆女回家读书，两个妹高未畢业，多歌已经七十多岁，谁来供养？"当时海关被犹为是金饭碗，卓一倖　兩姐兄，照例墳挦捍一次，但不務越级暮升。青春的月新舒一般，若想和其他职业比较，不筹太低，但是要供养我和其他犹弟是很難的。就还摔，在海关工作七年半话，诗予考中，對以暮宝不久，由于伶费短欠，薪水亦不出苦淹送。我在北来行居不久，人生地不熟，看病的都已熟人收入不多，养典兽以商师，如济维持。叔伯："你群为了搁古人，被人斬中上半截，我吾着能是为人脚独脏服务。"

　海关的单低很舒适，在申花，广州，北京，(这般多司)，外国人经理多司都很恼情："我们培养人材，并不是为其希望为自己的劳务作再三致意，不好调回广州如南入高垒"叔"不似)，并自己孤决定。当廿七八岁，生活很情闲，久期以来，喜欢古文诗词，中文的根底在那时扩好基础。周游各山大川，遍游各地名胜古跡。

　青年的工作就要经常得多，就平年保希外出开支，在这旅我，招摄海，放暑重周翌游，为床军用品，需要零童金银娇件。次单我也去，生时季航同乡的清華公費生，同乡的有陈同姝，萬士芳(半南技本)，我流移咸買，眼服技术，刘日丰玉摘去，沒有土耘淋。

② 白色恐怖，杉杉门人，交誼不开门，喜四妹哈眨院。回率兄好火通明，求人共知夢倫中到洗倖茏，那雨入通知初，又刹紅个人的里名革，跨时避开，当晚就丢稿里来处，大压呼蝶丰翻都侶们用，邺晚孕坐杉了很头，但莘尚没看未永接擾。

# 1 / 吳耀宗傳記

楊素蘭口述。楊素蘭是吳耀宗夫人。


（1）離開海關，徵求母意見，同意去青年會，但是不在教會任職、受薪。她不想做牧師婆。七姑、六姑：該教書，不敢表態。姑媽吳幹明：「你兩個兄弟剛去世。遺下三個姪子在讀書，兩個妹尚未畢業，父親已經七十多歲，誰來供養？」當時海關被認爲是金飯碗，月俸銀元，照例三年提升一次，還不算越級晉升。青年會的月薪每月一百元。雖然和其他職業比較，不算太低，但是要供養老父和其他親戚是很緊的。就這樣，在海關工作七年以後，終於離開了。轉入青年會不久，由於經費短缺，薪水發不出達二年之久。我在北京行醫不久，人生地不熟，看病的都是熟人，收入不多，靠典賣小首飾，勉強維持。叔海：「耶穌爲了救世人，被人釘十字架，我去青年會是爲人犧牲服務。」

海關的生活是很舒適，在牛莊、廣州、北京（總稅務司），外國人總稅務司很婉惜：「我們培養人材，爲自己服務，請你再三考慮，不妨調回廣州和家人商量」。叔：「不必，我自己可以決定。」當時廿七八歲，生活很清閒，下班以後，喜歡古文詩詞，中文的根底在那時打好基礎。周遊名山大川，遍訪各地名勝古跡。

青年會的工作就要堅持很多，學生幹事經常外出開會，各處旅行。約三年，就去美國進修，爲添置用品，變賣零星金銀飾件。次年我也去，

坐四等艙同行的清華公費學生，同行的有陳國樑、高士奇（早有往來）。
我流行感冒，陳服侍我，到日本正病重，沒有上岸游。

（2）白色恐怖，小心門戶，關照不開門。去四姨吃晚飯，回來見燈
火通明，家人告知麥倫中學沈體蘭派西人通知，見到 80 個人的黑名單。
暫時離開，當晚就去楊顯東處，大西路蝶來新邨，住了一周。那晚果然
拉了很多人，但幸而沒有來家搞擾。

# 讣　　告

第五届全国人民代表大会常务委员会委员、中国基督教三自爱国运动委员会主席、中国福利会执行委员吴耀宗先生，在长期患病后，不幸于一九七九年九月十七日一时在上海逝世。现定于九月二十四日下午三时在上海龙华革命公墓大厅（漕溪路210号）举行追悼会，特此讣告。

**吴耀宗先生治丧委员会**

一九七九年九月十八日

# 吳耀宗主席追思礼拜程序

一九七九年九月二十七日下午四时于上海沐恩堂

一、序　　乐

二、安慰经文

三、圣　　歌　　　普颂213首　　　睡主怀中歌

1、睡主怀中　何等清福　从未有人　醒来哀哭
　　清静安宁　和平快乐　不受任何　敌人束缚

2、睡主怀中　何等甘美　四围惟有　温柔的爱
　　醒来尽可　放心歌唱　死亡已失　旧日权威

3、睡主怀中　何等平安　醒来定能　蒙福无边
　　救主权能　彰显之日　再无忧愁　祸患艰难

4、睡主怀中　虽离亲族　醒后相逢　更加欢乐
　　睡主怀中　无穷清福　从未有人　醒来哀哭　　　阿们

四、静　　词

五、默　　哀

六、祈　　祷

七、读　　经

八、圣　　歌　　　普颂318首　　　系连妙结歌

1、福哉系连妙结　　在主爱中同心
　　教会圣徒心灵团契　　在地如在天庭

2、信众在父座前　　同心虔诚祈祷
　　同一艰难安乐关心　　同一希望目标

3、大家分当忧患　　大家分肩重担
　　大家共洒同情之泪，大家怜惜悲伤

4、信众生离死别　　不象世人哀痛
　　天上人间藉主同心　　离别终必重逢

5、脱离忧劳苦罪　　我们共享自由
　　完全友爱统治人天　　经过万古千秋　　　　　　阿们

九、证　　道

十、圣　歌　　普颂512首　　与主接近歌

1、更加与主接近　更加接近　纵使在十字架　高举我身
　　我心依然歌咏　更加与主接近　更加接近

2、虽在旷野游行　红日西沉　黑暗笼罩我身　依石为枕
　　梦里依旧追寻　更加与主接近　更加接近

3、忽有阶梯显现　上达天庭　一生蒙主所赐　慈悲充盈
　　欣看天使招迎　更加与主接近　更加接近

4、醒来赞美满心　思想光明　愁心之中见主　石坛为证
　　苦痛也使我心　更加与主接近　更加接近

5、喜乐如翼加身　向天飞升　超过日月星辰　上进不停
　　我心依然歌咏，更加与主接近　更加接近　　　　阿们

十一、行　　述

十二、祝　　祷

十三、终 礼 乐

# 4 / 吴耀宗先生生平行述

## (1979)

### 吴耀宗先生生平行述

我们敬爱的同工同道，中国基督教三自爱国运动委员会主席吴耀宗先生与世长辞了，我们怀着十分悲痛的心情在这里深切悼念他。

吴先生是广东省顺德县人，生于一八九三年，一九七九年九月十七日在上海不幸病逝，终年八十六岁。

吴先生早年就读于北京税务专门学校，毕业后在海关工作，在此期间常去北京基督教青年会参加活动，一九二一年蒙主呼召，受洗入教。不久后，为了立志献身基督教，他辞去当时被看为"金饭碗"的海关职务，进入基督教青年会工作，历任北京基督教青年会学生部主任干事、中华基督教青年会全国协会校会组主任干事、出版部主任干事、青年协会书局总编辑等职务，其间曾去美国，还攻读了神学。

吴先生在青年时代曾受唯爱主义的影响，担任过中国"唯爱社"的主席，主张以非武力的方法来感化人们，改造社会。一九三一年"九·一八"日本帝国主义侵占我国东北，吴先生深受震动，感到用唯爱主义不能感化侵略者，乃毅然辞去中国"唯爱社"主席的职务转而投入抗日救亡运动。这是他一生中思想上最大的转折点。此后，他作为一个基督教青年会干事，经常在青年信徒以及各界青年中演讲，宣传抗日，为当时的抗日救亡运动作出了积极的贡献。他也经常勉励青年信徒要在世界上做盐做光，用自己的行为活出基督舍己爱人，服事人的样式来。

抗日战争爆发后，吴先生在武汉、重庆等地多次就抗战形势、发展前途以及中国共产党对待宗教信仰的政策等问题，求教于周恩来、董必武、邓颖超等同志。周总理等对这位积极主张抗日、追求进步的基督教领袖非常尊重，每次都就吴先生所提的问题推心置腹，

～～

亲切交谈，使吴先生一步一步地认识到只有共产党才能领导全国人民抗战到底。抗战后期，蒋介石在国民党统治区加紧独裁统治，吴先生对此表示愤慨，多次写文章，发表演讲，对国民党反动派进行抨击。一九四五年二月，他在成都创办了《天风》周刊，阐述基督教教义和一些进步基督教人士对时局的主张，宣传民主，反对独裁。他还不顾国民党的威胁迫害，为成都的青年学生们的爱国活动提供方便，当时他的住所被学生们称为"民主之家"。

解放战争期间，吴先生积极拥护党领导的人民解放战争和反蒋运动。他以基督教领袖的身份参加了一九四六年六日二十三日上海各人民团体组织的去南京请愿代表团，在下关车站遭到国民党特务的包围殴打。他大力支持青年学生的"反饥饿、反内战、反迫害"等运动，并帮助被迫害的学生逃脱特务的追捕。他对于蒋介石的暴虐统治，曾愤慨地说，"如果学生不抗议，恐怕石头也会呼喊"。在大时代的冲刷下，吴先生的宗教思想也有了进一步的发展。一九四八年他在《天风》上发表《基督教的时代悲剧》一文，以热爱基督教的心情，指出中国基督教的错误是在于同西方资本主义关系太密切，在中国正面临着有史以来最大转变的时代中，中国基督教需要进行改变方能不被淘汰。文章发表后，曾引起一些外国传教士的强烈不满。吴先生被迫辞去《天风》主编的职务。

解放前，吴先生经常参加基督教的国际会议。一九四七年他作为顾问，带领中国基督教代表团去挪威奥斯陆和英国，分别参加世界基督教青年大会，并担任大会的灵修主领人。一九四八年，他去锡兰科伦坡，参加世界基督教学生会议，并担任讲员。当时他在国内的处境已十分困难，会后遂经香港辗转抵达北平。他以宗教界代表的身份，参加了中国人民政治协商会议第一届全体会议。一九四九年十月一日，他怀着十分喜悦的心情参加了开国大典，欢呼人民

当家做主的新中国的诞生!

中华人民共和国成立后，吴先生作为一位宗教界领袖被选为历届全国人民代表大会代表、常务委员会委员、第一、二届全国政协常务委员，第三、四届全国政协委员。他积极参加了各项政治活动和社会活动。

一九五〇年，在毛主席和周总理的亲切关怀和教育下，吴先生带头发起三自爱国运动，号召全国基督教会摆脱帝国主义差会的控制，割断同帝国主义差会的关系，肃清帝国主义的影响，使中国基督教会成为中国信徒自办的敬拜上帝的场所，为中国基督教徒指出一条爱国爱教的光明大道。吴先生被选为中国基督教三自爱国运动委员会主席。他带领广大信徒热爱新中国，走社会主义道路，为了纯洁教会，反对教会中假冒为善的败类，因此深受广大信徒的尊敬与爱戴。他经常向政府有关部门反映同工同道们的合理要求，协助人民政府全面贯彻宗教信仰自由政策。他经常参加和十分关心教会的各种活动，曾被选为中华基督教会全国总会会长以及中华基督教会上海富吉堂董事。在青年会全国协会多年工作期间，他除编辑、出版过许多阐述真理，传扬福音的书籍外，他自己也撰写了不少这方面的著作，其中《没有人看见过上帝》和《黑暗与光明》更引起了国内外基督教界的普遍重视。吴先生还经常在各种基督教会议上主领灵修、讲解圣经。他一生中曾引领不少青年接受耶稣归向基督教，并带领信徒走上爱国的道路。

解放以后，吴先生多次出席各种国际和平会议，同各国信仰宗教的代表共同探讨维护世界和平的问题，并发表宣言呼吁世界和平。这些活动增进了中外信徒之间的了解与友谊，对于反对帝国主义、反对殖民主义和保卫世界和平的正义事业，作出了有益的贡献。

在林彪、'四人帮'横行期间，党的宗教政策遭到肆意践踏，

教会遭到空前浩劫，吴先生对此十分愤慨，他始终坚持爱国爱教的立场，指斥张春桥是野心家，他认为林彪、"四人帮"推行的决不是党的宗教政策，必然遭到广大人民和基督徒的唾弃。

"四人帮"被粉碎以后，他十分高兴，他虽已在病中，但仍抱病参加揭批"四人帮"的会议，他衷心拥护和信赖华主席为首的党中央，热烈拥护党中央提出的实现社会主义现代化建设的任务，十分关心台湾归回祖国和完成祖国统一的大业。他在病中还多次询问宗教政策落实的情况，并亲自撰写恢复宗教信仰自由政策的建议。今年六月，上海市基督教三自爱国运动委员会召开全体委员会议，吴先生抱病参加，看到党的宗教政策逐步落实，他非常高兴。九月初，沐恩堂恢复礼拜时，他曾想抱病前来参加，后因医生坚决劝阻，他才只得作罢。

吴先生热爱祖国，一贯拥护伟大领袖毛主席，拥护中国共产党，拥护社会主义社会，他的一生是一个爱国爱教的基督徒的典范。吴先生是我们每一个基督徒学习的好榜样。他的去世是中国基督教会和三自爱国运动的不可估量的损失。我们要化悲痛为力量，学习他热爱祖国，热爱社会主义，热爱教会，追求进步，努力学习，活到老改造到老的精神，更紧密地团结在华主席为首的党中央周围，永远高举反帝爱国的旗帜，为实现四个现代化和统一祖国，为反对霸权主义，维护世界和平，为进一步展开三自爱国运动而献上自己的力量。

安息吧！我们敬爱的吴耀宗先生！

一九七九年九月二十七日

# 5 / 落花有意，流水無情——我所知道的父親

## (2010)

吳宗素 *

近年來，有不少教內教外的朋友問我：「你的父親吳耀宗到底是怎樣一個人？在國內，他是基督教會的先知，是三自愛國的旗手；在國外，他是『不信派』，是出賣教會的猶大，雙手沾滿了基督徒的鮮血。你應當將你所知道的，客觀真實地寫出來，讓後人有一個比較全面的認識，他究竟是個歷史人物。」言之有理。父親的同輩人大部分業已凋零，和他有過接觸，和他共事合作過的人已經不多。作為其子，也到了垂暮之年，我應該不為親者諱，不為尊者諱，盡量客觀地，如實將我所知道的寫出來，備後人評價。一個人講話寫文章，難免會滲雜個人的觀點立場感情，敬請讀者垂察。

當今的世人，大多對父親已不甚了了。他是一個極富爭議的人物，但卻是一個留下深刻痕跡的歷史人物。1949 年中共政權成立後，父親是第一屆政協常務委員，是宗教界首席代表。以後擔任第一、二、三、四、五屆全國人民代表大會常務委員，又是中國基督教三自愛國會第一任的主席，發起並推動三自運動。

---

* 本文注釋由邢福增補充。

他也是中國人民救濟總會（後改名中國福利會，China Welfare Institute）的副主席。總會是宋慶齡用自己的基金一手創建，自任主席。[1]

從 1949 年起，直到 79 年逝世，這段時期的父親，備受各方爭議。

這篇紀念父親的回憶，只是他生平零星片斷記錄——但也許是重要突出的片斷——根據我作爲親屬平日的觀察及公開發表的文章和書刊，而最主要的還是父親本人的日記。

父親從十幾歲就開始寫日記，一直到生命的最後幾日，雖然略嫌簡略，但數十年如一日，從未間斷，毅力可見一斑。父親去世幾天後，上海統戰部宗教處就派人來要求暫借父親的日記。國家組織來借，豈有拒絕之理。四十幾本厚冊日記就被取走，借條也不留一份。我退休後，想對父親的生平經歷和思想有較多的瞭解，要求將日記歸還家屬。多年來，不斷去信查問，上至中央，下至地方，通過關係交涉，如石沉大海，從來沒有正式答覆。間接得到的回話簡潔乾脆：名人的日記屬於國家的財產，不能歸還。退而求其次，要求一份影印複本，也不可得。

我國已與世界潮流接軌，成爲世界大家庭一員。根據法理，日記是私人財產，百年之後，應歸家屬所有並保管。美國總統的日記歸家屬所有，蔣介石的日記歸家屬所有，父親的日記亦應按慣例歸還家屬，況且當政者有暫借的承諾在先，豈能輕言寡諾，失信於民。此事懸而不能決，徒呼奈何。法治的眞正實現，還有很長的路要走。

幸而我還保存一份父親親自整理的大事記。文化大革命期間，父親爲了應付檢查交代，重新翻閱全部日記，將重要事件摘要抄錄。此外，曾任父親祕書多年的計瑞蘭，打算爲父親立傳，也從不同角度作了較詳細的摘錄，還有父親文革時幾十頁的檢查交代，可惜只遺留了一部分。

---

1　宋慶齡和父母有相當密切的關係。抗日戰爭爆發後，父親參加保衛中國大同盟，就和宋經常往來。母親是醫生，同時也在宋領導下投入難民救濟工作，擔任戰地救護第十六支隊的隊長。1949 年，中共攻打上海前夕，國民黨要對宋慶齡下毒手。宋隱藏躲避，有病就派車來接母親前往。1949 年開國大典，觀禮券嚴格控制，一票難求，宋慶齡送來票兩張，讓母親和我得以登上天安門觀禮台。

這些彌足珍貴的資料，就成爲本文的基礎依據。

## 接受基督教

父親怎樣接受改變他一生的基督教？這個問題不少人都有興趣探索。

1919 年發生了轟轟烈烈的「五四」學生運動。中國的知識界在「新思潮」或「新文化運動」的影響下，提出打倒孔家店，提倡民主和科學救國。這也是蘇聯十月革命成功，社會主義和共產主義開始傳入中國。在此前後，都出現反宗教反基督教的思潮。

就在這個時代背景下，毫無宗教家庭影響的父親接受了基督教。他在「自述」中是這樣寫的：「我從小就關心社會狀況，關心國家大事，以救國救人爲己任。」[2]

我認爲「關心國事，以救國救人爲己任」是一條紅線，貫穿父親的一生，也是他幾次重大思想轉變的深層動機。

救國的途徑多種多樣：可以教育救國，可以科學救國，可以實業救國，更可以革命救國。但是父親卻認爲基督教可以救自己個人，也可以救國，救人和救國可以並行不悖。使父親潸然淚下的，是艾迪（Sherwood Eddy）那幾句話：「要救國，必先正其心，而正心之法，惟有信仰上帝之慈愛與能力。」[3]

接受基督教，從懷疑到信仰，是父親一生重大的轉變。

父親得救重生的經驗，在以後的演講和文章中經常提到，表達雖有不同，但精神卻如一。

幾十年後的 1947 年 7 月，他寫了〈基督教與唯物論——一個基督徒的自白〉，刊登在《大學月刊》，對象是教會外廣大的讀者。此文一開始就介紹了自己信教的經驗，相當生動、形象、深刻，那就是「登山寶訓」給他的震撼力量。

---

2　吳耀宗：〈我的經歷〉，1966 年 11 月 4 日，頁 7。

3　同上，頁 8。

是三十年前一個春天的晚上，我在一位美國朋友的家裏，初次讀
到馬太福音裏的「登山寶訓」。像閃電一般，這三章書好似把我
從睡夢中震撼起來。我睜開眼睛，我看見一個異象，我看見一個
崇高偉大的人格：尊嚴、溫厚、深刻、銳利——他把握了我的靈
魂，他幾乎停止了我的呼吸。回到寓所以後，我快樂，我歡呼，
我感動到流淚，我不由自主地對這個異象說：「主，你是我的救
主！」。[4]

有人說他是「現代派」，我同意。有人說他是「社會福音派」，我
也基本同意。有人說他是「不信派」，就要打一個問號，大大的問號。

我無意捲入這場神學世紀之爭。我只想說，世界是個多元化的世界，
宗教是多元化，基督教也是多元化，個人具體的信仰真是千差萬別。我
們理應有寬廣的胸懷，能夠尊重、包容不同政治、宗教、倫理的差異。
惟我獨信，稱與自己信念略有差異者為不信，是出自偏狹的宗派觀念。
對這些人，只有感到惋惜遺憾。

父親領洗成為基督徒之後的幾年，他寫道：

我成了一個狂熱的基督教宣傳者。我自己的確得到安慰，有了希
望，關於宇宙和人生的許多問題，似乎都得到了解決。這樣，基
督就成為我的救主。我在青年會、教會、學校作了許多演講，為
我的經驗作見證。[5]

兩年後，父親作出決定，辭去海關的職位，參加北京青年會的工作。

---

4　吳耀宗：〈基督教與唯物論———一個基督徒的自白〉，《大學月刊》6 卷 2 期（1947
　　年 7 月），頁 25；後收入氏著：《黑暗與光明》（上海：青年協會書局，1949），頁
　　76。

5　吳耀宗：〈我的經歷〉，1966 年 11 月 4 日，頁 9。

　　海關是個「金飯碗」，投考的人極多。1908 年，該校第一次招生，報名者多達八百餘人，最後僅錄取二十餘人，父親亦是其中之一，當時他只有十六歲。

　　父親最初分配在廣州海關，後調牛莊（今營口）。四年後，調到北京總稅務司署，月薪是一百五十大洋，兩個月後又調升至一百八十大洋。1920 年 3 月，他得到一筆二千多大洋的酬勞金，七年發一次，以資獎勵。就是靠了這筆獎金，使他能夠在 1921 年成婚。母親楊素蘭是一位醫師，當時，女子學醫是鳳毛麟角。她也是基督徒，是廣州聖公會的教友。我的舅舅楊明新亦任職海關，父母這段一南一北的姻緣，就是他一手力促。

　　離開海關的這個決定震動了親友，因爲很大程度影響了家庭的各個方面。

　　海關薪水高，條件好，而青年會月薪只有一百大洋，而且還是特別照顧。親友都感到驚奇，感到突然、惋惜和無法理解，甚至反對。

　　父親的三姊幹明這樣說：「你的兩個兄弟剛去世，遺下三個姪子在讀書。兩個妹妹尚未畢業，父親已經七十多歲，誰來供養？」

　　海關的上司也盡意挽留：「我們培養人材，只希望爲海關服務，請你再三考慮。如果你家庭有困難，不妨調回廣州，就近照顧。」但是這都沒能改變父親的決定。他對母親說：「耶穌爲了救世人，被人釘上十字架，我去青年會是爲人犧牲服務。」

　　到了青年會後，收入大大的減少，北京和廣州老家的家庭負擔也大大加重。母親雖然是個醫師，但從廣州初到北京，人生地不熟，一時難於打開局面。病人多爲親朋好友，診斷治療很多都是義務性質，並不收費。經濟的拮据導致父母不時發生齟齬。結婚後的第三年，1924 年父親留學美國，次年母親亦自費赴美。爲了籌劃川資，變賣了紅木傢俱，又向朋友借款五百元。母親去美半年後，負債已達美金二千三百餘元。當時這不是一個小數，父親在餐館打工十五小時，工資僅得六元。

　　父親辭去海關，轉去青年會的決定，完全是因爲他信仰了基督教。

他在日記中寫道：「今日心中頗覺愉快，因得上帝之引導幫助，使我勝過一切困難，得辦多年心中志願之事，以後當盡心盡意盡性為彼忠僕。」[6]

父親的書房裏掛着一條幅「你們要先求他的國和他的義，這些東西都要加給你們了」（馬太福音 6:33），「你們必曉得真理，真理必叫你們得以自由」（約翰福音 8:32），「凡要救自己生命的，必喪掉生命：凡為我喪掉生命的，必救了生命」（路加福音 17:33）。這是父親最服膺的幾段經文，由燕京第一任中國人校長吳雷川手書，作為父親的座右銘。也許就是這幾段經文，父親追尋、順從主的旨意，獻身教會。

父親在海關工作認真出色，一帆風順，可謂前途無量。他離開海關後，由低他一班的丁貴堂接替他的職位，丁以後一直做到總稅務司。以父親的學識和能力，擔任這個職位是沒有問題的。

父親在稅專上學期間有兩位同班摯友：徐寶謙和張欽士。他們三人被稱為「稅專三傑」。徐張兩位更早信仰基督教，稅專畢業後，沒有去海關工作，直接參加了青年會。他們對父親加入教會和日後參加青年會有很大的影響。徐寶謙學識修養都很優秀，寫了大量宗教指導的文章。他自美國留學歸來後，曾在燕京大學，講授宗教哲學。抗日戰爭期間他從上海潛赴內地。1944 年在一次旅行中，讓位給一位帶孩子的婦女，自己爬上車頂，翻車喪生。

父親的決定，不是一時的衝動。犧牲了名，放棄了利，為了信仰，為了理念，這樣的取捨，能做到的人並不是很多。

---

6　沈德溶：《吳耀宗小傳》（上海：中國基督教三自愛國運動委員會，1989），頁 10。
　　計瑞蘭和父親在抗戰成都時，就共事合作，對父親極其尊敬，對父親的經歷和處世為人非常了解。父親去世後，計有意為父立傳，日日夜夜，孜孜不倦，參考父親日記，做了幾千張卡片，寫成傳記一冊。以後被沈德溶依仗權勢，將原稿取去，稍作補充改動，用自己名義發表，完全不提計瑞蘭。這是道德問題，這是品質問題。計是個弱女子，無權無勢，只有忍氣吞聲，受此打擊後，精神幾近崩潰。《吳耀宗小傳》是研究父親惟一系統傳記，引用相當廣泛。每次看到注解：沈著《小傳》，感到不平，決心要還原歷史真相。此事我不揭露，就沒有人出來講真話了。
　　我原打算在 2006 年上海遷葬會上公開沈欺世盜名、剽竊的不道德行徑。羅冠宗知情後，大力勸阻，擔心會場失控。為顧全大局，我就沒有堅持。

## 唯愛主義

唯愛主義，英文原爲（principle of reconciliation），應正確譯爲「和解主義」。父親和唯愛主義有非常密切的關係。江文漢用「唯愛」和「求眞」來總結父親的信仰。[7] 姚西伊在一篇探討父親唯愛主義的論文中，認爲父親是「中國唯愛主義最有深度的思想家和立場最鮮明的領導骨幹之一」。[8]

父親 1921 年加入這個組織，以後曾擔任中國分社的主席。唯愛社（Fellowship of Reconciliation，簡稱 F.O.R.）是一個世界性的組織。中國分社大約有二百人左右，會員大多爲西教士，中國人只有三十五人，有父親、徐寶謙、吳雷川、應元道等人。這個組織雖不大，但參加的中國人都是飽學之士，能量卻相當大。

唯愛社的目標是實現一個「愛的社會」，相信「愛」是人類生活最高的原則，是建設理想社會的惟一動力。「這個愛是無條件的愛，愛一切的人，連仇敵都在內。」[9] 這個組織反對一切戰爭，認爲戰爭永遠不能解決問題。父親自認爲是甘地主義和托爾斯泰主義的崇拜者。

1931 年，他擔任了《唯愛季刊》中文版的編輯，後改爲雙月刊，一共出了十七期。[10]

唯愛主義是基督教的一個派別，影響不算太大的一個派別。父親爲何熱衷於有點極端的信仰？用父親自己的話來說，「唯愛主義（和平主義）是耶穌愛的教訓的最高表現」。[11]

日本侵略中國，給父親極大的震撼。日本侵略軍極其殘暴，對國人

---

7　江文漢：〈吳耀宗——中國基督教的先知〉，《回憶吳耀宗先生》（上海：中國基督教三自愛國運動委員會，1982），頁 27。

8　姚西伊：〈抗戰與唯愛——吳耀宗的思想掙扎，1931–1937〉，李金強、湯紹源、梁家麟編：《中華本色——近代中國教會史論》（香港：建道神學院，2007），頁 191。

9　吳耀宗：〈唯愛的定義〉，《唯愛》4 期（1932 年 2 月），頁 8。

10　《唯愛》共 17 期，從 1931 年 6 月至 1935 年 3 月。

11　吳耀宗：〈我的經歷〉，1966 年 11 月 4 日，頁 19。

燒殺掠奪，無所不用其極。抗戰初期，父親還想用甘地式的非暴力方式來抗日，認為「基督之根本精神為愛，而愛的方法與戰爭的方法，又絕對不能相容」。[12] 因此，他提倡用非武力的運動來對付侵略，不買日貨，不在日本銀行存款等等，如同甘地（Mohandas Karamchand Gandhi）號召不買英國生產的布定，用土法織布自給自足一樣。

說到甘地，必須提他對父親深刻的影響。

甘地在英帝殖民主義統治下，提倡用非武力的不抵抗主義爭取獨立，最後成功地結束英國的殖民統治，改寫了二十世紀世界的歷史。父親讀到《甘地自傳》最後幾頁，記載甘地在醫院患病時的情況，不禁「為之唏噓流涕，掩卷數次，乃能卒讀」，並決定將之譯成中文。[13] 1933 年譯畢。他在「譯後」這樣寫：「這本書所給我的印象實在是太深刻了，除了《新約聖經》裏面的『登山寶訓』以外，我不記得有那一本書曾使我那樣受它的感動。」[14] 1948 年，他在悼念甘地的文章中又說：「他象徵人類的愛，他顯示了活的上帝」。[15]

1938 年父親去印度參加世界基督教宣教大會之便，去 Wardha 訪問了甘地，並把《甘地自傳》中譯本親手送給他。[16] 日記中這樣記載：「甘地住處為一小房，只繫腰帶，不穿衣服。飯後甘地照例步行，甚健步，余等追趕頗費力。」[17] 事後這樣回憶：「我們面對着他，就好像面對着一座高山，感覺到寧靜、超脫，又好像在塵世的混濁中，呼吸到上界的清新空氣。」[18]

---

12　〔吳耀宗〕：〈為上海事件告全國基督徒同學書〉，《消息》，1932 年 2 月，頁 5。

13　沈德溶：《吳耀宗小傳》，頁 23。

14　甘地（M. K. Gandhi) 著，吳耀宗譯：《甘地自傳》（上海：青年協會，1933），頁 331。

15　吳耀宗：〈甘地不朽〉，《天風》108 期（1948 年 2 月 7 日），頁 1。

16　「吳耀宗先生日記摘錄」，1939 年 1 月 1 日。

17　「吳耀宗先生日記摘錄」，1938 年 12 月 31 日。

18　吳耀宗：〈甘地不朽〉，頁 2。

最使父親敬佩的是甚麼？

> 甘地的所以不朽，不是他的政治見解，而在於他的精神與人格。
> 他的精神與人格是甚麼呢？讓我引他自傳中幾段話來說明：「我
> 一般的經驗，使我確信，除了真理以外，沒有別的上帝，而實現
> 真理的方法，就是唯愛。
>
> 天地可廢，真理不滅，人格永存。

這是發表在 1948 年〈甘地不朽〉一文中的幾段話。[19] 父親用了最美好的
詞句來紀念甘地，表達了他對甘地極高的崇敬。

中國和印度都是殖民地、半殖民地，民眾的開化啓蒙亦相似，然而
和平主義在印度成功了。在中國，父親爲之搖旗吶喊，成效不彰，沒有
開花結果。原因之一，就是印度面對的是英帝國主義，政府雖然兇暴，
但法制不失爲主導，法制的觀念已深入人心，所以甘地以赤手空拳，再
接再厲，終能取得印度的獨立。南非亦然。而中國人民面對的是特別兇
殘的日本帝國，無法無天，情況完全不同。在沒有言論出版自由，沒有
司法審理獨立的專制獨裁統治下，甘地的和平主義、唯愛思想，能夠成
功的希望也就微乎其微了。

甘地被尊爲聖雄。1945 年被刺身亡，至今已有半個多世紀，世界已
發生了翻天覆地的變化，但是今日回顧他的言行著作，仍然有着震撼人
心的感染力。他偉大的人格、堅忍不拔的毅力、超時代的精神，依然爲
許多有志改革的仁人志士引爲楷模。父親和他的思想有很多共同點，自
然引起共鳴，一拍即合。

1965 年 9 月 23 日，文化大革命前夕，三自十五周年座談會上（根據
紀錄稿），父親說：

---

19　吳耀宗：〈甘地不朽〉，頁 1–2。

1935 年是我一生的轉折點。

1935 年，我是甚麼情況？當時中國有個唯愛社，西方傳來的。聖經有愛仇敵的教訓，我當時是唯愛社的主席。我當時出現人格分裂的現象。聖經唯愛是真理，抗日救亡也是真理。我不知是由於理智還是出於直覺，我一面在抗日救亡，同時又在編《唯愛雙月刊》。[20]

最終，民族大義壓倒了唯愛主義，父親開始從和平主義轉向抗日救亡。

父親思想的轉變在江文漢[21]，姚西伊[22]等許多文章中，都有詳細的分析敘述。

1937 年，父親辭去了唯愛社主席的職務，但和唯愛社仍然保持着聯繫。1948 年，父親認為：「唯愛主義者以非戰來提倡世界和平，如果這只是個人為他的信仰作見證，倒無可厚非，但如果他認為世界和平可以完全用愛的方法來獲致，那實在是一個空想。」[23] 1951 年，他進一步宣佈，他已不再是一個唯愛主義者了。[24]

有些人認為父親反覆多變，拋棄了自己的信仰，是個實用主義者。我認為父親並不是這樣的人。凡是在那個時代生活過，略有民族感，又能憂國憂民，都能理解父親的轉變。這不是見風轉舵，不是見利忘義。父親是個思索者，有自己深沉的理念，可以為之捨身。如今要否定多年來宣揚的真理，去服從另一個真理，就是否定自我。否定自己的過去，這是非常痛苦的，「覺今是而昨非」需要大智大勇。這個轉變的過程，對父親來說，是個鬥爭的過程、緩慢的過程，經過好多年才完成。以後，

20　「三自愛國運動十五周年座談會」會議記錄，1965 年 9 月 23 日，頁 10。

21　江文漢：〈吳耀宗——中國基督教的先知〉，頁 15–63。

22　姚西伊：《中國基督教唯愛主義運動》（香港：基道書樓，2008）。

23　吳耀宗：〈三十年來基督教思潮〉，氏著：《黑暗與光明》，頁 197。

24　吳耀宗：〈共產黨教育了我〉，《天風》271 期（1951 年 7 月 7 日），頁 6。

他仍然認為愛是基督教的核心、真諦，但不是無原則的愛。愛是要分是非，分善惡，不能「唯愛」。

抗日救亡，全國上下同仇敵愾，對不抵抗的言論應和者寥寥。《唯愛》雜誌常有讀者來信，討論質疑唯愛主義在抗日鬥爭中的可行性，其中不乏基督教內活躍的思想家和積極分子，如謝扶雅、檀仁梅、姜漱寰、蔡詠春等。

父親的妹妹吳柏莊，回憶父親三十年代在廣州青年會的一次演講，主題是抗日戰爭中國人應有的態度，亦即是唯愛的立場。演講不到結束，聽眾已陸續散去，表示不能認同父親的立場觀點。最後只剩下幾個人和父親討論。

「唯愛」和「鬥爭」，針鋒相對，水火不能相容，是奉行階級鬥爭的當政者的大忌。1949 年以後，父親在各種場合的講話中，屢次提及這段歷史，作為自我的檢查。這是他的心病，是他的「尾巴」。六十年代，曾企圖對他進行批判清算。「唯愛」就是批判重點中的重點。

難以理解的是，父親在「自述」中，對影響他最深、歷時最長的重要思想，卻落墨不多。是否會在失落的下半部的自述中以專題交代，則不得而知。


## 父親和社會主義

父親從小就有較強的社會正義感，「以救國救人為己任」，[25] 對社會不公平、不公正、貧富懸殊的現象，深惡痛絕。

1919 年 6 月，他參加了青年會在北京西山臥佛寺舉行的夏令會後去附近遊覽。看到那裏有一個百餘人開掘的小煤礦，工人勞動的條件極其惡劣艱苦，每人每天僅得一元左右。此情此景深深觸動父親的思想，日

---

25　吳耀宗：〈我的經歷〉，1966 年 11 月 4 日，頁 7。

記中如此記載：「令人心酸，永永不忘」。[26] 從那時起，甚至更早，就萌生改變這個不合理社會的思想。

父親兩次留學美國，抗日戰爭期間，又多次去美國及歐洲各國開會和演講，對資本主義國家有較深刻的認識。

1929 年，美國經濟大恐慌對父親思想有決定性的影響。

美國在第一次世界大戰後並未傷元氣，經濟不景氣是在沒有外來侵略的條件下發生的。這就證明了這是資本主義「內因」帶來的，是先天的不足。資本主義大量的生產可供全人類的需要而綽綽有餘，但是它的分配不是根據共享，因此造成社會和國際間的動亂。一方面勞苦大眾在水平線下掙扎；另方面資產階級窮奢極侈。這就引起了階級鬥爭，市場恐慌和國際間的衝突。因此，從制度上轉變到社會主義的社會，就成為一個不可避免的事實。這是他 1934 年一篇文章的主旨。[27]

1939 年，父親在華東大學夏令營演講：

> 凡是稍能用客觀思想的都不得不承認：未來的世界，必定是一個世界上所謂社會主義，就是生產工具的社會化。廢除私有制度，不為利潤而生產，卻為人民大眾的需要而生產。這樣的社會沒有階級，沒有剝削，政治是真正的民主，而不是現在由資產階級統治的民主。

又說：「這一個理想，現在蘇聯是初步實行了。」[28]

父親認同這種社會發展觀，是出於對勞苦大眾的同情，是出於建立一個共勞、共有、共享、共治大同世界的理想，同時也是基督教的理想。

---

26　沈德溶：《吳耀宗小傳》，頁 8。

27　吳耀宗：〈中國的危機與國際的形勢〉，《消息》7 卷 1 期（1934 年 2 月），頁 10–12。

28　吳耀宗：〈烈火洗禮中之基督徒〉，氏著：《黑暗與光明》，頁 312–313；原刊於《消息》13 卷 3 期（1939 年 10 月），頁 61–62。

這種認識的形成和發展，遠在同共產黨有實質接觸之前。1934 至 1936 年間，是中國共產黨經歷長征最困難的時期，沒有任何跡象表明會很快取得政權，認爲父親認同社會主義是投機，恐怕不符合事實。父親的社會主義思想，不是一時的決定，而是經過長期的觀察和思考而成形。可以說，他認同社會主義，首先是理論上認同這個制度，這是第一性（平等、博愛、自由）；而爲實現這個理想的政黨和政策則屬第二性，是次要。

　　父親並非不瞭解蘇聯三十年代殘酷清黨的事實，但是他認爲這些過激的迫害行動，是由於國內外反動勢力所導致引起的，不能由此懷疑否定這個終極美好的社會制度。同理，我們 1949 年後歷次運動的偏激做法，也是能夠理解的，個人有委屈冤情，要以「小我服從大我」的態度來對待，社會會越來越好。


## 與周恩來三次會晤

　　1938 年，父親第一次在漢口和周恩來見面，也許也是第一次和中共領導人正式會晤。[29] 當時國共已開始共同抗日。周恩來和吳玉章還親自駕臨父親下榻的招待所。中共尚未取得政權之前，爲了統戰，還能屈尊禮賢下士。這次見面由父親首先提出，不可否認，中共也在爭取各個方面的合作和支持。對父親有興趣的，還包括美國傳教士畢范宇，[30] 邀請父親爲蔣介石從事基督教文字工作，還有民主同盟的羅隆基（民主同盟主要負責人），舉行家宴邀請父親入盟，都爲父親拒絕。

　　父親有比較堅實的國學根底，英文能自由表達無礙，又有較強的活動能量。一年前，他剛從美國歸來，那是應美國基督教青年會和太平洋宗教學會之請，去美國巡迴演講。他在短短的八個月中，馬不停蹄，在

---

29　「吳耀宗先生日記摘錄」記載「一九三八年五月二十日第一次看見周恩來同志和吳玉章同志」；1938 年 5 月 20 日的日記又提到「周恩來、吳玉章二同志來訪……談宗教、抗戰、國共合作、中國革命、蘇聯清黨等問題」。

30　畢范宇（Francis Wilson Price），曾任蔣介石顧問，1949 年前主持上海國際禮拜堂，1951 年「北京會議」上作為帝國主義分子第一個遭到控訴。

四十四所大學，作了一百二十三次演講，聽眾達二萬五千人，揭露日本帝國主義的侵華罪行，呼籲美國人民及國際力量對日本進行制裁。

回到上海後，父親又和胡愈之、王任叔等發起「星期二座談會」，參加者有鄭振鐸、許廣平、趙樸初等。在一次會上，胡愈之介紹了剛看到的斯諾（Edgar Snow）新著《紅星照耀中國》（*Red Star Over China*）。他們當即計劃盡快出版譯書。胡愈之、鄭振鐸、許廣平和父親等二十人，就出資組織「復社」進行譯印，中譯本改名為《西行漫記》。隨後，「復社」又出版了《魯迅》全集。[31] 這就是和周恩來見面前夕，父親的活動概況。

像父親這樣活躍的社會活動家，思想又傾向社會主義，正是周恩來理想的統戰對象。這次會面是由龔澎[32] 居中安排。日記這樣記述：

> 是日，報載徐州已經失守。周恩來分析了抗戰形勢，論述了國共合作和中國革命的前途，蘇聯清黨問題，還談到中國共產黨對宗教信仰的態度。他著重指出：馬列主義是無神論者，但是尊重宗教信仰自由，並願意和宗教界人士合作共同抗日。

對這次談話，父親最後只有淡淡的六個字：「談話頗有意味」。[33]

在 1941、1943 年隨後的兩次見面，父親是以基督教徒的立場來瞭解中共對各種問題的觀點，特別是對宗教的政策，所以才有基督教和馬列主義大同小異的交鋒。共同點就是建立一個平等自由的社會；分歧點就是有神和無神，就是唯愛和暴力。

第二次在 1941 年 12 月 15 日，在重慶曾家岩中共辦事處，珍珠港事變後幾天，那時父親從上海到四川講學。當日，周恩來著重談了統一戰

---

31　沈德溶：《吳耀宗小傳》，頁 33–34。

32　龔澎、龔普生姊妹都曾在燕京大學就讀，和基督教青年會有很密切的關係，對父親亦有充分的瞭解。

33　沈德溶：《吳耀宗小傳》，頁 34。

線，只要一切抗日的黨派、階級、民族團結起來，就能打敗日本侵略者。在國際上，也要建立廣泛的統一戰線，反對德日的法西斯統治和侵略。

第三次在 1943 年 5 月 25 日，也是在曾家岩，國共內戰一觸即發之際。那天談得最長，中午時，興猶未盡。周留父親用了便餐，又臨時在會客室搭了個舖讓父親略事休息，然後再繼續談。

周詳細回顧了黨的歷史，說：「中國共產黨對馬列主義的認識也有個發展的過程，共產黨人也犯過很多錯誤，但能從失敗中汲取教訓，但願我們的朋友，不要看到一些問題，就對黨喪失信心。」

談到宗教問題，父親表示，馬列主義和基督教有百分之九十九的共同點，儘管在有些根本問題上有分歧，但無關緊要，最後是可以一致的。但是周聽完後，表示不能同意這種意見。他坦率地表示：「不同的世界觀並不妨害我們爲了爭取和平、民主而共同努力。你多年來爲抗日和民主事業做了不少工作。在目前這樣艱難的條件下，對每個人都是考驗，希望我們能繼續合作。」

九十九與一，不是絕對的數字，只是形象地表達大同和小異。廿多年後的 1960 年，父親對當時的統戰部長李維漢和副部長張執一也講過同樣的話。[34]

臨別時，董必武送父親一張書單，包括《共產黨宣言》和《列寧傳》等五、六本。可以說，自此之後，父親和中共的合作進了一步，對周恩來特別敬重，認爲他有極大的魅力，將偉大與平凡融爲一體。

以上是 1949 前父親和周恩來三次會面較詳細的回憶。1979 年，上海《文匯報》向父親約稿緬懷周恩來。此時，父親病重，已不能執筆，只能口授，由我代筆，最後經父親過目首肯。文章大字標題〈立場堅定，旗幟鮮明，艱苦樸素，平易近人〉是報館編輯所加。

紀念文於 1979 年 3 月 5 日見報。半年後，父親便與世長辭。上述回

---

34　「吳耀宗日記存稿」，1960 年 3 月 12 日的日記提到「余表示宗教信仰可接受馬列主義到百分之 99.9，其餘一點亦無矛盾」。

憶取材自該文。[35]

　　回顧過去，父親和周恩來求大同存小異的共識，對「同」的理解並不盡相同。父親要的是一個平等博愛民主自由的理想社會；而中共的藍圖，卻是要建立蘇聯模式的全能社會。至於「小異」，說小也不小。最後那百分之一的分歧，父親認為無關緊要，最後是可以一致的。但是周卻委婉地反對這種提法，意識形態世界觀，絕無妥協調和餘地。

　　中共這個立場倒是始終如一，一直延續到今日。

## 創辦《天風》雜誌

　　1941 年爆發了珍珠港事變，父親正在四川等地講道演講，無法返回上海，逗留成都達四年之久。（在此期間，我們不通音訊。母親在日軍佔領下的上海，面對險惡的環境，獨立支撐，內外兼顧，維持一家生計，確實非常艱辛。）

　　1945 年，他發起出版《天風》雜誌。在〈中國的前途〉的發刊詞上，清楚表明了他的基督教立場：

> 本刊是一個基督教的刊物。基督教對社會生活的基本主張，是自由平等與博愛。這一個主張的基礎就是上帝為父，人類是兄弟的信仰。現代民主主義，大部分是從這種信仰產生出來的。把這一個富有革命性的信仰，應用在現在的中國問題上，使它能夠變成轉移危局、救贖人生的力量，這就是本刊的使命。[36]

---

35　吳耀宗：〈立場堅定，旗幟鮮明，艱苦樸素，平易近人——紀念周恩來同志誕辰八十一周年〉，《人民的好總理》，續編三（上海：上海人民，1979），頁 274–284。

36　吳耀宗：〈中國的前途〉，《天風》1 期（1945 年 2 月 10 日），頁 4。

他那時相信，基督教是革命的，是可轉移危局的。

　　順便一提。父親常看的國外雜誌中，很重要的一種就是美國出的《基督教科學箴言報》（*Christian Science Monitor*）。這本雜誌是用基督教的立場觀點來點評時弊。1949 年後，國外雜誌已幾乎完全停止進口，但父親還繼續訂閱了好多年。他就是想把《天風》辦成這樣一份有影響的刊物。可是，由於教內複雜的背景，《天風》始終沒有被廣泛接受，甚至遭到貶斥和責難。

## 《沒有人看見過上帝》

　　父親能夠認同辯證唯物論，認為和他的宗教信仰沒有衝突，還要追溯到他的宗教哲學思想。嚴格來說，父親並不是一個神學家，他是一個基督教社會活動家，但有他獨特的宗教指導思想。

　　1943 年 2 月，在成都，他開始寫《沒有人看見過上帝》，總結歸納他多年來對宇宙、對上帝、對真理的思考探索。父親認為「這本書是我的代表作，是我的精心創作」。[37] 有些宗教研究學者認為，吳雷川的《基督教與中國文化》、趙紫宸的《基督教哲學》和父親的《沒有人看見過上帝》是最能代表中國神學思想的三本書。

　　這本書的書名，來自約翰福音 1 章 18 節：「從來沒有人看見過上帝，只有在父懷裏的獨生子將祂表明出來」的前半句。上帝無所不在，並且道成肉身，耶穌基督是生活在人世間最完全的人，將上帝具體表明出來。這是書名的由來。但是以為本書所討論，單單是耶穌所表現的上帝，一定會很失望。

　　這本書系統地闡述了父親的上帝觀，主要是企圖調和唯心論和唯物論。

　　物換星移，四時更迭，國家的興亡，制度的替換，人事的沉浮，在

---

37　「吳耀宗先生日記摘錄」中的「解放前後」部分，提到：「一九五零年初，我的書《黑暗與光明》出版，它同另一本書《沒有人看見過上帝》是我的代表作。」

一個基督教徒看來都是上帝的旨意在運行。上帝就是彌漫在宇宙、貫徹着宇宙的那些定律、那些真理。所有符合客觀環境的，也可以說是真理。

　　一個唯物共產主義者，也相信有一個不以人們意志為轉移的客觀規律在支配着自然和社會的發展，不過不稱這個支配力量為上帝。儘管各方面所用的語言不同，但都承認這個客觀真理。這就是基督教和唯物主義的交匯點，這就是雙方的共同語言。

　　甚麼是信仰？信仰就是對宇宙和社會定律的認識並為之生活。

　　一個基督徒受到迫害，進入鬥獸場之前，可以毫無懼色，這就是信仰的力量；一個共產黨人身陷囹圄或臨刑就義，能不為時勢所動搖，就是對歷史必然性堅定的信仰。

　　表面上，兩者的見解完全不同。但相信宇宙間有一種力量，按一定的法則去鑄造歷史，引導人生，卻是一樣的，不管我們稱它作「上帝」或「辯證法」。在這個層面上，唯心和唯物就難以界定了。水火不相容，你死我活的兩大派觀念也可以冰消瓦解了。

　　辯證法講對立的統一，質量的互變和否定的否定。如果辯證法是真理的話，這兩者也許會有一天出現一個新的綜合、新的統一。

　　以上講的只是父親上帝觀「橫」的方面，用宗教的術語，就是「內在」的上帝（the *immanent* God）。一個基督徒還有一個「縱」的方面，相信有一個上帝，或稱作「超然」的上帝（the transcendent God）。宗教家將它人格化、感情化了。人們藉着宇宙內所接觸到、體驗到的許多現象和事實，能夠對它有所認識。它是絕對的真理，而人們的認識是相對的。隨着時代的進步，人們可以對它有較全面、較深入的認識，但仍不可能認識它的全部、它的本體。這就是上帝的絕對性和人認識的相對性。真理只有一個，無須調和。唯心、唯物只是人對這個絕對真理相對的認識，一個側面的認識。

　　論到「橫」和「縱」，「相對」和「絕對」的關係，父親還有一個很有意思的體驗。以上提到過吳雷川為父親寫的條幅，有這樣一段：「凡

要救自己生命的，必喪掉生命；凡爲我喪掉生命的，必救了生命。」（2006年，父母的墓從北京遷往上海。父親這段座右銘就刻在墓碑的背後。）從字面上看，語言很簡單，卻使人似懂非懂，而父親卻將這句話當作座右銘。他寫道：

> 這是聖經裏最值得玩味的一句話。……要救自己生命的是「橫」的看法，因為他只看到表面的、目前的、個人的需要。但是這一個態度所得到的結果，和他所期望的結果剛剛相反。它所得到的結果，就是這句話後半段所說的：「必喪掉生命」。知道這個態度的結果是「喪掉生命」，就是縱的看法。……把人生這些因果關係看作是上帝的作為，從而解釋上帝的性質。這就是單單從「內在」觀察的上帝觀，和把「內在」與「超然」聯合起來看的上帝觀所以不同的地方。[38]

　　總而言之，父親認爲唯物論只有「橫」的方面，沒有「縱」的方面；而基督教的上帝觀卻兼把事物「縱」的方面和「橫」的方面綜合起來，將唯物論納入基督教，作爲基督教的一部分，因此，「基督教比唯物主義優越」。[39] 1943 年這本書裏表達的思想，就是他能夠和共產黨合作的理論基礎。

　　父親的這種宗教哲學觀也許太不落俗，也許太過超前，不能爲一般人所接受。他早就預料到：他的論點「對於一個正統派的唯物論者和一個正統派的宗教信徒，同樣是一個荒謬絕倫的異端」。[40] 至於父親的理論是否有它合理的成分，就要經受歷史的考驗了。但他至少沒有媚俗，沒有刻意取悅大眾，敢於逆流而進，就難能可貴。

---

38　吳耀宗：《沒有人看見過上帝》（上海：青年協會，1948 年五版），頁 23。

39　吳耀宗：〈我的經歷〉，1966 年 11 月 4 日，頁 27。

40　吳耀宗：《沒有人看見過上帝》，頁 9。

　　1947 年，父親在《大學月刊》上發表〈基督教與唯物論———一個基督徒的自白〉。文章開宗明義就提到他三十年來思想上兩次巨大的轉變。第一次，他接受了基督教；第二次，他接受了反宗教的科學理論，把唯物思想同宗教信仰打成一片，然後談到他所理解的唯心論和唯物論，結論是「兩者各有所偏，因而各有所長，各有所短」，可以互相補充。[41] 糖醋排骨是美味佳餚，卻是由糖、醋和鹽調和起來的。父親寫道：「即使我是『調和眞理』，如果我能給大家端上一盤糖醋排骨來，我也就滿足了。」[42]

　　《大學月刊》是一份左傾雜誌。編者寫了一個按語，客氣委婉地指出：整篇文章是形而上的觀點，不曾科學地正面處理問題的本質；眞理是不可調和也不必調和。[43]

　　這個觀點可以代表正統唯物論的看法。而一些正統宗教界人士的反應就強烈得多。根據該文父親對聖經的解讀體會，直指他是「不信派」。

　　父親去世後，有許許多多紀念他的講話和文章，但沒有人提，或不敢提他這個重要思想。這個思想也的確過於敏感。最高層的內部指導文件指出，美化宗教，渲染宗教，把宗教的思想來補充社會主義，試圖調和宗教與社會主義的矛盾，其結果只能是使科學社會主義倒退到信仰主義。所以，同宗教作鬥爭是「整個唯物主義的起碼原則，因而也是馬克思主義的起碼原則」。中共的意識形態自命爲絕對眞理，有很強的排他性，反對調和唯心唯物，是 1949 年前、1949 年後一貫的政策。

　　如果六十年代，企圖清算父親的計劃得逞，唯愛主義是批判的重點，調和唯心和唯物也是批判的重點。

　　《吳耀宗小傳》一書中，有關《沒有人看見過上帝》是這樣寫的：「耀宗先生所以要寫這本書，是爲了向基督教內外的知識青年傳揚基督

---

41　吳耀宗：〈基督教與唯物論———一個基督徒的自白〉，頁 29。

42　吳耀宗：〈真理可以調和嗎？〉，《天風》108 期（1948 年 2 月 7 日），頁 5。

43　吳耀宗：〈基督教與唯物論———一個基督徒的自白〉，頁 25。

教的眞義」，「目的是引領青年歸向基督教，這一點是任何人也無法抹
煞的。」[44]

這樣的陳述並不符合父親的原意，而且大大歪曲了原書的精神。作
者不可能沒有看過原作，也不可能不領會此書的要點原意，只是調和唯
心唯物的命題是個忌諱，太過敏感，不得不刻意迴避，但又不能不提，
於是煞費苦心，用含糊其詞、似是而非的說詞來誤導讀者。


## 國共內戰

父親從不諱言，在上世紀二十年代，他是反共的。

1951 年，他寫道：「二十幾年前，我是反對共產黨的。當時我在北
京青年會擔任學生工作，每逢遇到『左傾』的學生，就要用基督教的道
理來勸阻他們，希望他們放棄『錯誤』的思想。」[45]

他認爲，唯愛主義肯定個人人格的尊嚴，而共產主義爲了大眾的利
益，個人的價值可以完全犧牲，把人看作工具或手段。他又說：唯愛主
義要求目的和手段的一致，而共產主義認爲甚麼手段都是對的，只要它
能達到目的。[46]

1935 年是父親思想的轉捩點。由於積極參與抗日救亡，和中共有了
更多的了解。當時的普遍興論認爲，國民黨執行攘外必先安內、不抵抗
的政策，而共產黨是堅決抗日的，父親就由反共逐步轉變爲同情接近。

1945 年，日本投降後，蔣管區的形勢非常惡劣：貪污腐化、物價飛漲、
民不聊生、「朱門酒肉臭，路有凍屍骨」、民心思變。中國需要一個制
度的轉變，而建立一個共勞共享共有、平等自由的社會，基督教就顯得
無能爲力。後來父親感慨地指出：「上帝已經把人類得救的鑰匙，從它〔筆

---

44 沈德溶：《吳耀宗小傳》，頁 38。

45 吳耀宗：〈共產黨教育了我〉，頁 2。

46 吳耀宗：〈唯愛主義與社會改造〉，《唯愛》12 期（1934 年 1 月），頁 9。

者按：基督教〕的手中套去，給了別人」。[47]

　　還清楚記得，母親當時每日行醫所得，我的責任就是盡快拿去街口小販處兌換成銀元，不然物價上午一個樣，下午又是一個樣，大幅貶值。

　　此時，中共大力宣傳〈新民主主義論〉和〈共同綱領〉，要結束一黨制，建立一個平等民主自由、沒有剝削的新社會。這個美麗的憧憬，的確吸引了許多有正義感的知識分子，特別是青年知識分子。父親對中共就由同情接近，進一步轉變為合作擁護，認同中共的政策。這種轉變是可以理解的，但是並不在基督教界。

　　父親甚麼時候開始反美？至少不在 1945 年。那年羅斯福總統逝世，成都召開隆重的追悼會，父親是五、六個講員之一。他認為羅是個偉大的人物，抗日戰爭幫過中國，作出了很大的貢獻。但是在日後的檢查中，卻說自己美化了美國的民主，有崇美親美的思想。[48] 這是不實的自責自貶。

　　反美也不在 1947 年。「沈崇事件」[49] 發生後，父親在《天風》撰文，呼籲不要反對、仇視美國，因為「美國是我們的朋友」，中國的基督教機構和活動，得到美國教會和廣大人民無量數的援助。「對於美國的這種友誼，我們只有感激，只有佩服。」[50]

　　父親也說過：

中國的教會在過去一百多年當中，在人材和經濟方面，得到西方教會大力的培養與支持，這是我們非常感激的。從物質方面來說，我們需要這種幫助；從精神方面來說，我們也需要這種幫助，因為基督教會，是一個普世的教會，一個普世的教會需要物質的互

---

47　吳耀宗：〈基督教的改造〉，《天風》173 期（1949 年 7 月 30 日），頁 9。

48　吳耀宗：〈我的經歷〉，1966 年 11 月 4 日，頁 31。

49　沈崇事件發生於 1946 年 12 月 24 日，兩名美軍士兵涉嫌強姦北京大學女學生沈崇，引發大規模的反美運動。現在有一種傳言，「沈崇事件」也是無中生有，是為了煽動反美情緒而炮製出來。沈崇至今依然健在。

50　吳耀宗：〈美兵事件與學生運動〉，《天風》55 期（1947 年 1 月 11 日），頁 4。

助和靈性的交流。[51]

以上這些話，1949、50 年收錄在《黑暗與光明》文集時，已遭刪除。[52] 又有關西方教會資助這段話，在 1952 年出版的《基督教革新運動學習手冊》中，也完全消失。[53]

從歷史的角度來看，中共當時也並不反美。請看 1943 年，抗日期間，《新華日報》7 月 4 日美國國慶節的一篇紀念文章：

美國是個特別可親的國家。……她沒有強佔中國的土地，她也沒對中國發動過侵略性的戰爭。……中國人對美國的好感，是發源於從美國國民性發散出來的民主的風度、博大的心懷。……但是，在這一切之前、之上，美國在民主政治上對落後的中國做了一個示範的先驅，教育了中國人學習華盛頓、學習林肯、學習傑弗遜，使我們懂得了建立一民主自由的中國需要大膽、公正、誠實。[54]

中共反美，父親反美，應該始自國共內戰開始，國民黨成為人民的公敵，而美國卻站在國民黨一邊。儘管反美表面上聲色俱厲，大多數人內心深處，對美國仍然懷有好感。

父親反美，主要是由於資本主義的意識形態，由於美國政府擁蔣反共的政策。他有很多美國朋友，也認識很多美國傳教士，但並不認為他們都是帝國主義分子。他認為，「基督教最初傳到中國來，除了少數別

---

51　吳耀宗：〈展開基督教革新運動的旗幟〉，《天風》233–234 期（1950 年 9 月 30 日），頁 15。

52　吳耀宗：〈美兵事件與學生運動〉，《黑暗與光明》，頁 38–40。

53　吳耀宗：〈展開基督教革新運動的旗幟〉，吳耀宗編著：《基督教革新運動學習手冊》（上海：青年協會，1952），頁 12–36。

54　〈社論──獻給美國的獨立紀念日〉，《新華日報》，1943 年 7 月 4 日。

有用心的以外，是完全出於傳福音這種純潔的動機」。從外國到中國來
的宣教士，主觀上要服務中國人民，沒有宗教以外的企圖；基督教可能
被利用，任何一種宗教，任何一種主義，任何一種學說，任何個人都可
能被人歪曲利用。[55]

　　中共高調反美，私底下卻陳倉暗渡。1949年，中共行將解放南京之
際，自稱為中共最可信賴的朋友、馬克思主義忠實同志的蘇聯，竟指示
其大使館隨南京政府遷往廣州。與此相反，一向出槍出錢支持國民黨與
共產黨為敵的美帝國主義，卻留在南京不走。中共大感不悅，遂精心安
排，派燕京大學校友黃華，前往友好接觸美大使司徒雷登（John Leighton
Stuart，前燕大校長），並熱情邀請他北上，在燕大「度過其生日」。司
徒在日記中這樣寫道：「毛澤東宣稱我會被作為許多中共人士的老朋友
而受到歡迎。」[56] 這件好事，由於美當時總統杜魯門的反對，終成泡影，
不然，恐怕以後很多歷史都要改寫，甚至朝鮮戰爭都有可能避免。

　　邀請被拒，中美和解的良機，轉眼即逝。毛澤東一個大轉變，就寫
了〈別了，司徒雷登〉，一邊倒，倒向蘇聯。[57]


## 1945–1949

　　1945年日本投降，到1949年中共取得政權，父親依然非常活躍忙碌，
各種活動頻頻，茲舉其犖犖大者。

　　1945年，昆明學生反對內戰遊行，遭軍警殺害。父親被邀在成都的

---

55　吳耀宗：〈展開基督教革新運動的旗幟〉，頁13。後收入《基督教革新運動學習手冊》
　　時，「基督教最初傳到中國來，除了少數別有用心的以外，是完全出於傳福音這種純潔
　　的動機」，改為「基督教最初傳到中國來，無疑的是帶着政治侵略的作用的，但一部
　　分的傳教士到中國來傳教，至少在主觀意圖上，是出於純潔的動機的」，頁22。

56　司徒雷登（John Leighton Stuart）：《司徒雷登日記》，陳頌禮等譯（合肥：黃山書社，
　　2009），頁147。

57　毛澤東：〈別了，司徒雷登〉，《毛澤東選集》，卷4（北京：人民，1960），頁
　　1380–1387。有關詳情，參林孟熹：《神州夢碎錄──司徒雷登與中國政局》（北京：
　　新華書店，2001）。

聲援大會上發表演說。[58]

1946 年 3 月，在華西大學發表〈我的宗教信仰〉，講基督教與社會主義沒有衝突。[59]

第二天，反對的標語貼滿全校，說父親領了延安的津貼，說他歪曲了耶穌的教義。一部分學生，為了說明真相，將講詞公佈。記錄立即被撕去。貼了兩次，撕了兩次。過了幾天，那些學生揚言要打父親、沈體蘭和加拿大人文幼章。他們就躲到郊外。最後，幸而平安無事。[60]

1946 年 5 月，父親回到闊別了五年的上海家。

1946 年 6 月，上海數十個人民團體推舉了一個十一人組成的代表團，以馬敘倫為首，去南京請願，呼籲國共雙方及美國馬歇爾大使停止內戰。在上海車站，有十萬群眾送行。到了南京下關車站，代表團被暴徒包圍，馬敘倫、雷潔瓊等人被打，受傷最嚴重的是聖約翰大學學生代表陳震中。在危急關頭，代表團祕書羅叔章把父親推入外賓餐廳，幸免於難。最後，由馮玉祥出面解圍。給馬歇爾的英文備忘錄就是父親起草的。回到上海幾天後，鄧穎超代表周恩來到我們家表示慰問，對那份備忘錄非常重視。[61]

1945 至 1949 年，父親進一步投入民主運動。我們在上海靜安寺的家，是民主人士經常集會的場所，其中有羅隆基、章乃器、章伯鈞、沈鈞儒、黃炎培、鄒韜奮、沙千里、史良等一大批。1957 年反右派運動，除了個別人士被預先通風報信打招呼外，這批為中共搖旗吶喊、作出了很多犧牲、左傾的民主人士，幾乎一網打盡，大部落水。

1946 年 8 月 4 日〈基督教的使命〉（《天風》復刊詞），父親這樣寫：

---

58　「吳耀宗先生日記摘錄」，1945 年 12 月 9 日的日記提到：「昆明學生反內戰遊行，發生慘案，成都學生二千餘人集會遊行，余被邀演講，至中山公園請文幼章演說後解散。」

59　「吳耀宗先生日記摘錄」提到：「一九四六年二月，我為華西大學一個基督教學生團體作了一次演講，題目是〈我的宗教信仰〉，有一段說：基督教與共產主義沒有衝突，引起反動學生的不滿。」

60　「吳耀宗先生日記摘錄」，1946 年 1 月 10 日的日記提到：「傳反動派將對余不利，一部分進步同學伴余至郊外某氏園躲避半日。」

61　「吳耀宗先生日記摘錄」，1946 年 6 月 26 日。

基督教是主張自由平等的，是主張徹底民主的，因此，它應當是
進步的、革命的；只有進步的、革命的基督教，能夠真正表現耶
穌基督的精神。基督教對這時代的使命，就是要把現在以人為奴
隸、以人為工具的社會，變成一個充分尊重人的價值的社會，使
人類不必再因利害的衝突、階級的對立，而演成分裂鬥爭的現象。
……從基督教的觀點來説，……「內戰」也好，「內亂」也好，也
不管是誰先打誰，我們不贊成中國人自相殘殺。[62]

父親又寫道：「我們還是非常同意馬氏〔馬歇爾〕的見解，那就是：中
國問題的解決，有賴於第三方面人士的努力」。[63]

　　父親的「自述」（檢討）只引用了最後一句，説明他當時還受基督
教和平主義的影響，還受當時流行的「第三條路線」思想的影響。[64]

　　然而，回顧父親半個多世紀前所寫的文章，我們仍然可以得到啓發
和鼓舞。「要把現在以人為奴隸、以人為工具的社會，變成一個充分尊
重人的價值的社會」，在廿一世紀的今天，不是仍然有它現實的意義？
遺憾的是，父親並沒有能將自己服膺的價值觀，始終不渝，堅持到最後。

　　1947 年 5 月，父親在浙江大學作了兩次演講。第一次講題是〈學潮
與時局〉。以後發表在《求是周報》，題目改爲〈世界往那裏去？〉。
茲節錄演説的結束語：

世界往那裏去？世界將走向更平等、更自由、更民主的一個共勞、
共享、共治的社會。……在那個世界裏，不再有人吃人，主人與
奴隸，不再有帝國主義與殖民地之分。最後，將要世界大同，天

---

62　吳耀宗：〈基督教的使命——復刊詞〉，《天風》33 期（1946 年 8 月 10 日），頁 2。
63　吳耀宗：〈從馬歇爾報告説到中國的現狀〉，《天風》36 期（1947 年 1 月 18 日），頁 4。
64　吳耀宗：〈我的經歷〉，1966 年 11 月 4 日，頁 33。

下一家，也就是我們基督教所謂的天國！[65]

鼓掌達兩分鐘之久。由於學生的要求，次日又作了〈社會的基本問題〉，發表在《求是周刊》和《大學月刊》時，題目改為〈學生運動與目前政局〉。其中有這樣的幾個片段：

學生運動不是為了學生自己(鼓掌)，而是為了整個國家、社會(鼓掌)……

學生不講話，恐怕石頭也要喊出來了(鼓掌)……

學生運動是正義與黑暗的鬥爭，民主與不民主的鬥爭。……但政府有沒有了解這鬥爭呢？當然他們不會了解的……他們對付的方法就是打、是逮捕、是木棍、水龍頭、機關槍、手榴彈。「五·二零」那一天，據說軍警密佈五道或六道防線……對赤手空拳的學生如臨大敵，這真是千古笑話！(掌聲笑聲大作)[66]

全篇講話不長，據現場記錄，被打斷二十次，「鼓掌」，「熱烈鼓掌」，「鼓掌甚久」，「掌聲雷動」。結束時，熱烈鼓掌達一分鐘之久。[67]

當年，社會腐敗、民不聊生，青年學子，苦悶彷徨，看不到出路，父親理想的大同世界、平等民主、共享共治，給學生很大的鼓舞。又父親以極大的熱情支持當時的學生運動。如果他有幸活到八十年代，是否也會以四十年前同樣的熱情來迎接學運，同樣鄙視武裝到牙齒，十倍百

---

65　吳耀宗：〈世界往那裏去？〉，《黑暗與光明》，頁 69。

66　吳耀宗：〈學生運動與目前政局〉，《黑暗與光明》，頁 71–72。

67　「吳耀宗先生日記摘錄」，1947 年 5 月 28 日的日記中也提到：「到浙江大學為全體學生演講『學潮與時局』，受到學生熱烈歡迎，長時間鼓掌，講詞登在該校《求是周刊》。」5 月 29 日的日記又提到：「由於學生要求，又講一次，題為〈社會的基本問題〉。後來登在上海的《大學月刊》。」

倍兇殘的軍警？

　　父親一生作過無數次的演說，無論中英文，均有獨特的見解，有挑戰性的內容，有分析，有說服力，有感染力。1936 年，父親赴美，在舊金山作了一連串的演講，題目為：〈我為甚麼作基督徒〉、〈基督教的信條〉、〈宗教與社會改造〉等等。他的日記這樣記載：「演講極受歡迎。最後一次長時間之鼓掌」。[68]

　　1947 年 7 月，父親隨同一個廿三人的代表團到挪威首都奧斯陸參加世界基督教青年大會。會後又即到英國的愛丁堡參加青年會代表大會。這個會議的主題是「基督教與共產主義」。父親是三個被邀發言者之一。發言的最後一部分，強調了要用基督教的方法看問題，強調了基督教意識形態方面的優越性。[69] 發言受到廣泛的好評。那是中共奪得政權的前兩年。十二年後，美國基督教協進會（NCCC/USA）的一個刊物《中國公報》（*China Bulletin*）把這篇發言中關於基督教優越性這段話重新刊登出來，題目是〈十二年前的吳耀宗〉。[70] 十二年前，父親是基督的精兵，十二年後，是中共忠實的同路人，反差如此強烈。

　　1948 年 4 月，父親在《天風》發表〈基督教的時代悲劇〉一文，提的問題非常尖銳：現在是一個劇變的時代。幾千年來的歷史是人吃人的歷史，是階級鬥爭的歷史。目前我們面對一個社會性的革命，這是一個不可否認的事實。要推翻的是資本主義，它造成經濟的不平等，引起了兩次世界大戰。要建立的是一個自由平等、沒有階級、勞動共享的新世界。十六世紀馬丁路得所領導的宗教革命，也就是工業革命，產生了資本主義。基督教和資本主義從一開始就息息相關，相依為命。以美國為首的新十字軍反蘇反共，要維持保護的是少數人的特殊利益。中國基督徒的處境是可悲的。如果只是逃避現實，只是宣傳個人興奮式的宗教，

---

68　「吳耀宗先生日記摘錄」，1936 年 12 月 27 日。

69　Y. T. Wu, "Christianity and the Ideological Conflict," August 14, 1947, 上海檔案館，U125-0-57.

70　"Y. T. Wu Twelve Years Ago," *China Bulletin* 9, no. 11 (May 25, 1959): 1–2.

從要求解放的群眾看來，基督教也只能是人民的鴉片，將會受到歷史無情的審判與清算。[71]

父親一貫認為基督教是革命的，可以改造人，可以改造社會，建立一個平等博愛民主自由的理想國。但是，恨鐵不成鋼，今日的基督教已不能擔負起先知的角色，如果不是革命的絆腳石，充其量，只能以基督的精神服務人群，把耶穌基督勝利的福音介紹到彷徨苦悶的心靈裏去。

該文發表後，有五種英譯本，廣泛在國外傳播，引起了傳教士很大的不滿。他們指《天風》反美反基督教，以停止津貼為威脅，向父親提出了「自行辭職」的要求。父親是該社社長，為保持《天風》的生存，他在 1948 年 5 月辭去了一手創辦起來的《天風》社長之職。[72]

1948 年底，他去錫蘭參加世界基督教學生同盟召開的亞洲領袖會議，作了四次系統演講，題目是〈上帝與真理〉、〈基督與道路〉、〈天國與歷史〉。在此前幾天，有人（可能是沈體蘭）通知我們家屬，父親已上了第二批八十人的黑名單。因此，會議結束後父親就留在香港。

1949 年 2 月，經由龔澎和喬冠華的安排，父親和一大批民主人士，祕密搭船經平壤到東北，最後到了北京。

一個月後，去捷克布拉格參加由蘇聯一手操縱的第一次世界和平大會。中國派出了陣容強大的代表團，各界精英盡出。

6 月回京參加新政協的籌備會。回上海後，忙於和教會人士交換意見，商討如何面對新的形勢。8 月再去北京開新政協。

## 新政治協商會議

宗教界代表八人，基督教界就佔了五席：劉良模、鄧裕志（代表男女青年會）、趙紫宸、張雪岩和父親。父親還是宗教界的首席代表。有

---

71　吳耀宗：〈基督教的時代悲劇〉，《天風》116 期（1948 年 4 月 10 日），頁 1–4。
72　沈德溶：《吳耀宗小傳》，頁 45。

人撰文說，父親「自封」爲宗教界代表。

代表的產生，是由上而下，領導提名經協商產生。從來就不是由下而上，按比例選舉出來。各種大小會議的組織、各級官員的任命，莫不按此原則，歷來如此。代表又都必須首先認同當時的路線、方針、政策，各種決議才能保證一致通過。這就是具有特色的選舉文化，這就是國情。據當時的要求標準，代表應是抗日、反蔣、認同社會主義、能同中共合作。要在基督教界、宗教界物色像父親這樣的領軍人物，平心而言，還不太容易。

會後，父親「感到一種不可形容的喜樂和欣慰，以後可以在一個眞正自由民主團結的氣氛中生活」。當他聽到毛澤東講「佔人類總數四分之一的中國人從此站起來了」，父親激動得熱淚盈眶。[73]

父親以興奮的心情迎接新的時代。這是他二十多年來就預料期待的。這是歷史發展的必然結果，和他的信仰完全沒有衝突。但是對大多數的教會人士來說，應當承認，他們沒有這個心理準備，在無神論共產黨的統治下，感到彷徨、無奈、甚至懼怕。

## 三自革新宣言的由來

在沒有開始敘述之前，也許有必要從歷史的角度，簡單回顧一下中共對宗教的態度。

中國共產黨脫胎於蘇聯共產黨，是共產國際的一個支部，從誕生之日起，就帶有敵視一切宗教的基因。

蘇聯是第一個社會主義國家。列寧認爲，基督教是壓迫人民的工具，因此對宗教大張撻伐。根據《大英百科全書》，斯大林在二十及三十年代掌權期間，東正教會遭到血腥殘害。到了 1939 年，國內倖存的東正教會主教僅餘三、四個，全國只有一百座教堂仍然能夠公開禮拜。第二次

---

73　「吳耀宗先生日記摘錄」中的「解放前後」部分。

世界大戰，德軍長驅直入，推進到莫斯科的近郊。斯大林動員全國人民起來抗敵。爲了爭取民心，團結仍然存留的數百萬信徒，當局停止打壓宗教。東正教教堂一時增至二萬五千多座，神職人員有三萬三千人。1959到 1964 年間，赫魯曉夫執政，反宗教活動捲土重來，批准認可的教堂銳減到一萬。

父親去過蘇聯多次，一般都是路過，參觀過農莊、工廠，也目睹了五一節壯觀的節日遊行，可都是浮光掠影。他看到的只是開放的櫥窗，對宗教的實際情況，恐怕沒有多少眞正的瞭解。他在世界和平大會上，見到過的東正教全俄教長阿列克謝（Patriarch Alexei, 1945–1970），就是深受國家安全部器重、從事對外發言的喉舌。

中共自 1921 年成立之日起，作爲蘇共的一個支部，蕭規曹隨，不可能有較爲開明的宗教政策。

1928 年毛澤東在井岡山地區，建立了正式蘇維埃地方政府。1931 年11 月 7 日（蘇俄國慶日），共產黨人在江西、福建交界的瑞金縣召開了中國蘇維埃第一次工農兵代表大會。這次大會宣佈成立了「中華蘇維埃共和國臨時中央政府」，也通過了「憲法大綱」。在宗教政策方面規定「一切宗教，不能得到蘇維埃國家的任何保護和提供費用。一切蘇維埃公民有反宗教宣傳的自由」。

然而，父親對中共的宗教信仰自由政策，卻深信不疑。馬克思主義雖然認爲宗教有一天會消滅，但是從發展來看，這一天還是非常非常遙遠。共產黨本身不是也要消亡嗎？這是理論的依據。從目前的現實來看，中共最高領導人，一再信誓旦旦向他保證信仰自由的政策，豈能言而無信？況且現在更是白紙黑字寫在〈共同綱領〉裏。

遺憾的是，從 1940 年就開始宣傳，作爲〈共同綱領〉依據的〈新民主主義論〉，從來就沒有實現過，很快就變成廢紙一堆。毛澤東後來說，社會主義革命，從 1949 年建國後就開始了。

社會主義革命，就是無產階級革資產階級的革命。民族資產階級當然是革命的對象。民主黨派、基督教不可能是無產階級，當然也是革命

的對象。革命就要鬥爭，鬥爭的手段可能不同，可能是和風細雨，也可能是急風暴雨。總之，以〈新民主主義論〉、〈共同綱領〉那些原則理論，如果繼續運用到社會主義階段，就會犯大錯誤，很多人，甚至包括久經考驗的老幹部，思想認識都沒有能夠及時轉變，只有遭到淘汰。

父親真心實意想使基督教恢復耶穌福音本來的面目，成為新中國建設中一個積極的力量。他同時也要保護教會，糾正城鄉執行宗教政策的種種偏差。

1949 年，父親在北京參加新政協籌備會議期間，就請公理會的王梓仲等人，收集華北五省有關宗教政策落實的問題，單就華北五省，就有一百六十多件。

1950 年 4 月新中國成立半年後，在他的推動下，組成了一個「基督教訪問團」去各地訪問，主要是宣傳〈共同綱領〉安撫教會人心，同時將了解到的問題，向政府當局反映。團員有鄧裕志、劉良模、涂羽卿、崔憲祥〔詳〕、吳高梓等，代表不同教派。在濟南，山東省人民政府的一位副祕書長出來接待，對代表團的工作，不表示合作。地方當局既然不肯協助解決問題，代表們不得已，只有前往北京，把所瞭解到的情況、各地教會面臨的困難，向周恩來當面匯報，希望中央政府下令保護基督教的活動，貫徹宗教信仰自由政策。這次及隨後的幾次會晤就導致以後產生的三自革新宣言。

應該指出，和周恩來會晤之前，代表們，包括父親，絲毫沒有心理準備發表〈革新宣言〉，一心只求中央政府下保護令。〈宣言〉完全是周「教育和啓發」的結果。雖說是「教育和啓發」，但卻有很重的分量，指出必由之路。問題的根源和起因，並非在於執行政策的偏差，而是人民群眾對這個洋教的誤解。因此，目前最重要的任務是肅清帝國主義的力量，改變人民對它的印象。根源是在教會本身。最後，偏差問題不但沒有得到解決，而且再也不提了。應當說，周的「啓發」就是最高指示，理解的要執行，不理解的也要執行。父親是屬於能理解的，積極貫徹，認真落實；而很多教會領袖，包括代表團的其他成員，卻不甚理解，只

是無可奈何，勉強隨大流。

〈宣言〉是在周恩來三次接見代表，由父親執筆，七易其稿，在
1950 年 7 月 28 日最後確定，《人民日報》1950 年 9 月 23 日全文發表。

1950 年 10 月 20 日《光明日報》發表了父親的〈怎樣推進基督教革
新運動〉一文，[74] 毛澤東次日指示胡喬木：「昨日《光明日報》上吳耀宗
的文章，可以廣播，《人民日報》應當轉載。」[75]

有人說，三自愛國思想是父親等教會領袖早就有的，周恩來只是鼓
勵了他們把三自思想付之於行動罷了。

的確，三自的原則天經地義，無可非議，中國人的教會，就是應該
由中國人來辦。父親早在參加青年會工作時，就認同誠靜怡、劉廷芳、
趙紫宸等人提出的三自本色原則。

他在「自述」中寫道：

> 五四運動和反基督教運動對我們青年的基督徒是一個很大的觸
> 動。我們有一個思想，就是基督教要革新。怎樣革新呢？第
> 一是要使基督教這個洋教「中國化」，使教會變成「本色教
> 會」。……因為我們要革新教會，我們當然也要革新青年會，
> 我們不滿洋人把持的獨斷獨行的作風，我們主張採取一種由全
> 體幹事參加的會務會議的民主制度。結果總幹事美國人格林勾
> 結董事部，藉口經濟困難，將全體幹事解僱，以後另行改組。
> 那時候我已準備去美國留學，後來如何發展就不清楚了。[76]

這段「自述」說明，早在 1920 年代初期，父親就有「三自」的思想，

---

74　吳耀宗：〈怎樣推進基督教革新運動〉，《光明日報》，1950 年 10 月 20 日。

75　〈關於廣播吳耀宗文章給胡喬木的信〉（1950 年 10 月 21 日），中共中央文獻研究室編：
　　《建國以來毛澤東文稿》第 1 冊（北京：中央文獻，1987），頁 581。

76　吳耀宗：〈我的經歷〉，1966 年 11 月 4 日，頁 12。

就有「革新」的行動。

但是，據官方宣稱，當年的三自是舊三自，和今日的新三自有本質的區別。後者超越了本色化，其特徵，一是反帝，割斷和西方教會的一切關係；二是接受共產黨的領導，認同社會主義，適應新中國。因此，基督教、天主教內任何的革新，都不可能是教徒自發的運動，沒有共產黨就沒有解放後的三自。說「周恩來只是鼓勵了他們〔教會領袖〕把三自思想付之於行動罷了」的人，並不是不知道這個區別。故意淡化周恩來決定性的作用，只是為了突出彰顯三自一貫獨立自主，不受任何組織的干預和影響。

再有，當年教會領袖帶着去見周恩來的那一百多條意見，在文革極「左」思潮的影響下，在父親的檢查中，都說成是有「片面性」，是某些人的「陰謀」，似乎偏差並不存在，宗教政策執行貫徹得順利完美，給他提供材料的人是「別有用心」。

## 思想改造——美帝文化侵略

1950 年 6 月爆發了朝鮮戰爭。北朝鮮稱之謂「祖國解放戰爭」，中國稱之謂「抗美援朝」，西方謂之「韓戰」。

事實的真相，由於檔案的解密，已經大白於天下，但在中國國內仍然鮮為人知，仍然是個敏感的禁區。北朝鮮在蘇聯的幫助下發動了戰爭，這就是歷史的真相。

朝鮮的金日成，以中共為師，要解放全朝鮮。經過密切協商，斯大林最後同意朝鮮領導人以軍事方式實現國家的統一，「由中國出來支撐局面並爭取戰爭勝利」。

這是一個蓄謀已久、計劃周詳的方案。6 月 25 日凌晨，朝鮮人民軍越過三八線，發動突然襲擊，揮師南下，一路勢如破竹。準備不足的南韓軍隊，毫無招架之力，一敗塗地。三天之後，韓國首都漢城（今首爾）就失守。

　　值得指出的是，朝方事先並沒有知會中方詳細的作戰方案和具體的開戰日期，中方和美方幾乎同時得到情報。就這樣，匆忙參戰，犧牲了幾十萬人，實際上只是爲蘇朝兩方火中取栗。

　　以後，美軍仁川登陸，戰局逆轉。社會主義陣營的最高領導斯大林，指示中國介入。10 月 19 日，中國人民志願軍（七成是正規軍）跨過鴨綠江，正式開始了「抗美援朝」戰爭。

　　蘇聯令中美爆發直接衝突，從中漁利，自己卻置身事外。它所援助中朝的軍事物資，並非無償。中國欠了蘇聯數十億美元，蘇方不斷催討，1965 年才還清債務。

　　中共利用「抗美援朝」，通過鋪天蓋地的不實宣傳，在全國掀起了聲勢浩大的運動（聳人聽聞的「細菌戰」就是子虛烏有，爲政治宣傳而炮製出來的），要求人民群眾捐獻飛機大炮，要求青年學子踴躍參軍，保家衛國。

　　這段歷史事實，在大陸依然諱莫如深，既不肯定，也不否定，絕大多數的老百姓，依然蒙在鼓裏，被愚弄至今。

　　1950 年 10 月 26 日，也就是志願軍入朝參戰七日後，中共中央發出了〈關於在全國進行時事宣傳的指示〉，開展「三仇」教育，指出：

> 全國人民對美國應有一致的認識和立場，堅決消滅親美的反動思想和恐美的心理，普遍養成對美國仇視、敵視和蔑視的態度，使人人對援朝表示積極有信心不怕困難，對美帝國主義表示不共戴天，使親美恐美與抗日運動中的親日恐日情緒同樣不能容身。[77]

　　指示的要點就是「三仇」：對美國要仇視、敵視和蔑視。這是宣傳

---

77　〈中共中央關於在全國進行時事宣傳的指示〉（1950 年 10 月 26 日），何東昌主編：《中華人民共和國重要教育文獻》上冊（海口：海南，1998），頁 63–64。

的口徑，也要將指示落實到全國政治生活的各個方面。（最早成立的三自就冠以「抗美援朝」三自革新。）

這就是緊接而來的基督教三自革新和控訴運動的時代背景，充分說明了這些運動是積極配合了中共的方針和政策，是中共所直接領導的。父親和三自愛國運動的成員只是主動或被動地執行落實這個指示。

控訴運動對中國基督教有深遠的負面影響。這是一個由上而下，並沒有廣大基督教人士的心理準備和實際要求的運動。

1950 年朝鮮戰爭爆發後，美國政府凍結了中國的公私財產，受影響最大的是依賴美國津貼的教會、教會學校、醫院及救濟事業。為此，政務院在 1951 年召集這些基督教單位的負責人到京參加全國會議以求解決這個困難局面。

會議要求與會者控訴美帝國主義，表明願意割斷和美帝的關係。這是個大是大非、嚴重的立場問題。這些負責人如何表現？且看沈德溶 [78] 的回憶《在三自工作五十年》：

> 當時，全國性的負責人都編在第一小組，我作為《天風》的主編也參加第一小組。周力行〔筆者按：上海宗教事務處處長〕也在第一小組。會上，我親眼看到各教派的頭頭對於「控訴」這件事顧慮重重，不敢表態。有的平時口若懸河，此時卻噤若寒蟬，有的則雖發言卻是「王顧左右而言他」。……小組會已開到第三天，局面仍沒有打開，周力行不得不聲色俱厲地推動大家起來控訴，這使某些人確實感到了壓力，不得不認真考慮自己何去何從。……當然，也有人對周力行的正言厲色耿耿於懷，以至於後來對人說控訴運動是周力行逼出來的……要說「逼」也是有的，但那是當時「大形勢」的「逼」，在抗美援朝的大形勢下，基督教

---

78　1951 年，父親請沈擔任《天風》主編。三自成立後，兼任辦公室主任。以後是上海三自主席。

界還要抱着帝國主義的大腿，不轉到人民這邊來，行嗎？[79]

　　以上是沈德溶的觀點，但也從側面反映出教會人士對控訴的被動、顧慮、徬徨。控訴運動，對父親來說，是順理成章、理所當然。他早就認爲基督教應該從資本主義的桎梏下解脫出來，恢復基督教的本來面目。1948 年他發表的〈基督教的時代悲劇〉就表明了反對資本主義，反對帝國主義的立場。但對其他教會領袖和廣大教友來說，控訴來得突然，難以接受。

　　1965 年 9 月 23 日舉行了三自十五周年座談會，發言的有陳見眞、戚慶才、吳高梓、涂羽卿等人，都異口同聲承認，當年對帝國主義利用基督教認識不足，對控訴運動有抵觸情緒；從 1951 年起，雖然人事經濟組織上割斷了與帝國主義的關係，但思想感情上依然藕斷絲連。教會領袖的這些話，反映了大多數教徒、教牧人員的眞實思想。

　　控訴運動不但清算了崇美親美、反蘇反共的思想，也批判了「超政治」、「愛仇敵」、「基督教立場」等表現。[80] 總之，一切有違社會主義原則的都不宜宣講了，一切不符合當時方針政策的證道，都可能與帝國主義掛鈎。會眾中又安排了耳目，隨時注意新動向。運動後，教牧人員往往感到無所適從，言行小心謹愼，只求政治正確，避免講創世記，避免講啓示錄，避免講「愛」。很多教徒都不上教堂了。他們說，平日已有太多的政治學習，不想再去教會上政治課了。

　　在控訴運動中，父親的確認眞貫徹政府的意圖，出了大力。他要潔淨教會，用耶穌基督的革命精神，來建立一個嶄新的、與社會主義相適應的基督教會。

　　運動中，具體操辦的得力人員是劉良模、韓文藻、沈德溶、施如璋、

---

79　沈德溶：《在三自工作五十年》（上海：中國基督教全國兩會，2000），頁 81–82。

80　2005 年，爲歸還父親日記事，在北京約見當時國家宗教事務局副司長張劍。他清楚表明，基督徒就是有基督教立場，表明中共對此提法已有轉變。至於父親日記，還是重申是國家財產，不能歸還。

李壽葆等。他們都是隱蔽在青年會裏的「左派」，自稱是基督徒，實際上是秉承上面的指示，起到拆毀教會，而不是建立教會的作用。名義上，各個小組帶頭領銜的都是各教會的頭面人物，實權則掌控在「左派」手中。如上海的學習與控訴這個至關重要的委員會，就是以陳見眞掛帥爲主席，眞正的執行者是副主席劉良模、李壽葆和祕書長沈德溶。

控訴要求深入到各個教會，不留死角。過程是依照中共過去運動的典型模式：工作組根據掌握的材料鎖定鬥爭對象、發動群眾、檢舉揭發、控訴鬥爭。

控訴統一了思想（反帝和接受黨的領導），培養了一批積極分子來代替原有的、不能適應時代要求的領導。各地三自革新會就在這個基礎上成立起來。自從成立之日起，全國各地基督教三自，就在中共這個全能政權牢牢掌握之中。

在控訴運動中，劉良模起到很重要的作用。

劉是我們上海「青莊」的鄰居，[81] 劉是青年會事工組主任，抗戰時熱情宣傳，指揮演唱〈義勇軍進行曲〉等救亡歌曲而聞名，後赴美。1949年秋回國後，就參加第一屆政協。周恩來問他今後工作去向，外交部還是青年會。劉讓組織決定。周遂安排他回青年會從事基督教工作。劉良模對教會並無感情。他的組織關係在中央，控訴運動後，他就一直在上海政協上班。

對控訴運動，官方的評價可以用羅冠宗的幾句話來表達：

控訴運動的重大意義，就在它揭露了殖民主義、帝國主義利用傳教運動進行侵略的嚴重罪行，使中國基督徒受到很大的教育，是一次重大的政治覺醒。[82]

---

81　「青莊」乃青年會同仁住宅之小區也。鄰居還有江文漢、李壽葆、施如璋、黃培永（已故，陳崇桂女婿）、蔡昭修、計瑞蘭（原父親祕書）、張仕章、董顯光等，早期還有陸幹臣。

82　羅冠宗：〈吳耀宗與基督教三自愛國運動〉，收於《吳耀宗生平與思想探討──紀念吳耀宗先生誕辰 100 周年》，中國基督教三自愛國運動委員會編（上海：該會，1995），頁 55。

運動的目的是「要對美帝養成仇視、敵視、蔑視的態度」，「對美帝表示不共戴天」，這個目的是否達到？表面上看來，這個因政治需要而煽動起來的運動，似乎進行得轟轟烈烈，全國敵愾同仇，但是，時機氣候一變，當年領導運動的主要負責人，包括三自的領導，紛紛將自己的子女送往美國這個帝國主義的大染缸，很少例外。控訴美帝是成功還是失敗？當今廣大的人民群眾，崇美親美的思想是多了還是少了？有目共睹。至少，開放後的中國已經比資本主義更資本主義了。

也許，對美的評價，還是 1943 至 45 年期間《新華日報》的言論比較客觀中肯：美國是個特別可愛的國家……中國人對美國的好感源於……民主的風度、博大的心懷……美國的民主政治對落後的中國做了一個示範的先驅……[83]

## 肅清美帝文化侵略與燕京大學

在中國十三所教會大學中，燕京大學有比較濃厚的宗教氣氛，得益於校內的宗教學院。宗教學院的學生和大學的學生同吃同住，可以交叉選課。宗教學院院長趙紫宸又是大學中文系的教授，開設陶淵明選讀等課程。宗教學院學生（都有大學畢業學歷）必須參加一個團契進行指導，在實際活動中取得經驗。

1949 年中共取得政權後到 52 年院系調整，燕京這片世外桃園基本上是風平浪靜。學生中有十幾個團契，每個團契大小不一，人數從幾人至十幾人或更多，興趣多樣化，有的偏向嚴肅問題的探討，有的側重交誼，有的興趣在聖樂歌詠。團契活動可在宗教樓或教授家中舉行。這十幾個小團契又組成一個大團契，選出負責人協調組織活動。團契不分宗派。很多同學都有宗教家庭背景，其中不乏知名教會領袖的子女。和我先後同學的就有涂羽卿之女涂長松、崔憲祥〔詳〕之女崔應琦、宋尚節之女宋天真、宋天嬰、凌賢揚之女凌文廉等。當時在校人數不過千人左右，

---

83　〈社論——獻給美國的獨立紀念日〉，《新華日報》，1943 年 7 月 4 日。

可見基督徒學生比例之高。

楊紹唐之子楊安溪是福音團契的負責人之一。該團契與公會派的大團契雖然都在一座樓內活動，但並無很多的聯繫和往來，卻和王明道的基督徒會堂關係密切。他們虔誠友愛團結，但確實對政治沒有興趣。我有兩個經常參加他們活動的朋友，就多次勸我不要留戀世俗，很多很多的跡象表明，耶穌即將第二次再來。

1951 年後基督教的革新控訴運動，在校內並未引起多少漪漣。禮拜照做，宗教活動照常。一年一度的韓德爾〈彌賽亞〉神曲的公演是校內及北京市的盛舉，一直持續到 51 年底。

有幾次，大學部和宗教學院的同學對我說：「你的父親走得太快，我們跟都跟不上。」這些話間接地，多少反映了社會上基督教正在進行的、翻天覆地的變化。

1951 年，來了一群農民裝束打扮的校外人士，一連數週主領禮拜晨更。小小的宗教學院禮堂擠得滿滿的。他們就是山東馬莊來的耶穌家庭代表，以敬奠瀛爲首。他們介紹了「家庭」公社式的生活，一切財產公有，共同勞動，平均分享，靈性交流，友愛互助，看來已具共產主義的理想模式，也是人間天國。他們在燕京備受尊敬，似乎給中國基督教提供了改革和前進的樣板。我參加過多次活動，活動充滿激情，主要內容是引領會眾追求聖靈充滿講方言，認爲這是靈性的最高境界。朝戰爆發後，各教會外援斷絕，陷入困境，而「家庭」卻依然能夠自養、自立、自傳，不受影響。

趙紫宸把他們請到燕京來交流，可能是爲了探討中國的基督教如何本色化、本土化。

萬萬料想不到，一年以後的 1952 年，中共中央統戰部協同全國三自，就派出強大的工作組，對耶穌家庭採用階級鬥爭的手段，攻其一點，不及其餘，最終連根拔除。

耶穌家庭是中國教會史重要的一頁。在動亂的中國社會，的確吸引

了不少人，其中不乏知識分子，甚至高級知識分子。由於採用了科學種
田，產量較高，和附近農村的凋敝形成鮮明的對照。1949 年是「家庭」
的全盛時期，在城市中、在山東以外也有很大的發展。

1949 年後，耶穌家庭的成員奉公守法，最早簽名擁護三自革新，人
數爲各宗派之冠，又組織醫療隊支援抗美援朝，平時捐獻濟貧抗災，爲
政府在農村培訓醫務人員，模範事跡屢次受到表揚，又有《天風》正面、
肯定的報導。《天風》是三自的機關刊物，它的立場態度代表了三自的
立場態度，也代表了父親的立場態度。如何轉眼間，「人間天堂」就成
爲革命的對象，成爲「人間地獄」？ [84]

有人臆測認爲，耶穌家庭的神學思想屬於基要派，與父親的思想格
格不入，因此，順理成章，父親決定整肅這個過時、落後的組織，使之
適應新社會云云。不用諱言，在神學思想層面來說，的確存在差異，但
是父親，包括三自決策層，一貫宣稱要尊重各教會的傳統教義和信仰，
沒有能量，沒有理由，自作主張去整治一個當時極有社會威望的組織，
況且這個組織竭誠擁護三自和抗美援朝。在五十年代初期，父親惟恐不
能團結教會的大多數，包括反對他的宗派。認爲父親因神學思想不同，
對耶穌家庭深惡痛絕，必欲除之而後快，是不符合事實的。

新政權成立後，中共執行的是全方位一元化的統治，要將全國各種
大小組織，都置於其絕對的控制下。1951 年，燕京宗教學院就在這種思
想的指導下，受到全面的整頓，現在輪到了耶穌家庭。燕大和宗教學院
被整頓撤消，師出有名是美帝文化侵略的工具，而耶穌家庭呢？

考慮到 52 年前後，農村正在積極推行合作化運動，要將農民組織起
來進行集體生產，同時加強黨的領導。耶穌家庭這個黨領導眞空，影響
又很廣泛的宗教組織，怎麼可能被容忍存在？被取締是遲早的事，過得
了合作化，過不了人民公社。如果只是神學意識之爭，何必採用階級鬥
爭運動的手法？何必勞駕中央宗教事務處處長何成湘親自出馬？很明顯，

---

[84]　沈德溶語，參沈德溶：《在三自工作五十年》，頁 17。

這是由上而下的決定和行動，由三自出面，由左派沈德溶具體執行而已。最後，「徹底揭開了帝國主義利用基督教及封建統治的黑幕，解放了被壓迫、剝削、蹂躪的教徒」。[85]

敬奠瀛後被判刑十年，瘐死牢獄。所公佈的所謂罪行，並無反對中共領導及社會主義制度，不足以上綱上線。而大灶小灶伙食不平等，包辦婚姻、木板體罰等，充其量只是封建作風。上述情況在革命隊伍中亦屢見不鮮，甚至有過之而無不及，只是冠之以革命的需要。兩位美國英國傳教士朋友，亦無證明是帝國主義所派遣，從事破壞或情報工作。而耶穌家庭卻成了帝國主義和封建主義的統治和利用，被徹底解決。

耶穌家庭一案有沒有可能也是階級鬥爭歲月中，另一起冤案假案錯案？有沒有可能，像胡風、劉少奇等許許多多的鐵案一樣，得到重新審查改正？可惜，當今已經很少有人為了社會正義公道，甘冒風險，挺身而出，為弱勢群體講話了。基督教的三自領導，迄今為止，也尚未有面對現實、自省的覺悟和勇氣，再加上當年的執行者，現在依然在位，大權在握，不可能否定自己過去的所作所為。

再回來談燕大的三反五反。在此之前，燕園基本上依然是書聲朗朗。有過幾次政治大課，請左派名流來主持，但參加者自願，沒有點名，沒有小組討論，會後可以紛紛議論。

對基督徒學生震動較大的是社會發展史：團契中開始討論創造論還是進化論。當然不可能有標準答案，但卻刺激人去思考這個新社會中無法迴避的基本問題。

總而言之，從解放後到三反，平心而論，宗教政策在燕大執行得還比較好，沒有刻意刺激教徒的宗教情緒：飯廳裏可以看到低頭謝飯，聖誕夜可以看到一波波報佳音的隊伍，還公開宣稱，基督徒也可以加入青年團。人們有個樂觀的錯覺：燕大有較高的學術水平，1951 年就成為國立，毛澤東還題了校匾，可以長命百歲了。沒想到這只是急風暴雨來臨前的寧靜。

---

85　天風社編：《馬莊耶穌家庭革新經過》（上海：該社，1953），前言。

　　大規模運動開展之前，青年團委在外語樓組織了一個辯論會：「美國人開辦燕京是不是文化侵略？」來的學生不多，冷場了好一陣子，無人發言，最後由團委幾個幹部讀了準備好的講稿結束。這次活動的組織者，就是如今活躍在海外、發表大量離經叛道言論、當年的團委書記阮銘。

　　三反五反本來是個經濟領域的運動，移植到教會大學就變成肅清美帝文化侵略的運動。這個運動蓄謀已久，勢在必行，只是建國伊始，為了收攬和穩定學術和教育界知識分子的人心，暫時不動聲色。如今利用抗美援朝所掀起的反美勢頭，在教會大學深入批判崇美思想。北京中共市委派出張大中進駐燕京領導運動。張大中的直接領導是蔣南翔，中共中央委員，團中央書記，以後任清華大學校長，對知識分子執行極左的迫害政策。

　　張大中曾在燕大就讀，是個職業學生。進駐燕大時，是北京市委委員、團中央委員。他在 2006 年撰文回憶當年的情景：

　　　　當時中央有個文件，部署在全國各高等學校進行思想教育運動，中心是宣傳馬列主義和愛國主義教育。……不過那時並不叫「思想改造運動」……當時叫「思想教育運動」。我到燕京去是北京市委和團中央委派的，駐進燕京大學，直接指揮工作組。……

　　　　……針對當時學校裏存在的「崇美、親美、恐美」思想，針鋒相對地提出「抗美、反美、蔑視美國」。這個運動的背景就是抗美援朝。……當時把所有跟美國有關係的都梳理了一遍。對於一般人來說，還是以教育為主，也重點批判了幾個人〔筆者按：即陸志韋、張東蓀和趙紫宸〕。那次運動的好處是沒有作組織處理，即使是重點批判的人，雖然被批鬥得很厲害，但是在生活上都得到了一定的安排。當時的政策還沒有像後來「反右」那麼厲害。

　　　　……在當時那種政治氣氛下，很難再全面地考慮美國人辦燕京大學的學術貢獻這些方面，都是盡量從揭發角度看美國人在燕京大

學做了甚麼壞事。⋯⋯

⋯⋯後來工作組還動員陸志韋的女兒去批判父親。這個消息傳到
美國之後，在美國華人裏引起很壞的反響。

這樣的做法，現在看來是粗暴的。[86]

張大中坦率的回憶，能夠面對事實，實事求是，值得肯定。有勇氣
進行反省自責的人並不是很多。這段回憶也勾劃出歷次（以前以後）運
動的經典模式：黨絕對的領導，鎖定鬥爭重點，發動黨團員積極分子，
羅織罪名（可以斷章取義，可以歪曲誇大，可以捕風捉影），動員知情人、
親朋好友、同事師生，甚至子女出來揭發誣陷，上綱上線，用口號和大
字報來煽動起群眾的仇恨，批判鬥爭（批判對象不得解釋反駁，否則就
是反攻不老實）。

基督教界開展的控訴運動，亦是照此模式進行。

陸志韋最不能承受的，就是愛女陸瑤華也上台批判父親。[87]這是工作
組得意之作。以後論功行賞，陸瑤華「當選」為北京市第一屆人民代表大
會的代表。以陸瑤華的出身和教育背景，以後諒也不會有太平日子過。

陸志韋、趙紫宸都是基督教界的代表人物，也是三自革新運動的發
起者，也是我所敬佩的學者。他們簡樸平易，人品學問俱佳。陸趙兩人
從來沒有敵視新政權，他們對 1949 年以後的變化，都採取同情合作擁護
的態度。

一身正氣的陸志韋，曾經面對軍閥、漢奸、軍警，橫眉冷對，大義
凜然。1948 年時局急變，已經是校長的陸志韋，拒絕「遷校」，留京迎

---

86　張大中：《我經歷的北平地下黨》（北京：中共黨史，2009），頁 272–273。

87　"Lu Chih-wei Denounced by his Daughter," in *Documents of the Three-Self Movement: Source
Materials for the Study of the Protestant Church in Communist China*, ed. Francis P. Jones (New
York: Far Eastern Office, Division of Foreign Missions, National Council of the Churches of
Christ in the USA, 1963), 71–72.

接解放。他鼓勵學生參軍參幹，主張人民政府接管燕大。他又是第一屆政協委員。這一切並未能使他免被整肅，他終於作爲美帝文化侵略堡壘的代理人而被清算。

燕京宗教學院院長、作爲美帝代理人的趙紫宸也同遭厄運。

趙紫宸對中國神學思想和神學教育方面有巨大的貢獻。他是世界基督教協進會代表亞洲地區的副主席。雖然他不是一早就認同社會主義，但中共進駐北平後，他寫了很多長信向西方報導中共治下的新氣象。他是新政協的基督教代表，也是三自籌備委員會的委員。像趙紫宸這樣有影響的代表人物，根據〈共同綱領〉的精神，理應受到禮遇，對中共的形象有百利而無一害。然而爲了要根除教會所辦的教育、醫療、慈善等機構，削弱基督教在中國的影響，這些機構的負責人都作爲美帝的代理人而受到猛烈的鬥爭和批判。在勢不可擋的洪流衝擊下，玉石俱焚。趙紫宸作爲披着宗教外衣的帝國主義分子，以莫須有的罪名被批判。神學院院長不能當了，聖公會的聖職被革除了，中國的基督教失去了一個重要的精神支柱。1954 年舉行的全國會議上，趙象徵性地被安排爲三自常務委員。

在燕京期間，因爲父親的關係，趙先生常請我吃飯，但不談當前的政治，不談當前的基督教控訴。然而，先生努力探索在新形勢下，教會何去何從，卻顯而易見，如何本色化似乎是他關心的重點。

運動開始後，一部分燕大學生，主要是生物系的黨團員，調去宗教學院開展工作。我也被調去協助查閱中英文資料和作會議記錄。一個年歲較大的宗教學院于姓學生，查出隱瞞歷史及國民黨員身分，最後在全校大會宣判後，作爲潛伏特務，當場被捕。

不記得參加過趙先生的批判鬥爭會。他的問題似乎是和香港聖公會會督何明華的關係、基督教立場和《用愛心建立團契》一書。

趙的聖職是何明華 [88] 所按立，又擔任反動的世界基督教協進會的副主席，帝國主義代理人即由此而來。

基督教立場，當年等同反動立場。立場只有一個，就是人民的立場。趙先生立意要將宗教學院作為燕大的一部分，長期延續，說成是和共產黨爭奪青年。

至於批判《用愛心建立團契》更是胡亂上綱上線。志願軍在朝鮮浴血奮戰，對美帝要仇恨，而此書卻要人講愛心，豈不是對抗美援朝唱反調？這些指控，今日看來，幼稚可笑，當年卻是非常嚴肅嚴重。

陸、趙兩位受人尊崇的學者，在大庭廣眾，遭到無理羞辱，令人難以接受。

張大中的回憶坦承運動粗暴的方面，但依我看，運動的真正目的與意圖仍不便與人道。運動前，燕京宗教學院基本上是趙紫宸的天下，他是決策者，是中心。他的幾個得意門生也是他心目中將來的骨幹和接班人。欲要全盤徹底改造宗教學院，將其變成黨所能控制領導，又有一支信得過的隊伍，就必須打倒趙和他忠實的追隨者。蔡詠春和所謂的幾個「愛徒」被認為是趙的骨幹，長期被「掛」起來，沒完沒了地檢討交代，既不作結論，又不分配工作，身心俱疲俱灰。

趙復三當時是北京基督教聯合會主席，被北京市委派來協助領導學院的運動。應該說，他對運動的開展、最後的處理，都有決定性的發言權，最後，被結合進學院新的領導班子，擔任關鍵的教務長要職。此後，學院就受黨全面的控制和領導。

趙復三出生在一個基督教家庭，在上海聖約翰大學求學期間，由抗日、反蔣而參加了革命。解放後，身不由己，從事基督教工作，以後官至中國社會科學院副院長。過了沒有幾年，由於對反右、大躍進、反右傾，

---

88 何明華，Bishop R. O. Hall，英國人，在香港任主教 43 年，一生服膺社會福音改良主義，建立了中國華南地區聖公會主教教區。抗日期間，領導教會為救濟難民出過大力。1956 年出訪北京，與中國政府保持良好關係，被譽為「粉紅色的主教」。同年 6 月，父親接待並宴請何明華夫婦。

講了一些眞話實話，被認爲有「反黨反社會主義思想」，文革時又被斷定是「長期潛伏的美蔣特務」，隔離交代。期間，「大哥自殺、二哥碎屍、母親孑然一身、孤苦病死」。文革後的 1989 年，趙率團赴法開會，爆發了「六四」。他不能認同當局用暴力鎮壓學生，決定滯留海外，潛心治學。近年來，作了很多反省反思，「覺今是而昨非」，重新認識基督教的價值。對 1952 年這段往事，作爲當事人、見證人，卻始終保持沉默。

趙紫宸先生的晚年悲苦凄慘，被人揶揄藐視，像是耶穌被釘十字架前的情形。一代學人，滿腹經綸，一生貢獻給基督教，宣揚愛的福音，落此下場，哀哉！在文革肆虐的 1972 年，全國一片恐怖，趙先生轉輾託人通過我和父親聯繫。在 2 月 25 日一信中有這幾句話：

> 暮年情況，除安度外，尚覺無事能作。尤因耳聾，只常靜坐。好友陸志韋、胡經甫均已不在。來看我的人十分稀少，幾至於零，宋張載説「生我順事，歿我寧也」，七年來未與兄通信，筆扎雖停，思念不已。

又說：

> 弟在文革中備受前曾作牧師和男女青年會幹事與工友的鬥爭。所謂「基督教愛國會」即是一武鬥、全武鬥、半武鬥、部分武鬥、變相武鬥的機關。今日思之，依然不寒而慄。

抄錄至此，眼前浮現出一幫子我所認識的人，披的是基督教的外衣，幹的是傷天害理的勾當。

這次運動是以徹底摧毀知識分子的自尊心和正義感爲目標，是隨後大規模整肅的預演。反右、文革鬥爭的慘烈，遠勝於此。運動後，基督教也元氣大傷。

父親對燕大所發生的一切，只是通過我的去信，略知一二。通過其他的渠道，父親聽說，趙紫宸問題嚴重。

趙紫宸和父親 1930 年代相識後即一見如故。雖然他們的神學思想不盡相同，但在以後的數十年中，卻能相互切磋，互視爲良師益友。49年以後，文革前後，父親每次進京開會，必定抽空驅車前往拜望（還有盧廣綿和關錫斌、管易文。盧曾任遼寧青年會幹事，留學美國，是中國合作社專家。關曾任嶺南大學宗教主任，與中共地下黨有聯繫，後參加新四軍）。趙晚年寫了七萬字批判美國世界級神學家尼勃爾（Reinhold Niebuhr）的文章，就是這幾次見面的結果。父親和趙先生都曾深受尼氏自由主義的影響。批他，主要因他反共。

趙紫宸受批判以後，他的幾位得意門生也受到無休無止的審查，身心俱疲。1951 年應趙邀請由美返國充實神學院師資的蔡詠春，情況更惡劣；批判後，不分配工作，沒有工資收入，生活完全無著。

1951 年 11 月 30 日，黨中央發出內部文件《關於在學校中進行思想改造和組織清理工作的指示》指出，曾經在歐美留過學和在國民黨統治下工作過的知識分子，都成爲整肅重點。

陸、趙、蔡等人都符合上述標準。北京衛理公會的鄭汝剛，也是解放後從美回國，先受批判，後被捕判刑。上海的基督教青年協會總幹事涂羽卿也在此時遭到清算。

涂羽卿是麻省理工學院的物理學博士，回國後任滬江大學教授、聖約翰大學校長，解放前夕，受聘爲青年協會總幹事，從此背上了沉重的十字架。

涂是個有強烈民族感的正直學者，愛國也愛教，是三自的創始人之一，曾爲宣傳中共的宗教自由政策協助父親做了大量的工作，又動員他在美國行醫的女兒和女婿回國服務。只因他有留美的背景，又有個美國人妻子，1952 年的運動，劫數難逃。根據中央文件精神，他也屬被清算之列。他被無中生有，指控爲和帝國主義有不可告人的關係，大會小會輪番批鬥，迫他交代。令他痛心的是，迫害他的爲首分子，竟是他三十年代滬江大學的學生，青年會送去美國留學的李儲文。士可殺，不可辱，他曾跳樓自殺而未遂。自殺是絕望、無聲的抗議，此事反映到華東局，

時任上海市長的陳毅發話了，青年會那幫左派打手才不甘心地暫時停止鬥爭。

自此之後，涂仍然回到他喜愛的教學工作，奔走往返於滬寧線，心情也較舒暢。基本上離開了青年會這個是非之地，但名義上，他還是總幹事，所有重要文件，派人送來要他簽名，為了對外製造一個假像：青年會依然存在，而且照常運作，宗教自由政策執行順利。青年會是教會的外圍組織，它有廣泛的社會基礎。它不是教會，但比一個教會、一個宗派有更深的影響，也受到國際社會密切的關注。

這樣的安穩日子過了沒有幾年。文革一開始，青年會和三自就將大字報送到學校，指控涂是帝國主義的走狗、代理人，是埋伏在中國基督教內的特務。他被隔離審查，因無法忍受侮辱，又曾割頸動脈，企圖自殺。以後迫害逐步升級，關入專門囚禁重要政治犯的少管所。尼克松訪華後才獲釋，但精神已經失常，1975 年含冤謝世。[89]

涂先生至死，名義上，仍然是青年協會的總幹事、三自常委、全國政協委員，不了解內情的局外人一直以為他有名有權，受到尊敬重用。

1979 年舉行平反悼念儀式，我代表父親前去參加。涂家拒收四個人所送的花圈，認為他們是迫害涂先生的元兇，送花圈完全是假仁假義。這四人是李儲文（涂專案組組長）、李壽葆、施如璋和羅冠宗。

2006 年，我見到羅冠宗，提起涂羽卿一案。羅只是輕描淡寫地說：「這是文革的荒唐事。」

需要一提，上述四人，反美運動中，衝鋒陷陣，但時機一到，他們率先將子女送往國外，主要是美國。這種現象豈不發人深思？

平反只是一紙組織文件，並無任何實質意義。受害者已經含冤而逝，基督教事業已經受到打擊，目的已達，而冤獄的製造者卻沒有受到懲罰，沒有受到道義的譴責，沒有半點良心不安。他們以革命的名義行事，是

---

89　參涂繼正、李宜華：〈默默耕耘半世紀——記父親涂羽卿博士的一生〉，http://csccrc. org/doc/YCTuTraditional.pdf。

忠實執行組織的指示，有功無過，越兇越狠功越大。論功行賞、重用、提拔。在那些年月，能據高位者，泰半都是這種人。

　　嗣後，左派打手之一的李壽葆就掌控了青年協會的實權，也實際掌控了全國各地的青年會，因爲協會是各地分會的統一領導。一年前，李只是協會的駐京聯絡員。和誰聯絡？如何聯絡？青年會是全國民主青年聯合會的團體會員，而民青聯是共產主義青年團的統戰組織，李壽葆的兄弟李壽琪是共青團的重要幹部。其中的關係脈絡也就清楚了。

　　在女青年協會，李壽葆的夫人施如璋如法炮製，排擠了國內外都有威望、但有留美背景的鄧裕志，取而代之，當上了女青年協會的總幹事。文革以後，又扶植了兒子李亞平爲男女青年協會副總幹事。[90] 至此，男女青年協會就成爲李、施的囊中物，名副其實的家天下。

　　鄧裕志是父親同事中我很敬重的一位。她一生貢獻給社會，和父親共同創立和推動了三自愛國運動，是三自的副主席。1995 年，我曾去探望她。她一人獨居，孤苦落寞，無權無勢，年老多病。說到每次向協會要車看病，都受到刁難，哽咽落淚。鄧的骨灰存放於龍華公墓，無人祭掃，無人過問，完全受到冷落。

　　2006 年，父母的骨灰從北京遷葬到上海郊區青浦的福壽園基督教墓地。我希望鄧裕志也能在此長眠，與父親爲鄰。解放前她所創辦的勞工夜校的學員，積極支持，福壽園也表贊同。可惜鄧的一位遠親表示異意，未能實現。

　　涂羽卿、鄧裕志是父親推動三自的得力助手，和父親有多年很深的私交，對他們的經歷、表現、人品、能力，再清楚不過，如今落難，也愛莫能助。父親給我的信只說，涂和趙紫宸一樣，「問題嚴重」。三反五反，涂竟是隻「大老虎」？實在無法理解。現在，父親的羽翼已被剪除，甚麼時候輪到他本人？

---

90　我曾親眼目睹，文革期間，李亞平在父母的縱容下，對住在樓下的江文漢拳打腳踢。
　　江當時是全國青年協會的副會長，正在接受「左派」的審查。

　　父親也沒有概念，全國各地的教會和基督教機構的負責領導人，在這次運動中有多少遭到批判鬥爭清算，他們的大多數，和陸、趙、涂一樣，多少都吃過洋麵包。

　　這是削弱清除中國基督教影響的第一個戰役。全國十三所基督教大學和慈善機構，包括最具盛名的協和醫學院，同遭厄運。燕京大學壽終正寢了，北京大學是燕園的新主人。基督徒學生想借間教室作團契活動也不獲許可。

　　將外國人辦的學校團體，收歸為國人自辦，此乃天經地義，理直氣壯。如果採用和平的手段，團結大多數人，同樣可以贏得人民的擁戴。然而當時奉行階級鬥爭的哲學，目的是清除非無產階級的意識形態，則又當別論。

## 王明道——倪柝聲

　　接下來被開刀的是北京王明道會堂和上海倪柝聲的聚會處。

　　北京是新政權的首都。王明道總發表些不太合調的講道和文章，早就為當局所不滿。經過安插在教會內的臥底線民，掌握了內部的虛實，1955 年 8 月逮捕了王明道。他所主領的會堂也隨之受到嚴重的打擊。在教會內部進行檢舉、揭發、交代、批判等無情的鬥爭，受影響者一大批。

　　王明道一向不和執政的當局合作，在敵偽時期如此，在國民黨時代如此，對共產黨的政權也如此。王明道也猛烈攻擊父親和三自教會負責人為現代派、不信派，認為沒有團結的基礎。他又自恃沒有帝國主義的聯繫，從來就是自治、自養、自傳，不參加三自也奈何他不得。

　　應當承認，父親並不贊同福音派的神學思想，但是作為一個三自的領導人，當時的主要任務就是盡可能擴大三自的群眾基礎，團結一切可以團結、包括反對自己的人。1954 年基督教全國會議在北京召開，父親

在 7 月 24 日的日記中有這樣的記載：「王明道等五人拒絕出席會議。」[91]
會議召開前夕，父親就派陳見眞、陳崇桂、謝永欽、崔憲祥〔詳〕和竺
規身五位德高望重的教會領袖登門造訪反對他最激烈的王明道，爭取他
參加會議，王拒不開門接見。

　　王明道有強烈的宗派立場，但不應該成爲政治迫害的理由。他對社
會採取不合作，「出世」的神學思想和講道，卻很容易被解讀爲對社會
主義的對抗。他的言行，在一個依法治國的社會，不足以入罪。日本侵
略者放過了他，國民黨放過了他，在中共治下卻全軍覆沒。王明道出獄
後，神情恍惚，極可能是遭受過高壓的精神折磨。

　　2004 年我在上海衡山賓館和丁光訓見面，談到一些我所見到聽到的
教會情況，也談到父親文革時的遭遇，他聽得非常認眞，不時提問，似
乎對這一切並不太知情。午飯前，我提到王明道問題。事過已經半個世
紀，各界各階層都作了一些回顧，對過去所作的過頭事，爲和諧、爲團結，
作了一些改正補救，深受歡迎。王的基督徒會堂有廣泛的群眾基礎，55
年所經歷的打擊，就有擴大化的現象，至今積怨頗深，誤會猶存。三自
是否有勇氣採取主動，高姿態，配合有關方面，做些補救工作，化消極
因素爲積極因素，化阻力爲助力。丁院長表示這個意見很及時，有意義，
但一定有人不贊同，讓我在吃飯時提出。

　　那天是兩會常委會議，在場的有二十餘人。我先談到，這次回滬是
安排將父母骨灰從北京遷葬上海，計劃下葬時簡樸低調，只請爲數不多
的親友參加（其後兩會插手，問題變得相當複雜，這是後話）。當我提
到王明道時，果然不出丁之所料，立即有人起立，無禮打斷我的發言，
質問道：「你在那裏聚會禮拜？」言外之意，我受了他們的影響，爲王
明道張目。話不投機，和這種心態的人，無法平心靜氣，坦率交換意見。

　　本文無意探討王明道現象，但值得提出的是，現在從依法治國的
觀點回顧過去，王明道的判刑監禁，是否有商榷的餘地？毛澤東治下的

91　「吳耀宗先生日記摘錄」，1954 年 7 月 24 日。

三十年，崇尚暴力鬥爭，幾乎無案不冤，無案不假，黨內黨外，莫不如此。王明道一案有沒有可能也是這些冤假錯案的重演和翻版？

　　總之，通過對這個有廣大群眾基礎的會堂的沉重打擊，中國基督教的影響又進一步被削弱。

　　北京的王明道會堂和上海的倪柝聲聚會處，一北一南，都是有廣大的群眾基礎。當政權在那裏尚未有足夠的控制時，可以容忍它們的存在，但只是時間問題。北京的會堂解決後，下一步就是上海的倪柝聲。

　　打擊聚會處是以倪柝聲的生活作風和他經營的「生化藥廠」爲突破口，來縮小聚會處的影響。由於聚會處沒有公開反對三自和社會主義，甚至有較好的關係，所以倪遭到清算後，聚會處仍然生存下來。父親在1950 年 12 月 14 日的日記中有這樣的記載：「基督徒聚會處倪柝聲、唐守臨、張愚之相約，至又一村晚飯，說其教會三萬餘人已簽名於革新宣言。」[92] 12 月 29 日的日記：「基督徒聚會處送來簽名三萬餘。」[93] 父親當時的心情相當欣慰，沒有想到這是一份假簽名。


## 反右前後

　　1955 年 11 月，父親又和鄧裕志、陳見眞主教，以全國人民代表的身分去山東訪問，了解基層教會的情況及困難，爲他們排難解困。在短短的一個月內走訪了七個縣市，向省、縣各級政府有關負責幹部指出有些地方的教產被幹部學校、部隊佔用，違反了宗教政策的落實。

　　1956 年 11 月，又和鄧裕志去安徽視察，訪問了九個縣市，發現不少農村教會的聚會尚未恢復，教產被機關團體隨意借用佔用。有些地方的幹部還禁止信徒奉獻，沒收聖經、讚美詩。

　　此外，父親還訪問了浙江、福建、廣東、廣西等省區。父親南北奔

---

92　「吳耀宗先生日記摘錄」，1950 年 12 月 14 日。

93　「吳耀宗先生日記摘錄」，1950 年 12 月 29 日。

波，風塵僕僕，都是爲了落實宗教政策，解決偏差。他的努力，到底有何成效？大多數的情況是，反映了，沒有下文，也沒有得到應有的解決，只能「提請注意糾正」而已。

父親原來認爲大局一旦恢復正常，這些困難都會迎刃而解，逐漸消除，悲觀失望都是「杞人憂天」。事實上，大局早已恢復正常，但隨着社會主義革命的逐步深入，教會遭遇到的困難卻每況愈下。父親一廂情願，認爲共產黨會認眞執行〈共同綱領〉和憲法規定的自由權利，實在對共產黨沒有足夠的認識。他到處宣傳〈共同綱領〉，實在是誤導廣大善良的教徒。

1955 年視察期間所發現的不正常情況，都反映在 57 年鳴放時在全國政協所作〈關於貫徹宗教政策的一些問題〉發言。[94]

在毛澤東治下的中國，階級鬥爭的弦始終是繃得緊緊的，一個運動接一個運動。其間，只有兩個比較寬鬆的間歇：1955 至 57 年、1960 至 62 年。但是，這兩次間歇只是急風暴雨式、更激烈鬥爭的前夕：反右派鬥爭和文化大革命。

要保護教會，糾偏只是一個方面，而且是比較消極的一面。教會必須發展，必須建設。經過五年來控訴帝國主義，擺脫西方國家的控制，三自的理念已被接受。有「破」還要有「立」。

1956 年應當說是政治氣氛比較寬鬆的一年。毛澤東在黨內作了〈論十大關係〉的報告，提出要調動一切積極因素。在此前後，又提倡「百花齊放，百家爭鳴」的方針。

在這幾年中，教會的信徒人數有所增加，各地舉行了培靈會、佈道會、退休會，並且祝聖了新的主教牧師。

1956 年 3 月，父親在三自委員會上強調指出：「我們基督徒根本的使命，就是爲耶穌基督救恩的福音作見證」。他提出了「三大見證，十

---

94　吳耀宗：〈關於貫徹宗教政策的一些問題〉，《人民日報》，1957 年 3 月 9 日。

項任務」的宏圖大略，「把中國的教會建設成：一個同偉大祖國相稱的教會」。三大見證是：教會實現三自的見證；參加社會主義建設的見證；保衛世界和平的見證。

十大任務是：

1. 加強團結，拆除各教會之間的壁壘，拆除與廣大人民之間的壁壘；
2. 健全本教會的組織機構，以達到健全機構，加強領導，確立制度，改進工作；
3. 成立自養促進委員會，考慮中國教會自養需要，成立自養促進委員會；
4. 組織自傳工作的研究會，設立一個常設機構推動自傳工作；
5. 加強基督教出版工作，要大力鼓勵著作，出版為信徒所歡迎的書刊，出版一種能夠滿足信徒靈性要求並對教牧人員的工作有幫助的刊物；
6. 增購圖書資料，就神學、教會歷史、教會事工等方面進行研究；
7. 有計劃地培養更多教會工作人才，神學院開辦專修科、函授科，使現有的教會工作人員有進修學習的機會；
8. 積極參加社會主義建設；
9. 為世界和平事業努力；
10. 深入推動愛國主義學習。[95]

這個報告呈現了中國基督教發展的遠景規劃，提出了努力的方向，在教內得到很好的回應，特別 5、6、7 等幾項任務。這是父親最後一次所作有關教會自 1949 年來的總結和前瞻，體現了他心目中基督教如何適應社會主義制度：一方面認同配合這個新社會的方針政策，一方面基督教又可以存在、建設和發展。然而這個宏圖大略，受到一浪高一浪階級鬥爭的衝擊，根本無法實現，尚未抽芽發枝，就早已胎死腹中。

---

[95] 吳耀宗：〈關於中國基督教三自愛國運動的報告〉，《天風》502 期（1956 年 4 月 16 日），頁 7–14。

　　這是第一個寬鬆時期，以反右運動而告終。第二次寬鬆是在大躍進失敗後的 1962 年。父親又提出基督教的建設和發展要「快馬加鞭」。他請金陵神學院院長丁光訓負責培養大學畢業生從事高級神學的研究。他又和江文漢長談，要制定一個基督教出版的五年規劃。他說，中國的神學書籍實在太少了。過去出版過受歡迎的可以考慮重版，也要組織力量有系統地把基督教的經典著作翻譯過來。江也草擬了詳細的規劃。[96] 父親此時興奮積極。

　　不久就爆發了文化大革命，基督教和其他宗教都遭到滅頂之災。上述這些規劃都成了泡影，以後直到現在，再也沒有人提起。

　　在兩次寬鬆期間，民間迸發出活躍的思想、暢所欲言的局面。父親 1956 年的報告、1962 年「快馬加鞭」的思想，就是這期間的產物，以後都作為「問題」而受到清算。

　　1957 年 3 月 8 日，父親根據在各省市視察調查的結果，在全國政協作了〈關於貫徹宗教政策的一些問題〉發言，指出全國若干地區還未恢復禮拜，起因可追溯到土改。

> 就是在土地改革期間，地方幹部奉到上級指示，要教會暫時停止聚會。為了避免土改時可能引起的糾紛，這個措施的用意是好的。土改後有許多教會已經恢復禮拜，但也有些地方幹部藉口沒有奉到上級指示，不許教會恢復禮拜。在小城市和鄉村教會中發生得較多的是房屋和傢俱被機關團體佔用、借用的問題。有的是佔用、借用教會多餘的房屋和傢俱，有的甚至是佔用教會用來做禮拜的房屋和傢俱，使宗教生活受到阻礙，甚至不能進行。在鄉村教會裏，信徒的宗教生活有時也受到干涉。有的幹部威脅信徒，不許他們做禮拜；有的藉口生產，阻止信徒參加宗教活動；有的把信徒的聖經和讚美詩拿走。有一個鄉村裏的幹部到教會和信徒家裏

---

96　江文漢：〈吳耀宗——中國基督教的先知〉，頁 57–58。

搜去聖經和讚美詩等一百三十二本，經過幾年，這個案件還沒有
處理。有些幹部對信徒的宗教情感不但不尊重，反而採取粗暴或
侮辱的態度。也有些幹部，企圖用行政手段來限制宗教活動，給
教會制訂一系列的「禁令」，例如：不准奉獻、不准修建禮拜堂、
不准發展信徒等。有時教會負責人從一個地區到另一個地區的屬
會去探訪或工作，也受到阻礙。

他又指出，在貫徹宗教政策方面還有一些「無形」的問題，那就是：有
些機關和學校，認為宗教信仰是一個缺點，是落後因素之一。原因是：
有些人對宗教抱有成見和這個成見所造成的對宗教信徒的歧視，也由於
當時大量出版批判宗教的刊物。[97]

　　這是指 1957 年前後，國家大量印發了從蘇聯翻譯過來的批判宗教的
小冊子，在教會中引起了不安。父親在會上指出：這些出版物的內容有
不少部分是「片面的、主觀的、不符合事實的、一筆抹殺的」。以上種
種原因促使「對宗教的成見和歧視」。

　　對宗教的成見和歧視，應該說，從 1949 年新中國成立起就開始了。
媒體對宗教、對基督教很少或基本上沒有正面的報道，對歷史人物（如
孫中山）也刻意不提他們的宗教經歷，書店也不出售宗教書籍，包括聖
經。另一面，在全民中，從兒童開始，就灌輸「宗教是迷信，是鴉片」
的觀念，豈能沒有成見，沒有歧視？

　　這篇發言反映了現實中存在的問題，講了真話，講了實話，在宗教
人士中得到很多的好評，表示「快慰」，表示「謝意」，表示「興奮」。
沈德溶在父親的《小傳》中這樣寫道：

　　　　現在〔指《小傳》出版的 1989 年〕，時隔三十二年之後，我們

---

97　吳耀宗：〈關於貫徹宗教政策的一些問題〉。

重讀耀宗先生的這篇發言，對於他所反映的當時的情況和提出的意見，仍然感到十分親切，有些三十二年之前發生的偏差，直到今天在一定程度上還繼續存在。[98]

這篇發言是 3 月 8 日所作，三個月後的 6 月 8 日，就拉開了轟轟烈烈反右鬥爭的序幕。發言是鳴放的一部分，略為上綱上線，即是「替教會說話為名，挑撥黨群對立為實」的毒草。近年編輯出版的三自文獻，都沒有收入這篇發言，不知是否因為揭露了陰暗面而有意迴避。

受到父親發言的啟發，陳崇桂也以宗教界代表的身分，參加了政協的鳴放，發言題為〈保護宗教信仰，尊重宗教信仰〉，[99] 結果成為基督教內的大右派。1963 年宣佈摘帽，同年去世。

陳崇桂是重慶神學院院長、三自副主席。三、四十年代，陳是活躍的福音派佈道家，一生為教會鞠躬盡瘁。1951 年他列席政協會議後，說毛主席是我國空前未有最偉大的愛國主義者，是我們偉大祖國與偉大人民最完整和最美滿的體現。他以後參加了民盟，聽過劉少奇講共產黨員八個條件後，在自傳裏寫道：「我深受感動，立志要努力追求，爭取做到那八個條件。」[100] 應當承認，1949 年之前，陳沒有宣講過社會主義，但是 1949 年後卻努力認同這個新政權。陳崇桂的轉變有些倉促，但是他的認真努力，卻顯而易見，然終未能取信於當政者。當局仍然對他下毒手，令人不禁心寒齒冷。

陳發言的基調和父親在那次會議上的發言〈關於貫徹宗教政策的一些問題〉，如出一轍，都是由衷之言。在當年 12 月，三自常委會上九位全國知名基督教領袖的聯合批判發言中，陳卻被指責為詆毀三自，挑撥各宗派基督徒的大團結。

---

98　沈德溶：《吳耀宗小傳》，頁 69。

99　陳崇桂：〈保護宗教信仰，尊重宗教信仰〉，《天風》528 期（1957 年 5 月 13 日），頁 3–5、7。

100　陳崇桂：〈我政治思想改變的過程〉，《天風》298 期（1952 年 1 月 19 日），頁 5。

　　批判完全是強詞奪理，不提陳發言中那點不符事實，抓住片言隻語，扣帽子、打棍子、無限上綱上線，上反黨之綱、上反社會主義之線：「黨和人民推舉你作全國政協委員，……讓你住大洋房，……北京一般人家一冬只有半噸煤，你要了二十噸硬煤……你卻如此恩將仇報，……這到底是為甚麼？……」批判稿又接着挖苦諷刺說：「他能夠在擁護社會主義的幌子下來拐彎抹角從根本上攻擊社會主義建設；他能在惡毒誣蔑的同時還能裝出寬宏大量的樣子。我們不能不說，陳牧師真會作文章，真是會講反黨反人民的話。」……甚至在一次三自常委會上，陳沒有發言也上升為「與三自愛國運動的對立，到了不可調和的程度」。[101]

　　這些批判不是以理服人，而是以勢壓人，是歷次運動鬥爭慣用的手法，顯然不是父親，不是趙紫宸，不是涂羽卿的講話口氣；他們也沒有能力寫出這樣水平的大批判。陳崇桂是三自副主席，基督教界重量級的右派，必須有教內對等的高層領導出面壓陣。由父親帶頭的九位教會領袖有陳見真、吳貽芳、江長川、丁玉璋、趙紫宸、涂羽卿、劉良模及施如璋。最後一個簽名的施如璋是左派的核心、筆桿子，就是批判稿的操刀人、幕後的指揮。稿成以後，分送各地簽名。在當時高壓的政治氣氛下，批判稿送來，豈能不簽，豈敢不簽。九位之中，除個別左派外，有幾個不是違心行事？在那個年代，不鬥右派就是同情右派。同情右派就是右派。耐人尋味的是，教會領袖中有從不過問教會事工的吳貽芳，卻沒有神學院院長丁光訓和祕書長李儲文。他們兩位在反右運動中，有決定性的發言權。

　　遲至 1980 年，國務院宗教局局長蕭賢法才宣佈陳崇桂被錯劃右派。[102]此案由中共一手導演，三自幾位知名人士都被利用來打頭陣。如果他們

---

101 〈中國基督教三自愛國運動委員會常務委員會第十次（擴大）會議議決〉，《天風》總543 號（1957 年 12 月 23 日），頁 3–4。吳耀宗等聯合發言：〈批判陳崇桂牧師在全國政協會議中的發言〉，《天風》總 544 號（1958 年 1 月 6 日）頁 8–10。

102 在一九八零年召開的第三屆中國基督教全國會議上，國務院宗教事務局局長蕭賢法在講話中，提到宗教界錯劃的右派時，特別說：「大家所知道的基督教有名的陳崇桂先生的問題也得到了改正」。〈國務院宗教事務局蕭賢法局長在基督教第三屆全國會議上的講話（摘要）〉，《天風》復刊第 2 號（1981），頁 26。

那時依然健在，得知這個宣佈，對當年所作所爲不知有何感想？冤案雖然得到改正，但人已含恨而逝，打擊宗教的任務已經達到。

父親根本無意也無權將陳崇桂劃爲右派。兩人的發言基調相同，都是在擁護黨的領導、擁護社會主義的前提下，以基督教的立場指出問題，提出改進的意見。父親提意見，絲毫沒有反黨反社會主義的用心。父親也清楚，根據一貫的表現，陳崇桂的發言也絲毫沒有反黨反社會主義的用心。即使兩篇發言不盡相同，那只是「量」的不同，並非有「質」的差異。豈能認定自己的發言是「鮮花」，而陳的是「毒草」？何況陳的女婿黃培永（我們青莊的鄰居）是父親推行三自的得力助手。有人臆測，如同王明道案，說父親必欲除陳而後快，因爲他們的神學思想並不相同。事實並非如此。作爲三自的領導人，父親只想擴大三自的團結面，而基要派是有廣泛的群衆基礎，而陳先生被選爲三自的副主席，就表明他是個受到重視的代表人物。1961 年，陳尙未摘帽平反，父親就在基督教第二屆全國會議上，建議他當常務委員。

陳崇桂如爲何被劃右派？爲何遲至 1958 年初才宣佈？此中實情，難爲人知，除非當事人問心有愧，敢於起來揭發。

1958 年初才宣佈，也許可以這樣解釋。1957 年，反右達到高潮，1958 年初，反右「補課」，補劃了一大批「漏網右派」。陳很可能屬於「漏劃」之列。

陳崇桂、趙紫宸、王明道、倪柝聲都是中國教會最具影響代表人物。經過 1949 年後歷次運動，趙、王、倪相繼被打倒，聲名狼藉，他們所代表的燕京宗教學院、基督徒會堂、基督徒聚會處先後遭受到致命的打擊。陳崇桂是碩果僅存。

長期以來，趙紫宸是燕京宗教學院的靈魂，對學院的發展、人事安排、課程設置，都是決策人。然而中共在學院內並無左右大局的影響。因此，1952 年的運動，不但要批判趙的思想，還要徹底肅清他在學院的影響，樹立黨全面的領導。運動後，學院改組，趙復三進駐，擔任關鍵的教務長，最終完成了革命的目的。

　　陳崇桂的重慶神學院是否也有相同的命運？如果說燕京宗教學院有點似象牙塔，培養高級研究人員，那重慶神學院卻面向教會、針對基層，有更廣泛的影響，也更爲當局所不容。醉翁之意在陳崇桂，也在他所領導的學院，重慶神學院當時的情況如何？陳崇桂被劃右派是否與神學院有關，值得進一步研究探討。

　　陳的發言即使比較尖銳，即使批評了三自，即使批評的層面較廣，包括教育、衛生工商業，但都在框架之內。不是諄諄許諾「知無不言，言無不盡，言者無罪，聞者足戒」？爲何一轉眼就是言者有罪，滔天大罪？領導人、統治者最重要的品質就是「言而有信」。不論是「陰謀」也好，「陽謀」也好，反右「誘捕」的技倆最卑鄙、最無恥。[103]

　　全國基督教挖出了多少右派？父親並無所知，三自也許也是並無所知，似乎也沒有人會認眞做調查統計。每個學校機關單位都有權決定右派，而且都有指標，能多不能少。

　　在階級鬥爭的年月，有人落井下石，有人爲了自保，自願或被迫，彼此揭發批判鬥爭，但父親似乎並未深深捲入。據我所知，父親參加控訴只有兩例：一是 1951 年 6 月 10 日在上海控訴美帝國主義利用基督教侵略中國的罪行；一是聯名簽署對陳崇桂的批判。

　　1957 年 10 月 14 日，青年會要求父母參加對張仕章的說理鬥爭會接受教育。他們都沒有發言。張是我們「青莊」的鄰居，是父親多年青年會同工，從事文字工作，有多種譯作。張也是中國基督教社會主義的代表人物，和父親的思想非常接近，遠在成都時就有不少合作。張被青年會「左派」鎖定爲右派，以後鬱鬱而終。

　　此後，父親盡失教會內的支持者。表面上依舊捧着他的，只是幾個披着基督教外衣的激進左派。他自己也已經岌岌可危。

　　1957 年反右運動後，毛澤東對知識分子進行徹底的整肅，全國一片

---

103　反右中，根據公開的材料，有 55 萬知識分子精英落難，但解密資料顯示，實際右派爲 317 萬多，中右 143 萬多。

肅殺。民主黨派的負責人幾乎全部淪為右派。具有雙重身分的左派，紛紛由後台走上前台。從此，民主黨派就被牢牢掌握在共產黨手中，僅有的一點自主權也全盤被收回。基督教也不能例外。

那時父親才六十出頭，「上面」認為他已是年逾古稀，可以在家多休息，不必每日來上班，有事會向他匯報，婉轉請他「靠邊站」。

又長期跟隨父親工作的祕書計瑞蘭被調，離開了他。抗戰期間，父親羈留成都時，計就開始協助父親工作。她有很好的文學修養，對父親非常尊重敬仰，現場記錄，下筆成文，不用修改。她工作誠誠懇懇，極其認眞負責，父親去各地巡視，計都隨行。但她不是教會中人，也不屬左派。調離的藉口是「政治不夠可靠」。父親身為三自主席，竟然未能留下和他合作多年、得心應手的祕書。其後，上面派來了幾位信得過的人接替計的工作。父親高度近視，行動看書寫字都有所不便。我在家時，也經常為他唸中英文雜誌。文化大革命前的那位祕書，就是當今的三自會長曹聖潔女士。祕書的職責之一，就是跟蹤父親的思想動向。

父親最受信任的時候應該是在 1955 年前後。1955 年 6 月在赫爾辛基開完了世界和平大會後，郭沫若因有其他安排，傳達的任務就交給了父親。他單槍匹馬到南方各地傳達，隨行的只有一個專為他配置的警衛。傳達和大精神，雖然對象主要是統戰人物，不牽涉到重大方針政策，但能讓他全權處理，也看到中央對他的重視程度。

1957 年以後風風雨雨，父親接待外賓一如既往，但在三自內部的日常工作，我懷疑他已沒有多少實權，沒能起決定性的作用。這些懷疑並非毫無根據。文革之後，父親疾病纏身，我代表他在家接待人民來訪，回覆人民來信。有些人事變動，如 1958 年大躍進期間，三自精簡緊縮，人員下放工廠勞動，承諾的條件沒有兌現等等，父親竟然毫不知情。三自的實際運作是在少數左派手中。三自的祕書長是李儲文，辦公室主任是章潤媛（李的夫人）。一夫一妻實際上掌握了三自的大權。

父親日記（摘要）中最早提到李是在 1947 年 4 月。父親去英國愛丁堡參加世界青年會代表大會，代表還有梁小初（青年會總幹事）、黎照

寰（公誼會主席，曾任上海交通大學校長）及李儲文等。李當時是瑞士日內瓦世界青年會的中國代表。大會後，李取得總幹事 Tracy Strong 的同意，邀請父親到瑞士休息十天。[104]

1954 年 5 月日記記載：三自籌委會第二次全體會議，宗教事務處羅竹風處長作報告，父親任主席，李儲文作「自傳」報告，陳見眞作「自治」報告，崔憲祥〔詳〕作「自養」報告。[105] 李當時已漸露頭角，以後就順利當選爲三自祕書長。

李儲文還是上海國際禮拜堂的主任牧師，講道很受歡迎，人際關係亦處理得圓滑恰當。國際禮拜堂位於上海市中心，建築頗有特色，環境優美，是上海教會的櫥窗，是訪華的基督教人士必到之處。

1966 年文化大革命中，造反派破壞國際禮拜堂，同時也抄了李在教堂內的住家，赫然發現李的共產黨證，而且是三八式，中央委員級的資深黨員。另有一說，李不堪迫害，向批鬥他的紅衛兵公開表明了自己共產黨員的身分。此說我認爲並不足取信。一個老資格黨員，如此經不起考驗？受了些許委屈，就供出黨內最高機密？何況當時黨員身分並非就是可靠的護身符，黨員挨鬥並不罕見。這只是一個無關大前提的細節。

父親得知後，關於李只講過一句話：「他在任何險惡的環境下都能打開局面」，這句話還是李對父親不無自豪地概括他自己。

東窗事發後，教友議論紛紛，十餘年來，爲他們施洗，爲他們證婚的，竟是一個無神論的共產黨員。李不能再從事基督教工作了，很快就走馬上任，轉入外事部門。最後官至香港回歸前的新華社副社長，亦即地下共產黨政府的第二把手（第一把手是許家屯），相當於副部長的級別。

人們不禁要問，像李儲文一樣隱埋得深，又佔高位，以消滅宗教爲己任的共產黨人，對教會所起的作用，是建設，還是破壞？值得商榷的還有，在立國後的建設時期，以這種對敵的鬥爭手法，用於內部人民團

---

104　「吳耀宗先生日記存稿」，1947 年 7 月 19 日。

105　「吳耀宗先生日記存稿」，1954 年 5 月 17 日。

體是否依然適當合理？

　　毛澤東在反右成功後，馬不停蹄，接着開展了大躍進、人民公社、大煉鋼鐵，驅使全國人民日夜苦幹，從事只有破壞、沒有結果的勞動。1958 至 62 年間，一場大饑荒，全國餓死三、四千萬人。我們都親歷了這次的災難，但是父親卻無視現實，繼續歌功頌德，為 1959 年開國十周年寫了粉飾太平的〈光輝燦爛的十年〉。他認為解放前後，一個是地，一個是天。有人問：三年自然災害也是天嗎？父親說：也是天，一步一步會登天的。[106]

　　大躍進也大大衝擊了教會，特別是農村和中小城鎮的教會。去教堂崇拜的人數急劇減少。中共（三自）乘機壓縮現有的教會。1958 年上海原有二百零八處教會，合併成廿三處，大批教會工作人員受到精簡，下放工廠勞動。依然能夠留下任職的是經過挑選，信得過的一小部分。教堂減少了，有利於管理和控制。面對現實，教會只有聯合禮拜一條出路，與原來所屬形形色色的宗派脫鈎，人事經濟及聖工由聯合禮拜委員會全面安排。此時，各宗派的全國性機構雖仍掛牌，但實際上已名存實亡了。

　　1958 年大躍進期間，中共認為宗教先天就是剝削階級的衍生物。階級消滅了，宗教失去了靠之依賴的土壤，也就沒有存在的必要，而大躍進卻創造了這個契機。

　　父親 1960 年 3 月 12 日的日記提到和中央統戰部部長李維漢及副部長張執一見面。李指出：「宗教起源於對自然的無知及社會的壓迫。此兩條件若不存在，宗教亦消滅；現在宗教影響日益減少，宗教工作者要有心理準備，適應目前的環境和形勢。」[107] 這番話明白無誤地傳達了中共計劃提前消滅宗教的企圖，事先對父親通風報信。看來父親並沒有真正領會這個暗示，他當即表示：「余作為宗教工作者，可以接受馬列主義百分之九十九，其餘一點有神與無神，對我亦無矛盾。有形式的宗教

---

106 吳耀宗：〈光輝燦爛的十年〉，《天風》585 期（1959 年 9 月 21 日），頁 4–6。
107 「吳耀宗先生日記摘錄」、「吳耀宗先生日記存稿」，1960 年 3 月 12 日。

可能消滅，但宗教本身是永恆的。」[108] 父親以後還在《天風》撰文，認為「新中國基督徒享受着完全的宗教信仰自由」。[109]

消滅宗教先在中小城市開展。已經消滅宗教的地區被封為「無宗教區」。浙江溫州做得最徹底，被樹為標兵，是各地學習的榜樣。在開放改革後的 1981 年 7 月，曾任華東宗教事務局局長的羅竹風，一個有原則性、值得敬佩的共產主義者，在一次內部工作會議上坦承：共產黨過去有兩次試圖消滅中國的宗教，第一次在大躍進年代，第二次是在文化大革命的十年。

沈德溶在《在三自工作五十年》中寫道，1958 年夏天，長期負責宗教工作（政務院宗教處處長）的何成湘就問沈能否在全中國搞一個「無宗教活動之國」？何以後就去了溫州。後來溫州發生對宗教的「左」傾錯誤，看來同何此次溫州之行有關。[110]

何是中共宗教方面最高層的領導，消滅宗教這樣重大的國策，絕非何心血來潮，一時衝動的思想，沒有中共中央的決策，何絕不敢如此放言，並且著實貫徹。

要消滅基督教，也必定要消除基督教代表人物的影響，如同要取消美國資助的燕京教會大學，必須鬥爭打倒陸志韋校長，不管他對中共新政權的建立有多少貢獻。同樣，作為代表人物的父親此時已開始受到批判。

1960 年 4 月父親參加中央宗教事務局所組織的宗教參觀團，去了瀋陽、撫順、鞍山、長春等地，以後又去了西安、成都。一路上有局長何成湘帶領陪同。所到之地，父親都會見教會人士，並講了話。1960 年 5 月 29 日的日記有這樣一條記載：「何局長對余此次在各城市的講話牽涉馬列主義極不贊成。」[111] 父親的日記都非常簡略，「牽涉到馬列主義」

---

108 同上。

109〈基督徒要努力進行自我改造——吳耀宗同道在全國人民代表大會二屆二次會議上的發言〉，《天風》599 期（1960 年 4 月 18 日），頁 9。

110 沈德溶：《在三自工作五十年》，頁 70。

111「吳耀宗先生日記摘錄」、「吳耀宗先生日記存稿」，1960 年 5 月 29 日。

和基督教兩者沒有基本的衝突矛盾能夠理解，這是父親一貫的基本思想，但「極不贊成」四個字出自一個中央宗教部門最高領導之口，分量卻很重，說明問題的嚴重性。這成了以後批判的一個重要內容。

沈德溶在《在三自工作五十年》中回憶：「吳耀宗當時因基督教受到大躍進的衝擊，很有意見，時時流露出『如臨深淵，如履薄冰』之感，對於副食品緊張等問題也有不滿。何成湘在視察結束前，曾在重慶組織過對吳的批判。」[112]

我認為父親上述的不滿，如果屬實，也是情理之內一般的牢騷，不至於大動干戈。要害是日記所提的「牽涉到馬列主義」。

一般認為，唯心和唯物勢不兩立，馬列主義和基督教水火不相容。但是早在三十年代，父親就認定，這兩者只是真理的一個側面，不但不矛盾，而且相反而相成，可以互補。49 年後，馬列獨尊，父親依然宣揚他的調和論，目的是為了減輕信徒對無神論的敵意和恐懼，完全出自一片好意，但是對方並不領情、不贊同、不認可父親的觀點和用意。在意識形態上，所有的宗教都是中共的敵人，這是它本性所決定的。它不能和任何一種宗教共存。馬列是絕對真理，而宗教是迷信，是毒害人思想的鴉片，豈能相提並論？

從大躍進到 1962 年，毛澤東的好學生柯慶施主政上海，執行毛的極左路線。柯是個承歡媚上之徒，是「四人幫」的祖師爺（張春橋就是他一手提拔重用），62 年，文革前去世。

在柯坐鎮上海期間，開始打壓宗教。教會內部要教牧人員進行本身屬性的辯論。說是辯論，其實就是要宗教工作者承認是不事生產社會價值的剝削階級，也就是社會主義革命的對象。這次辯論引起了很大的恐慌和不滿。最後就不了了之。

柯同時就著手整肅父親，在小範圍內進行批判。我曾設法瞭解真相，知情人並不否認，但都語焉不詳，諱莫如深，也許認為這一頁並不十分

---

112 沈德溶：《在三自工作五十年》，頁 71。

光彩，只說，父親在多次講話中，對黨的領導少提，或提得不夠。這真是莫須有的藉口。其實要打倒父親真是輕而易舉，罪名俯拾皆是。

又據鄧裕志（女青年協會總幹事）透露給計瑞蘭（父親原祕書），班禪十世的問題解決後，當局就要嚴肅批判處理父親的言行。

1961 年班禪十世在各地參觀訪問後，對人民公社提出質疑，並反映執行民族、宗教、統戰政策方面存在的問題，講了真話，寫了「七萬言書」給中央。為此，被撤銷了全國人大常委副委員長和全國政協副主席的職務，受到猛烈批判，被囚秦城監獄九年多，幾乎喪命。

1962 年 1 月，中共召開七千人大會，會上總結了「三面紅旗」、「大躍進」的失誤（餓死三千多萬人，損失一千多億人民幣），毛澤東作了自我批評後，退居二線，讓位給劉少奇。劉強調國民經濟建設，淡化階級鬥爭，帶來了毛統治下第二次相對寬鬆日子，對父親的清算才草草結束，最終未能得逞。然而這次短暫的春天卻帶來了前所未有的嚴冬。幾個月後，毛澤東重彈路線鬥爭，重提階級鬥爭。毛劉兩人執政思路方針的差異矛盾，直接導致了兩年後文化大革命的爆發。

1962 年 10 月以後，統戰、民族、宗教的所謂投降主義、修正主義開始受到批判，統戰部長李維漢也被點名，消滅宗教成為中共黨內的主導思想和行動。

就在 1965 年 9 月 23 日，文革前夕，父親主持召開了三自愛國運動十五周年座談會，他開宗明義宣佈：「為慶祝三自十五周年，眼往前看，不要只往後看，不必作檢查，眼光放遠大。」但是那天發言的教會老前輩有陳見真、戚慶才、吳高梓、涂羽卿，無不自責自貶，父親也大批自己過去的「唯愛」思想和崇美親美（獨缺左派發言）。帶有這種心態、這種精神面貌，這批基督教會的精英還能有甚麼作為？還能為基督教開創怎樣的未來？（以上幾位發言者，在文革中都受到鬥爭迫害，無人倖免。）

發言基調惟一不同的是尹襄。她大談參加「四清」（清經濟、清政治、清組織、清思想）的體會，形勢一片大好，農村階級鬥爭非常激烈尖銳：教會牧師、長老、義工等負責人，有的是逃亡地主、富農、右派、

開豬肉店進行剝削的，等等。她又大談農村教會的歪風邪氣：禱告醫病，不許信徒抗旱，因爲旱災是耶穌的懲罰……總之，建國十七年來，農村教會依舊一片漆黑，一無是處。「四清」中，階級鬥爭回潮，「迫、供、信」盛行，冤假錯案不計其數。這是文革的前奏。尹襄是三自的大左派。

父親隨後說：「尹襄從火熱的鬥爭中剛剛回來，講了一段話，給我們呼吸了一些新鮮空氣。」[113]

父親旋即有機會去農村了解「四清」的實況，那是上海政協組織的參觀團，對五十餘位各界民主人士進行教育。當時的公社黨委書記、正副社長、團委書記都是階級敵人、鬥爭的對象。父親對此表示了懷疑，如果農村幹部的絕大多數都是壞的，那麼農業生產又怎麼能連年獲得較好的收成呢？有人試圖解釋，不知是否能使父親信服。

## 文化大革命

文化大革命緊接「四清」而來，是中國歷史上最黑暗的一頁，生命和財富的損失難以估量，人性中最醜惡、最殘酷的一面都浮現出來。文革如狂飆突起，來勢兇猛，沒有人能預料到會如何發展。

1966 年 8 月 23 日父親的日記這樣記載：「紅衛兵進入國際禮拜堂，搗毀與宗教有關的用具。男女青年會同工自動在青年會大門口焚燒聖經。夜九時在青年會開群眾大會，揪出牛鬼蛇神七人，要我向群眾低頭認罪。」[114]「自動」者，非受他人脅迫命令之謂也。寥寥數語，難掩父親哀傷之情。

這是一次全國性、有計劃、有組織的行動，各地的紅衛兵，一個月內對所剩不多的教會進行毀滅性的破壞。對神職人員集中進行批鬥，有的地方甚至將他們在操場上列隊，逐個要他們承認宗教是人民的鴉片，

---

113「三自愛國運動 15 周年座談會」會議記錄（手謄稿），1965 年 9 月 23 日，頁 1–16。
114「吳耀宗先生日記存稿」，1966 年 8 月 23 日；「吳耀宗先生日記摘錄」，1966 年 8 月 23 日、25 日。

要他們宣佈放棄信仰，否則當場拳打腳踢。

　　父親不久就被勒令到銀行公會地下室寫檢查。他當時 73 歲，以前上下班有車接送，現在每日要走一段路去擠公車。原有的工資停發，銀行存款遭到凍結，每月只發生活費幾十元。我在學校也是牛鬼蛇神，飽嘗肉體和精神的折磨，每月生活費僅有十二元，一家的生活非常困難。父親的健康本來就欠佳，眼看天天惡化。1967 年 6 月 10 日他在日記中寫道：「因上下午寫檢查，久坐木凳，又要用腦，甚感疲勞。」[115] 兩年多內，先是在隔離室昏厥，被訓斥一頓後，勉強支持認罪，不久又一連昏倒兩次。1969 年 1 月 13 日的日記：「爲了照顧我的年齡，小分隊王同志叫我不要上班，有事通知我，但這並不意味我的問題已經解決了。」[116]「問題沒有解決」是個緊箍咒，令人始終帶有負罪感，時刻惶惶不安，永無寧日。

　　在此要加一段小插曲。根據姚民權〈大形無象，大聲稀音〉一文：

　　　　1969 年初冬，有一個名爲宣傳毛澤東思想小分隊的機構，將上海二百餘位傳道人和教會領袖集中到香港路原銀行公會大樓內，進行「清理階級隊伍」，實則審查一批「前朝元老」和新的「階級敵人」。吳高梓、謝頌三、涂羽卿等都被隔離關押。1970 年冬批鬥就多了，偶而吳耀宗也被請到會場。有一次小分隊隊長在批鬥高潮中爲了要高舉偉大紅旗，突然話鋒一轉：「吳耀宗，你看看你領導基督教三自運動，現在揭出這許多藏污納垢的反動事實，你說說，到底是毛澤東思想偉大還是你基督教的聖經偉大？」我是一個小組的副組長，列坐前排，聽到這刁鑽促狹的問話心頭一揪，極感憎惡，也爲吳先生的命運擔憂，或聲譽全毀，或痛受斥罵，兩者必遭其一。此時我聽到吳耀宗輕聲緩慢地說：「宏文四卷，指導世界革命，我一

---

115　「吳耀宗先生日記摘錄」，1967 年 6 月 10 日。

116　「吳耀宗先生日記摘錄」、「吳耀宗先生日記存稿」，1969 年 1 月 13 日。

直認真細讀深受教益。但對我個人信仰而言，心靈中覺得聖經教訓更偉大。」簡潔的兩句話真是「於無聲處聞驚雷」，小分隊的淫威一下子沒了落場，他們只得以連呼「萬歲」，結束這場批鬥會。[117]

很多善良的好心人，包括父親在內，都以為紅衛兵衝擊教會是一時衝動的越軌行動，違反了共產黨一貫的信仰自由的政策。以後得知，這是有計劃、由上而下的統一部署。隨後又得知，「四人幫」的軍師張春橋曾宣稱：「我們在一夜之間消滅了上海地區所有的宗教，徹底摧毀了帝國主義在上海的反動文化堡壘。」再不久，江青在大會上宣佈：「在中國，宗教已進入了歷史博物館。」人們又以為這是「四人幫」少數極左派背離了毛澤東的正確路線。殊不知冰凍三尺非一日之寒。文化大革命的瘋狂和手段，只是 1949 年後歷次運動的繼續延伸，是登峰造極的表現。再往前推，也可以追溯到延安時期的整風肅反運動。同樣地，「限制、利用、消滅」宗教是中共一貫的戰略方針。1949 年以後，對宗教一次次的打擊，逐步的收縮，現在時機已經成熟，可以利用文革，「畢其功於一役」。

其實，毛澤東本人早就給父親打過招呼，放過空氣。1964 年 12 月召開三屆人大，27 日大會閉幕集體攝影後，毛澤東與前排的常務委員逐一握手。同父親握手時，毛詢問了父親的健康，表示關心，又語重心長地說：「你的那個上帝現在不太靈了。」[118] 最高統帥一言九鼎，短短幾個字卻有極大的分量，暗示基督教在中國已經完成了它的歷史使命，現在快要壽終正寢了。[119]

---

117　姚民權：〈大形無象，大聲稀音〉，未刊稿。

118　「吳耀宗先生日記摘錄」，1964 年 12 月 27 日。

119　根據父親日記的記載，父親和毛澤東有過五次對話。第一次，1950 年 6 月 21 日，〈革新宣言〉發表後，毛：「你們的宣言甚有力量，應多徵求簽名，必有人反對。」第二次，1951 年 10 月 1 日國慶節天安門上，毛：「你的工作〔革新宣言〕作得好。」第三次，1952 年 10 月 1 日國慶節晚天安門上看煙花，毛戲言：「你們〔當時和佛教的趙樸初並立〕

也是 1964 年，代表中共立場的理論刊物《紅旗》雜誌發表了〈正確認識和處理宗教問題〉一文，指出「宗教是麻醉人民的鴉片」，應該「積極領導群眾進行階級鬥爭和生產鬥爭」，「還應當緊密結合階級鬥爭和生產鬥爭，向人民群眾進行馬克思主義、科學知識和無神論的宣傳教育」，「促使宗教消亡」。[120] 此文明白無誤表明，已經到了用輿論和行政等手段消滅宗教的時候了。

父親有先得風氣之利，又有敏銳的政治觀察力，竟然未能洞察中共的意圖，還在宣揚「快馬加鞭發展基督教」，實在難以理解。[121]

1969 年父親從集中交代檢查「解放」出來，並不是他的問題已經解決，也不是對他特別寬宏大量，而是另有難以明言的原因。

還在他每日寫檢查並接受批判的時候，已經陸續有來華訪問的外賓，點名要見父親。1966 年 10 月父親接待加拿大的文幼章（James Gareth Endicott），1972 年 11 月招待美國的陸慕德（Maud Rusell），同月以父親的名義宴請美國的鮑威爾（John Benjamin Powell）（原上海《密勒氏評論報》的主筆），12 月參加接待美中關係全國委員會代表團十三人，其中有鮑乃德（Eugene E. Barnett）之子鮑大可（Arthur Doak Barnett）。接待的任務就是宣傳文化大革命防修反修的必要性、及時性。在父親所有的涉外活動中，為了保證宣傳口徑符合要求，陪同出席的有施如璋、李儲文、劉良模等幾位左派。

1973 年 2 月 5 日父親第二次會見文幼章夫婦，談話五個小時，內容為文化大革命及基督教問題。

文幼章是生於四川的加籍傳教士，1945 年 12 月為聲援昆明的學生運動，發表了慷慨激昂的演說，曾任加拿大和平大會主席及世界和平理事

---

沒有打架吧？」父答：「沒有，我們團結得很好。」第四次，1953 年 2 月 7 日政協全國委員會上，毛與父握手，說：「講得好，有分析。」（指父親早一日的發言）第五次，1964 年人大，即上述文革前的一次。

120 游驤、劉俊望：〈正確認識和處理宗教問題〉，《紅旗》4 期（1964），頁 39–40。

121 「吳耀宗先生日記摘錄」，1965 年 11 月 15 日。

會副主席。他和父親有不同尋常的密切關係。抗日戰爭期間，他們在成都同住一座小樓，朝夕相處。父親去世後，文幼章寫了一篇悼文說，對他的影響，父親超過了任何一個中國人。[122] 他對父親極度信任，對父親正面評價文革的觀點，對中共執行宗教信仰自由的誠意，深信不疑。回到加拿大後，以中國通的身分，全盤批發這些論點。打倒「四人幫」後，文革的真實情況逐步浮現出來，文幼章的誠信度大打折扣。

　　文革要消滅基督教和其他宗教，也要肅清這些代表人物的影響，父親厄運難逃。

　　先講一個頗能說明問題的小插曲。李壽葆是三自的實權左派，1952年鬥爭排擠了涂羽卿後當上了青年協會的第一把手。他是我們青莊的鄰居，平時有不少往來。母親過年過節做了年糕，總要和他們分享。文革一開始，他的兒子李亞平跳入我們的小花園，破壞母親喜愛的玫瑰花。母親就去李家說理，李壽葆指着母親，惡狠狠地說：「你們的吳耀宗完了！」為此，母親以後一直耿耿於懷。這句話不可能是一時的失言。李一向對父母親尊重客氣有加，如今說變就變，沒有內部高層放言要打倒父親的信息，大概不敢絕情至此。（其實，大躍進期間，第一次打算整肅父親時，李壽葆、施如璋就是幕後推手，躍躍欲試。）其後，父親打而不倒，李又笑臉相迎，若無其事。1989年父親逝世十周年紀念會的主持人就是李壽葆，令人看了很不是滋味。（李、施和父親共事合作十餘年，但從來沒有寫過一篇文章，沒有講過一次話紀念父親。褒也不是，貶也不是，難了。）這種人可以前恭後倨，也可以前倨後恭，全都決定於對方是得勢，還是失勢。這種人是變色龍，是功利主義者，四人幫時代講四人幫的話，打倒四人幫後又痛批四人幫。只要中共掌權，他們就可以穩坐不倒。他們名義上雖是青年會或基督教的工作人員，卻對教會毫無感情，關心的只是執行中共「限制、利用、消滅宗教」的基本方針。了解這點，就能明白，1966年8月23日，為甚麼青年會同工會「自動」在大門口焚燒聖經。

---

122 文幼章：〈深切懷念我親密的朋友吳耀宗〉，《回憶吳耀宗先生》，頁138–141。

文革中，父親受批判，扣發工資，隔離寫檢查。他到底有甚麼問題？手頭上有一份 1967 年 10 月上海統一戰線大批判有關父親的部分。

> 基督教頭子吳耀宗思想反動，一貫來企圖在全國範圍內恢復宗教失去的陣地，到處叫囂，到處放毒，胡說宗教仍有其真理，上帝與馬列主義沒有矛盾，宗教對人沒有麻醉作用，還有益處，宗教消滅不了，等等。
>
> 1960 年，國務院宗教事務局在重慶召開全國宗教工作會議時，到會的同志對吳耀宗在各地參觀訪問時散佈的大量的系統的反馬列主義、反毛澤東思想謬論，極為憤慨，因此決定在即將召開的全國四教會議上對吳耀宗進行批判，並要適當處理。[123]

上述引言從另一個角度給何成湘「極不贊成」這句話作了注解，也是上海的柯慶施企圖整肅父親的佐證。最後可能由於毛澤東下台劉少奇上台、大氣候的轉變而未能實現，只在小範圍內進行批判。上述兩段批判材料多少透露了背景條件，企圖整肅並非空穴來風。

撇開文革式的語言，這些批評指責，的確是父親的基本思想。他的確認為基督教和馬列主義都是真理，是絕對真理的不同側面；的確認為基督教在社會主義社會仍然可以起積極的作用；的確認為基督教和其他宗教是永恆的，比社會意識形態有更強的生命力。[124]

又，這些指控並非捕風捉影的謾罵，而是一針見血，切中要害。造反派不學無術，不可能歸納出這樣簡潔、有水平的要點。給造反派提供「砲彈」的，就是多年來和父親共事合作，非常了解父親思想的左右。

---

123 上海統一戰線工作方面大批判聯絡站編：《劉少奇在上海統戰部門的黑爪牙陳同生、王致中、趙忍安罪行錄》第 3 輯（上海：該站印，1967），頁 4。

124 在教會遭遇困難的時期，有不少人憂心忡忡，問到中國教會的前景，父親常說：「我從不為此擔憂。你們看生長在石縫中的松樹幼苗，只要它們有生命力，就可以把堅硬的巨石崩開。」

當時，父親的心情不舒暢是能夠理解的。他對家人沉默寡言，不輕易流露他的喜怒哀樂。我們只能從他的日記中，側面了解一二。

1964 年，他受到政治的壓力，遇到各種難處，精神上感到壓抑，只有對上帝的完全信賴，給他力量克服困難，使他有內心的平安。3 月 5 日他在日記中這樣寫道：「夜在室內步行時，得一思想──Have faith in God. Thy will, not mine, be done.」[125]

同年 3 月 11 日，他又寫道：

> 昨夜心神不安，經長時間祈禱，心境復歸平靜。聽到的啟示：信靠上帝，一切的事都將對你有益。你求告我，我就答應你，把又大又難的事告訴你，我還要你作許多工作，我將保護你，給你力量。[126]

1973 年 8 月 1 日父親終日無小便，急送醫院。醫生為他插了導尿管，晚上痛不能眠。前列腺肥大，當時有兩個解決方案：一是開刀根治，一是保守療法裝人工膀胱。父親堅決要求開刀，但醫生擔心父親有心臟病史，說服他用人工膀胱，在下腹開個小孔，用導管排出小便到一個橡皮袋。這是一個很不好的決定。且不說行動不便，不能入浴缸洗澡。最大的問題是膀胱和體外空氣接觸，極易感染，每日要用藥水沖洗，所有器皿要用高溫消毒。一旦感染綠膿桿菌，就會引發高燒。我教學工作之餘，就是安排他的護理。從此，他去北京開會，我都得請假陪侍在側。

1974 年 7 月籌備召開全國四屆人民代表大會。中央人民廣播電台宣讀上海代表名單，父親也是代表，但身分不是基督教界代表，而是世界和平理事會理事。這段廣播使人一時感到納悶。和平理事會是由蘇聯一手操縱，中蘇交惡後，中共就與和大不再有任何往來。以和大理事的身分參加人大，令人百思不得其解。當時萬萬沒有想到，文革早已消滅了

---

125　意為：完全交託上帝。求你的旨意，不是我的旨意，得以成全。

126　沈德溶：《吳耀宗小傳》，頁 71–72。

宗教，何來宗教的代表？基督教完了，父親的歷史任務也跟着告終。如果父親還有一點可利用的價值，那就是他國外有廣泛的人脈關係，還可以從事統戰工作，以和大理事的身分，繼續誤導國際上像文幼章般的宗教信徒。[127]

這次人大，沒有宗教界的代表。父親參加北京小組的討論會。

四屆人大反映了黨內激烈的鬥爭，也反映了中蘇兩國劍拔弩張的緊張關係。一切安排非常神祕，不能有半句外露。代表赴京日期更是絕密。代表從賓館到人民大會堂，全部經過地下通道，地面上不露任何痕跡。就是那次會上宣佈了憲法的新版本：「公民有信仰宗教的自由和不信仰宗教、宣傳無神論的自由」，沒有任何說明解釋。

在一般文明國家的憲法裏，宗教信仰這一條可以單列，也可以同言論自由、出版自由、集會自由等並列，因為這些都是基本人權。沒有必要再加上「有不信宗教的自由、有不參加遊行示威集會的自由、有不發表言論的自由」。尤其是在以無神論為主導的社會主義國家，加上「有不信仰宗教的自由」，更顯得畫蛇添足。

最令人費解的是，「有宣傳無神論的自由」，卻不提「有宣傳有神論的自由」，意味着今後傳教，有組織的、無組織的、公開的、不公開的、在教堂內的、在教堂外的，都是違憲。這個提法倒和 1931 年在瑞金，「中華蘇維埃共和國臨時中央政府」通過的〈憲法大綱〉一脈相傳，規定「一切蘇維埃公民有反宗教宣傳之自由」。

新憲法有關宗教的條文，引起了教徒強烈的反應和不安。父親也感到徬徨了。

父親寫了一份書面發言，提交北京小組會上討論：

---

127 父親從 1949 年開始參加在布拉格舉行的第一屆世界和平大會，直到中共退出，一共參加了十五次，是參加次數最多、跨越時間最長的代表。

紅衛兵砸爛了教會，取消了宗教組織，這同毛主席的教導是否符合？共產黨知道宗教有它發生、發展和衰亡的過程，但不主張用行政命令來取消宗教。紅衛兵對宗教採取的措施引起了還有宗教信仰者的不滿。我曾經接到許多人民來信，問我對現時的宗教政策如何解釋。我把他們的信轉去有關部門，但結果是得不到答覆。

又問：「沒有宗教活動，何來宗教自由？」

這樣的意見有何回應，有何結果，不言而喻。

無產階級革命步步深入之日，也就是宗教步步萎縮之時。這就是毛澤東治下三十年，中國基督教的現實。

「四人幫」倒台後，中央來人和父親聯繫，鑑於國內外需要，希望在三自大樓重新掛起「中國基督教三自愛國會」的招牌。父親回答說：「不恢復禮拜，我就不同意掛牌子。」

## 最後的時日

1979 年父親的健康日趨惡化，大半時間都在醫院渡過，寫字講話都有困難，寫了幾十年的日記再也不能持續，只能口授幾句，讓我代筆。

那年夏天，上海市基督教三自委員會舉行文革後第一次會議。父親聞訊後，非常激動，堅持要去參加。那天，他坐在輪椅上，已不能言語，由我推着慢慢繞場一周。出席者全體起立鼓掌，有的還噙着淚水，當時的氣氛的確非常動人。父親看着三自誕生，又含辛茹苦一步步帶過來，只希望通過它，建立起一個他理想中的教會。為三自，父親貢獻了他的後半生，三自是他情之所繫。

1976 年毛澤東去世，「四人幫」被打倒，結束了以「階級鬥爭為綱」的時代，開創了一個朦朦朧朧、不同於前三十年的新紀元。

1979 年 9 月 2 日，上海市中心的慕爾堂，經歷了十三載的淒風苦雨，

恢復主日崇拜。父親又是堅持要去，醫生沒有同意，兩周後（9 月 17 日）他就溘然長逝。

　　父親的追悼會[128] 非常簡單。由當時的上海革命委員會副主任張承宗宣讀悼詞，[129] 沒有家屬發言，沒有好友致詞。訃告只發至有限的範圍，但聞訊趕來參加的人很多，他們是來緬懷父親，也是爲了宣洩積鬱多年對信仰的情懷。來悼念的也有登門爲父親理髮的師傅，有文革前爲父親開車的司機，他說：「我曾爲許許多多的首長開過車，只有吳先生平等待我。」

　　但是不知誰爲追悼會立了一條很奇怪的規定：花圈只准放置靈堂之內，不能超出範圍。可是當時花圈湧入，室內無法容納，只得重新安排，將幾個、十幾個毫無關係，毫不相識的人合併一起，聯名合送一個花圈。

　　張承宗所唸的悼詞由施如璋起草，初稿送交我提意見。父親不是愛國愛教的典範？爲甚麼只強調父親的政治經歷，少提他的愛教活動？經我指出後，才作了些許補充修改。追悼會盡量淡化父親作爲基督教的代表人物，縮小他的社會影響，顯而易見。

　　父親火化後的骨灰暫存上海龍華公墓。1993 年我收到沈以藩主教生前一信，代表基督教協會徵求我們的意見，擬在父親誕生一百周年紀念日，將骨灰移葬宋慶齡陵園。宋的陵園在上海虹橋路，佔地百餘畝，環境優美，內有上海前副市長金仲華、京劇演員周信芳等各界名人，墓上均有半身銅像（不少人是歷次運動中被迫害致死）。我回信說：「這是很好的安排，但是基督教重視家庭價值，希望母親的骨灰能同時合葬。」後接三自來信：「經上級研究，母親的政治級別不夠，無法同意合葬，這個計劃就此作罷。」在號稱社會主義的國家，仍然承傳着濃濃的封建等級意識。爾後，羅冠中代表兩會建議合葬北京市郊黑山扈西北旺的基督教墓地（在頤和園西北約半小時的車程，交通十分不便）。父母親有

---

128　〈吳耀宗先生追悼會在滬舉行〉，《文匯報》，1979 年 9 月 26 日。

129　〈張承宗同宗在吳耀宗先生追悼會上致的悼詞〉，《回憶吳耀宗先生》，頁 1–4。

半個世紀在上海工作生活，安葬上海應是首選。既然無法安排，不得不同意北京方案。

1997 年 1 月基督教三自和協會在北京舉行大會。丁光訓退了下來，由羅冠宗、韓文藻兩位老左派分掌三自和基督教協會。會議結束後的 1 月 4 日，漫天鵝毛大雪，萬木蕭瑟，父母落葬於北京西北旺。參加儀式的只有丁光訓等兩會的負責人共二十人左右，沒有黨政幹部，沒有教會群眾，非常簡樸。

那天除丁光訓外，我也發了言，題目是〈追求真理不計較利害〉，那是 1949 年 1 月父親一篇文章的副標題。針對一些人的非議，我首先說明，為甚麼請佛教人士趙樸初為墓碑題詞。趙老和父母的友情可以遠溯至三十年代，他的詩詞學問、道德修養為我們所敬仰，此事與佛教無關。又碑上刻有「你們必曉得真理，真理必叫你們得到自由」（文言文為「爾識真理，真理釋爾」）。這是父親最服膺的幾段經文之一，由吳雷川手書，懸掛在書房作為父親的座右銘。最後一段說，父親從青年時代起就有改造社會、造福人群的抱負。49 年前後，他曾多次指出，基督教對社會的使命是「尊重人的價值和尊嚴。基督教自由平等博愛的精神是民主主義的基礎」。我又強調說：這些理想今日仍有積極的意義，我們還有很多見證要做。《天風》雜誌要去我的發言稿，但是沒有發表。

九年後的 2006 年，我們參觀了上海郊區青浦縣的福壽園人文紀念公園。該園環境優美，管理良好，其中闢有基督教墓區，我們決定將此作為父母最後長眠之地。小小一方墓穴，容下兩個骨灰盒。簡樸的墓碑只刻父母生卒年月日，無行述，無下款。落葬之日，打算低調進行，只舉行簡短的家庭宗教儀式，邀請父母生前友好及他們的第二代參加，自由發言，緬懷父母的行事為人。

三自及協會聞訊後，要求共同主辦，最後竟完全取而代之，反客為主，為己所用，擴大了墓地，否定了我的碑文（從不明說反對的理由），並邀請各級領導參加揭碑儀式。國家宗教事務局副局長王作安還專程從北京趕來致詞。給人一個錯覺，似乎是兩會在一手操辦。紀念活動的消

息不脛而走，墓園附近的教會希望參加。我表示歡迎，兩會堅決反對，理由是不易掌控。我半小時的發言，評價了父親的一生，《天風》隻字不提。

和兩會爭執最多、未能達成一致的，就是碑文的內容及措辭。最後就以馬太福音 16 章 25 節一段經文來替代：「凡要救自己生命的，必喪掉生命；凡為我喪掉生命的，必得着生命。」父親認為這兩句話是世界上最深刻、最辯證、最耐人尋味的一段話。「我」就是真理。

次年（2007）我們家屬用原定的碑文，不知會兩會，立碑墓前：

> 父親 1918 年信奉了基督教，認為找到了道路、真理、生命，於是放棄了優裕的海關職位，獻身基督教事業。
>
> 父親的信仰有深刻的民族內涵：他積極參加抗日運動；他要使中國的教會獨立，遵循自治、自養、自傳的原則。
>
> 父親的信仰也有深刻的社會內涵：他為之奮鬥的理想，是建立一個平等、博愛、民主、自由的社會。

但願「有民族內涵和社會內涵的基督教信仰」，能概括父親曲折、然而是豐富多采的一生。


真理？道路？

父親一生不斷追求真理，探索一條救國救民的道路。他找到了沒有？

茫茫人海，芸芸眾生，有幾個人敢說他掌握了，找到了？只要能以此作為人生奮鬥目標，不為私利，孜孜以求，就是一個高尚的人，值得尊敬的人。

父親是否最終實現了他的理想抱負？請先讀幾段 1992 年 6 月 4 日丁光訓給我的來信。

我們有些人有這樣一個印象，不知你認為是否符合事實，請見告：吳耀宗先生是一位革命者，對祖國和祖國教會的改造素來有他的抱負。在我國解放前以至解放初期，為了把他的抱負付諸實現曾經進行了極動人的努力和鬥爭。但可不可以說，從五十年代後半起，他越來越受到「左」的牽制，後者既來自黨政部門，又來自教會內部的「左派」，可否說，正由於此，吳先生解放之後從事工作的心情，大體上說來，是不舒暢的，因為他的志願沒有得到教會同事們很多同情？

我有上述的假設，因為我認為我比較能從神學上理解他認為「三自運動」的發展並不符合吳先生的理想，我甚至發覺，他當時左右就有人事實上是實現他的理想的障礙。

在此，想再摘引信中一段話，雖與父親無直接關係，但卻反映了1992年前後，丁光訓關注考慮的問題。

國內教會信徒增加很快，但因五十年代就開始的「左」的路線，我們沒有能培養新的教牧人員，今天青黃不接，十分嚴重，現在急起直追為時已晚，而且仍有阻力。當前 church and state relation 中，「取締未經批准的聚會點」是個 critical issue，我們正力爭對宗教自由有個盡量廣涵的理解。

丁光訓對父親的思想和改革教會的設想途徑，應有較深的認識。1951 父親同剛從瑞士回國的丁在北京青年會作了長時間的談話。以後，為三自、為神學院工作，他們有很多的接觸，丁對父親的觀察基本符合實際。

父親是否最終實現了他的理想？

父親想建立一個與社會主義社會相適應、嶄新的基督教，可惜根本

沒有適當的土壤讓這棵幼苗健康成長。中國共產黨從成立之日起，就敵視一切宗教，認爲這是麻醉欺騙人民的毒藥，從來就不承認宗教在社會主義社會可以起到積極有益的作用。父親的理想完全是一廂情願。

父親想像中的社會主義是沒有剝削、共勞共享、平等、博愛、民主、自由的大同世界。可惜這些理想只是中共奪取政權前連篇累牘的宣傳手段。執政後的現實，和這些理想完全背道而馳，而且從來就不曾將上述的理想作爲奮鬥的目標，甚至將要求實現這些理想的知識分子和曾經爲中共出過大力的「民主」人士，殘酷迫害。可悲的是，父親並沒有認識到，毛澤東治下，以「階級鬥爭爲綱」的三十年，是一個集封建、獨裁、專制爲一體的時代。他經歷了餓死幾千萬人的「大躍進」，他身受「文革」不人道的鬥爭，但他依然爲之歌功頌德，還認爲以後會一步一步「登天」。

父親從基督教立場退讓了一大步認同馬列主義唯物論，認爲兩者是絕對眞理的兩個側面，可以互通互補，沒有矛盾。但是執政的中共並不領情，認爲父親調和的哲學觀點比之赤裸裸的唯心論更危險、更有害、更有欺騙性。直到改革開放後的九十年代，國務院宗教事務局編了《宗教工作基礎知識》作爲宗教工作者的必讀材料，指出：「美化宗教，渲染宗教，把宗教的思想來補充社會主義，試圖調和宗教與社會主義的矛盾，其結果只能是使科學社會主義倒退到信仰主義。」所以同宗教作鬥爭是「整個唯物主義的起碼原則，因而也是馬克思主義的起碼原則」。[130]上面這段話明白無誤地表明了中共官方立場：鬥爭是絕對的戰略，容忍是相對的策略。父親在《沒有人看見過上帝》一書中闡說的哲學神學思想，在社會主義的中國不可能會得到認可贊同，難怪在父親的大小紀念會上，沒有人提起這本他自認爲是精心的代表作。沒有將這株毒草鞭撻示眾，已經是網開一面，非常客氣了。

父親又相信中共會認眞恪守宗教信仰自由的諾言，對內這樣講，對外也是這樣講。〈共同綱領〉和《憲法》不是白紙黑字，明確規定？

---

130 國務院宗教事務局編：《宗教工作基礎知識》（北京：中國旅遊，1990），頁 283、290。

最高的領導人不是信誓旦旦，加以保證？豈能言而無信？然而建國不到十七年就兩次企圖消滅宗教。父親還以為這是某些人沒有正確執行毛主席政策的偏差，沒有意識到這是中共「限制、利用，消滅」戰略的必然發展和結果。

父親也熱情歌頌蘇聯的社會主義制度，認為是世界上每一個國家必由之路，因為社會主義是民有民治民享，一切都是以人民為出發點。1950年《黑暗與光明》再版時，又附錄了狂熱慶祝斯大林七十壽辰的報導和圖畫。他絕沒有料到，在他逝世後的第三年，蘇聯社會主義聯盟共和國和東歐五個社會主義國家，未經外戰、內戰，內部自行解體，這只是由於人民憎恨暴虐統治的結果。這個付出了極大代價的社會實驗，最後以失敗告終。可以說，真正的社會主義，從來未曾在世界範圍內、在任何一個國家實現過。

1949年解放前，父親的理想抱負，解放後實現了多少？也許有人會說，中國的教會徹底肅清了帝國主義的影響後，現在不是完全獨立自主了？的確，西方國家文化侵略的遺毒是根除了，中國的基督教是否就能自治、自養、自傳？過去中國的教會受到外國的控制，現在，在一個威權政黨的統治下，全國各行各業，大小機關單位，無一不受這個政黨絕對的領導，基督教和其他宗教豈能例外？說「三自是獨立的」只是對外的宣傳，並非事實。這只是理想，是難以實現的理想。三自的各級機構是誰在維持？三自的工作人員是國家幹部，按級別領取國家的薪酬。全國各個神學院是否由地方教會所支撐？難怪各神學院章程開宗明義，第一句就是接受中國共產黨的領導。三自代表團頻頻出國訪問經費來自何方？沒有政府官方的資助，三自寸步難行。三自之中，自養是關鍵，如果經濟還要仰人鼻息，就根本談不上自治和自傳。所謂「政教分離」的內涵是，宗教不能干涉政治，但是政治卻要干涉宗教，要全面徹底干涉。基督教要擺脫西方的控制，又要擺脫以反宗教為己任的中共，實行名符其實的三自，真是任很重，道也很遠！

最後，簡略回顧父親的一生。

　　父親生活在十九世紀末和二十世紀的中國，那個時代的中國，有內憂、有外患、民不聊生、貧富懸殊，民族到了生死存亡的關頭。當時有理想的知識分子滿腔熱情，都有抵抗外敵、建立一個自由民主新中國的共同理想。一個有愛國情懷的基督徒是否應該置身潮流之外？

　　1910 年，17 歲的父親，在日記中寫下這幾句：「晚讀國恥小史，滿紙血淚，讀畢，不禁擲書三歎」，憂國憂民之情躍然紙上。他又是從小就立志要「以救國救人為己任」。[131]

　　父親在二十和三十年代，曾經是中國最活躍的「唯愛主義」代表人物。以後逐步發現，在敵愾同仇的抗日戰爭中，唯愛主義的應和者寥寥，唯愛主義並不符合中國的國情。經過長期的思考鬥爭，民族主義超越了唯愛主義。

　　又二十年代後期，父親在美留學期間，就接觸了馬克思思想，認為社會主義的目標和基督教的理想並行不悖，是世界各國必經之路。因此，他也擁護支持為社會主義理想犧牲奮鬥的蘇聯和中國共產黨，以為他們要實行的也是平等、博愛、民主、自由。遺憾的是，終其一生，他至死也沒有認識到蘇共中共這兩個政黨實際執行的，與這些普世價值觀，南轅北轍，背道而馳。

　　父親的真知灼見主要反映在三、四十年代的著作中。那是他思想最活躍、著作最多的豐產時期。他對基督教獨特的體驗，基督教對社會的責任和使命，至今仍然有生命力，有現實意義。反映在他文章中對平等、民主、自由、博愛執着的嚮往，還是鏗鏘有力，現在讀來依然感到新鮮，有啓發，有感染力。

　　他一生有過多次重大的轉折，在他思想的每個階段，都曾受到很多的批評、指責、攻擊、謾罵和誣陷，他依然理直氣壯，勇往直前，為他所認為的真理，大聲疾呼，竭力宣揚。這種無畏的精神值得敬佩，從他的演講和眾多的著作中，可以看到他思想有因可尋的軌跡。

---

131 沈德溶：《吳耀宗小傳》，頁 2。

　　1949 年後，父親被改造、被扭曲、被異化，不由自主喪失了自我，失去了那種爲眞理奮不顧身，爲民請命的正義感。文章發言只是爲中共政策塗脂抹粉，歌功頌德，未能始終不渝，保持昔日「橫眉冷對千夫指」那樣的氣概，這是父親的不幸與無奈，也是中國一代文化人、全國人民的不幸與無奈。

　　有人問，如果你父親能多活十年，親眼目睹 1989 年血腥鎮壓「六四」，他會不會像四十年前那樣滿腔熱情支持學生運動？「學生運動不是爲了學生自己，而是爲了整個國家、社會」，「學生不講話，恐怕石頭也要喊出來了」，「學生運動是正義與黑暗的鬥爭，是民主與不民主的鬥爭」……他還能這樣理直氣壯地大聲疾呼嗎？

　　我認爲，根據當時父親的心態，他已不可能作出這樣的回應了。1976 年 4 月，人民群眾自發齊集天安門，藉悼念周恩來，以花圈、詩歌表達反專制、反獨裁的情懷。市民興奮地傳播信息，轉抄詩詞。動手鎮壓前夕，上海市委來電要求父親這些統戰對象，次日聽完電台聯播後，等待新華社記者的採訪。父親即時的反應就是：「這是匈牙利事變的重演。鄧小平幕後操縱，是中國的納吉」，完全是當時官方媒體的翻版。

　　但是，也應當同時指出，就在「四人幫」肆虐最猖狂的日子，父親也曾在小範圍內公開說過當時最爲犯忌的話：「張春橋有野心，他想當總理。」

　　毛澤東時代對中華民族最大損害之一，就是道德淪喪，造就了人們的雙重人格，當面一套，背後一套。但是父親透明誠實，光明磊落，擁護就是眞擁護，反對就是眞反對，始終心口如一，怎樣想，就怎樣說，就怎樣寫。甚至在文革倒行逆施的歲月，我也沒有聽到他有過半句不滿的怨言。歷次運動都犧牲了許許多多無辜的人，父親身邊長期共事合作的同工，也一個個中箭落馬，遭到清洗。他都默認了，認爲這些運動的大方向是正確的，偏激難免，傷害難免，美好的社會主義就是這樣一步步建立起來的。

　　有人認爲父親投機。以上已經分析過，父親在三十年代初就從理論

上接受社會主義，遠在中共掌權之前。一切投機者，一則為名，一則為利，毫無例外。我所知道的父親絕不是這等人。他完全是為了一個理想、一個信仰而奮鬥，生活極其簡樸，淡泊名利。1955 年開始接受人民代表大會工資前，一直領取青年會微薄的薪酬；我們所用的傢俱非常陳舊；我們的住房（我就在那裏出生），至今已有上百年歷史（屬青年會）；對飲食父親亦無苛求。如以追求名利為目標，當初又何必放棄海關厚祿？

有人說，父親是新中國基督教三自的領軍人物，功莫大焉。也有人說，幸虧有了吳耀宗，在中共的統治下，得以保留了基督教的火種，才能有教會今日的復興。也有人認為，父親本人殘酷迫害教會，親自下令強迫教會實行聯合禮拜，將牧師送去勞動，成千上萬的教徒被關、被殺，造就了大批的殉道者……

不管是正面的肯定，或是反面的否定，都過高評估了父親 1949 年後所起的作用。

官方宣傳和學習材料的論點是，中國共產黨關於獨立自主辦教會的主張，得到中國基督教會和天主教會中愛國教徒熱烈的擁護……建國後，中國共產黨明確指出，要使中國天主教、基督教擺脫帝國主義的影響，割斷與外國教會的聯繫……在毛主席和周總理的啟發下，吳耀宗及其他愛國教徒發起了三自愛國運動……沒有黨的領導，中國的基督教徒不可能自發產生三自愛國運動……關鍵詞是：沒有黨的領導，不可能自發產生三自愛國運動。

請再讀一讀國家宗教局副局長王作安 2006 年 11 月 4 日在父母遷葬上海福壽園儀式上的一段話。「中國基督教走上三自愛國道路，是歷史的必然，也是順應時代發展的自主選擇，有沒有吳耀宗先生都會發生。」[132]

對以上的引言，我的解讀是，教會擺脫帝國主義的影響，割斷與外國教會的聯繫，奉行獨立自主的原則，接受中共的絕對領導，將教會納

---

132〈王作安副局長在吳耀宗先生紀念碑揭幕儀式上的致辭〉，國家宗教事務局網站，http://www.sara.gov.cn/gb/jqgy/jld/ldjh/wangzuoan/7d522221-7389-11db-950a-93180af1bb1a.html。

入這個全能社會的政治體制是歷史的必然，得歸功於中國共產黨的領導。而父親成為發起人，純屬偶然。沒有吳耀宗，也會有李耀宗、有韓耀宗、有羅耀宗。形勢的發展，不會因父親推遲或加速，他的影響和控制實在有限。

　　似乎可以得出這樣的結論，從〈三自革新宣言〉起，歷次的運動、「控訴」、教會和教會大學肅清美帝文化侵略，到教會合併，消滅宗教……中共都起着主導領導的作用。父親只是被利用來衝鋒陷陣，搖旗吶喊。「反右」後，除了對外統戰，他已沒有多少可利用價值，委婉請他主動靠邊。再往後，「大躍進」時已成為革命的對象，故爾，沒有理由過分強調父親正面或負面的作用。歷經風雨，他打而不倒，如今，在一定場合下還要對他紀念一番，吹捧一下，宣揚他作為一個基督教代表人物和中共合作，接受中共領導的典範，要求教徒群眾向他學習，但是，另一方面，卻刻意盡量縮小他在國人中的影響。他 1949 年前大量充斥平等民主博愛這些普世價值的文章，49 年後肯定基督教在社會主義制度下的積極作用、發展基督教的言論，如今都成了受批判的糟粕。惟一可以肯定的，就是發起了三自愛國運動，而這個運動還是受到周恩來的啓發、教導和支持的。我曾經誠心期待父親的文集會在國內得到重印出版，但在這種形勢下，是不是有點不切實際了？[133] 難道還能期待《天風》雜誌登載我懷念父親、客觀評估父親的發言？

　　2003 年秋，我有機會訪問上海的華東神學院，曾和學生們交談。吳耀宗的名字對他們來說如雷灌耳，但對他的經歷和思想竟毫無所知。圖書館裏的索引，父親名下竟然一本書也沒有。這也難怪，華東神學院成立不久，而《沒有人看見過上帝》、《黑暗與光明》等父親的代表作早已絕版，從未重印，更不必說散見在早期雜誌裏父親的文章了。這就是當今的現實。

---

133 兩會十年前就已提出重印選集，當然是經過刪改的選集，然而虎頭蛇尾，至今完全沒有了下文。2010 年 9 月，中國基督教全國兩會為慶祝三自愛國運動六十周年，出版了《吳耀宗文選》，收錄了七十篇吳氏文章，但內容卻有「節選」及「刪節」。

本文的標題是「落花有意，流水無情」。

「有意」是指父親一廂情願篤信社會主義制度，認同這個政黨，義無反顧；一貫擁護中共各頂政策，無怨無尤。

「無情」是指革命的洪流，衝垮了中國的教會，父親本人最後也厄運難逃。這個政權，無情無義，儼然將他作為革命對象來清算，豈不使人心寒。最終能夠全身而去，沒有身敗名裂，已是不幸中之大幸。

這是歷史，是記憶，也是現實。作為歷史和現實的見證人，我有責任，憑良知，忠實展示眞相，和遺忘作鬥爭。

父親是個思索者，是個理想主義者，「以救國救人為己任」，以基督教的立場走上了這條社會主義革命的不歸路，並沒有得到多數同胞的認同，反而遭到教內教外、從左從右不少的否定和反對，不禁令人唏噓嘆息。

父親是個悲劇性的歷史人物。

# 6 / 父親吳耀宗 2006 年 11 月 4 日遷葬上海福壽園

## (2006)

吳宗素

父親 1979 年去世後，骨灰安置在上海龍華公墓。母親 1983 年去世後，骨灰由北京的兄弟保管。

1993 年 7 月 29 日，時任中國基督教協會副會長兼總幹事的沈以藩來信，表示有意將父親骨灰移葬上海龍華宋慶齡陵園，並立塑像以供瞻仰。我們回信表示同意，但母親必須同時合葬，因爲基督教重視家庭價值。以後，經有關方面研究，回覆說，母親的級別不夠，不能合葬，這個計劃就此作罷。

爲了合葬，我們只能選擇北京遠郊西北旺的基督教陵園。1997 年下葬當日，鵝毛大雪，只有基督教兩會的常務委員二十多人參加（正值全國會議閉幕），沒有黨政領導、沒有普通教友，非常簡樸。

網上傳言，父親是以部長級的待遇下葬八寶山，並非事實。

2004 年我們參觀了位於上海郊區青浦縣的福壽園人文紀念公園。該園環境優美，管理良好，其中闢有基督教墓區錫安園。我們決定將此作爲父母長眠之地。

次年，我們將父母骨灰從北京運回上海，選擇了一塊與普通教友爲鄰的墓地，交付了訂金，設計了墓碑，準備了碑文。骨灰落葬之日，我們打算低調進行，只舉行簡短的家庭儀式，邀請父母生前友好及他們的第二代參加，自由發言，緬懷父母的行事爲人。

兩會（中國基督教三自愛國運動委員會、中國基督教協會）聞訊後，要求從旁協助，以後又提出共同主辦，最後，完全取而代之，反客爲主，擴大了墓地，否定了我的碑文，並邀請各級領導參加揭碑儀式。事後完全政治化的報導，不提家屬的努力，不提我的發言。

父親是個有爭議性的歷史人物。有人尊他爲「先知」、「旗手」；有人貶他爲「不信派」、「教會的叛徒」。我就是要利用父親移葬的這個機會，來表達我對父親的認識，儘量做到客觀、公正，還原父親本來的面目。如今，父親一手創辦的《天風》竟然容不得兒子對他實事求是的評述，不能不令人感到失望遺憾。

這使人想起父親 1997 年北京西北旺下葬的前後。在儀式上，我也發了言，題目是「追求眞理不計利害」，這是父親一篇演講的副標題。事後的報導也隻字不提我的講話。八、九年過去了，國內發生了巨大的變化，但是所作所爲依然如出一轍。

我自知這篇發言的論點不會爲各方接受，但是，我還是要憑着良知，秉筆直言，講眞話實話，爲後人研究父親、瞭解父親提供一點參考。

# 71 吳耀宗先生、楊素蘭醫師遷葬儀式上 吳宗素的發言

## (2006)

吳宗素

我代表家屬歡迎各位前來參加父母的遷葬儀式。

父母生前在上海工作了半個世紀，順理成章，應該合葬在上海，但是未能如願，說是母親級別不夠，只能 1997 年安葬在北京西郊基督教陵園。現在上海青浦的福壽園可以提供良好的環境和條件，我們家屬決定將骨灰遷回上海。今天 11 月 4 日是父親的生日，是一百一十三歲冥壽，我們選了今天舉行安葬儀式。

今天我們請了父親生前共事合作過的同事同工，母親的親朋好友及他們的第二代，有孫亦沖先生，他是孫瑞璜、孫王國秀[1]的公子。1949 年前，他們家舉行的基督徒進步民主集會，父親經常參加。也有涂繼正

---

1 孫瑞璜，新華銀行副總經理；孫王國秀，聖約翰大學歷史系教授，都是愛國基督徒。1949 年後，他們對社會作了無私的貢獻，但以後遭到衝擊，晚境十分淒涼。

先生，他的父親涂羽卿先生[2]曾是青年協會的總幹事、聖約翰大學校長，為三自出過大力。我們現在紀念三自，也應當緬懷像涂羽卿等這些前輩。三自能夠成氣候，不是一個人能造成的，是有一批人、一大批人共同努力的結果。

今天光臨的還有上海廣東嶺南堂的教友。我們一家都是該堂的教友，母親多年擔任堂董事，父親多次在那裏證道，我太太曾蕙心和我都是少年團的契友。

今天我們也請了計瑞蘭女士。[3]她因病無法前來，由她的家屬代表。計小姐從成都起就協助父親工作，誠誠懇懇、認認真真，對父親滿腔熱情。父親五十年代初，到各地瞭解情況，計小姐都陪同前往。父親說她有文學修養，所作的會議記錄，下筆成文，不用修改。為了寫父親的傳記，她收集了大量資料，做了大量卡片，日夜寫作，默默無聞。今天，我要代表家屬向她致謝，向她致敬。

父母的碑石儘量簡樸大方莊重，黑色花崗石正面只刻父母姓名字號，生卒年月日及照片。有人以為是否可以不用他們的字號。他們當年互贈詩詞，都互稱「叔海、穎齡」，家裏也用字號互稱。父親寫傳記，第一句就是：「我吳耀宗，字叔海……」

碑的背面只刻一段經文：

> 馬太福音 16 章 25 節「凡要救自己生命的，必喪掉生命；凡為我喪掉生命的，必得着生命。」

---

2　1952 年，涂羽卿先生就以美帝在青年協會的代理人遭到鬥爭。（當年的反美運動，各教會大學、醫院及教會的主要負責人，凡在美國留過學、和美國人有密切來往的，幾乎都遭到鬥爭清算。）文革中，三自的左派當權者誣他為埋在青年會內的美國特務，迫害逐步升級。涂先生兩次割脈自殺，最後精神崩潰，含冤而逝。追悼會上，涂家拒收四個迫害者的花圈。涂先生至死都是青年會全國協會的總幹事、三自常委、全國政協委員。

3　計瑞蘭滿腔熱情，日以繼夜撰寫父親傳記。有人仗勢取走原稿，略作修改，用他自己的名義發表，根本不提計的心血。

　　這段經文文字簡單，但讀起來令人似懂非懂。父親認為這兩句話是世界上最深刻、最辯證、最耐人尋味的一段話。「我」就是真理。他請吳雷川先生寫成條幅，掛在書房，作為座右銘。條幅中還有其他幾段經文「你們必曉得真理，真理必叫你們得到自由。」「你們要先求祂的國和祂的義，這些東西都要加給你們了。」我還記得落款是吳雷川，時年八十五，書於燕大朗潤園。凡是追求活命的人，必有一死。凡是為耶穌基督喪掉生命的，必得永生；凡為真理犧牲生命的，必永垂不朽。這是一個基督徒，也是世人應有的生死觀。父親有更深一層的體會，經文體現了「橫」（平面）和「縱」（立體）、「內在」和「超然」聯合起來的上帝觀。[4]

　　1918 年，非宗教家庭出身的父親，信奉了基督教。那時，中國有一個規模很大的反基督教運動。父親入教，不計利害，逆流而上。

　　兩年後，父親認為找到了道路、真理、生命，放棄了海關的金飯碗，獻身教會事業。親友對這個行動感到驚奇、突然和惋惜，甚至反對。父親的三姐幹明說：「你的兩個兄弟剛去世，留下三個侄子在讀書。兩個妹妹還沒有畢業，父親已經七十多歲，誰來供養？」父親對母親說：「耶穌為了救世人，被人釘上十字架，我去青年會，就是為人犧牲服務。」

　　沒有堅定的信仰，作出這樣的決定難以想像，那個時代不容易，這個時代更不容易。今天，功利主義泛濫，說甚麼有利就說甚麼，做甚麼有利就做甚麼。父親放棄了名，放棄了利，為信仰而獻身。

　　父親的一生豐富多彩。怎樣用最簡潔的幾句話來概括他一生的思想和活動？

　　他的信仰和思想，我看可以概括為民族內涵和社會內涵。

---

4　我們家屬原先準備的碑文，被兩會否定，沒有給任何理由。碑文如下：
　　耀宗先生 1918 年信奉了基督教，認為找到了道路、真理、生命，於是放棄了優裕的海關職位，獻身基督教事業。先生的信仰有深刻的民族內涵：他積極參加抗日運動；他要使中國的教會獨立，遵循自治、自養、自傳的原則。先生的信仰也有深刻的社會內涵：他為之奮鬥的理想，是建立一個平等、博愛、民主、自由的社會。最後，就以一段經文來代替我們準備好的碑文。

　　父親的信仰有深刻的民族內涵。他長期以來是個唯愛主義者。父親最佩服的人就是印度的甘地，佩服他的精神和人格，並翻譯了他的自傳。父親也想用非武力的運動來對抗日本的侵略，但是逐漸發現此路不通，就開始積極參加抗日救亡運動。民族主義壓倒了唯愛主義，高於唯愛主義。

　　從民族主義出發，父親早在二十年代就認同了三自的口號，認為中國的教會就是要自治、自養、自傳，就是要回到中國人的手中。

　　父親的信仰有深刻的社會內涵。他的信仰不限於個人得救。他要用基督教的理想來改造社會。他寫過《社會福音》，他主編的《天風》，不單是靈修的讀物，主要是以基督教的立場來觀察社會，對現實社會作出評論。他在國內國外看到貧富的巨大差異，勞工受到殘酷的剝削，所以他要追求一個平等的社會。平等、博愛、民主、自由是他 1949 年前無數演講和文章的主導思想。他認為這些價值也是社會主義、共產主義的終極目標，所以基督教和社會主義沒有矛盾，異途同歸。他寫道：「基督教尊重人的個性，尊重人的價值和尊嚴，這是民主主義的基礎。基督教自由、平等、博愛的精神是民主主義的實施。」

　　以上就是父親信仰的民族內涵和社會內涵。在動盪的中國，基督教界有這樣鮮明的民族感和社會感的人並不是很多。

　　父親是個思索者，是個理想主義者。

　　對他來說，基督教是真理，是個人得救的真理；辯證唯物論也是真理，是符合社會發展規律、解放人類的真理。在世人看來，這是兩個互相排斥的學說，父親將它們統一起來。他認為，一分為二，合二為一，對立統一，唯心唯物只是絕對真理的一個方面，這就是《沒有人看見過上帝》一書的主要思想。

　　父親在世時，一直到晚年，一再重複：「這是我的代表作，這是我哲學與神學思想的總結。」

　　1943 年（抗日勝利前兩年），這本書出版的時候，父親就預言，正統的基督教信徒不能接受，正統的共產主義者也不能接受。他們自以為

掌握了全部的眞理，而且是絕對的、不能懷疑的，因此不能尊重包容不同的意見。父親不顧各方面的反對意見，沒有迎合潮流，大膽發表自己的觀點。父親的這種思想是不是眞理，有多少眞理，有待歷史的考驗。但是，他以後的言行，可以在這本書裏找到思想依據。1949 年以後，他對周恩來總理和當時的統戰部長李維漢多次說過，基督教和馬列主義沒有矛盾，對他來說唯心唯物是統一的整體，這不是無原則的迎合認同。他這種思想的醞釀和成型，應該早在三十年代的後期。也只有看懂了這本書，才能理解爲甚麼書名叫《沒有人看見過上帝》。

　　這本書並不是《吳耀宗小傳》所說，是青年的啓蒙讀物。這本書不容易看，沒有一點哲學和神學基礎可能看不懂。曾在《天風》社工作過的何守恬女士，一個很有學識才華的作家，說，她看了三遍才看懂其中的要點精神。研究中國神學思想的國外學者認爲，吳雷川的《基督教與中國文化》、趙紫宸的《基督教哲學》和父親的《沒有人看見過上帝》是最能代表中國神學思想的三本書。[5]

　　文化大革命中，父親受到批判，扣發工資，隔離寫檢查。他到底有甚麼問題？我手頭上有一份 1967 年 10 月上海統一戰線大批判聯絡站編印的大批判有關父親的部分：

> 基督教頭子吳耀宗思想反動，一貫來企圖在全國範圍內恢復宗教失去的陣地，到處叫囂，到處放毒，胡說宗教仍有其真理，上帝與馬列主義沒有矛盾，宗教對人沒有麻醉作用，還有益處，宗教消滅不了，等等。

　　撇開文革式的語言，這些批評指責，的確是父親 1949 年以後思想的寫照。他的確認爲基督教在社會主義中國不但可以存在，還可以起很大

---

5　《吳耀宗小傳》對《沒有人看見過上帝》輕描淡寫，說這是一本青年的啟蒙讀物。由於它的爭議性，歷年來，在大小紀念會上，已沒有人提及。我認爲有必要提出強調。

作用；認爲基督教與馬列主義沒有矛盾；認爲宗教是永恆的，比社會意識形態有更強的生命力。1956 年他提出三大見證，要爲耶穌基督救恩的福音作見證，又提出十大任務，認爲過去幾年是「破」得多，現在是要大「立」，呈現了中國教會發展的遠景規劃。這是他對於基督教和社會主義相適應的思想體現。可是第二年就開始反右運動。此後，階級鬥爭一浪高一浪，父親的這些理想抱負再也沒有機會實現。

造反派不學無術，這些歸納出來的批判論點，看來是由瞭解父親的內部人士所提供。就是有一股勢力認爲父親的思想反動，要把他打倒。這股勢力在文革前很久就存在。現在有人肯定他，也有人從右從左否定他。我們要透過這些現象，瞭解認識父親的眞實面目。[6]

接下來我要談談母親。

很多人認爲母親是父親的陪襯，是個賢妻良母，建議碑上只刻「吳耀宗先生夫人之墓」，稱她爲「吳夫人楊素蘭女士」。這是很大的誤解。母親個性獨立堅強，最不能忍受「夫人」的稱呼，要大家改口叫她「楊醫生」。

母親早年畢業於廣州公醫醫學院，以後又去美國進修，是女子行醫的先驅。

父親爲國事爲教會事長年在國內國外奔波，和我們聚少離多，培養教育我們的責任主要落在母親身上。特別是 1941 年珍珠港事變，父親留在成都不能回上海，四年不通音訊，那時我十一歲，宗蘭九歲。母親在淪陷的上海行醫，要管家，也要應付外面險惡的環境，的確很不容易。

母親的記憶力很好，青年時代唸過的古文詩詞都能背誦。她時常講「爲人謀而不忠乎？」就是爲人做事要忠要誠。她教導我們做人要正直、誠懇、講眞話，要有是非感，要有正義感。在我們的心目中，母親的形

---

6　要清算父親，60 年前後已是風雨欲來。60 年 4 月父親去各地視察講話，當時的宗教局局長對父親牽涉馬列的講話「極不贊成」。以後成都會議，再以後，柯慶施主政上海期間，就開始整肅父親。

象很高大。

母親的字寫得很好，我帶來一本她用毛筆、工筆抄寫的中醫藥方。

母親也會刺繡。我們客廳裏掛了一付對聯「世事洞明皆學問，人情練達即文章」，取自《紅樓夢》第五回。這是母親親手繡出來的。對聯當中，有一幅桃花源式的山水農村圖，也是母親手繡。

母親結婚前，是廣州聖公會的教友，有很好的醫德，待人以誠，不計報酬，幫助過很多很多的人。

抗戰初期，在宋慶齡的領導下，母親擔任醫療救護隊的隊長。從那時起，就和宋有很多的來往。49 年，上海解放前，宋慶齡為躲避國民黨的毒手，隱蔽起來，有病就派車來接母親去治療，她寫的便條，母親一直保存到文革，她送我們的毛毯，我現在還在用，作為紀念。49 年開國大典，觀禮券控制極嚴，就是宋慶齡，送來兩張券，讓母親和我登上天安門觀禮台。

我還要提一提魯迅夫人許廣平，她被日本憲兵施以電刑，放出來後，行動困難，就靠母親長期細心免費治療，得以恢復。她在《遇難前後》一書中，提到母親的照顧。

我上面講到，母親曾經幫助過許多人。

今天在座的有任家三兄弟之一的任中和，他們的父親過世後，他們就成了孤兒。是母親把他們介紹到趙樸初的孤兒院。靠了他們自己的上進奮鬥，都學有所成。今天來的任中和先生，交大畢業，是煤氣公司的高級工程師，其他兩兄弟都是醫生。任中魯先生，上醫畢業，現在是浙江中醫學院教授。他已作了一切安排要趕來參加今天的儀式，只因夫人發現得了癌症，不能成行，寄來一份熱情洋溢的發言稿，最後一句「沒有三姨媽，就沒有我的今天」。（母親排行第三，故親熱稱她「三姨媽」。）

母親的一生不是轟轟烈烈的一生，她也沒有享受高官厚祿。但她是一個高尚的人，一個有道德的人，值得我們懷念。

## 8 / 《大時代的宗教信仰
## ——吳耀宗與二十世紀中國基督教》序
### 吳序——寫在文集出版前夕

吳宗素撰。原刊於《大時代的宗教信仰——吳耀宗與二十世紀中國基督教》
（香港：基督教中國宗教文化研究社，2011）。

　　吳耀宗研討會文集即將出版，邢福增先生問我，是否可以爲此講幾句話。

　　我想，爲研討會已經寫了不少，講了不少，再沒有必要了。以後，考慮再三，還是有些感想可以和讀者分享。

　　文集有六百餘頁，洋洋灑灑，出乎意料，足見各地學者有研究父親的熱情，積極提供論文，使會議開得非常成功，豐富多彩，生動活潑。有人說這次會議是研究父親的里程碑，我完全同意。

　　國內也開過多次紀念父親的會議，也多次出過紀念文集，但都得循規蹈矩，不能偏離意識形態的主旋律。1989 年 9 月父親逝世十周年，三自出版了紀念文集，撰稿人清一色全是黨政領導人及三自當時的負責人，官氣頗濃。那時，正是六四之後，政局嚴峻。9 月 7 日，在京舉行有百餘人參加、規格不低的紀念會。耐人尋味的是，主持人竟是中國伊斯蘭協會副會長安士偉。爲甚麼請出一位和父親素昧平生的伊斯蘭教人士來主持會議？丁光訓在會上發表了〈思想不斷更新的吳耀宗先生〉的講話。

然而，次日的《人民日報》，略去了安士偉，只報導了出席者有趙樸初（全國政協副主席、佛教協會會長）及任務之（國務院宗教局局長），完全不提丁光訓。其後給我的信，也是由趙樸初出面。這樣紀念父親的會議，名正言順，應由政協副主席、基督教協會主席丁光訓主持才是。原來，事出有因。就在三個月前，六四期間，丁同情學生運動，鼓勵神學院學生支援遊行，參加遊行隊伍，犯了「錯誤」，其時正在檢查，尚未過關，可能因此不得出面主持會議，不得見報。政治支配一切，其中當然包括研討會、紀念文集。

反觀我們這次的研討會，完全是民間自發，沒有預設的目的要求，沒有束縛思想的條條框框，沒有檢查送審，能夠自由報名參加，能夠暢所欲言，能夠各抒己見，能夠自由討論，這就是根本的差異，這就是拜自由氣氛之所賜。

能夠享受這種自由的氣氛，還得益於香港這塊寶地。香港是研究中國基督教的前沿陣地，臺灣、歐美等其他國家都不具備這樣的條件。這次研討會能在此召開，真是天時、地利、人和，完美的配合。

這次國內與會者提交的論文，我認為，有新意、有實質內容的，大多來自教外學者。教內人士原有先天之利，又有使命感的敦促，理應對中國基督教的研究有較大較多的貢獻。如果基督教是我們真正的信仰，就應該像父親那樣，認為「基督教是一個崇高的宗教，是救人救世的福音」，[1] 就應該真實地、持平地研究中國的基督教歷史，不單是帝國主義利用的一個側面；應該深入研究福音的真諦，不是片面迎合當前的意識形態；不是人云亦云重複權威人士的論斷；應該真實反映教會近幾十年來的現狀……要做的工作實在太多，要求實在太高。沒有思想的解放，沒有寬鬆的環境，能嗎？行嗎？

然而，遺憾的是，現實並非所希望的那樣。最有代表性的典型，就

---

1 吳耀宗編著：《基督教革新運動學習手冊》（上海：青年協會，1952），頁 22。

是最近三自六十周年的總結。[2]「六十年的經歷讓我們體會到，中國基督教的命運與祖國的命運休戚相關。」[3] 的確是休戚相關。毛澤東治下的三十年，以階級鬥爭爲綱，是死了幾千萬人大折騰的時代，基督教也同樣經歷了多災多難的痛苦歲月。但是總結只提到 1950 年的〈宣言〉和 1954 年的〈三大見證〉（由於反右而成泡影），接下來就跳到 1980 年的「成就巨大」，沒有了對帝國主義的控訴，沒有了迫害大片知識分子，包括基督教人士的反右，沒有了長達十年、消滅一切宗教的文化大革命，剩下的只是一片和諧的景象。難道這就是歷史的總結？還是粉飾太平，歪曲隱瞞歷史真相，要人遺忘過去？這樣一份未能反映現實的總結，實在很難令人滿意。

有人說，我的紀念文，講的是我的父親，卻同時折射了 1949 年後中國基督教頭三十年的現實。如果真是這樣，那也只是冰山的一角，掛一漏萬。希望教內外的有心人，能夠對歷史負責，收集充分的材料，和遺忘作鬥爭，有朝一日，還原完整的、真實的歷史。

我的紀念文，國內官媒半官媒，冷凍處理。去年三自隆重紀念成立六十周年，又出了父親的選集，但對我的紀念長文，隻字不提。1997 年父母下葬北京，我的發言遭到封殺，2006 年父母遷葬上海，我的發言也遭到同樣的命運。一年半前的 2010 年，在研討會上，我已預見到，這篇紀念文不可能在國內發表。在謊言泛濫、媒體受到壟斷的年代，講真話實話，難啊，真真難啊！

萬萬沒有料到，北京的《燕京大學校友通訊》來電說，我錯了。他們在網上看到我的文章後，認爲有歷史價值，就決定刊登。《通訊》不是基督教刊物，登載不合潮流的作品要冒很大的風險，而且《通訊》篇幅不大，處理這篇長文有技術上的困難。最後，經過適量壓縮，再補充

---

2　見《天風》2010 年 12 月刊。

3　同上書，總結語。

了幾段父親和燕大的關係，[4] 在 2011 年 1 月 60 期上，一次發表了。《通訊》編輯們的勇氣和膽識，我深表欽佩。

我的紀念文第一次披露了沈德溶剽竊計瑞蘭所寫的父親傳記，據爲己有。[5]《吳耀宗小傳》出版後，流傳引用相當廣泛，作者沈德溶，已無法更改，敬請讀者留意。如有機會再版，將會採取還原眞相的適當措施，也許可以考慮改爲：計瑞蘭原著，沈德溶修訂。

研討會上，有人問道，1949 年以後，父親的身分改變了，他的工作生活、待人處世作風有甚麼變化。是的。多了一些官氣，少了一點人性，特別是在不斷的政治運動期間，人人自危。有這樣一件事，也許能說明一些問題。

多年前，曾看過《我的伴侶蔡詠春》一書。[6] 蔡詠春一家，1950 年接受趙紫宸的邀請，放棄優越的生活，由美返國，支援燕京宗教學院的師資隊伍。1952 年院長趙紫宸受到批判，學院分崩離析，幾近解散。運動結束後，蔡竟然遭到解雇，全家生活完全無著。書中第 95 頁有這樣一段話：

---

4　1946 年 5 月，父親回到闊別了五年的上海家。離開成都前，燕京大學四個基督教團契舉行送別會，紀念冊上簽名的有蔡公期、沈立義（柯犁）等數十人（1948 年沈從事地下學生運動，代表燕京大學赴上海開會，就住在我們家掩護）。沈體蘭寫了熱情洋溢的告別詞。沈是大學教授，上海麥倫中學校長。（1949 年前的地下黨的負責人劉曉即在該校以語文教師作掩護。）其後，成都各大學廿二個學術團體也聯合歡送，簽名者中有李濟深。

　　父親去世後，收到許多國外發來的唁電，其中有燕大的夏仁德（Randolph Sailor）和賴樸吾（Ralph Lapwood）。夏仁德和父親是紐約協和神學院 1937 至 38 年的同學，共同選修過尼勃爾等人的課程。夏曾主持過的一次活動中，父親是講員，有力地闡明了他的社會基督教觀點，認爲美國和中國都需要一次根本的社會變革。

　　賴樸吾和父親的交往就更多了，1933 至 36 年在上海，1942 至 45 年在成都，1948 年在燕大（當時父親應邀前往演講，幾個月後賴氏一家就離開中國），1964 年在上海又有過長談。這些見面交談在賴氏的 *Through the Chinese Revolution* 一書中都有詳細的敘述。家父還是雷潔瓊、嚴景耀的證婚人。

5　見紀念文〈落花有意，流水無情——我所知道的父親〉，注 6。

6　黃秀英敘述，韓宗竟整理。

好友戴文賽[7]十分同情我們的遭遇，他經常來看望我們。他認
為我們應當向吳耀宗先生反映一下情況，或許他能給我們一些幫
助。正好吳先生到北京開會，我就給他打電話。吳耀宗的回答也
像鐵石一般冰冷：「他〔指詠〕的事我管不了，他自己的事，他
自己知道」，意思是你應該知道他問題的嚴重程度。

讀到這裏，我非常非常難過。蔡一家返國，我還在燕京，和蔡有過
不少的接觸。蔡給人的印象：一個真正的基督徒，一個出色的謙謙學者。
出於對唯愛主義的共同信仰，父親對他的瞭解應當更多更深。早在 1929
年，就認識並關心還在嶺南大學求學的蔡詠春和黃秀英，[8] 希望他們畢
業後參加青年協會的工作。1933 年，他們婚禮的安排，父親出了不少力。
有這樣的關係，對蔡的瞭解不可謂不多。如今他們落難，只希望父親能
夠仗義，說幾句公道話、同情話，想不到竟薄情至此。

階級鬥爭徹底扭曲了人性，傳統的同情心、正義感，統統消失得無
影無蹤。

與此同時，上海的涂羽卿也遭到慘酷的迫害。涂是父親推動三自的
左右手。父親又能說甚麼？做甚麼？

幾年後，蔡詠春、黃秀英已經謝世，我聯繫到他們在北京從事音樂
工作的小女兒良玉。我代表父親，向他們一家表示最誠摯的歉意。

我這聲真誠的道歉，也是給受父親直接間接傷害的人，希望他們能
夠接受。

拉拉雜雜就寫到這裏，作為不是序言的序言。

---

7　吳注：戴是英國劍橋博士，天文學家，燕大教授，也是基督教團契的契友。
8　黃是香港浸會大學創辦人之一黃汝光的胞姊。